目　次

対　策　編

本　編

（細部についてはp.1－2の目次およびp.3－5の用語別目次を参照）

対策編解説

地理の入試問題では統計資料はさまざまな形で出題される。統計表から国や項目を判定させたり，人口や貿易額などの適当な数値を選択肢から選ばせたり，統計資料集が手元にあれば容易に解ける問題も，何も見ないで答えるとなるときわめてむずかしい場合がある。また，統計に基づいて作成されたグラフや地図などの読み取りも，統計が頭の中に入っていないと容易ではない。

そこで，統計を把握することが求められる。しかし，生産量，生産順位などやみくもに暗記するのは大変である。国の順位などをゴロ合わせで覚えるのも一つの手であるが，歴史の年号と違って統計は年によって変わってしまう。せっかく覚えても役に立たない場合もある。統計を把握するときは，生産量，生産順位を単に暗記するのではなく，突出して生産が多い国や品目に着目したり，生産が比較的多い国々や品目に着目したりするなど，全体の傾向を捉えることが大切である。さらにこれを地域別に広げて並べてみると，分布のパターンも見えてきて統計を面的に捉えやすくなる。そうすることで，統計に多少の変動があっても，入試問題を解くときに戸惑うことはなくなる。全体の傾向をしっかりつかんでおくことが重要なのである。

たとえば，小麦と綿花の生産上位にはいずれも中国，インド，アメリカ合衆国の3か国があり，これだけで作物の判定は不可能である。しかし，かりに世界全体の生産量が重量で示されていれば，小麦は約7.6億ｔ，綿花は約2400万ｔで桁が違うので確実に判定できる。おそらく，何十年たっても小麦と綿花の生産量が入れ替わることはないだろう。

農作物の世界の生産量でながめてみると（p.VIII参照），三大穀物をはじめ重要な穀物は億ｔ台の生産量で，主要ないも類も億ｔ台である。一方，主要な果物の生産量は，だいたい千万ｔ台である。嗜好品，工業原料などのプランテーション作物は百万ｔ台にそろっている。このように，世界の生産量をみただけで，ある程度作物をしぼることができる。

本書では，統計をパターンで覚えるための工夫を試みているので，ぜひ活用してほしい。

❶世界の地域別国家面積（2021年，万km²）

赤数字は世界の面積に占める割合　　世人口'21ほか

	アジア 23.9%	アフリカ 22.8%	ヨーロッパ 17.0%	南北アメリカ 29.8%	オセアニア 6.5%
五〇〇万km²以上	中国① 960		ロシア 1,710	カナダ 998 アメリカ合衆国 983 ブラジル 851	オーストラリア 769
一〇〇万km²以上	インド 329 カザフスタン 272 サウジアラビア 221 インドネシア 191 イラン 163 モンゴル 156	アルジェリア 238 コンゴ民主 235 スーダン 185 リビア 168 チャド 128 ニジェール 127 アンゴラ 125 マリ 124 南アフリカ共和国 122 エチオピア 110 モーリタニア 103 エジプト 100		アルゼンチン [16]278 メキシコ 196 ペルー 129 コロンビア 114 ボリビア 110	
五〇万km²以上	パキスタン 80 トルコ 78 ミャンマー 68 アフガニスタン 65 イエメン 53 タイ 51	タンザニア 95 ナイジェリア 92 ナミビア 83 モザンビーク 80 ザンビア 75 南スーダン 66 ソマリア 64 中央アフリカ 62 ケニア 59 マダガスカル 59 ボツワナ 58	フランス② 64 ウクライナ 60 スペイン 51	ベネズエラ 93 チリ 76	
三〇万km²以上	トルクメニスタン 49 ウズベキスタン 45 イラク 44 日本 [22]38 ベトナム 33 マレーシア 33 オマーン 31 フィリピン 30	カメルーン 48 モロッコ 45 ジンバブエ 39 コンゴ共和国 34 コートジボワール 32	スウェーデン 44 ドイツ 36 フィンランド 34 ノルウェー 32 ポーランド 31 イタリア 30	パラグアイ 41	パプアニューギニア 46
一〇万km²以上	ラオス 24 キルギス 20 シリア 19 カンボジア 18 バングラデシュ 15 ネパール 15 タジキスタン 14 北朝鮮 12 韓国 10	ブルキナファソ 27 ガボン 27 ギニア 25 ウガンダ 24 ガーナ 24 セネガル 20 チュニジア 16 エリトリア 12 ベナン 11 リベリア 11	イギリス 24 ルーマニア 24 ベラルーシ 21 ギリシャ 13 ブルガリア 11 アイスランド 10	エクアドル 26 ガイアナ 21 ウルグアイ 17 スリナム 16 ニカラグア 13 ホンジュラス 11 キューバ 11 グアテマラ 11	ニュージーランド 27
一万km²以上	ヨルダン 9 アゼルバイジャン 9 アラブ首長国連邦 7 ジョージア 7 スリランカ 7 ブータン 4 アルメニア 3 イスラエル 2 クウェート 2 東ティモール 1 カタール 1 レバノン 1	マラウイ 9 シエラレオネ 7 トーゴ 6 ギニアビサウ 4 レソト 3 赤道ギニア 3 ブルンジ 3 ルワンダ 3 ジブチ 2 エスワティニ 2 ガンビア 1	ハンガリー 9 ポルトガル 9 オーストリア 8 チェコ 8 セルビア 8 アイルランド 7 リトアニア 7 ラトビア 6 クロアチア 6 ボスニア・ヘルツェゴビナ 5 スロバキア 5 エストニア 5 デンマーク 4 オランダ 4 スイス 4 モルドバ 3 ベルギー 3 アルバニア 3 北マケドニア 3 スロベニア 2 モンテネグロ 1 コソボ 1	パナマ 8 コスタリカ 5 ドミニカ共和国 5 ハイチ 3 ベリーズ 2 エルサルバドル 2 バハマ 1 ジャマイカ 1	ソロモン諸島 3 フィジー 2 バヌアツ 1
一万km²未満	キプロス 0.9 ブルネイ 0.6 バーレーン 0.1 シンガポール 0.1 モルディブ 0.03	カーボベルデ 0.4 コモロ 0.2 モーリシャス 0.2 サントメ・プリンシペ 0.1 セーシェル 0.05	ルクセンブルク 0.3 アンドラ 0.05 マルタ 0.03 リヒテンシュタイン 0.02 サンマリノ 0.006 モナコ 0.0002 バチカン 0.00004	トリニダード・トバゴ 0.5 ドミニカ国 0.1 セントルシア 0.1 アンティグア・バーブーダ 0.04 バルバドス 0.04 セントビンセント 0.04 グレナダ 0.03 セントクリストファー・ネービス 0.03	サモア 0.3 トンガ 0.1 キリバス 0.1 ミクロネシア連邦 0.1 パラオ 0.05 ニウエ 0.03 クック諸島 0.02 マーシャル諸島 0.02 ツバル 0.003 ナウル 0.002

①ホンコン，マカオ，台湾を含む　②海外県を含む。本土面積は55万km²

❶世界の地域別人口密度(2021年，人/km²)

——は世界平均61　　世人口'21ほか

	アジア 151人／km²	アフリカ 46人／km²	ヨーロッパ 34人／km²	南北アメリカ 27人／km²	オセアニア 5人／km²
千人／km²以上	(マカオ) 20,682 シンガポール 7,485 (ホンコン) 6,654 バーレーン [20)]1,930 モルディブ 1,895 バングラデシュ [20)]1,133		モナコ 19,175 マルタ 1,638 バチカン [18)]1,398		
五百人／km²以上	レバノン [15)]625 韓国 515	モーリシャス 640	サンマリノ 571	バルバドス 626	ナウル [20)]571
三百人／km²以上	イスラエル [20)]417 インド 416 フィリピン 367 スリランカ 338 日本 333	ルワンダ 492 ブルンジ 452 コモロ [15)]348	オランダ 421 ベルギー 378	ハイチ [19)]417 グレナダ [17)]322 エルサルバドル 301	ツバル 411 マーシャル諸島 [20)]304
百人／km²以上	ベトナム 297 パキスタン [17)]261 クウェート 243 カタール 236 北朝鮮 [15)]209 ネパール 206 中国① 150 インドネシア 143 アラブ首長国連邦 [20)]131 タイ 130 ヨルダン 124 アゼルバイジャン 117 トルコ 107 アルメニア 100	ナイジェリア [20)]223 サントメ・プリンシペ 223 セーシェル 217 マラウイ 200 ガンビア [19)]196 ウガンダ 178 トーゴ [20)]137 ガーナ [20)]130 カーボベルデ 122 シエラレオネ 115 ベナン [19)]103 エジプト 102	イギリス [20)]274 ルクセンブルク 247 リヒテンシュタイン 245 ドイツ 233 スイス 211 イタリア 196 アンドラ 167 コソボ [20)]165 デンマーク 136 チェコ 136 ポーランド 121 ポルトガル 112 スロバキア 111 オーストリア 106 フランス② 106 ハンガリー 105 スロベニア 104	セントルシア 296 セントビンセント 285 トリニダード・トバゴ 267 ジャマイカ [19)]249 アンティグア・バーブーダ 225 ドミニカ共和国 216 セントクリストファー・ネービス [15)]196 グアテマラ 157 キューバ 101 コスタリカ 101	キリバス [20)]165 ミクロネシア連邦 149 トンガ [20)]133
五〇人／km²以上	マレーシア 99 シリア [15)]97 キプロス 97 カンボジア 92 イラク [20)]92 東ティモール [19)]86 ミャンマー 82 ウズベキスタン 78 ブルネイ 75 タジキスタン 68	エチオピア 93 セネガル 89 コートジボワール 84 モロッコ 81 ケニア [19)]80 ブルキナファソ 79 チュニジア 72 レソト 68 エスワティニ [20)]68 タンザニア 63	アルバニア 98 スペイン 94 セルビア 89 ギリシャ 81 ルーマニア 81 北マケドニア 80 モルドバ 77 アイルランド 72 クロアチア 71 ウクライナ 69 ボスニア・ヘルツェゴビナ [19)]68 ブルガリア 63	ドミニカ国 [17)]89 ホンジュラス 84 エクアドル 69 メキシコ 66	クック諸島 [19)]85 サモア 72
	イエメン [20)]58 ジョージア 53 イラン 52	カメルーン 56 赤道ギニア 54 ギニア 53		パナマ 58 ニカラグア 51	
五〇人／km²未満	アフガニスタン 49 キルギス 33 ラオス 31 ブータン 20 サウジアラビア 15 オマーン 15 トルクメニスタン [15)]11 カザフスタン 7 モンゴル 2	南アフリカ共和国 49 マダガスカル 48 ギニアビサウ [20)]45 コンゴ民主 45 ジブチ 43 ジンバブエ 42 リベリア [15)]40 モザンビーク 39 エリトリア 29 アンゴラ 26 スーダン 25 ザンビア 24 ソマリア [15)]22 南スーダン [18)]19 アルジェリア [20)]19 ニジェール [19)]17 マリ [20)]17 コンゴ共和国 16 チャド [19)]12 中央アフリカ [15)]7 ガボン [15)]7 ボツワナ 4 リビア [20)]4 モーリタニア [19)]4 ナミビア 3	ベラルーシ 45 モンテネグロ 45 リトアニア 43 ラトビア 29 エストニア 29 スウェーデン 24 ノルウェー 17 フィンランド 16 ロシア [15)]8 アイスランド 4	コロンビア 45 ベネズエラ [19)]34 アメリカ合衆国 34 バハマ [20)]28 チリ 26 ペルー 26 ブラジル 25 ウルグアイ 20 ベリーズ 19 パラグアイ 18 アルゼンチン 16 ボリビア 11 カナダ 4 スリナム [20)]4 ガイアナ [20)]4	フィジー 49 パラオ 39 バヌアツ 25 ソロモン諸島 24 パプアニューギニア 20 ニュージーランド 19 ニウエ 6 オーストラリア 3

①ホンコン，マカオ，台湾を含む　②海外県を含む。本土の人口密度は119人／km²

❶世界の地域別1人あたり国民総所得(GNI)(2021年，ドル)　――は世界平均12,070ドル　世界銀行資料

区分	アジア		アフリカ		ヨーロッパ		南北アメリカ		オセアニア	
高所得国					モナコ	08)186,080				
					リヒテンシュタイン	09)116,440				
			スイス	90,360	ノルウェー	84,090				
			ルクセンブルク	20)81,110	アイルランド	74,520	アメリカ合衆国	70,430		
	シンガポール	64,010	デンマーク	68,110	アイスランド	64,410				
	カタール	57,120	スウェーデン	58,890	オランダ	56,370			オーストラリア	56,760
			フィンランド	53,660	オーストリア	52,210				
			サンマリノ	08)51,810	ドイツ	51,040				
	イスラエル	49,560	ベルギー	50,510	アンドラ	19)46,040	カナダ	48,310		
	日本	42,620	イギリス	45,380	フランス	43,880			ニュージーランド	45,340
	アラブ首長国連邦	20)39,410	イタリア	35,710	マルタ	30,560				
	クウェート	19)36,200	スペイン	29,740	スロベニア	28,240	バハマ	27,220		
	韓国	34,980	エストニア	25,970	チェコ	24,070				
	ブルネイ	20)31,510			ポルトガル	23,730				
	キプロス	28,130			リトアニア	21,610				
	サウジアラビア	20)22,270			スロバキア	20,250	セントクリストファー・ネービス	18,560	ナウル	19,470
					ギリシャ	20,140	バルバドス	16,720		
	バーレーン	20)19,930			ラトビア	19,370	ウルグアイ	15,800		
					ハンガリー	17,740	トリニダード・トバゴ	15,070		
					クロアチア	17,150	チリ	15,000		
	オマーン	20)15,030			ポーランド	16,670	アンティグア・バーブーダ	14,900	パラオ	20)14,390
			セーシェル	13,260	ルーマニア	14,170	パナマ	14,010		
高中所得国							ベネズエラ	14)13,080		
							コスタリカ	12,310		
	中国	11,890			ロシア	11,600	アルゼンチン	10,050		
	マレーシア	10,930	モーリシャス	10,860	ブルガリア	10,720	セントルシア	9,680		
	トルコ	9,830					グレナダ	9,630		
					モンテネグロ	9,300	メキシコ	9,380		
							ガイアナ	9,380		
	カザフスタン	8,720					キューバ	18)8,630		
	モルディブ	8,400	リビア	8,430	セルビア	8,440	ドミニカ共和国	8,220		
							セントビンセント	8,100		
	タイ	7,260					ドミニカ国	7,760		
	トルクメニスタン	19)7,220	ガボン	7,100			ブラジル	7,720		
			ボツワナ	6,940	ベラルーシ	6,950	ペルー	6,520	ツバル	6,760
			南アフリカ共和国	6,440	ボスニア・ヘルツェゴビナ	6,770	コロンビア	6,160		
			赤道ギニア	5,810	北マケドニア	6,130	エクアドル	5,930		
	イラク	5,040			アルバニア	6,110	パラグアイ	5,340	トンガ	20)5,190
	アゼルバイジャン	4,880			モルドバ	5,460	グアテマラ	4,940	マーシャル諸島	5,050
	ジョージア	4,740			コソボ	4,970	ジャマイカ	4,800	フィジー	4,860
	アルメニア	4,560	ナミビア	4,550			スリナム	4,440		
	ヨルダン	4,480					ベリーズ	4,290		
低中所得国	インドネシア	4,140	エスワティニ	3,680	ウクライナ	4,120	エルサルバドル	4,140		
	スリランカ	3,820	アルジェリア	3,660					ミクロネシア連邦	3,880
	モンゴル	3,760	チュニジア	3,630					サモア	3,860
	フィリピン	3,640	エジプト	3,510						
	ベトナム	3,560	モロッコ	3,350						
	レバノン	3,450	カーボベルデ	3,330			ボリビア	3,360	バヌアツ	3,140
	イラン	20)3,370	ジブチ	3,300					キリバス	20)2,910
	ブータン	20)2,840	コートジボワール	2,450			ホンジュラス	2,540	パプアニューギニア	2,790
	バングラデシュ	2,620	ガーナ	2,360						
	ラオス	2,520	サントメ・プリンシペ	2,280					ソロモン諸島	2,300
	インド	2,170	ナイジェリア	2,100						
			ケニア	2,010			ニカラグア	2,010		
	ウズベキスタン	1,960	アンゴラ	1,770						
	東ティモール	1,940	モーリタニア	1,730						
			コンゴ共和国	1,630						
	カンボジア	1,550	カメルーン	1,590						
	パキスタン	1,500	セネガル	1,540						
			コモロ	1,460						
			ジンバブエ	1,400			ハイチ	1,420		
	ネパール	1,230	ベナン	1,370						
	キルギス	1,180	レソト	1,270						
	タジキスタン	1,150	タンザニア	1,140						
	ミャンマー	1,140	南スーダン	15)1,090						
低所得国			ザンビア	1,040						
			ギニア	1,010	トーゴ	980				
	シリア	18)930	エチオピア	960	マリ	870				
			ブルキナファソ	860	ルワンダ	850				
			ウガンダ	840	ガンビア	800				
	イエメン	20)670	ギニアビサウ	780	スーダン	670				
			チャド	650	マラウイ	630				
			リベリア	620	エリトリア	11)600				
			ニジェール	590	コンゴ民主	580				
			中央アフリカ	530	シエラレオネ	510				
	アフガニスタン	20)500	マダガスカル	500	モザンビーク	480				
	北朝鮮	−	ソマリア	450	ブルンジ	240				

世界銀行区分(2021年)　高所得国：13,205ドル以上，高中所得国：4,256～13,204ドル，低中所得国：1,086～4,255ドル，低所得国：1,085ドル以下

❶世界の国家人口（万人）と国家面積（万km^2）（2021年）

表中数値は人口（面積）　□人口密度100人/km^2以上　□10人/km^2未満

	面積500万km^2以上	面積100万km^2以上	面積50万km^2以上	面積30万km^2以上	面積20万km^2以上
人口一億人以上	中国① 144,407(960) アメリカ合衆国 33,189(983) ブラジル 21,331(851) ロシア [15)]14,409(1,710)	インド 136,717(329) インドネシア 27,268(191) メキシコ 12,897(196) コンゴ民主 10,524(235) エチオピア 10,286(110) エジプト 10,206(100)	パキスタン [17)]20,768(80) ナイジェリア [20)]20,628(92)	日本 12,568(38) フィリピン 11,019(30)	
人口五千万人以上		イラン 8,405(163) 南アフリカ共和国 6,014(122) コロンビア 5,104(114)	トルコ 8,414(78) フランス② 6,765(64) タイ 6,667(51) タンザニア 5,944(95) ミャンマー 5,529(68)	ベトナム 9,850(33) ドイツ 8,315(36) イタリア 5,923(30)	イギリス [20)]6,708(24)
人口三千万人以上	カナダ 3,824(998)	アルゼンチン 4,580(278) スーダン 4,567(185) アルジェリア [20)]4,422(238) サウジアラビア 3,411(221) ペルー 3,303(129) アンゴラ 3,209(125)	ケニア [19)]4,755(59) スペイン 4,732(51) ウクライナ 4,141(60) ベネズエラ [19)]3,206(93) アフガニスタン 3,206(65) モザンビーク 3,083(80) イエメン [20)]3,041(53)	イラク [20)]3,985(44) ポーランド 3,784(31) モロッコ 3,631(45) ウズベキスタン 3,491(45) マレーシア 3,265(33)	ウガンダ 4,288(24) ガーナ [20)]3,095(24)
人口二千万人以上	オーストラリア 2,573(769)	ニジェール [19)]2,194(127) マリ [20)]2,053(124)	マダガスカル 2,817(59)	コートジボワール 2,708(32) カメルーン 2,676(48)	ブルキナファソ 2,150(27)
人口一千万人以上		カザフスタン 1,900(272) チャド [19)]1,569(128) ボリビア 1,184(110)	チリ 1,967(76) ザンビア 1,840(75) ソマリア [15)]1,379(64) 南スーダン [18)]1,232(66)	ジンバブエ 1,655(39) スウェーデン 1,037(44)	ルーマニア 1,920(24) エクアドル 1,775(26) ギニア 1,290(25)
人口五百万人以上		リビア [20)]693(168)		パプアニューギニア 912(46) パラグアイ 735(41) コンゴ共和国 560(34) トルクメニスタン [15)]556(49) フィンランド 556(34) ノルウェー 539(32)	ベラルーシ 930(21) ラオス 733(24) ニュージーランド 512(27)
人口百万人以上		モーリタニア [19)]407(103) モンゴル 338(156)	中央アフリカ [15)]449(62) ナミビア 255(83) ボツワナ 244(58)	オマーン 452(31)	ガボン [15)]194(27)
人口百万人未満					ガイアナ [20)]77(21)

	面積10万km^2以上	面積10万km^2未満			
人口一億人以上	バングラデシュ [20)]16,822(15)				
人口五千万人以上	韓国 5,174(10)				
人口三千万人以上	ネパール 3,037(15)				
人口二千万人以上	北朝鮮 [15)]2,518(12)	スリランカ 2,215(7)			
人口一千万人以上	シリア [15)]1,799(19) セネガル 1,747(20) グアテマラ 1,710(11) カンボジア 1,659(18) ベナン [19)]1,185(11) チュニジア 1,178(16) キューバ 1,114(11) ギリシャ 1,067(13)	マラウイ 1,889(9) オランダ 1,747(4) ルワンダ 1,295(3) ブルンジ 1,257(3) ハイチ [19)]1,157(3) ベルギー 1,155(3) ヨルダン 1,105(9) チェコ 1,070(8)	ドミニカ共和国 1,053(5) ポルトガル 1,029(9) アゼルバイジャン 1,011(9)		
人口五百万人以上	タジキスタン 958(14) ホンジュラス 945(11) ブルガリア 691(11) キルギス 669(20) ニカラグア 666(13)	ハンガリー 973(9) アラブ首長国連邦 [20)]928(7) イスラエル [20)]921(2) オーストリア 893(8) スイス 869(4)	シエラレオネ 829(7) トーゴ [20)]779(6) セルビア 687(8) レバノン [15)]653(1) エルサルバドル 632(2)	デンマーク 585(4) スロバキア 545(5) シンガポール 545(0.1) コスタリカ 516(5) アイルランド 500(7)	
人口百万人以上	リベリア [15)]447(11) エリトリア 355(12) ウルグアイ 354(17)	パナマ 433(8) クウェート 433(2) クロアチア 403(6) ジョージア 370(7) ボスニア・ヘルツェゴビナ [19)]349(5) アルメニア 296(3) アルバニア 282(3) リトアニア 279(7) カタール 274(1)	ジャマイカ [19)]273(1) モルドバ 261(3) ガンビア [19)]221(1) スロベニア 210(2) レソト 207(3) 北マケドニア 206(3) ラトビア 189(6) コソボ [20)]179(1) ギニアビサウ [20)]162(4)	赤道ギニア 150(3) バーレーン [20)]150(0.1) トリニダード・トバゴ 136(1) エストニア 132(5) 東ティモール [19)]128(1) モーリシャス 126(0.2) エスワティニ [20)]118(2) ジブチ 100(2)	
人口百万人未満	スリナム [20)]60(16) アイスランド 36(10)	フィジー 89(2) キプロス 89(1) コモロ [15)]77(0.2) ブータン 75(4) ソロモン諸島 70(3) ルクセンブルク 63(0.3) モンテネグロ 62(1) モルディブ 56(0.03) マルタ 51(0.03) カーボベルデ 49(0.4) ベリーズ 43(2) ブルネイ 42(1)	バハマ [20)]38(1) バヌアツ 30(1) バルバドス 26(0.04) サントメ・プリンシペ 21(0.1) サモア 20(0.3) セントルシア 18(0.1) キリバス [20)]11(0.1) セントビンセント 11(0.04) グレナダ [17)]11(0.03) ミクロネシア連邦 10(0.1) トンガ [20)]9(0.1) セーシェル 9(0.05)	アンティグア・バーブーダ 9(0.04) アンドラ 7(0.05) ドミニカ国 [17)]6(0.1) セントクリストファー・ネービス [15)]5(0.03) マーシャル諸島 [20)]5(0.02) リヒテンシュタイン 3(0.02) サンマリノ 3(0.01) モナコ 3(2.02km^2) クック諸島 [19)]2(0.02) パラオ 1(0.05) ツバル 1(0.003) ナウル [20)]1(0.002)	ニウエ 0.15(0.03) バチカン [18)]0.06(0.44km^2)

①ホンコン，マカオ，台湾を含む　②海外県を含む

世人口'21ほか

❶おもな指標の大陸別割合

世人口'21ほか

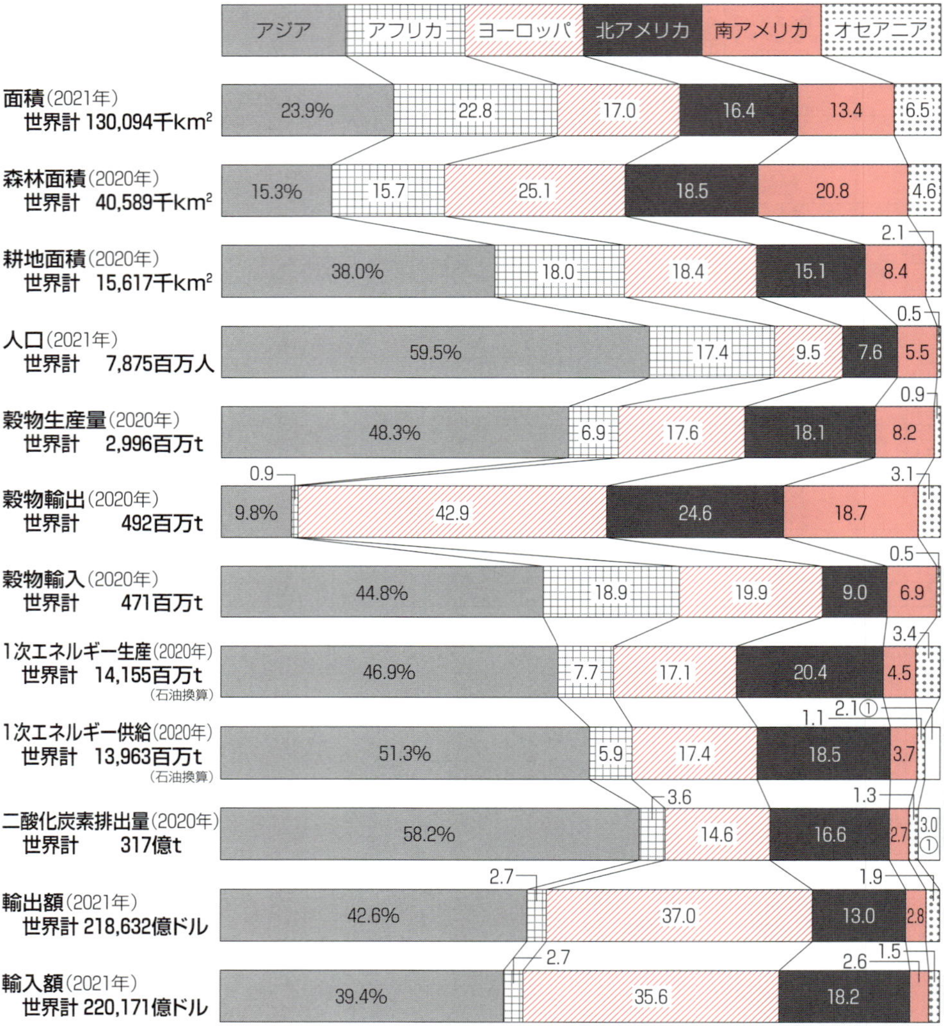

①国際輸送燃料等

さまざまな指標を大陸（地域）別割合で比較すると，地域の特徴が鮮明になる。例えば，人口の割合が面積の割合を上まわれば，世界の平均人口密度（61人／km²）を上まわることになるが，ロシアをヨーロッパに含んだ統計では，このような地域はアジア（面積23.9%，人口59.5%）だけになる。また，仮に１人あたり消費量が同じとすれば，人口割合に比べ生産割合が高い地域は，輸出余力のある地域と考えられる。穀物でみるとヨーロッパ，北アメリカ，オセアニアなどがこれに相当し，この３地域で世界の穀物輸出の70.6%を占めている。１次エネルギー供給は経済的な豊かさと関係するが，人口7.6%の北アメリカが18.5%，人口9.5%のヨーロッパが17.4%を占める一方，人口割合17.4%のアフリカは5.9%にすぎず，その地域格差が顕著であることがわかる。また，地球温暖化の原因物質の一つである二酸化炭素の排出量も地域格差が大きく，北アメリカとヨーロッパの合計で31.2%（人口では17.1%）を占めており，その責任の大きさがわかる。

国家群の比較（世界に占める割合）

※世界計はデータのある国の総合計
　中国の面積・人口はホンコン，マカオ，台湾を含まない

☞ p.122～123

❶GNI（国民総所得）(2021年)

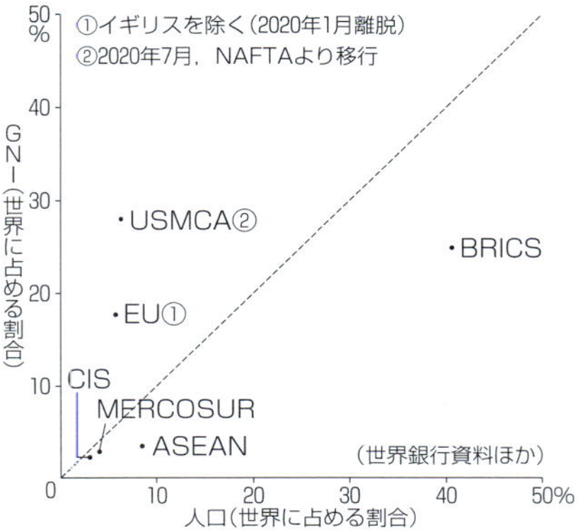

❷輸出額(2021年)

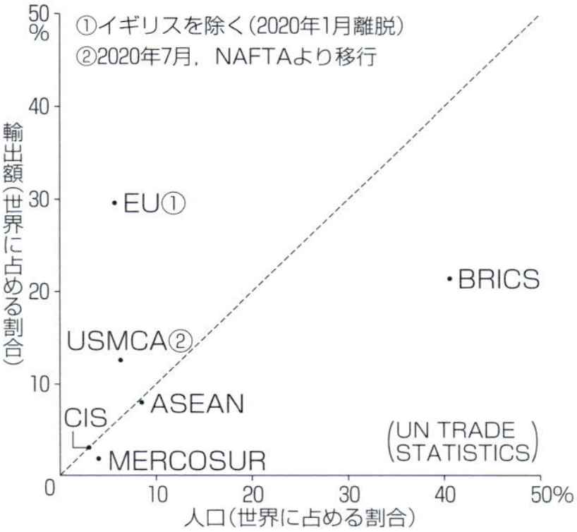

❸面積(2021年)

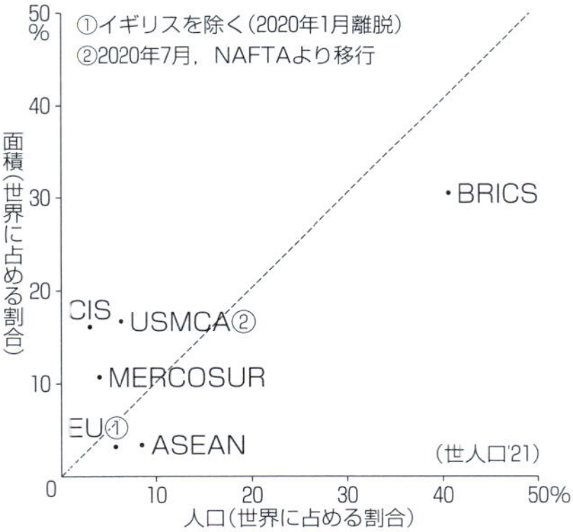

❹１次エネルギー供給量(2020年)

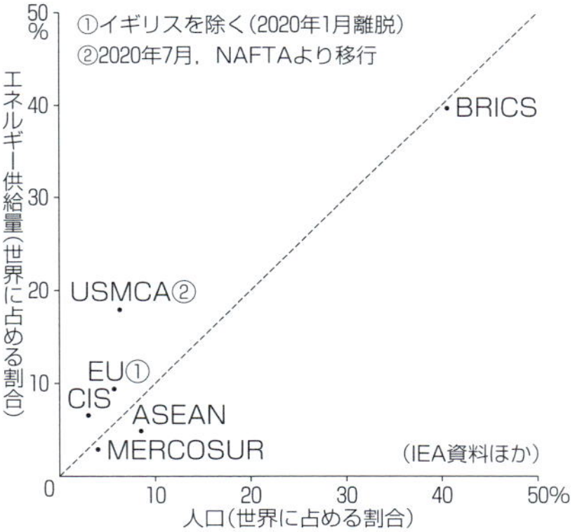

❺おもな国の1人あたり比較(2020～2021年)

FAOSTATほか

国名	農民1人あたり耕地(ha) 2020年	1人1日あたりカロリー①(kcal) 2020年	1人あたり貿易額(千ドル) 2021年	1人あたり国土面積(千m²) 2021年	1人あたり1次エネルギー供給量(t) 2020年	1人あたり穀物生産量(kg) 2020年
日本	1.74	2,679	20)10.2	3.0	3.06	93
中国	0.71	3,344	4.2	②6.6	2.48	431
韓国	1.08	3,443	20)18.9	1.9	5.33	96
インドネシア	1.33	2,924	1.6	7.0	0.85	294
シンガポール	0.06	−	20)128.9	0.1	5.65	−
タイ	1.83	2,855	20)6.6	7.7	1.91	534
マレーシア	5.42	3,010	16.5	10.1	2.85	74
エジプト	0.77	3,326	1.1	9.8	0.86	223
南アフリカ共和国	3.83	2,857	20)2.6	20.3	2.10	315
イタリア	10.03	3,563	19.6	5.1	④2.31	284
イギリス	17.27	3,381	17.2	3.6	2.30	283
スウェーデン	29.94	3,252	36.4	42.3	4.33	577
ドイツ	21.17	3,628	36.7	4.3	3.35	520
フランス	29.10	3,538	19.2	③9.5	⑤3.21	844
ロシア	29.55	3,407	3.9	118.7	5.26	903
アメリカ合衆国	60.74	3,926	14.1	29.6	6.17	1,320
カナダ	133.91	3,583	25.9	261.1	7.46	1,718
メキシコ	3.61	3,174	7.8	15.2	1.39	285
ブラジル	8.00	3,343	2.4	39.9	1.35	593
オーストラリア	89.51	3,422	23.5	299.0	5.10	1,049

①供給熱量　②ホンコン，マカオ，台湾を含む　③海外県を含む
④サンマリノ，バチカンを含む　⑤モナコを含む

❶～❹グラフの原点と結ぶ直線の傾きが１人あたりの値に相当し，傾き１が世界の平均値となる。❶BRICSのGNIは世界に占める割合がEUより大きいが，1人あたりではEUの方が大きい。❸１人あたりの面積は人口密度の逆数である。❹１人あたり1次エネルギー供給量はUSMCAが最も大きく，ASEANが最も小さい。❺１人あたりの数値は国の特徴が表れる。とくに新興工業地域の数値に注目する。エネルギー供給などで，マレーシアは先進国と発展途上国の中間的な値を示す。シンガポールは都市国家で，他に比べて極端な数値になりやすい。

❶世界の生産物重量表(万t／年間，2016～21年　※生産物によって年次は異なる)

FAOSTATほか

	農産物		畜産物・水産物・繊維原料		鉱産物		工業製品	
10億t以上					石炭	702,395		
					原油	361,417	セメント	419,000
	さとうきび	186,972					粗鋼	195,845
	とうもろこし	116,235			鉄鉱石(含有量)	152,000	銑鉄	135,127
1億t以上	小麦	76,093						
	米(もみ)	75,674	牛乳	71,804				
	じゃがいも	35,907			ボーキサイト	39,100	紙・板紙	41,730
	大豆	35,346						
	キャッサバ	30,266	塩	29,000				
	てんさい	25,297						
	トマト	18,682					パルプ	19,157
	大麦	15,703					砂糖(粗糖)	17,281
	バナナ	11,983	鶏肉	11,950			窒素肥料	12,315
	オレンジ類	11,406						
	たまねぎ	10,901	豚肉	10,984				
	すいか	10,162						
1000万t以上	さつまいも	8,949	魚介類	9,142				
	りんご	8,644	鶏卵	8,217				
	ぶどう	7,803			天然硫黄	7,970		
	パーム油	7,588						
	ヤムいも	7,483						
	なたね	7,238						
	キャベツ類	7,086	牛肉	6,788	りん鉱石(含有量)	6,730	アルミニウム(地金)	6,738
	もろこし	5,871					化学繊維	6,495
	落花生	5,364						
	ひまわりの種子	5,023					カリ肥料	4,491
	きび・ひえ・あわ	3,046			クロム鉱(鉱石量)	3,700	りん酸肥料	4,487
	パイナップル	2,782			マグネシウム鉱	2,710	ワイン	2,668
	えん麦	2,518	チーズ	2,595			銅(地金)	2,458
	オリーブ	2,364	綿花	2,420			銅(精製銅)	2,440
	なし	2,311						
	レモン・ライム	2,135			銅鉱石(含有量)	2,040		
	ライ麦	1,502			マンガン鉱(含有量)	1,890	合成ゴム	1,513
	天然ゴム	1,484					亜鉛(地金)	1,383
	タロいも	1,284	バター	1,251	亜鉛鉱(含有量)	1,200	鉛(地金)	1,234
	コーヒー豆	1,069						
100万t以上	なつめやし	945	羊肉	989				
	グレープフルーツ	934						
	茶	702						
	ごま	680						
	葉たばこ	589						
	カカオ豆	576			鉛鉱(含有量)	472		
	コプラ油	261	ジュート	269	ニッケル鉱(含有量)	261	ニッケル(地金)	278
			羊毛(脂付)	178				
10万t以上			亜麻	98				
			生糸(上繭)	66				
					すず鉱(含有量)	26	すず	33
			サイザル麻	21	コバルト鉱(含有量)	14		
1万t以上					タングステン鉱(含有量)	8		
					ウラン	4		
					銀鉱(含有量)	3		
1000t以上					金鉱(含有量)	0.3		
100t以上					プラチナ(白金)族	0.04		
100t未満					ダイヤモンド	0.003		

❶世界の貿易上位相手国（2013～21年）　年次は国により異なる

UN comtradeほか

※	輸出入1位（%，輸出－輸入）	輸出1位（%）	輸入1位（%）
アメリカ合衆国	エルサルバドル 40-27 カナダ 76-49 グアテマラ 32-33 グレナダ 17-39 コスタリカ 44-37 ジャマイカ 47-40 セントクリストファー・ネービス 69-67 セントルシア 34-43 ドミニカ共和国 56-47 トリニダード・トバゴ 42-35 ニカラグア 57-25 バハマ 75-84 バルバドス 19-47 ホンジュラス 33-36 メキシコ 78-44	アイルランド 31 イギリス 13 イスラエル 27 インド 18 エクアドル 24 ガイアナ 42 ガボン 09)59 カンボジア 30 コロンビア 28 スイス 17 スリランカ 25 タイ 15 中国 17 ドイツ 9 ハイチ 97)86 パキスタン 21 パナマ 11 バングラデシュ 19 フィジー 21 フィリピン 16 ベトナム 27 ヨルダン 22	アンティグア・バーブーダ 48 エリトリア 03)16 カタール 16 スリナム 25 セントビンセント 47 ドミニカ国 12)37 パラオ 35 ベネズエラ 23 ベリーズ 36 マーシャル諸島 00)61 ミクロネシア連邦 37
ドイツ	イタリア 13-16 オーストリア 30-40 オランダ 23-17 スロバキア 22-19 セルビア 13-13 チェコ 32-22 デンマーク 13-21 ハンガリー 27-24 フィンランド 13-15 フランス 14-17 ブルガリア 16-12 ポーランド 29-21 ルーマニア 21-20 ルクセンブルク 25-24	北マケドニア 47 スロベニア 17 トルコ 9 ベルギー 17 ボスニア・ヘルツェゴビナ 15 マルタ 17	ギリシャ 11 クロアチア 15 スイス 19 スウェーデン 17 スペイン 11 リトアニア 13
フランス	中央アフリカ 33-17 ニジェール 17-22	コモロ 27 スペイン 15 チュニジア 29 マダガスカル 23	ガボン 09)33 ジブチ 09)31 セネガル 12 チャド 95)41
イギリス		ノルウェー 21 ベリーズ 23	アイルランド 23 北マケドニア 16
日本		カタール 19 キリバス 32 クック諸島 11)59 パラオ 77 ブルネイ 26	
ロシア	アルメニア 27-34 トルクメニスタン 00)41-00)14 ベラルーシ 45-50	リトアニア 11	アゼルバイジャン 18 ウズベキスタン 22 エストニア 12 カザフスタン 35 キルギス 33 タジキスタン 30 モルドバ 15
ブラジル		アルゼンチン 15 パラグアイ 34	ウルグアイ 21
アラブ首長国連邦	オマーン 9-36	アンティグア・バーブーダ 53 ウガンダ 45 ギニア 28 スーダン 28 スリナム 40 タンザニア 17 ブルンジ 32 ボツワナ 22 レバノン 24	イエメン 24 コモロ 19 セーシェル 19
中国	アンゴラ 61-14 イラン 10-25 インドネシア 23-29 ウクライナ 12-16 オーストラリア 34-28 ガーナ 17-18 カメルーン 25-19 韓国 26-23 コンゴ共和国 64-19 コンゴ民主 41-25 サウジアラビア 3-20 シエラレオネ 18-20 シンガポール 14-14 （台湾） 28-22 チリ 39-30 日本 22-26 ニュージーランド 31-24 ブラジル 31-23 ペルー 28-29 （ホンコン） 60-44 マレーシア 16-23 南アフリカ共和国 12-21 ミャンマー 30-29 モンゴル 83-36 ロシア 15-24	ウズベキスタン 12 ウルグアイ 20 カザフスタン 19 ジョージア 15 ソロモン諸島 67 ナミビア 34 モーリタニア 34 アメリカ合衆国 19 アラブ首長国連邦 16 アルジェリア 19 アルゼンチン 21 イギリス 13 イスラエル 18 イラク 28 インド 15 ウクライナ 15 エクアドル 24 エジプト 14 エチオピア 30 カンボジア 37 ギニア 17 キューバ 06)13 クウェート 17 ケニア 21 コートジボワール 17 コロンビア 24 スーダン 17 スリランカ 24 スロベニア 13 タイ 24 タンザニア 25 ドイツ 12 トーゴ 20 トルコ 12 ナイジェリア 25 ノルウェー 13 パキスタン 28 パナマ 23 パラグアイ 30 バングラデシュ 22 フィリピン 23 ブルキナファソ 14 ブルンジ 16 ベトナム 32 ボリビア 21 （マカオ） 32 マダガスカル 25 モーリシャス 18 ヨルダン 16 ルワンダ 20	
インド	ネパール 69-63 ブータン 12)94-12)79	アフガニスタン 47 ギニアビサウ 05)87 ナイジェリア 16 ボリビア 17	ベナン 17
南アフリカ共和国	エスワティニ 65-71 ジンバブエ 39-49 モザンビーク 21-29 レソト 33-71	マリ 37 モーリシャス 14	ザンビア 33 ナミビア 36 ボツワナ 59 マラウイ 21
オーストラリア	パプアニューギニア 12)36-12)34		ソロモン諸島 18 バヌアツ 11)30

※1位相手国

世界の農畜産物生産1

FAOSTAT

❶ 米，小麦，とうもろこしの生産国(上位10か国)(2020年)

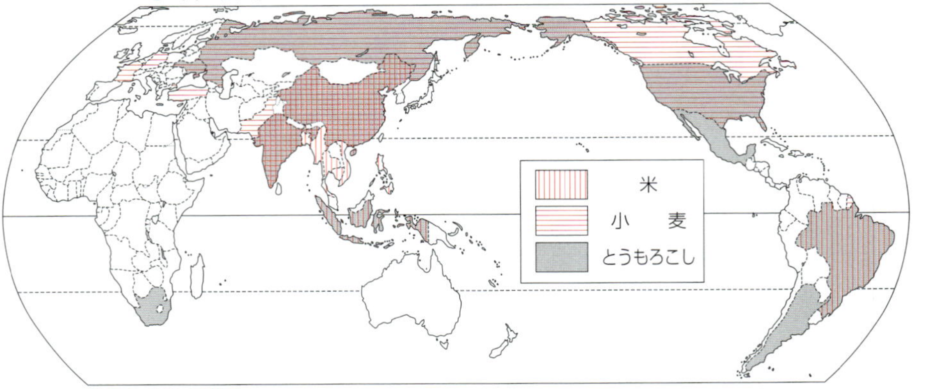

数値データはp.54参照

❷ ライ麦，てんさい，じゃがいもの生産国(上位10か国)(2020年)

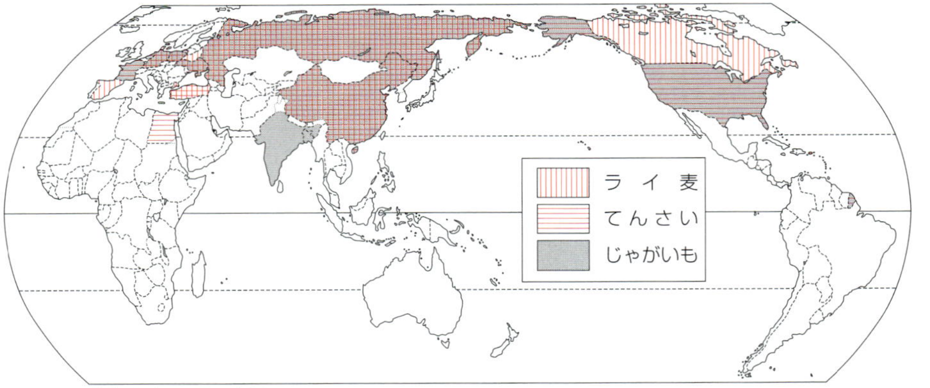

数値データはp.55, 56参照

❸ コーヒー豆，さとうきびの生産国(上位10か国)(2020年)

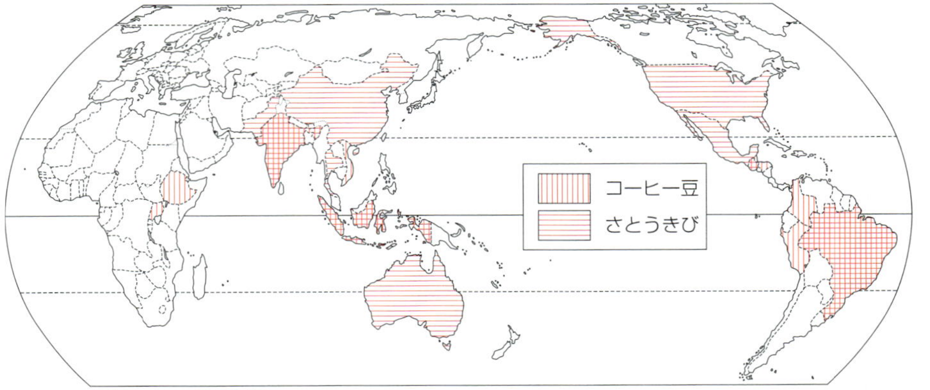

数値データはp.56, 57参照

世界の農畜産物生産2

FAOSTAT

❶ カカオ豆，パーム油，天然ゴムの生産国(上位10か国)(2020年)

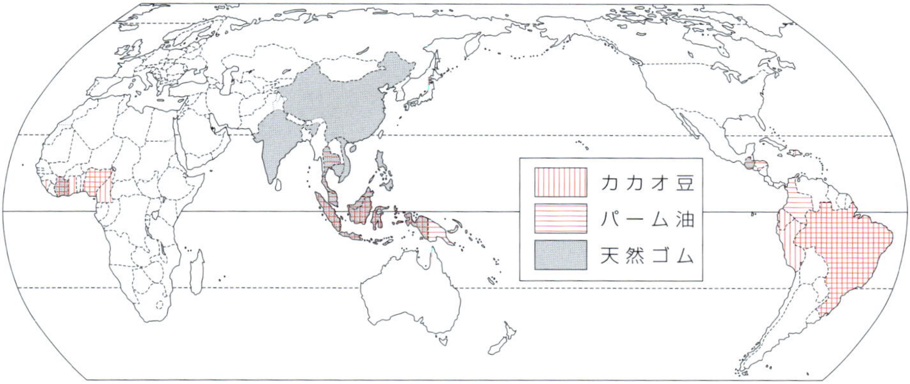

数値データはp.57, 60参照

❷ 牛，豚，羊の飼養頭数(上位10か国)(2020年)

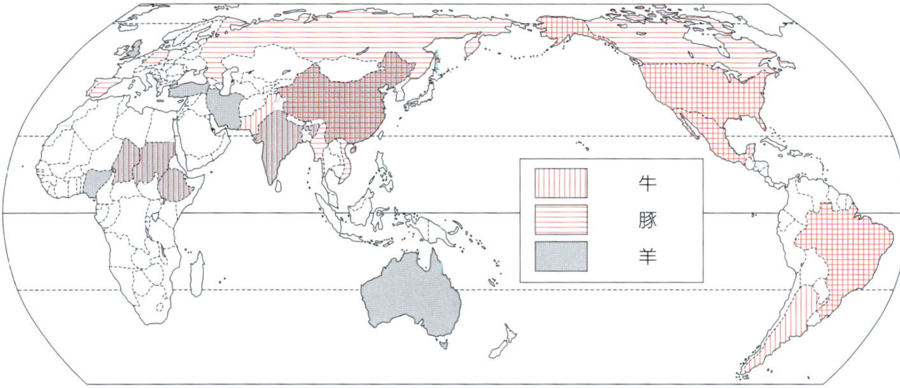

数値データはp.61参照

多くの人口を養うには多くの食料が必要である。とくに重要な三大穀物(小麦，米，とうもろこし)のいずれの生産でも上位に登場するのは人口大国の中国とインドである。フランスは人口6,800万(海外県を含む)程度だが，小麦，とうもろこしともに10位前後にあり，西ヨーロッパ最大の農業国で世界有数の穀物輸出国でもある。人口１億以上で三大穀物の生産上位にないのがナイジェリアと日本であるが，米の生産では15位以内に入る。熱帯多雨地域ではモンスーンアジアの米を除き穀物の生産は振るわず，キャッサバなどのいも類が重要な食料となる。

農作物にはそれぞれの栽培条件があり，とりわけ気候的制約が大きい。ライ麦，てんさい，じゃがいもの生産はD気候の地域が中心で，ヨーロッパ北部，旧ソ連構成国，中国，アングロアメリカが多い。とくに，三大穀物では小麦以外振るわないロシア周辺の地域で重要な作物である。

プランテーション作物は南北回帰線にはさまれた熱帯が中心であるが，乾季を必要とするコーヒー，さとうきびの生産はAw気候，高温多雨が条件のカカオ，パーム油，天然ゴムはAf気候の地域に生産地が多い。このため，後者の生産上位国は赤道に近い地域に集中する。

家畜のなかで，とくに飼育頭数の多い牛，羊，豚の保有頭数のいずれでも上位にあるのは中国である。アメリカ合衆国，ブラジル，ロシアでは，羊はあまり多くない。宗教上のタブーもあり，西アジア～北アフリカのイスラーム圏では豚はほとんどみられない。

世界の鉱産資源生産

ミネラルズほか

❶ 石炭，原油の生産国（上位10か国）（石炭：2019年，原油：2020年）

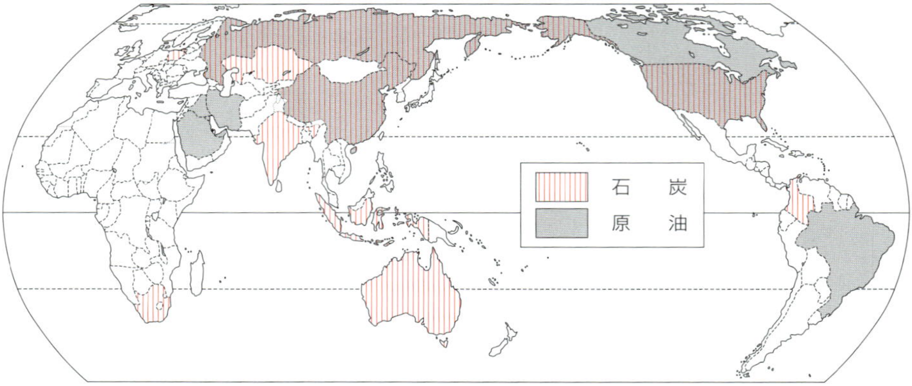

数値データはp.79, 80参照

❷ 鉄鉱石，ボーキサイトの生産国（上位10か国）（2020年）

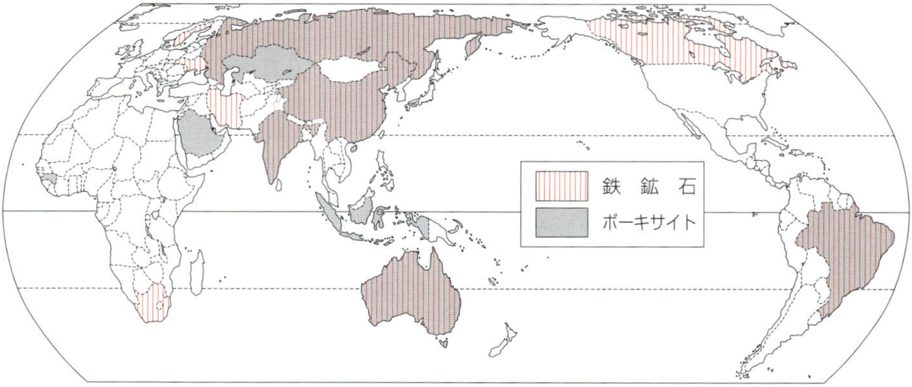

数値データはp.86, 87参照

鉱産資源の埋蔵は地質や地形との関係が大きく，造山運動の時期による陸地の大区分と関連させて覚えておくとよい。

石炭は，古生代に出現した陸生植物が長い年月を経て炭化したもので，古生代の造山運動で加熱・加圧による炭化が進んだ古期造山帯に大規模な炭田が分布する傾向にある。南半球では，古期造山帯に属するドラケンスバーグ山脈のある南アフリカ共和国，グレートディヴァイディング山脈のあるオーストラリアの石炭生産が多いが，南アメリカには有力な炭田が少ない。

原油は，海底に堆積したプランクトンの遺骸がもとになっていて，それが地層中に閉じ込められ，集積し，さらに加熱されて変成したものである。このような条件がみられるのは，プレート境界の変動帯に沿った地域に比較的多いとされるが，おもな産地の分布は個別に把握しておきたい。

金属資源のうち，鉄鉱石は先カンブリア時代の浅い海底に堆積した酸化鉄がもとになっているものが多く，世界的に大規模な鉄山は安定陸塊，特に古い岩石が露出している楯状地の地域に集中している。ゴンドワナランド，ローレンシア，フェノサルマチア，シナなど古大陸（安定陸塊）の分布と重ねてみるとよい。

ボーキサイトは酸化アルミニウム（Al_2O_3）を多く含む鉱物である。酸化アルミニウムは水に溶けにくいため，降水量が多く水に溶ける成分が流しさられた土壌に，残留・集積して形成されることが多く，ボーキサイトの産地は熱帯のラトソルの分布する地域に多い。

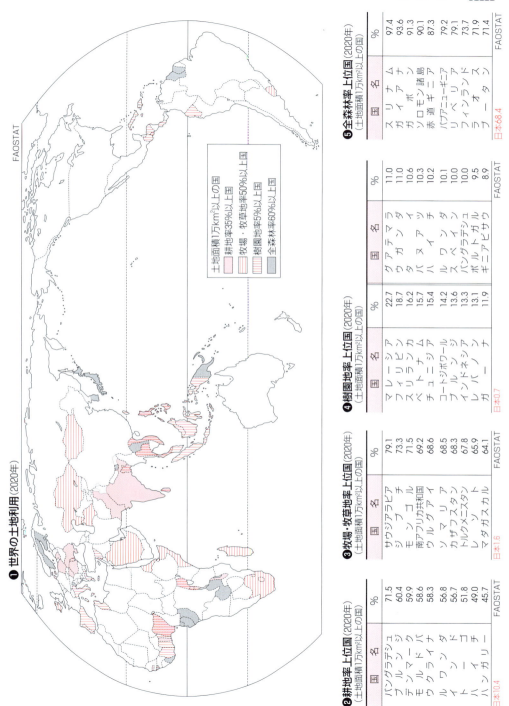

❶ 世界の土地利用（2020年）

FAOSTAT

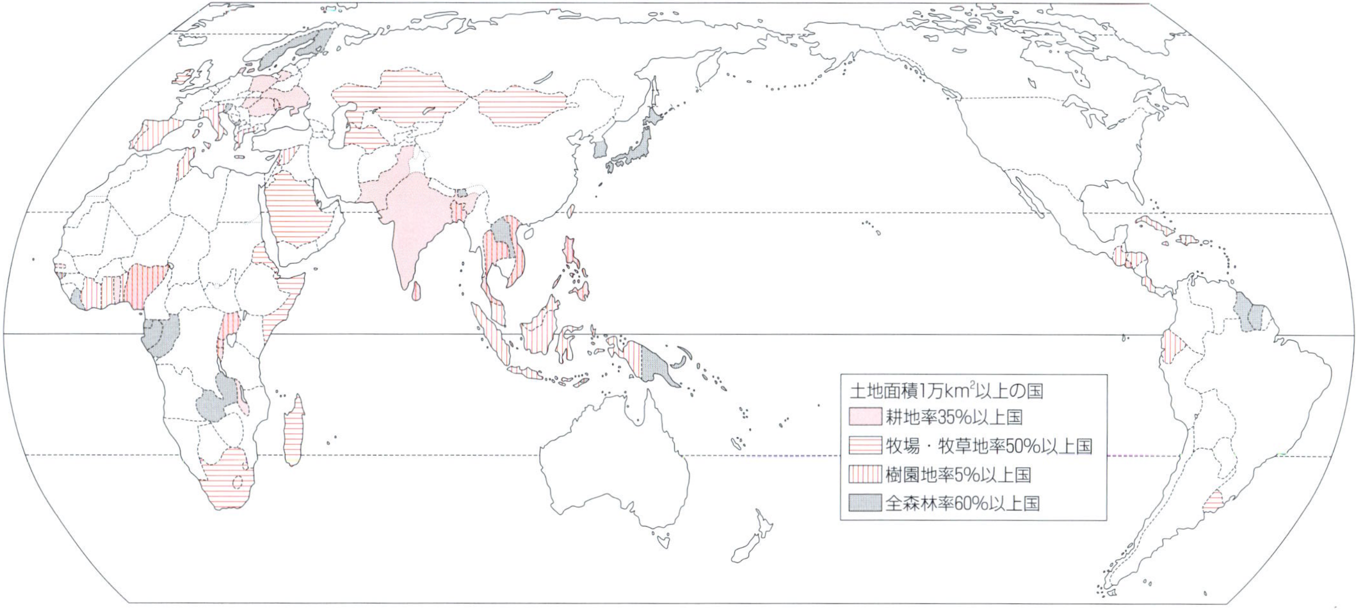

❷耕地率上位国（2020年）
（土地面積1万km²以上の国）

国名	%
バングラデシュ	71.5
ブルンジ	60.4
デンマーク	59.9
モルドバ	58.6
ウクライナ	58.3
ルワンダ	56.8
インド	56.7
トーゴ	51.8
ハイチ	49.0
ハンガリー	45.7

日本10.4　FAOSTAT

❸牧場・牧草地率上位国（2020年）
（土地面積1万km²以上の国）

国名	%
サウジアラビア	79.1
ジブチ	73.3
モンゴル	71.5
南アフリカ共和国	69.2
ウルグアイ	68.6
ソマリア	68.5
カザフスタン	68.3
トルクメニスタン	67.8
レソト	65.9
マダガスカル	64.1

日本1.6　FAOSTAT

❹樹園地率上位国（2020年）
（土地面積1万km²以上の国）

国名	%	国名	%
マレーシア	22.7	グアテマラ	11.0
フィリピン	18.7	ウガンダ	11.0
スリランカ	16.2	タイ	10.6
ベトナム	15.7	バヌアツ	10.3
チュニジア	15.4	ハイチ	10.2
コートジボワール	14.2	ルワンダ	10.1
ブルンジ	13.6	スペイン	10.0
インドネシア	13.3	バングラデシュ	10.0
レバノン	13.1	ポルトガル	9.5
ガーナ	11.9	ギニアビサウ	8.9

日本0.7　FAOSTAT

❺全森林率上位国（2020年）
（土地面積1万km²以上の国）

国名	%
スリナム	97.4
ガイアナ	93.6
ガボン	91.3
ソロモン諸島	90.1
赤道ギニア	87.3
パプアニューギニア	79.2
リベリア	79.1
フィンランド	73.7
ラオス	71.9
ブータン	71.4

日本68.4　FAOSTAT

❶ 日本の産業別人口構成(2020年)

国勢調査報告2020

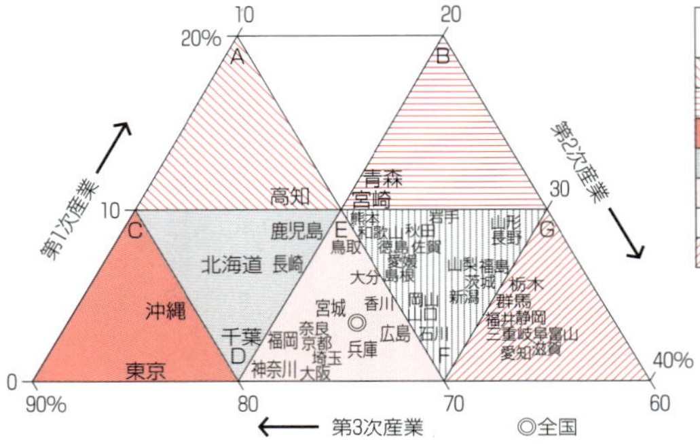

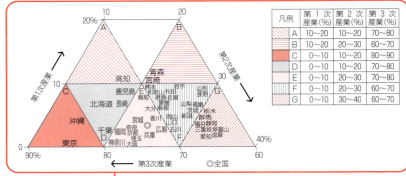

凡例		第 1 次産業(%)	第 2 次産業(%)	第 3 次産業(%)
	A	10〜20	10〜20	70〜80
	B	10〜20	20〜30	60〜70
	C	0〜10	10〜20	80〜90
	D	0〜10	10〜20	70〜80
	E	0〜10	20〜30	70〜80
	F	0〜10	20〜30	60〜70
	G	0〜10	30〜40	60〜70

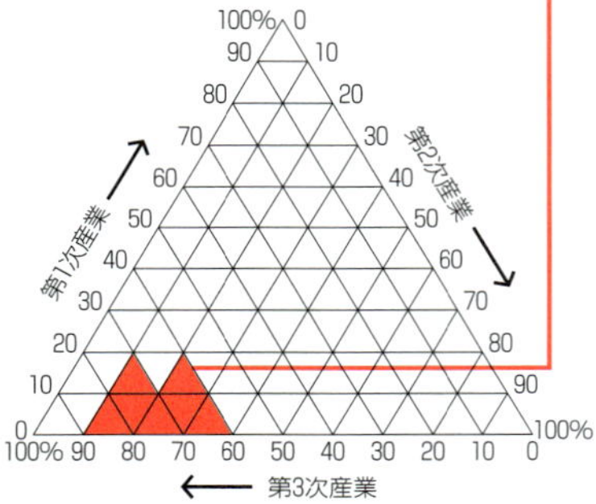

人口に関する統計指標は互いに関係しているものが多い。一般に流動人口は雇用機会が多い地域へ移動しその中心は若年層である。このため，大都市圏では東京圏の郊外地域，地方圏では札幌・仙台・広島・福岡など地方中枢都市が人口流入地域で，社会増加率に加え，自然増加率も高く，人口増加率の高い地域が多い。

産業別人口構成では，東海から北陸にかけての地域が，2次産業の割合が高く3次産業の割合が低いこと，地方中枢都市を含む県は，2次産業の割合が低く3次産業割合が高いことに注目してほしい。

❷ 都道府県別産業別人口構成(2020年)

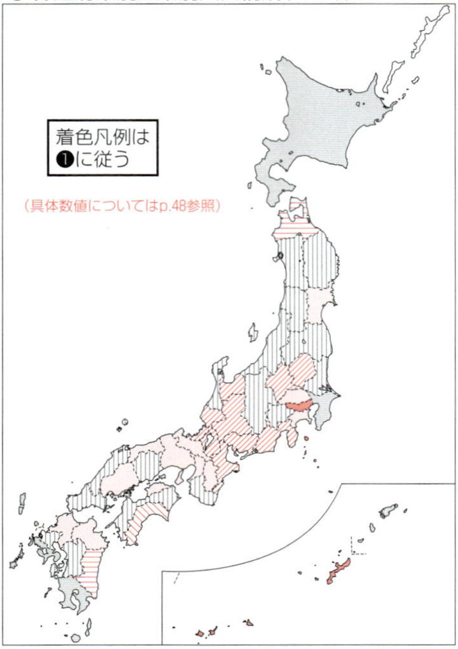

国勢調査報告2020

❸ 都道府県別都市人口率(2022年)

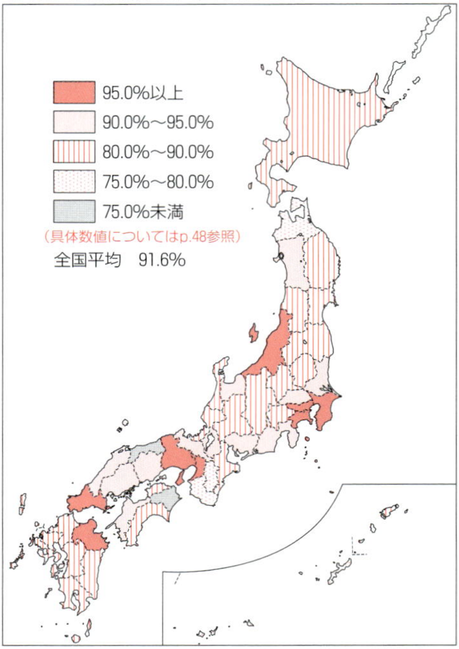

住民基本台帳人口・世帯数表2022

❶ 都道府県別人口増減率(2015-20年)

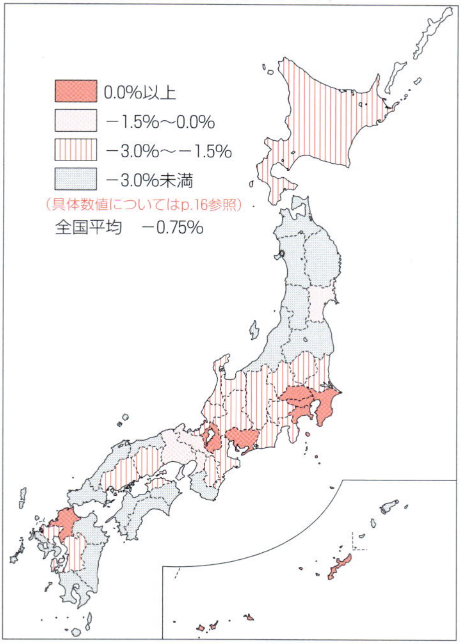

令和2年国勢調査

❷ 都道府県別在留外国人数(2021年)

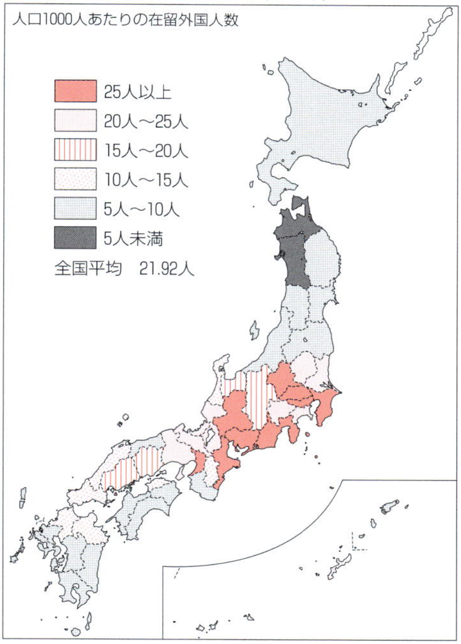

住民基本台帳人口・世帯数表2022ほか

❸ 都道府県別製造品出荷額(2020年)

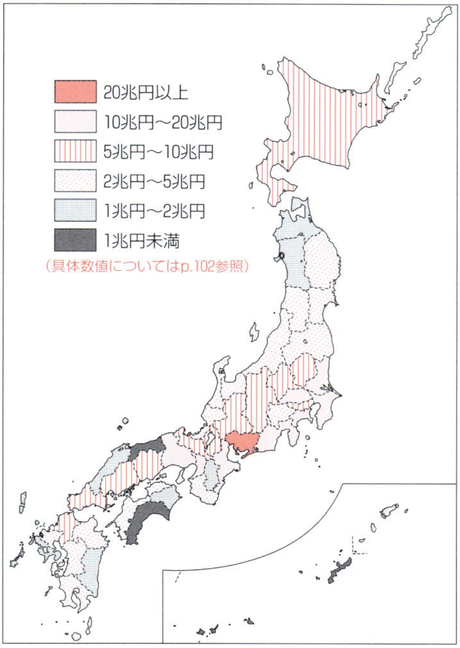

経済センサス'21

❹ 都道府県別小売業年間販売額(2019年)

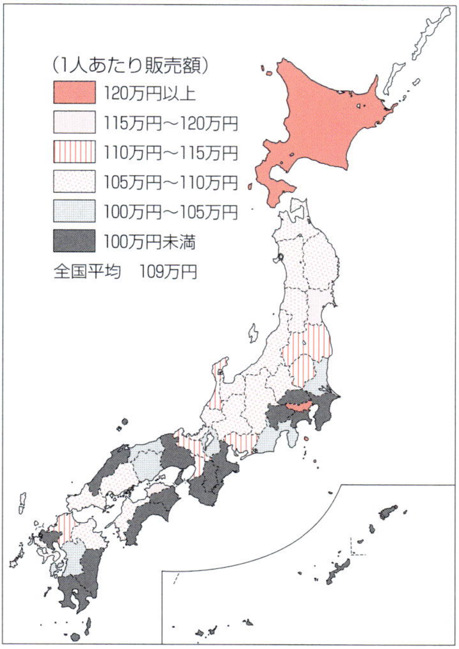

2020年経済構造実態調査ほか

❶日本の貿易額・貿易収支の推移

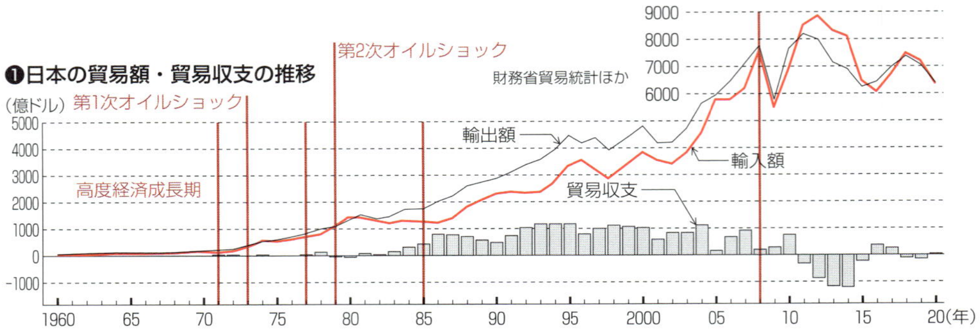

❷円の為替レートの推移（１ドルあたり円）

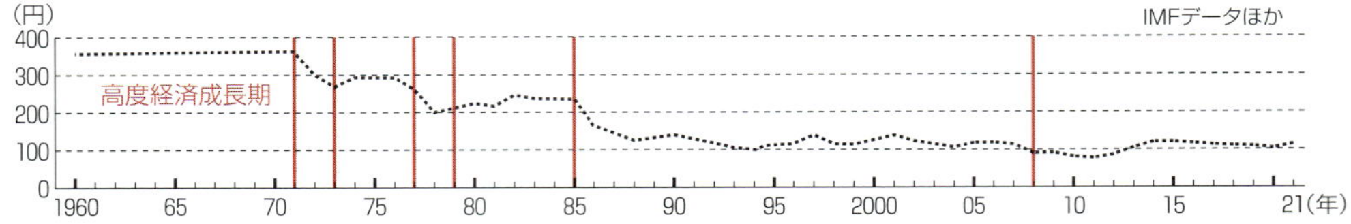

❸日本の工業製品生産量の推移

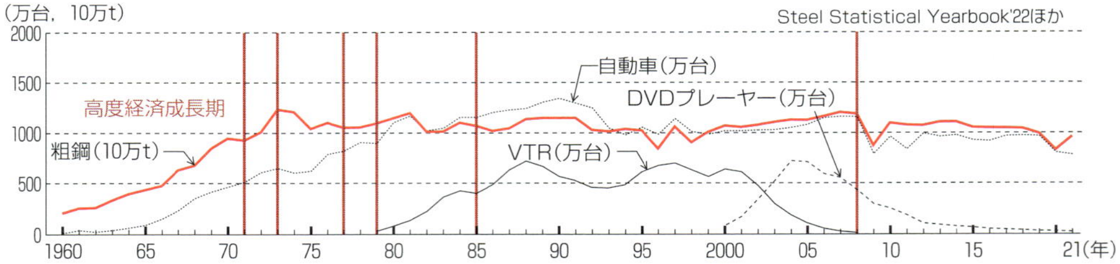

❹日本の漁獲量の推移

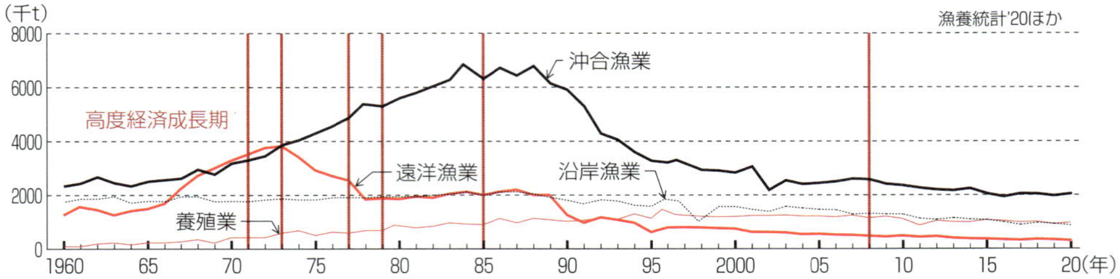

❺日本の食料自給率の推移

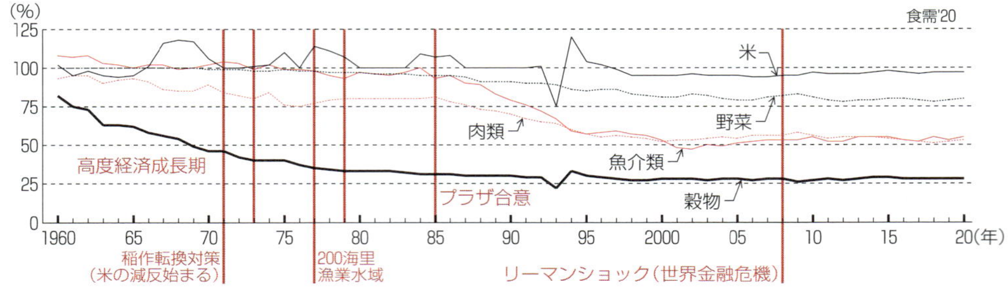

目　　次

細部については p.3-5 の用語別目次を参照

用語別目次（タイトル中の○は該当用語が入る）

覚えておきたい統計の読み方と数値

人口

p.39～48に詳しく掲載

❶世界の人口

世人口'21

	国名	人口(万人) 2021年
	世界	**787,496**
1	中国	144,407
2	インド	136,717
3	アメリカ合衆国	33,189
4	インドネシア	27,268
5	ブラジル	21,331
6	パキスタン	17)20,768
7	ナイジェリア	20)20,628
8	バングラデシュ	20)16,822
9	ロシア	15)14,409
10	メキシコ	12,897
11	日本	12,568
12	フィリピン	11,019
13	コンゴ民主	10,524
14	エチオピア	10,286
15	エジプト	10,206
16	ベトナム	9,850

❷世界の地域別人口

世人口'21ほか

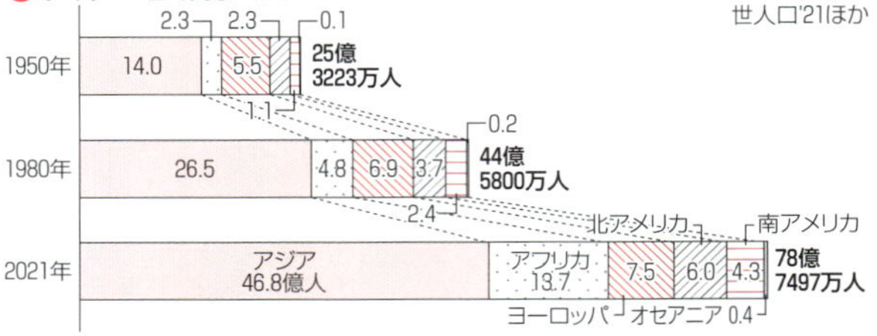

世界の総人口は約79億。人口分布は不均等で，人口１億以上の国はアジアに多く，人口上位国には発展途上国が多い。世界の総人口は，1950年の約25億からその後およそ65年で３倍になり，現在も増え続けている。地域別では，アジアがほぼ６割を占める。

❸おもな国の年齢別人口構成

世人口'20ほか

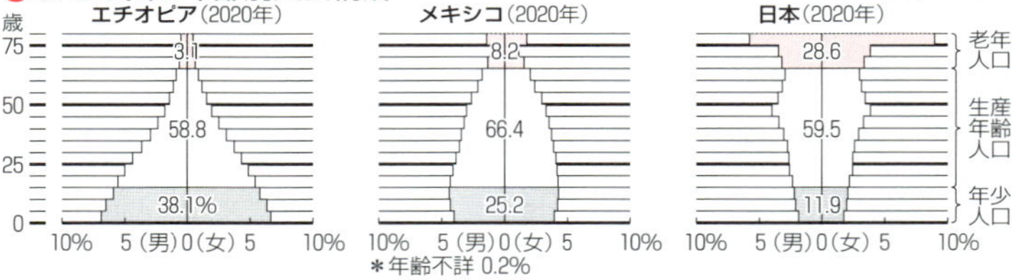

人口ピラミッドは，発展途上国では，出生率・死亡率とも高いため富士山型になる(エチオピア)。先進国では出生率低下が続き，つぼ型になる(日本)。

農業

p.52～72に詳しく掲載

❹米(もみ)の生産(万t)

国名	2020
世界	**75,674**
中国	21,186
インド	17,831
バングラデシュ	5,491
インドネシア	5,465
ベトナム	4,276

FAOSTAT

❺小麦の生産(万t)

国名	2020
世界	**76,093**
中国	13,425
インド	10,759
ロシア	8,590
アメリカ合衆国	4,969
カナダ	3,518

FAOSTAT

❻とうもろこしの生産(万t)

国名	2020
世界	**116,235**
アメリカ合衆国	36,025
中国	26,067
ブラジル	10,396
アルゼンチン	5,840
ウクライナ	3,029

FAOSTAT

❼米の輸出(万t)

国名	2020
世界	**4,559**
インド	1,446
ベトナム	569
タイ	567
パキスタン	394
アメリカ合衆国	279

FAOSTAT

❽小麦の輸出(万t)

国名	2020
世界	**19,853**
ロシア	3,727
アメリカ合衆国	2,613
カナダ	2,611
フランス	1,979
ウクライナ	1,806

FAOSTAT

❾とうもろこしの輸出(万t)

国名	2020
世界	**19,289**
アメリカ合衆国	5,184
アルゼンチン	3,688
ブラジル	3,443
ウクライナ	2,795
ルーマニア	565

FAOSTAT

❿綿花の生産(万t)

国名	2020
世界	**2,420**
インド	613
中国	591
アメリカ合衆国	318
ブラジル	276
パキスタン	120

FAOSTAT

⓫牛肉の生産(万t)

国名	2020
世界	**6,788**
アメリカ合衆国	1,236
ブラジル	1,010
中国	603
アルゼンチン	317
オーストラリア	237

FAOSTAT

⓬豚肉の生産(万t)

国名	2020
世界	**10,984**
中国	4,113
アメリカ合衆国	1,285
ドイツ	512
スペイン	500
ブラジル	448

FAOSTAT

三大穀物のうち，米，小麦はおもに主食としての需要が多い。
とうもろこしは飼料として，近年は食肉需要の増加とバイオエタノールの原料としての需要が多い。このため，米，小麦の生産量を上まわり生産量が11億ｔをこえる。
米は９割がアジアで生産され，輸出ではインド，ベトナム，タイが上位を占める。
小麦は，中国，インドでの生産が多く，輸出はロシア，アメリカ合衆国，カナダが多い。
とうもろこしは生産・輸出ともアメリカ合衆国やブラジルが上位となる。
牛肉生産はアメリカ合衆国が首位。ブラジルの伸びに注目！ 豚肉生産は中国が世界の４割近くを占める。

鉱工業・エネルギー

p.78～104に詳しく掲載

❶原油の生産量（万t）

国名	2020
世界	**361,417**
アメリカ合衆国	55,805
ロシア	48,221
サウジアラビア	46,047
イラク	19,945
中国	19,477

IEA資料

❷石炭の生産量（百万t）

国名	2019
世界	**7,024**
中国	①3,846
インド	731
インドネシア	616
オーストラリア	434
ロシア	358

①褐炭・亜炭を含む　世エネ'19

❸天然ガスの生産量（億m³）

国名	2020
世界	**39,963**
アメリカ合衆国	9,485
ロシア	7,220
イラン	2,327
中国	1,925
カナダ	1,835

IEA資料

❹原油の供給（消費）量（万t）

国名	2020
世界	**365,478**
中国	69,970
アメリカ合衆国	68,246
ロシア	24,769
インド	22,675
韓国	13,220

IEA資料

❺石炭の供給（消費）量（万t）

国名	2019
世界	**686,763**
中国	①405,537
インド	100,215
アメリカ合衆国	21,406
日本	18,766
南アフリカ共和国	18,283

①褐炭・亜炭を含む　世エネ'19

❻天然ガスの消費量（億m³）

国名	2020
世界	**39,077**
アメリカ合衆国	8,611
ロシア	4,813
中国	3,218
イラン	2,122
カナダ	1,289

IEA資料

❼鉄鋼（粗鋼）の生産量（万t）

国名	2021
世界	**195,845**
中国	103,279
インド	11,820
日本	9,634
アメリカ合衆国	8,579
ロシア	7,702

Steel Statistical Yearbook'22

❽自動車の生産（千台）

国名	2020
世界	**77,712**
中国	25,225
アメリカ合衆国	8,821
日本	8,068
ドイツ	3,743
韓国	3,507

国際自動車工業連合会資料

❾船舶の生産（千総トン）

国名	2021
世界	**60,780**
中国	26,863
韓国	19,687
日本	10,726
フィリピン	643
イタリア	499

UNCTADSTAT

原油は，埋蔵量の偏在性が大きく，5割近くを中東が占める。原油生産量はアメリカ合衆国，ロシア，サウジアラビアが多い。アメリカ合衆国は生産が多い一方，供給（消費）量も多いため，原油輸入で世界第2位である。
石炭は，埋蔵量が豊富で偏在性が小さく，石油危機以降は，供給（消費）量も拡大している。石炭生産量は中国が世界生産量の5割以上を占めることに注意！
天然ガスは，環境負荷が小さいため，石油代替エネルギーとして，需要が増加している。アメリカ合衆国とロシアでの生産が多く，とくにアメリカ合衆国では，地中の頁岩から採取するシェールガスの開発が進められている。

貿易・経済

p.109～121に詳しく掲載

❿世界の国内総生産（GDP）（2021年）世界銀行資料

国名	GDP（億ドル）	%	1人あたりGDP（ドル）
世界	**961,001**	**100**	**12,263**
アメリカ合衆国	229,961	23.9	69,288
中国	177,341	18.5	12,556
日本	49,374	5.1	39,285
ドイツ	42,231	4.4	50,802
イギリス	31,869	3.3	47,334
インド	31,734	3.3	2,277
フランス	29,375	3.1	43,519
イタリア	20,999	2.2	35,551
カナダ	19,908	2.1	52,051
韓国	17,985	1.9	34,758
ロシア	17,758	1.8	12,173
ブラジル	16,090	1.7	7,519
オーストラリア	15,427	1.6	59,934
スペイン	14,253	1.5	30,116
メキシコ	12,930	1.3	9,926
インドネシア	11,861	1.2	4,292
オランダ	10,180	1.1	58,061
サウジアラビア	8,335	0.9	23,586

⓫おもな国の貿易額（2021年，百万ドル）UN TRADE STATISTICSほか

国名	貿易総額	輸出	輸入	貿易収支
中国	6,047,089	3,368,232	2,678,857	689,375
アメリカ合衆国	4,599,008	1,758,586	2,840,422	−1,081,836
ドイツ	2,710,809	1,460,058	1,250,750	209,308
オランダ	1,593,978	836,312	757,666	78,646
日本	1,524,902	756,166	768,736	−12,569
（ホンコン）	1,385,794	671,993	713,802	−41,809
フランス	1,299,339	585,036	714,303	−129,267
韓国	1,259,494	644,400	615,093	29,307
イタリア	1,160,855	610,284	550,571	59,714
イギリス	1,116,806	456,856	659,950	−203,094
ベルギー	1,055,491	545,283	510,208	35,076
メキシコ	1,015,144	495,378	519,766	−24,388
カナダ	981,588	499,891	481,697	18,193
インド	970,934	394,822	576,111	−181,289
シンガポール	936,937	495,473	441,464	54,009
（台湾）	827,873	446,379	381,494	64,885
ロシア	804,120	506,788	297,333	209,455
スペイン	802,669	384,459	418,210	−33,751
ポーランド	676,249	337,908	338,341	−432
タイ	536,066	262,592	273,474	−10,882

日本のGDPは，OECD加盟国ではアメリカ合衆国につぐが，2010年には高度経済成長が続く中国が日本を上まわった。上位にはEU諸国などOECD加盟国が連なる。BRICS諸国の経済成長は著しく，カナダや韓国なみに規模が拡大しているが，1人あたりGDPでは依然として先進国との差は大きい。
輸出額は2009年，中国が世界最大となった。輸入額はアメリカ合衆国が首位だが，中国がのびている。貿易収支（輸出額－輸入額）では，アメリカ合衆国の入超額が大きく（貿易赤字），中国，ロシア，ドイツの出超額が大きい（貿易黒字）。

主要統計一覧表

大学入学試験頻出！　主要統計一覧表

1 地域別国家人口（2021年，万人）　赤数字%は世界の人口に占める割合

世人口'21ほか

	アジア 59.4%	アフリカ 17.2%	ヨーロッパ 9.5%	南北アメリカ 13.1%	オセアニア 0.5%
一億人以上	中国① 144,407 インド 136,717 **ASEAN② 66,577** インドネシア 27,268 パキスタン 17) 20,768 バングラデシュ 20) 16,822 日本 12,568 フィリピン 11,019	ナイジェリア 20) 20,628 コンゴ民主 10,524 エチオピア 10,286 エジプト 10,206	EU③ 44,703 ロシア 15) 14,409	**USMCA④ 49,910** アメリカ合衆国 33,189 **MERCOSUR⑤ 31,390** ブラジル 21,331 メキシコ 12,897	
五千万人以上	ベトナム 9,850 トルコ 8,414 イラン 8,405 タイ 6,667 ミャンマー 5,529 韓国 5,174	南アフリカ共和国 6,014 タンザニア 5,944	ドイツ 8,315 フランス⑥ 6,765 イギリス 20) 6,708 イタリア 5,923	コロンビア 5,104	
三千万人以上	イラク 20) 3,985 ウズベキスタン 3,491 サウジアラビア 3,411 マレーシア 3,265 アフガニスタン 3,206 イエメン 20) 3,041 ネパール 3,037	ケニア 19) 4,755 スーダン 4,567 アルジェリア 20) 4,422 ウガンダ 4,288 モロッコ 3,631 アンゴラ 3,209 ガーナ 20) 3,095 モザンビーク 3,083	スペイン 4,732 ウクライナ 4,141 ポーランド 3,784	アルゼンチン 4,580 カナダ 3,824 ペルー 3,303 ベネズエラ 19) 3,206	
二千万人以上	北朝鮮 15) 2,518 スリランカ 2,215	マダガスカル 2,817 コートジボワール 2,708 カメルーン 2,676 ニジェール 19) 2,194 ブルキナファソ 2,150 マリ 20) 2,053			オーストラリア 2,573
一千万人以上	カザフスタン 1,900 シリア 15) 1,799 カンボジア 1,659 ヨルダン 1,105 アゼルバイジャン 1,011	マラウイ 1,889 ザンビア 1,840 セネガル 1,747 ジンバブエ 1,655 チャド 19) 1,569 ソマリア 15) 1,379 ルワンダ 1,295 ギニア 1,290 ブルンジ 1,257 南スーダン 18) 1,232 ベナン 19) 1,185 チュニジア 1,178	ルーマニア 1,920 オランダ 1,747 ベルギー 1,155 チェコ 1,070 ギリシャ 1,067 スウェーデン 1,037 ポルトガル 1,029	チリ 1,967 エクアドル 1,775 グアテマラ 1,710 ボリビア 1,184 ハイチ 19) 1,157 キューバ 1,114 ドミニカ共和国 1,053	
五百万人以上	タジキスタン 958 アラブ首長国連邦 20) 928 イスラエル 20) 921 （ホンコン） 741 ラオス 733 キルギス 669 レバノン 15) 653 トルクメニスタン 15) 556 シンガポール 545	シエラレオネ 829 トーゴ 20) 779 リビア 20) 693 コンゴ共和国 560	ハンガリー 973 ベラルーシ 930 オーストリア 893 スイス 869 ブルガリア 691 セルビア 687 デンマーク 585 フィンランド 556 スロバキア 545 ノルウェー 539 アイルランド 500	ホンジュラス 945 パラグアイ 735 ニカラグア 666 エルサルバドル 632 コスタリカ 516	パプアニューギニア 912 ニュージーランド 512
百万人以上	オマーン 452 クウェート 433 ジョージア 370 モンゴル 338 アルメニア 296 カタール 274 バーレーン 20) 150 東ティモール 19) 128	中央アフリカ 15) 449 リベリア 15) 447 モーリタニア 19) 407 エリトリア 355 ナミビア 255 ボツワナ 244 ガンビア 19) 221 レソト 207 ガボン 15) 194 ギニアビサウ 20) 162 赤道ギニア 150 モーリシャス 126 エスワティニ 20) 118 ジブチ 100	クロアチア 403 ボスニア・ヘルツェゴビナ 19) 349 アルバニア 282 リトアニア 279 モルドバ 261 スロベニア 210 北マケドニア 206 ラトビア 189 コソボ 20) 179 エストニア 132	パナマ 433 ウルグアイ 354 ジャマイカ 19) 273 トリニダード・トバゴ 136	
百万人未満	キプロス 89 ブータン 75 （マカオ） 68 モルディブ 56 ブルネイ 42	コモロ 15) 77 カーボベルデ 49 サントメ・プリンシペ 21 セーシェル 9	ルクセンブルク 63 モンテネグロ 62 マルタ 51 アイスランド 36 アンドラ 7 リヒテンシュタイン 3 モナコ 3 サンマリノ 3 バチカン 18) 0.06	ガイアナ 20) 77 スリナム 20) 60 ベリーズ 43 バハマ 20) 38 バルバドス 26 セントルシア 18 グレナダ 17) 11 セントビンセント 11 アンティグア・バーブーダ 9 ドミニカ国 17) 6 セントクリストファー・ネービス 15) 5	フィジー 89 ソロモン諸島 70 バヌアツ 30 サモア 20 キリバス 20) 11 ミクロネシア連邦 10 トンガ 20) 9 マーシャル諸島 20) 5 クック諸島 19) 2 パラオ 1 ナウル 20) 1 ツバル 1 ニウエ 0.15

人口の多い国はモンスーンアジアに集中していて，1億以上の人口をもつ15か国のうち，7か国がアジアの国である。

オセアニア以外の各地域に人口1億をこえる国が一つ以上存在する。西ヨーロッパの主要4か国（独仏英伊）はいずれも人口5000万をこえている。

①ホンコン，マカオ，台湾を含む　②ASEAN10か国　③EU27か国（2020年1月に離脱したイギリスは含んでいない）　④USMCA3か国（2020年7月，NAFTAより移行）　⑤MERCOSURはボリビア（加盟国の批准手続き中），ベネズエラ（加盟資格停止中）を含む6か国　⑥海外県を含む

p.8 1 地域別国家人口：人口は地域によるかたよりが大きく，アジアは面積では世界の24%だが，人口では約60%を占める。南北アメリカ，オセアニアを合わせた新大陸は面積では36%を占めるが，人口は世界の14%にすぎない。人口が1億以上の15か国の総人口は50億をこえ，世界の約64%の人々がこの15か国に住んでいる。なかでもアジアは人口規模の大きな国が多く，2000万をこえる国は47か国中22か国ある。一方，国の数ではアジアとほぼ同じヨーロッパでは，2000万をこえるのは45か国中わずか8か国にすぎない。

2 地域別主要統計

東アジア

p.126～129に詳しく掲載

国名	面積(千km²) 2021年	人口(万人) 2021年	人口密度(人/km²) 2021年	人口増加率(%) 2015-20年の平均	GDP(億ドル) 2021年	GNI(億ドル) 2021年	1人あたりGNI(ドル) 2021年	1次エネルギー供給量(1人あたり,t) 2020年	インターネット利用者率(%) 2020年	おもな宗教
日本	378.0	12,568	333	−0.2	49,374	53,570	42,620	3.06	90.2	神道，仏教，キリスト教など
中国	①9,601.1	①144,407	①150	0.5	177,341	167,892	11,890	2.48	70.1	道教，仏教，キリスト教，イスラーム
韓国	100.4	5,174	515	0.2	17,985	18,098	34,980	5.33	96.5	キリスト教，仏教
北朝鮮	120.5	15)2,518	15)209	0.5	−	−	−	0.58	−	仏教，キリスト教
モンゴル	1,564.1	338	2	1.8	151	125	3,760	1.86	62.5	仏教(おもにチベット仏教)

①ホンコン，マカオ，台湾を含む　　世人口'21ほか

東アジアの総人口は約17億で世界人口の21%を占め，ヨーロッパの総人口の2倍以上に及ぶ。なかでも中国は，東アジアの面積の82%，人口の88%を占め，規模において他の国を圧倒している。経済的には，日本のGDPは2009年に中国に抜かれはしたものの世界第3位であり，韓国も世界的に高い水準にある。1人あたりGNIでは，日本を100とすると，韓国は82，中国は28とまだかなりの格差があり，この格差は製造業の面では賃金コストの違いとなり，日本の製造業の競争力の低下の要因となっている。人口増加率は，中国では一人っ子政策（2016年，2021年に緩和）の影響で，日本や韓国では経済成長とともに出生率が低下したため，ヨーロッパ諸国なみの低い水準を示している。

東南アジア

p.124～129に詳しく掲載

国名	面積(千km²) 2021年	人口(万人) 2021年	人口密度(人/km²) 2021年	人口増加率(%) 2015-20年の平均	GDP(億ドル) 2021年	GNI(億ドル) 2021年	1人あたりGNI(ドル) 2021年	ASEAN加盟年月	旧宗主国名	おもな宗教
インドネシア	1,910.9	27,268	143	1.1	11,861	11,431	4,140	1967.8	オランダ	イスラーム，キリスト教
タイ	513.1	6,667	130	0.3	5,060	5,076	7,260	1967.8	−	仏教
フィリピン	300.0	11,019	367	1.4	3,941	4,042	3,640	1967.8	アメリカ合衆国	カトリック
マレーシア	330.6	3,265	99	1.3	3,727	3,584	10,930	1967.8	イギリス	イスラーム，仏教，キリスト教
ベトナム	331.3	9,850	297	1.0	3,626	3,493	3,560	1995.7	フランス	仏教，カトリック
シンガポール	0.7	545	7,485	0.9	3,970	3,491	64,010	1967.8	イギリス	仏教，キリスト教，イスラーム
ミャンマー	676.6	5,529	82	0.6	651	627	1,140	1997.7	イギリス	仏教
カンボジア	181.0	1,659	92	1.5	270	262	1,550	1999.4	フランス	仏教
ラオス	236.8	733	31	1.5	188	186	2,520	1997.7	フランス	仏教
ブルネイ	5.8	42	75	1.1	140	20)138	20)31,510	1984.1	イギリス	イスラーム，キリスト教，仏教
東ティモール	14.9	19)128	19)86	1.9	20	26	1,940	−	−	カトリック

世人口'21ほか

東南アジアは国による人口規模の違いが大きく，インドネシアは2億，フィリピンは1億をこえ，5000万～1億の間にはベトナム，タイ，ミャンマー，1000万～5000万にはマレーシア，カンボジア，100万～1000万にはラオス，シンガポール，東ティモール，100万未満にはブルネイがある。1人あたりGNIでも格差が大きく，先進国なみのシンガポール，ブルネイ，輸出指向型の工業化で経済成長が進んだマレーシア，タイも発展途上国としては高い水準にあり，インドネシア，フィリピンのASEAN原加盟国がこれに続いている。これに対して1995年以降にASEANに加盟したラオス，ベトナム，カンボジア，ミャンマーは，東西冷戦時代は社会主義体制下で，先進国からの資本や技術の導入がみられず，1人あたりGNIも低い水準にある。比較的人口規模の大きなベトナムやミャンマー*では豊富な低賃金労働力を背景に，近年，外国企業の進出も進んでいる。東南アジアはこうした格差を背景に工業の分業化が進行しつつある。国による旧宗主国，宗教の違いにも注意したい。＊2021年2月，軍事クーデタ発生。

南アジア

p.124～129に詳しく掲載

国名	面積(千km²) 2021年	人口(万人) 2021年	人口密度(人/km²) 2021年	人口増加率(%) 2015-20年の平均	GDP(億ドル) 2021年	GNI(億ドル) 2021年	1人あたりGNI(ドル) 2021年	平均寿命(男女平均) 2019年	旧宗主国名	おもな宗教
インド	3,287.3	136,717	416	1.0	31,734	30,275	2,170	70.8	イギリス	ヒンドゥー教，イスラーム
パキスタン	796.1	17) 20,768	17) 261	2.0	3,463	3,389	1,500	65.6	イギリス	イスラーム
バングラデシュ	148.5	20) 16,822	20) 1,133	1.1	4,163	4,355	2,620	74.3	パキスタン	イスラーム，ヒンドゥー教
ネパール	147.2	3,037	206	1.5	363	366	1,230	70.9	－	ヒンドゥー教，仏教
スリランカ	65.6	2,215	338	0.5	845	846	3,820	76.9	イギリス	仏教，ヒンドゥー教
ブータン	38.4	75	20	1.2	20) 23	20) 22	20) 2,840	73.1	－	チベット仏教，ヒンドゥー教
モルディブ	0.3	56	1,895	3.4	49	46	8,400	79.6	イギリス	イスラーム

世人口'21ほか

南アジアの総人口は約 18.0 億で，東アジアよりも 1.5 億人ほど多いうえ，人口増加率も高い。国による人口規模の格差は大きいが，１人あたり GNI は東アジアや東南アジアほどの違いはみられない。旧宗主国は共通してイギリスで，宗教の違いが国の判別の手がかりとなる。

西アジア・北アフリカ・中央アジア

p.122～133に詳しく掲載

国名	面積(千km²) 2021年	人口(万人) 2021年	人口密度(人/km²) 2021年	人口増加率(%) 2015-20年の平均	GDP(億ドル) 2021年	GNI(億ドル) 2021年	1人あたりGNI(ドル) 2021年	加盟国① OPEC	OAPEC	アラブ連盟	CIS	おもな言語	おもな宗教
トルコ	783.6	8,414	107	1.4	8,153	8,363	9,830					トルコ語，クルド語	イスラーム
サウジアラビア	2,206.7	3,411	15	1.9	8,335	20) 7,755	20) 22,270	○	○	○		アラビア語	イスラーム
イスラエル	22.1	20) 921	20) 417	1.6	4,816	4,641	49,560					ヘブライ語，アラビア語	ユダヤ教，イスラーム
アラブ首長国連邦	71.0	20) 928	20) 131	1.3	20) 3,589	20) 3,898	20) 39,410	○	○	○		アラビア語	イスラーム，ヒンドゥー教
イラン	1,630.8	8,405	52	1.4	20) 2,315	20) 2,829	20) 3,370	○				ペルシア語	イスラーム
イラク	435.1	20) 3,985	20) 92	2.5	2,079	2,073	5,040	○	○	○		アラビア語，クルド語	イスラーム
カタール	11.6	274	236	2.3	1,796	1,674	57,120		○	○		アラビア語，英語	イスラーム，キリスト教
クウェート	17.8	433	243	2.1	20) 1,060	19) 1,523	19) 36,200	○	○	○		アラビア語，英語	イスラーム，キリスト教
オマーン	310.0	452	15	3.6	859	20) 768	20) 15,030			○		アラビア語，英語	イスラーム
ヨルダン	89.3	1,105	124	1.9	452	460	4,480			○		アラビア語，英語	イスラーム
バーレーン	0.8	20) 150	20) 1,930	4.3	389	20) 339	20) 19,930		○	○		アラビア語，英語	イスラーム，キリスト教
レバノン	10.5	15) 653	15) 625	0.9	181	234	3,450			○		アラビア語，フランス語	イスラーム，キリスト教
イエメン	528.0	20) 3,041	20) 58	2.4	211	20) 198	20) 670			○		アラビア語	イスラーム
アフガニスタン	652.9	3,206	49	2.5	20) 201	20) 193	20) 500					ダリー語，パシュトゥー語	イスラーム
シリア	185.2	15) 1,799	15) 97	－0.6	18) 214	18) 157	18) 930		○	＊2		アラビア語，クルド語	イスラーム
エジプト	1,002.0	10,206	102	2.0	4,041	3,658	3,510		○	○		アラビア語	イスラーム，キリスト教
アルジェリア	2,381.7	20) 4,422	20) 19	2.0	1,680	1,631	3,660	○	○	○		アラビア語，アマジグ語	イスラーム
モロッコ	446.6	3,631	81	1.3	1,327	1,272	3,350			○		アラビア語，アマジグ語	イスラーム
リビア	1,676.2	20) 693	20) 4	1.4	419	586	8,430	○	○	○		アラビア語，アマジグ語	イスラーム
チュニジア	163.6	1,178	72	1.1	468	433	3,630		＊1	○		アラビア語，フランス語	イスラーム
スーダン	1,847.0	4,567	25	2.4	343	299	670			○		アラビア語，英語	イスラーム，伝統信仰
カザフスタン	2,724.9	1,900	7	1.3	1,908	1,658	8,720				○	カザフ語，ロシア語	イスラーム，キリスト教
ウズベキスタン	449.0	3,491	78	1.6	692	686	1,960				○	ウズベク語，ロシア語	イスラーム
アゼルバイジャン	86.6	1,011	117	1.0	546	495	4,880				○	アゼルバイジャン語	イスラーム
トルクメニスタン	488.1	15) 556	15) 11	1.6	19) 452	19) 429	19) 7,220					トルクメン語	イスラーム
ジョージア	69.7	370	53	－0.2	187	176	4,740					ジョージア語	ジョージア正教，イスラーム
アルメニア	29.7	296	100	0.3	139	135	4,560				○	アルメニア語	アルメニア教会
タジキスタン	141.4	958	68	2.4	87	112	1,150				○	タジク語	イスラーム
キルギス	199.9	669	33	1.8	85	79	1,180				○	キルギス語，ロシア語	イスラーム，キリスト教

①OPEC：石油輸出国機構，OAPEC：アラブ石油輸出国機構，CIS：独立国家共同体
＊1：チュニジアは1987年に脱退したと主張しているが，機構側は未払い分担金を清算しないと脱退を認めないとする対立が現在も続いている
＊2：アサド政権に対する加盟資格停止中

世人口'21ほか

この３地域は，大部分が乾燥地域でイスラームが多数を占め，一部には産油国がみられるなど共通点が多い。北アフリカからアラビア半島は，イスラエルを除きアフリカ・アジア語族のアラビア語が用いられ，いずれもアラブ連盟の加盟国である。トルコから中央アジアはアルタイ諸語，イラン以東はインド・イラン語族が多数を占める。CIS 加盟国はソ連を構成していた国で，カフカス山脈の南にはキリスト教徒が多数を占めるアルメニア，ジョージアがある。

サハラ以南のアフリカ

p.128～133に詳しく掲載

国名	面積(千km²) 2021年	人口(万人) 2021年	人口密度(人/km²) 2021年	人口増加率(%) 2015-20年の平均	GDP(億ドル) 2021年	GNI(億ドル) 2021年	1人あたりGNI(ドル) 2021年	平均寿命(男女平均) 2019年	旧宗主国名	おもな宗教
ナイジェリア	923.8	[20] 20,628	[20] 223	2.6	4,408	4,440	2,100	62.6	イギリス	イスラーム,キリスト教
南アフリカ共和国	1,221.0	6,014	49	1.4	4,199	3,869	6,440	65.3	イギリス	独立派キリスト教,プロテスタント
エチオピア	1,104.3	10,286	93	2.6	1,113	1,136	960	68.7	―	エチオピア教会,イスラーム
ケニア	592.0	[19] 4,755	[19] 80	2.3	1,103	1,104	2,010	66.1	イギリス	キリスト教,イスラーム
ガーナ	238.5	[20] 3,095	[20] 130	2.2	776	749	2,360	66.3	イギリス	キリスト教,イスラーム
タンザニア	947.3	5,944	63	3.0	678	678	1,140	67.3	ドイツ	キリスト教,イスラーム
コートジボワール	322.5	2,708	84	2.5	698	664	2,450	62.9	フランス	イスラーム,キリスト教
アンゴラ	1,246.7	3,209	26	3.3	725	601	1,770	63.1	ポルトガル	カトリック,独立派キリスト教
コンゴ民主	2,345.4	10,524	45	3.2	540	533	580	62.4	ベルギー	キリスト教,イスラーム
カメルーン	475.7	2,676	56	2.6	452	433	1,590	62.4	イギリス,フランス	キリスト教,イスラーム
ウガンダ	241.6	4,288	178	3.6	404	395	840	66.7	イギリス	キリスト教,イスラーム
セネガル	196.7	1,747	89	2.8	276	265	1,540	68.6	フランス	イスラーム
ジンバブエ	390.8	1,655	42	1.5	262	212	1,400	60.7	イギリス	キリスト教
ザンビア	752.6	1,840	24	2.9	212	196	1,040	62.5	イギリス	プロテスタント,カトリック
ブルキナファソ	270.8	2,150	79	2.9	197	184	860	62.7	フランス	イスラーム,キリスト教
マリ	1,240.2	[20] 2,053	[20] 17	3.0	191	182	870	62.8	フランス	イスラーム
ベナン	114.8	[19] 1,185	[19] 103	2.7	178	171	1,370	63.4	フランス	キリスト教,イスラーム
ボツワナ	582.0	244	4	2.1	176	166	6,940	62.2	イギリス	キリスト教
ガボン	267.7	[15] 194	[15] 7	2.7	183	162	7,100	66.5	フランス	キリスト教
モザンビーク	799.4	3,083	39	2.9	161	154	480	58.1	ポルトガル	キリスト教,イスラーム
ニジェール	1,267.0	[19] 2,194	[19] 17	3.8	150	148	590	63.3	フランス	イスラーム
マダガスカル	587.0	2,817	48	2.7	146	142	500	65.3	フランス	キリスト教,伝統信仰
モーリシャス	2.0	126	640	0.2	112	137	10,860	74.1	イギリス	ヒンドゥー教,キリスト教
ギニア	245.8	1,290	53	2.8	159	136	1,010	61.0	フランス	イスラーム
マラウイ	94.6	1,889	200	2.7	126	123	630	65.6	イギリス	キリスト教,イスラーム
ナミビア	825.2	255	3	1.9	122	118	4,550	64.6	南アフリカ	キリスト教,伝統信仰
南スーダン	658.8	[18] 1,232	[18] 19	0.9	[15] 120	[15] 117	[15] 1,090	62.8	―	キリスト教,伝統信仰
ルワンダ	26.3	1,295	492	2.6	111	113	850	69.1	ベルギー	カトリック,プロテスタント
チャド	1,284.0	[19] 1,569	[19] 12	3.0	118	111	650	59.6	フランス	イスラーム,キリスト教
コンゴ共和国	342.0	560	16	2.6	125	92	1,630	64.7	フランス	キリスト教
赤道ギニア	28.1	150	54	3.7	123	84	5,810	62.2	スペイン	カトリック
トーゴ	56.8	[20] 779	[20] 137	2.5	84	83	980	64.3	フランス	キリスト教,伝統信仰
モーリタニア	1,030.7	[19] 407	[19] 4	2.8	82	82	1,730	68.4	フランス	イスラーム
ソマリア	637.7	[15] 1,379	[15] 22	2.8	73	73	450	56.5	イギリス,イタリア	イスラーム
エスワティニ	17.4	[20] 118	[20] 68	1.0	49	43	3,680	57.7	イギリス	キリスト教
シエラレオネ	72.3	829	115	2.1	42	42	510	60.8	イギリス	イスラーム,キリスト教
ジブチ	23.2	100	43	1.6	34	33	3,300	65.8	フランス	イスラーム
リベリア	111.4	[15] 447	[15] 40	2.5	35	32	620	64.1	アメリカ合衆国	キリスト教,イスラーム
ブルンジ	27.8	1,257	452	3.1	29	29	240	63.8	ベルギー	キリスト教
レソト	30.4	207	68	0.8	25	27	1,270	50.7	イギリス	キリスト教
中央アフリカ	623.0	[15] 449	[15] 7	1.4	25	26	530	53.1	フランス	キリスト教,伝統信仰
ガンビア	11.3	[19] 221	[19] 196	2.9	21	20	800	65.5	イギリス	イスラーム
エリトリア	121.1	355	29	1.2	[11] 21	[11] 19	[11] 600	64.1	―	イスラーム,キリスト教
カーボベルデ	4.0	49	122	1.2	19	19	3,330	74.0	ポルトガル	カトリック
ギニアビサウ	36.1	[20] 162	[20] 45	2.5	16	16	780	60.2	ポルトガル	イスラーム,キリスト教
セーシェル	0.5	9	217	0.7	13	13	13,260	73.3	イギリス	キリスト教
コモロ	2.2	[15] 77	[15] 348	2.2	13	13	1,460	67.4	フランス	イスラーム
サントメ・プリンシペ	1.0	21	223	1.9	5	5	2,280	70.4	ポルトガル	キリスト教

世人口'21ほか

サハラ以南のアフリカの人口は，ナイジェリア，エチオピア，コンゴ民主共和国の３か国が１億をこえるが，全体的には1000万前後の国が多い。GDPは，鉱産資源を産出するナイジェリア，南アフリカ共和国などで多いが，500億ドルに満たない国がほとんどである。１人あたりGNIでは，高所得国(13,205ドル以上)はセーシェルだけで，1000ドルに満たない国がほぼ半数を占める。宗教は，イスラームや伝統信仰がみられる一方，植民地時代の旧宗主国の影響でキリスト教も多くみられる。

EU加盟国

p.124〜125, 132〜139に詳しく掲載

国名	面積(千km²) 2021年	人口(万人) 2021年	人口密度(人/km²) 2021年	人口増加率(%) 2015-20年の平均	GDP(億ドル) 2021年	GNI(億ドル) 2021年	1人あたりGNI(ドル) 2021年	1次エネルギー供給量(1人あたり,t) 2020年	EU*加盟年	おもな宗教
ドイツ	357.6	8,315	233	0.5	42,231	42,429	51,040	3.35	1967 ①	カトリック，プロテスタント
フランス	② 640.6	② 6,765	② 106	0.3	29,375	29,619	43,880	③ 3.21	1967	カトリック
イタリア	302.1	5,923	196	−0.04	20,999	21,095	35,710	④ 2.31	1967	カトリック
オランダ	41.5	1,747	421	0.2	10,180	9,883	56,370	3.98	1967	カトリック，プロテスタント
ベルギー	30.5	1,155	378	0.5	5,999	5,853	50,510	4.36	1967	カトリック
ルクセンブルク	2.6	63	247	2.0	867	20) 511	20) 81,110	5.43	1967	カトリック
デンマーク	42.9	585	136	0.4	3,971	3,989	68,110	2.61	1973	ルーテル派プロテスタント
アイルランド	69.8	500	72	1.2	4,986	3,747	74,520	2.65	1973	カトリック
ギリシャ	132.0	1,067	81	−0.4	2,162	2,148	20,140	1.84	1981	ギリシャ正教
スペイン	506.0	4,732	94	0.04	14,253	14,075	29,740	2.30	1986	カトリック
ポルトガル	92.2	1,029	112	−0.3	2,499	2,444	23,730	1.96	1986	カトリック
スウェーデン	438.6	1,037	24	0.7	6,274	6,134	58,890	4.33	1995	ルーテル派プロテスタント
オーストリア	83.9	893	106	0.7	4,771	4,676	52,210	3.53	1995	カトリック
フィンランド	338.5	556	16	0.2	2,992	2,974	53,660	5.74	1995	ルーテル派プロテスタント
ポーランド	312.7	3,784	121	−0.1	6,740	6,299	16,670	2.65	2004	カトリック
チェコ	78.9	1,070	136	0.2	2,823	2,576	24,070	3.76	2004	カトリック
ハンガリー	93.0	973	105	−0.2	1,823	1,722	17,740	2.69	2004	カトリック，プロテスタント
スロバキア	49.0	545	111	0.1	1,149	1,103	20,250	3.03	2004	カトリック
リトアニア	65.3	279	43	−1.5	655	604	21,610	2.67	2004	カトリック
スロベニア	20.3	210	104	0.1	615	595	28,240	3.06	2004	カトリック
ラトビア	64.6	189	29	−1.1	389	365	19,370	2.25	2004	ルーテル派プロテスタント，正教会
エストニア	45.4	132	29	0.2	363	345	25,970	3.36	2004	キリスト教
キプロス	9.3	89	97	0.8	277	253	28,130	2.44	2004	ギリシャ正教，イスラーム
マルタ	0.3	51	1,638	0.4	172	158	30,560	1.31	2004	カトリック
ルーマニア	238.4	1,920	81	−0.7	2,841	2,709	14,170	1.67	2007	ルーマニア正教
ブルガリア	110.4	691	63	−0.7	803	739	10,720	2.52	2007	ブルガリア正教
クロアチア	56.6	403	71	−0.6	678	669	17,150	2.04	2013	カトリック

＊前身のヨーロッパ共同体(EC)を含む　①1990年の東西ドイツ統一により，旧東ドイツ地域まで拡大　世人口'21ほか
②フランス海外県(ギアナ，マルティニーク，グアドループ，レユニオン，マヨット)を含む。フランス本土：面積551.5千km²，人口6,544万人，人口密度119人/km²　③モナコを含む　④サンマリノ，バチカンを含む

その他のヨーロッパ諸国

p.123, p.132〜139に詳しく掲載

国名	面積(千km²) 2021年	人口(万人) 2021年	人口密度(人/km²) 2021年	人口増加率(%) 2015-20年の平均	GDP(億ドル) 2021年	GNI(億ドル) 2021年	1人あたりGNI(ドル) 2021年	1次エネルギー供給量(1人あたり,t) 2020年	インターネット利用者率(%) 2020年	おもな宗教
イギリス①	244.4	20) 6,708	20) 274	0.6	31,869	30,553	45,380	2.30	94.8	キリスト教
スイス	41.3	869	211	0.8	8,129	7,859	90,360	2.69	94.2	カトリック，プロテスタント
ノルウェー	323.8	539	17	0.8	4,824	4,548	84,090	5.11	97.0	ルーテル派プロテスタント
アイスランド	103.0	36	4	0.7	255	240	64,410	16.10	99.0	ルーテル派プロテスタント
リヒテンシュタイン	0.2	3	245	0.4	19) 64	09) 42	09) 116,440	−	−	カトリック
ロシア	17,098.2	15) 14,409	15) 8	0.1	17,758	16,926	11,600	5.26	85.0	ロシア正教
ウクライナ	603.5	4,141	69	−0.5	2,001	1,707	4,120	1.96	75.0	ウクライナ正教，カトリック
ベラルーシ	207.6	930	45	0.02	682	650	6,950	2.67	85.1	ベラルーシ正教
モルドバ	33.8	261	77	−0.2	137	140	5,460	1.49	−	モルドバ正教，ベッサラビア正教
セルビア	77.5	687	89	②−0.3	631	577	8,440	2.29	78.4	セルビア正教
ボスニア・ヘルツェゴビナ	51.2	19) 349	19) 68	−0.9	226	221	6,770	2.17	73.2	イスラーム，セルビア正教，カトリック
アルバニア	28.7	282	98	−0.1	183	172	6,110	0.76	72.2	イスラーム，カトリック
北マケドニア	25.7	206	80	0.04	139	127	6,130	1.25	81.4	マケドニア正教，イスラーム
コソボ	10.9	20) 179	20) 165	−	90	90	4,970	1.50	−	イスラーム
モナコ	2.02km²	3	19,175	0.8	20) 68	08) 67	08) 186,080	−	−	カトリック
モンテネグロ	13.9	62	45	0.04	58	58	9,300	1.64	77.6	セルビア正教，イスラーム
アンドラ	0.5	7	167	−0.2	33	19) 36	19) 46,040	−	−	カトリック
サンマリノ	0.1	3	571	0.4	20) 15	08) 16	08) 51,810	−	−	カトリック
バチカン	0.44km²	18) 0.1	18) 1,398	0.08	−	−	−	−	−	カトリック

①2020年1月，EUを離脱　②コソボを含む　世人口'21ほか

EUは加盟国拡大で域内格差が生じ，1980年代加盟の南ヨーロッパ諸国と2000年代加盟の東ヨーロッパ諸国は，所得水準(1人あたりGNI)が低く，1人あたりエネルギー供給量も比較的少ない。EU非加盟国では，イギリス，EFTA(ヨーロッパ自由貿易連合)加盟国とモナコなどの小規模国家の所得水準が高く，旧ソ連諸国，東ヨーロッパ諸国は低い。西ヨーロッパには少子化対策で出生率が回復した国が多いが，東ヨーロッパ諸国，旧ソ連諸国の人口は減少している。人口密度は大都市が発達した「青いバナナ」地域で高く，気候の冷涼な北ヨーロッパ諸国，ロシアで低い。

北アメリカ

p.138〜141に詳しく掲載

国名	面積(千km²) 2021年	人口(万人) 2021年	人口密度(人/km²) 2021年	人口増加率(%) 2015-20年の平均	GDP(億ドル) 2021年	GNI(億ドル) 2021年	1人あたりGNI(ドル) 2021年	インターネット利用者率(%) 2020年	旧宗主国名	おもな宗教
アメリカ合衆国	9,833.5	33,189	34	0.6	229,961	233,747	70,430	90.9	―	プロテスタント，カトリック
カナダ	9,984.7	3,824	4	0.9	19,908	18,478	48,310	92.3	イギリス	カトリック，プロテスタント
メキシコ	1,964.4	12,897	66	1.1	12,930	12,215	9,380	72.0	スペイン	カトリック
キューバ	109.9	1,114	101	0.003	[20] 1,074	[18] 978	[18] 8,630	74.0	スペイン	カトリック
ドミニカ共和国	48.7	1,053	216	1.1	942	900	8,220	76.9	スペイン	カトリック
グアテマラ	108.9	1,710	157	1.9	860	846	4,940	50.0	スペイン	カトリック，プロテスタント，独立派キリスト教
コスタリカ	51.1	516	101	1.0	643	633	12,310	80.5	スペイン	カトリック，プロテスタント
パナマ	75.3	433	58	1.7	636	614	14,010	64.3	スペイン	カトリック，プロテスタント，独立派キリスト教
エルサルバドル	21.0	632	301	0.5	287	270	4,140	54.6	スペイン	カトリック，プロテスタント
ホンジュラス	112.5	945	84	1.7	285	255	2,540	42.1	スペイン	カトリック，プロテスタント
トリニダード・トバゴ	5.1	136	267	0.4	214	212	15,070	―	イギリス	キリスト教，ヒンドゥー教
ハイチ	27.8	[19] 1,157	[19] 417	1.3	209	164	1,420	34.5	フランス	カトリック，プロテスタント
ジャマイカ	11.0	[19] 273	[19] 249	0.5	136	143	4,800	―	イギリス	プロテスタント
ニカラグア	130.4	666	51	1.3	140	134	2,010	45.2	スペイン	カトリック，プロテスタント
バハマ	13.9	[20] 38	[20] 28	1.0	112	108	27,220	87.0	イギリス	プロテスタント，カトリック
バルバドス	0.4	26	626	0.1	49	48	16,720	―	イギリス	プロテスタント
セントルシア	0.6	18	296	0.5	18	18	9,680	53.3	イギリス	カトリック，プロテスタント
ベリーズ	23.0	43	19	1.9	18	17	4,290	―	イギリス	カトリック，プロテスタント
アンティグア・バーブーダ	0.4	9	225	0.9	15	15	14,900	―	イギリス	キリスト教
グレナダ	0.3	[17] 11	[17] 322	0.5	11	11	9,630	56.9	イギリス	プロテスタント，カトリック
セントクリストファー・ネービス	0.3	[15] 5	[15] 196	0.8	10	10	18,560	―	イギリス	プロテスタント，カトリック
セントビンセント	0.4	11	285	0.3	9	9	8,100	―	イギリス	キリスト教
ドミニカ国	0.8	[17] 6	[17] 89	0.2	5	6	7,760	―	イギリス	カトリック，プロテスタント

世人口'21ほか

人口，面積ともにアメリカ合衆国，カナダ，メキシコが上位で，経済的にUSMCA（米国・メキシコ・カナダ協定）*で結びついている。それ以外の北アメリカの各国は，人口では2000万に満たず，面積では10万km²程度の国が多い。1人あたりGNIは，4000ドルを上まわる国がほとんどで，とくに低いのはハイチ，ニカラグアなどである。インターネット利用者率の高い国は，1人あたりGNIが比較的高い。おもな宗教は，各国ともキリスト教である。

*2020年7月，NAFTAより移行

南アメリカ

p.140〜141に詳しく掲載

国名	面積(千km²) 2021年	人口(万人) 2021年	人口密度(人/km²) 2021年	人口増加率(%) 2015-20年の平均	GDP(億ドル) 2021年	GNI(億ドル) 2021年	1人あたりGNI(ドル) 2021年	インターネット利用者率(%) 2020年	旧宗主国名	おもな宗教
ブラジル	8,510.3	21,331	25	0.8	16,090	16,511	7,720	81.3	ポルトガル	カトリック，プロテスタント
アルゼンチン	[16] 2,780.4	4,580	16	1.0	4,915	4,605	10,050	85.5	スペイン	カトリック
ベネズエラ	929.7	[19] 3,206	[19] 34	−1.1	[14] 4,824	[14] 3,929	[14] 13,080	―	スペイン	カトリック
ウルグアイ	173.6	354	20	0.4	593	551	15,800	86.1	―	カトリック
ボリビア	1,098.6	1,184	11	1.4	404	398	3,360	59.9	スペイン	カトリック，プロテスタント
パラグアイ	406.8	735	18	1.3	390	385	5,340	74.0	スペイン	カトリック
コロンビア	1,141.7	5,104	45	1.4	3,143	3,157	6,160	69.8	スペイン	カトリック，プロテスタント
チリ	756.1	1,967	26	1.2	3,171	2,881	15,000	88.3	スペイン	カトリック，プロテスタント
ペルー	1,285.2	3,303	26	1.6	2,232	2,175	6,520	65.3	スペイン	カトリック，福音派プロテスタント
エクアドル	257.2	1,775	69	1.7	1,062	1,061	5,930	70.7	スペイン	カトリック，福音派プロテスタント
ガイアナ	215.0	[20] 77	[20] 4	0.5	74	74	9,380	―	イギリス	キリスト教，ヒンドゥー教
スリナム	163.8	[20] 60	[20] 4	1.0	29	26	4,440	70.1	オランダ	キリスト教，ヒンドゥー教

世人口'21ほか

BRICSの一国のブラジルが，人口・面積・GDPで南アメリカ最大である。また，MERCOSUR（南米南部共同市場）の6か国*で，南アメリカの人口・GNIの7割，面積の8割を占める。各国とも鉱産資源を産出し，すべての国で1人あたりGNIが3000ドルを上まわる。宗教は，旧宗主国の影響を受け，ほとんどがカトリックである。ヒンドゥー教はインドからの移民がもたらしたものである。

*ボリビア（加盟国の批准手続き中），ベネズエラ（加盟資格停止中）を含む

オセアニア

p.140～143に詳しく掲載

国名	面積(千km²) 2021年	人口(万人) 2021年	人口密度(人/km²) 2021年	人口増加率(%) 2015-20年の平均	GDP(億ドル) 2021年	GNI(億ドル) 2021年	1人あたりGNI(ドル) 2021年	平均寿命(男女平均) 2019年	インターネット利用者率(%) 2020年	旧宗主国名
オーストラリア	7,692.0	2,573	3	1.3	15,427	14,611	56,760	83.0	89.6	イギリス
ニュージーランド	268.1	512	19	0.9	2,500	2,323	45,340	82.0	91.5	イギリス
パプアニューギニア	462.8	912	20	2.0	266	254	2,790	65.3	－	オーストラリア
ソロモン諸島	28.9	70	24	2.6	16	16	2,300	65.2	－	イギリス
フィジー	18.3	89	49	0.6	46	44	4,860	68.0	－	イギリス
バヌアツ	12.2	30	25	2.5	10	10	3,140	65.3	－	イギリス，フランス
サモア	2.8	20	72	0.5	8	8	3,860	70.5	－	ニュージーランド
トンガ	0.7	20) 9	20) 133	1.0	20) 5	20) 5	20) 5,190	72.6	－	イギリス
ニウエ	0.3	0.2	6	0.1	－	－	－	－	－	ニュージーランド
クック諸島	0.2	19) 2	19) 85	－0.02	－	－	－	－	－	ニュージーランド
ツバル	0.03	1	411	1.2	1	1	6,760	－	－	イギリス
キリバス	0.7	20) 11	20) 165	1.5	20) 2	20) 3	20) 2,910	59.4	38.0	イギリス
ミクロネシア連邦	0.7	10	149	1.1	4	5	3,880	63.0	－	アメリカ合衆国
パラオ	0.5	1	39	0.5	20) 3	20) 3	20) 14,390	－	－	アメリカ合衆国
マーシャル諸島	0.2	20) 5	20) 304	0.6	2	3	5,050	－	－	アメリカ合衆国
ナウル	0.02	20) 1	20) 571	0.8	1	2	19,470	－	－	イギリス

世人口'21ほか

オセアニアをオーストラリア，ニュージーランドの先進2か国，メラネシア，ポリネシア，ミクロネシアに括って示した。人口・面積ともオーストラリアが最大で，ニュージーランド，パプアニューギニア以外は，人口100万未満，面積は3万km²未満の小規模国家である。GDPでは50億ドル未満の国が多いが，1人あたりGNIは4000ドル以上の中所得国が過半数を占める。多くの国がイギリスから独立しているが，現在もほとんどがイギリス連邦(Commonwealth)に属している。

主要経済圏別一覧

経済圏名・国名	面積(千km²) 2021年	世界全体に占める割合(%)	人口(万人) 2021年	世界全体に占める割合(%)	人口密度(人/km²) 2021年	GDP(億ドル) 2021年	世界全体に占める割合(%)	GNI(億ドル) 2021年	世界全体に占める割合(%)	1人あたりGNI(ドル) 2021年
世界	**130,094**	**100**	**787,496**	**100**	**61**	**961,001**	**100**	**945,850**	**100**	**12,070**
APEC	62,817.1	48.3	293,708	37.3	47	592,608	61.7	586,375	62.0	19,965
ASEAN	4,486.9	3.4	66,577	8.5	148	33,433	3.5	32,330	3.4	4,856
EU①	4,222.9	3.2	44,703	5.7	106	170,886	17.8	167,713	17.7	37,517
USMCA②	21,782.6	16.7	49,910	6.3	23	262,799	27.3	264,440	28.0	52,983
MERCOSUR③	13,899.4	10.7	31,390	4.0	23	27,215	2.8	26,378	2.8	8,403
日本	378.0	0.3	12,568	1.6	333	49,374	5.1	53,570	5.7	42,620
アメリカ合衆国	9,833.5	7.6	33,189	4.2	34	229,961	23.9	233,747	24.7	70,430
中国④	9,601.1	7.4	144,407	18.3	150	177,341	18.5	167,892	17.8	11,890

①2020年1月に離脱したイギリスを除く27か国　②2020年7月，NAFTAより移行　③ボリビア(加盟国の批准手続き中)，ベネズエラ(加盟資格停止中)を含む6か国　④面積・人口・人口密度にはホンコン，マカオ，台湾を含む

世人口'21ほか

経済圏別では，APECが面積で世界の5割，人口で4割，GDPで6割を占める巨大な経済協力組織である。EU，USMCAは，1人あたりGNIが他よりも抜きんでているが，面積はUSMCAが圧倒的に大きいので，見分けがつく。また，ASEANとEUは，面積や人口では規模が似かよっているが，GDPの規模ではEUが大きい。経済圏と日・米・中各国とを比べると，日本は，人口・面積では上掲の経済圏を大きく下まわるが，GDPでは世界の約5%を占め，ASEAN，MERCOSURを上まわる。中国は，人口で世界の2割，GDPでも2割を占め，上掲の経済圏に一国だけで匹敵する規模だが，1人あたりGNIでは大きく下まわっている。アメリカ合衆国は，GDPでは世界の2割を占め，同国が属するAPEC，USMCAのGDPの規模の大きさを支えている。

3 省・州別一覧

中国省別一覧

p.98に詳しく掲載

行政区	面積(万km²)2020年	人口(万人)2021年	人口密度(人/km²)2021年	地区総生産(億ドル)2021年	1人あたり地区総生産(ドル)2021年	工業総生産額(億ドル)①2016年
中国(本土)	**960**	**141,260**	**147**	**177,341**	**12,556**	**173,369**
東北部	**80**	**9,729**	**122**	**8,635**	**8,876**	**8,361**
黒竜江省	46	3,125	68	2,307	7,382	1,671
吉林省	19	2,375	125	2,052	8,640	3,524
遼寧省	15	4,229	282	4,277	10,113	3,166
華北	**189**	**36,943**	**196**	**43,635**	**11,811**	**53,024**
北京市	1.7	2,189	1,288	6,243	28,521	2,685
天津市	1.2	1,373	1,144	2,433	17,723	4,012
内モンゴル	118	2,400	20	3,180	13,252	2,993
河北省	19	7,448	392	6,262	8,408	7,059
山東省	16	10,170	636	12,883	12,668	22,405
山西省	16	3,480	218	3,502	10,064	1,920
河南省	17	9,883	581	9,130	9,238	11,950
華中	**167**	**56,052**	**336**	**77,997**	**13,915**	**74,126**
上海市	0.6	2,489	3,926	6,700	26,918	4,674
重慶市	8.2	3,212	392	4,325	13,464	3,536
江蘇省	10	8,505	851	18,041	21,212	**23,451**
浙江省	10	6,540	654	11,398	17,428	10,028
安徽省	14	6,113	437	6,660	10,895	6,371
江西省	17	4,517	266	4,592	10,166	4,956
湖北省	19	5,830	307	7,754	13,300	7,118
湖南省	21	6,622	315	7,142	10,785	5,918
貴州省	18	3,852	214	3,037	7,883	1,738
四川省	49	8,372	171	8,349	9,972	6,337
華南	**96**	**27,618**	**286**	**35,898**	**12,998**	**31,365**
福建省	12	4,187	349	7,567	18,074	6,518
広東省	18	**12,684**	705	**19,282**	15,202	19,541
広西壮族	24	5,037	210	3,836	7,615	3,523
雲南省	39	4,690	120	4,209	8,974	1,517
海南省	3.4	1,020	300	1,004	9,842	266
西部	**432**	**10,718**	**25**	**10,229**	**9,544**	**6,494**
陝西省	21	3,954	188	4,620	11,685	3,279
寧夏回族	6.6	725	110	701	9,671	587
甘粛省	43	2,490	58	1,588	6,378	982
青海省	72	594	8	519	8,735	401
新疆ウイグル	**166**	2,589	16	2,478	9,572	1,220
チベット	123	366	3	323	8,812	25
(ホンコン)	1,110km²	741	6,678	3,681	**49,661**	−
(マカオ)	33km²	68	**20,697**	299	45,422	−

赤太字は各項目の上位1位，赤字は2～5位　①販売額

中統2022ほか

中国の人口の大半は，平野が広がり湿潤で農業生産がさかんな東部に集中し，とくに黄河と長江の下流域で人口密度が高い。1970年代末からの経済改革・対外開放政策で輸出入に便利な沿海部に経済特区などを設置し，外資の導入をはかったため，沿海部の省や政府直轄市では工業総生産額や1人あたり地区総生産が多く，内陸部との格差が問題となっている。

アメリカ合衆国では北東部のメガロポリスの人口密度が高いが，西部の山地では人口が100万未満の州もみられる。人口1～4位のカリフォルニア，テキサス，フロリダ，ニューヨーク州が州総生産でも上位を占めるが，製造品出荷額は，早くから工業化が進んだオハイオ，イリノイなど五大湖周辺の州も上位に入る。

なお，「地区総生産」や「州総生産」は，省・自治区・直轄市や州におけるGDP(Gross Domestic Product)のことである。一定の期間に省・州などでそれぞれ生み出された総額である。国ではないので，これらの用語を用いている。

アメリカ合衆国州別一覧

p.96に詳しく掲載

州・地域名	面積(万km²)2018年	人口(万人)2021年	人口密度(人/km²)2021年	州総生産(億ドル)2021年	1人あたり州総生産(ドル)2021年	製造品出荷額(億ドル)2020年
アメリカ合衆国計	**983.5**	**33,189**	**34**	**233,151**	**70,249**	**52,213**
ニューイングランド	**18.6**	**1,509**	**81**	**12,210**	**80,902**	**2,028**
メーン	9.2	137	15	780	56,814	157
ニューハンプシャー	2.4	138	57	997	71,759	205
ヴァーモント	2.5	64	26	371	57,474	91
マサチューセッツ	2.7	698	256	6,413	91,819	867
ロードアイランド	0.4	109	274	666	60,761	121
コネティカット	1.4	360	251	2,984	82,759	588
中部大西洋沿岸	**28.3**	**4,206**	**149**	**34,287**	**81,506**	**4,486**
ニューヨーク	14.1	1,983	140	19,013	95,851	1,504
ニュージャージー	2.3	926	410	6,829	73,696	931
ペンシルヴェニア	11.9	1,296	109	8,445	65,141	2,051
北東中央(五大湖沿岸)	**78.1**	**4,720**	**60**	**30,561**	**64,742**	**11,619**
オハイオ	11.6	1,178	101	7,566	64,229	2,863
インディアナ	9.4	680	72	4,130	60,678	2,345
イリノイ	15.0	1,267	84	9,457	74,630	2,335
ミシガン	25.0	1,005	40	5,722	56,931	2,346
ウィスコンシン	17.0	589	35	3,686	62,520	1,731
北西中央	**134.8**	**2,163**	**16**	**14,508**	**67,051**	**5,163**
ミネソタ	22.5	570	25	4,125	72,267	1,195
アイオワ	14.6	319	22	2,169	67,916	1,113
ミズーリ	18.1	616	34	3,586	58,132	1,199
ノースダコタ	18.3	77	4	636	82,018	136
サウスダコタ	20.0	89	4	617	68,893	175
ネブラスカ	20.0	196	10	1,463	74,495	570
カンザス	21.3	293	14	1,914	65,216	775
南部	**238.4**	**12,722**	**53**	**79,683**	**62,632**	**19,732**
デラウェア	0.6	100	156	812	80,886	167
メリーランド	3.2	616	192	4,439	72,007	413

州・地域名	面積(万km²)2018年	人口(万人)2021年	人口密度(人/km²)2021年	州総生産(億ドル)2021年	1人あたり州総生産(ドル)2021年	製造品出荷額(億ドル)2020年
ワシントンD.C.	0.02	67	**3,786**	1,537	**229,342**	4
ヴァージニア	11.1	864	78	6,050	70,000	1,010
ウェストヴァージニア	6.3	178	28	854	47,917	226
ノースカロライナ	13.9	1,055	76	6,621	62,753	1,938
サウスカロライナ	8.3	519	63	2,698	51,978	1,183
ジョージア	15.4	1,079	70	6,916	64,042	1,699
フロリダ	17.0	2,178	128	12,556	57,644	1,096
ケンタッキー	10.5	450	43	2,372	52,597	1,233
テネシー	10.9	697	64	4,271	61,235	1,486
アラバマ	13.6	503	37	2,541	50,420	1,282
ミシシッピ	12.5	294	24	1,273	43,156	584
アーカンソー	13.8	302	22	1,487	49,135	620
ルイジアナ	13.6	462	34	2,586	55,919	1,308
オクラホマ	18.1	398	22	2,153	54,014	548
テキサス	69.6	2,952	42	20,518	69,486	4,936
山岳	**223.7**	**2,527**	**11**	**15,823**	**62,615**	**2,421**
モンタナ	38.1	110	3	587	53,157	112
アイダホ	21.6	190	9	963	50,651	245
ワイオミング	25.3	57	2	415	71,717	77
コロラド	27.0	581	22	4,364	75,078	505
ニューメキシコ	31.5	211	7	1,096	51,791	135
アリゾナ	29.5	727	25	4,200	57,725	619
ユタ	22.0	333	15	2,253	67,508	545
ネヴァダ	28.6	314	11	1,945	61,860	183
太平洋沿岸	**261.6**	**5,339**	**20**	**44,714**	**83,738**	**6,764**
ワシントン	18.5	773	42	6,775	87,546	923
オレゴン	25.5	424	17	2,722	64,103	666
カリフォルニア	42.4	**3,923**	93	**33,732**	85,969	**5,075**
アラスカ	**172.4**	73	0.4	573	78,274	51
ハワイ	2.8	144	51	911	63,193	49

赤太字は各項目の上位1位，赤字は2～5位

U.S. Census Bureauほか

4 日本の主要統計

都道府県別一覧

p.48, 70〜72, 74, 77, 102に詳しく掲載

赤太字は各項目の上位1位，赤字は上位2〜5位，*斜体*は下位5位の都道府県を示す。

都道府県名	人口（万人）2022年	面積（km²）2022年	人口増減率(%) 2015-20年 国勢調査	1人あたり県民所得（千円）2019年	農業産出額（億円）2020年	製造品出荷額（億円）2020年	卸売業年間販売額（億円）Ⓐ 2019年	小売業年間販売額（億円）Ⓑ 2019年	卸小売比率 Ⓐ／Ⓑ 2019年
全国	**12,592**	**377,974**	**− 0.75**	**3,344**	**89,557**	**3,035,547**	**3,093,361**	**1,390,012**	**2.2**
北海道	518	**83,424**	− 2.92	2,832	**12,667**	56,493	92,630	64,570	1.4
青森	124	9,646	*− 5.37*	*2,628*	3,262	16,872	16,409	13,676	1.2
岩手	120	15,275	*− 5.40*	2,781	2,741	25,033	16,641	13,323	1.2
宮城	226	＊ 7,282	− 1.37	2,943	1,902	43,853	62,947	27,557	2.3
秋田	95	11,638	*− 6.22*	2,713	1,898	*13,171*	11,223	10,781	1.0
山形	105	＊ 9,323	*− 4.97*	2,909	2,508	28,441	12,346	11,693	1.1
福島	184	13,784	− 4.23	2,942	2,116	47,903	23,363	21,206	1.1
茨城	289	6,098	− 1.71	3,247	4,417	122,108	33,279	29,733	1.1
栃木	194	6,408	− 2.08	3,351	2,875	82,639	27,291	22,491	1.2
群馬	194	6,362	− 1.72	3,288	2,463	79,328	39,941	21,517	1.9
埼玉	738	＊ 3,798	1.08	3,038	1,678	129,533	83,320	68,334	1.2
千葉	631	＊ 5,157	0.99	3,058	3,853	119,770	60,357	61,826	1.0
東京	**1,379**	＊ *2,194*	**3.94**	**5,757**	*229*	72,029	**1,183,740**	**199,740**	**5.9**
神奈川	921	*2,416*	1.22	3,199	659	159,161	95,341	90,903	1.0
新潟	218	＊ 12,584	− 4.47	2,951	2,526	47,784	37,126	23,949	1.6
富山	103	＊ 4,248	− 2.96	3,316	629	36,649	17,886	11,446	1.6
石川	112	4,186	− 1.86	2,973	*535*	26,498	21,855	12,855	1.7
福井	*76*	4,191	− 2.53	3,325	*451*	21,594	10,911	8,297	1.3
山梨	81	＊ 4,465	− 2.99	3,125	974	25,409	8,370	*7,953*	1.1
長野	205	＊ 13,562	− 2.42	2,924	2,697	60,729	28,334	22,870	1.2
岐阜	199	＊ 10,621	− 2.62	3,035	1,093	56,708	22,523	22,159	1.0
静岡	365	＊ 7,777	− 1.81	3,407	1,887	165,147	56,770	37,896	1.5
愛知	752	＊ 5,173	0.79	3,661	2,893	**441,162**	241,228	85,056	2.8
三重	178	＊ 5,774	− 2.51	2,989	1,043	105,138	16,344	18,001	*0.9*
滋賀	141	＊ 4,017	0.05	3,323	619	76,155	10,742	14,269	*0.8*
京都	251	4,612	− 1.24	2,991	642	53,048	34,428	28,101	1.2
大阪	880	*1,905*	− 0.02	3,055	*311*	171,202	331,367	98,115	3.4
兵庫	548	8,401	− 1.26	3,038	1,478	153,303	81,762	54,119	1.5
奈良	133	3,691	− 2.92	2,728	*395*	17,367	*7,318*	11,099	*0.7*
和歌山	93	4,725	− 4.25	2,986	1,104	24,021	11,734	8,732	1.3
鳥取	*55*	3,507	− 3.49	*2,439*	764	*7,437*	*6,440*	*5,832*	1.1
島根	*66*	6,708	− 3.34	2,951	620	*11,711*	*7,747*	*6,801*	1.1
岡山	187	＊ 7,115	− 1.72	2,794	1,414	70,881	27,308	19,655	1.4
広島	278	8,479	− 1.56	3,153	1,190	89,103	65,585	31,114	2.1
山口	134	6,113	− 4.46	3,249	589	56,275	13,600	14,627	*0.9*
徳島	*72*	4,147	− 4.79	3,153	955	18,020	*7,913*	*7,203*	1.1
香川	96	＊ *1,877*	− 2.67	3,021	808	25,444	17,578	11,545	1.5
愛媛	134	5,676	− 3.64	2,717	1,226	38,203	21,566	14,978	1.4
高知	*69*	7,103	*− 5.05*	2,663	1,113	*5,532*	*7,123*	*6,964*	1.0
福岡	510	＊ 4,988	0.66	2,838	1,977	89,950	117,975	56,927	2.1
佐賀	81	2,441	− 2.57	2,854	1,219	20,334	7,985	8,183	1.0
長崎	132	4,131	− 4.71	2,655	1,491	16,301	15,015	14,426	1.0
熊本	174	＊ 7,409	− 2.68	2,714	3,407	28,311	19,735	17,967	1.1
大分	113	＊ 6,341	− 3.64	2,695	1,208	38,579	11,263	12,184	*0.9*
宮崎	107	＊ 7,734	− 3.12	*2,426*	3,348	16,463	13,893	10,887	1.3
鹿児島	160	＊ 9,186	− 3.64	*2,558*	4,772	20,027	21,882	15,571	1.4
沖縄	148	*2,282*	2.37	*2,396*	910	*4,730*	13,229	12,880	1.0

都道府県面積中＊印のある県は境界未定地域を含み，数値は推計値　　　住民基本台帳人口・世帯数表2022ほか

人口の上位5位までの都府県は，すべて三大都市圏にある。人口増加率は東京が最も高く，さらにその周辺や沖縄などで増加がみられるものの，ほとんどの県で減少している。農業産出額は北海道が1位で，東京近郊の茨城，千葉と九州地方南部の県が上位を占める。製造品出荷額の上位には，三大工業地帯と東海工業地域のある府県がくる。卸売業・小売業年間販売額とも東京が最大だが，卸売業では大阪が2位で，古くからさかんであったことが背景にある。卸小売比率は，卸売業年間販売額を小売業年間販売額で割った値で，この比率が高いほど流通経路が長いことを表している。

県庁所在地・政令指定都市別一覧

p.45～47に詳しく掲載

赤太字は各項目の上位1位，赤字は上位2～5位，*斜体*は下位5位の都道府県庁所在地・政令都市を示す。

市名(都道府県名)	面積(km²) 2022年	人口(万人) 2022年	人口密度(人/km²) ①	人口増減率(%) 2015-20年 国勢調査	製造品出荷額(億円) 2020年	卸売業年間販売額(億円)Ⓐ 2015年	小売業年間販売額(億円)Ⓑ 2015年	卸小売比率 Ⓐ/Ⓑ 2015年
札幌市(北海道)●	1,121	196.0	1,749	1.08	6,445	76,662	22,899	3.3
青森市(青森)	825	27.5	*334*	*−4.33*	*1,176*	7,707	3,300	2.3
盛岡市(岩手)	886	28.5	*322*	−2.65	*1,104*	8,590	4,074	2.1
仙台市(宮城)●	786	106.5	1,355	1.34	8,184	76,327	14,914	5.1
秋田市(秋田)	906	30.3	335	−2.58	2,637	7,585	3,893	1.9
山形市(山形)	＊381	24.2	635	−2.46	2,943	7,162	3,164	2.3
福島市(福島)	768	27.3	356	*−3.93*	4,455	4,829	3,537	1.4
水戸市(茨城)	＊217	27.1	1,248	−0.04	*1,265*	11,348	4,028	2.8
宇都宮市(栃木)	417	51.9	1,245	0.03	18,399	19,138	7,006	2.7
前橋市(群馬)	312	33.3	1,070	−1.19	4,849	7,590	3,889	2.0
さいたま市(埼玉)●	217	133.2	6,127	4.75	8,277	38,397	13,785	2.8
千葉市(千葉)●	272	97.6	3,593	0.32	12,145	25,704	11,119	2.3
東京23区(東京)	＊628	**952.2**	**15,175**	**4.97**	29,986	**1,631,396**	**150,767**	**10.8**
横浜市(神奈川)●	438	375.5	8,579	1.41	35,165	66,877	40,119	1.7
新潟市(新潟)●	726	77.9	1,073	−2.58	10,834	22,708	9,611	2.4
富山市(富山)	＊1,242	41.1	*331*	−1.13	13,509	12,243	5,103	2.4
金沢市(石川)	469	44.8	957	−0.53	4,940	20,732	5,931	3.5
福井市(福井)	536	25.9	484	−1.34	4,051	8,149	3,713	2.2
甲府市(山梨)	212	*18.6*	877	−1.83	2,592	4,430	*2,570*	1.7
長野市(長野)	835	37.1	445	−1.28	5,775	12,191	4,659	2.6
岐阜市(岐阜)	*204*	40.4	1,986	−1.03	2,446	10,332	4,601	2.2
静岡市(静岡)●	＊1,412	68.9	488	−1.65	20,574	21,723	7,968	2.7
名古屋市(愛知)●	＊327	229.3	7,024	1.59	29,932	238,838	34,756	6.9
津市(三重)	711	27.4	385	−1.91	7,894	4,330	2,835	1.5
大津市(滋賀)	465	34.4	741	1.20	3,973	*2,057*	*2,635*	*0.8*
京都市(京都)●	828	138.8	1,678	−0.78	21,429	35,337	18,296	1.9
大阪市(大阪)●	＊225	273.2	12,125	2.28	35,315	369,855	45,782	8.1
神戸市(兵庫)●	＊557	151.7	2,724	−0.79	34,090	37,796	18,687	2.0
奈良市(奈良)	277	35.3	1,275	−1.58	2,407	*2,625*	3,402	*0.8*
和歌山市(和歌山)	209	36.2	1,736	−2.04	12,660	7,213	4,119	1.8
鳥取市(鳥取)	765	*18.4*	*241*	*−2.71*	2,649	*2,328*	*2,170*	*1.1*
松江市(島根)	573	*19.9*	348	−1.27	*1,264*	4,533	*2,155*	2.1
岡山市(岡山)●	790	70.4	892	0.73	10,127	23,099	8,842	2.6
広島市(広島)●	907	118.9	1,312	0.56	28,049	63,808	14,633	4.4
山口市(山口)	1,023	*18.9*	*185*	−1.75	2,147	*4,318*	*2,190*	2.0
徳島市(徳島)	*192*	25.0	1,309	−2.38	4,104	6,332	2,718	2.3
高松市(香川)	376	42.4	1,130	−0.77	3,927	17,960	6,013	3.0
松山市(愛媛)	429	50.7	1,181	−0.71	4,080	10,655	5,829	1.8
高知市(高知)	309	32.2	1,044	*−3.16*	1,641	5,852	3,873	1.5
福岡市(福岡)●	343	156.8	4,566	4.79	5,970	116,033	21,399	5.4
佐賀市(佐賀)	＊432	*23.0*	533	−1.30	2,924	*2,846*	2,900	*1.0*
長崎市(長崎)	406	40.6	1,001	*−4.75*	4,451	7,291	3,796	1.9
熊本市(熊本)●	390	73.1	1,875	−0.26	4,304	15,120	7,800	1.9
大分市(大分)	502	47.7	951	−0.53	23,405	9,127	5,551	1.6
宮崎市(宮崎)	644	40.0	623	0.05	2,689	10,330	4,475	2.3
鹿児島市(鹿児島)	548	60.0	1,096	−1.11	3,387	19,422	6,627	2.9
那覇市(沖縄)	*41*	31.8	7,686	−0.57	*315*	5,214	3,280	1.6
川崎市(神奈川)●	*143*	152.2	10,649	4.27	33,999	17,945	12,287	1.5
相模原市(神奈川)●	329	71.9	2,186	0.65	12,509	5,311	6,637	*0.8*
浜松市(静岡)●	＊**1,558**	79.5	511	−0.91	18,238	19,234	9,334	2.1
堺市(大阪)●	*150*	82.6	5,514	−1.57	**35,498**	9,914	7,632	1.3
北九州市(福岡)●	493	93.6	1,902	−2.32	21,081	16,472	10,495	1.6

●は政令指定都市　面積中＊印のある市は境界未定地域を含み，数値は推計値　住民基本台帳人口・世帯数表2022ほか
①人口／面積

政令指定都市は，政令で指定された人口がおおむね70万以上＊の都市で，県とほぼ同等の権限が委譲される。現在は20市が政令指定都市である。東京・名古屋・京阪神の三大都市圏は人口が集中しており，人口密度が高く，人口も増加している。一方，北海道，宮城，福岡などは道県庁所在地の人口増加率が高く，都市部への人口集中が進んでいる。卸売業年間販売額は大阪市だけで大阪府の７割を占め（2015年），問屋の郊外への移転が進むなか依然高い地位を占めている。また卸小売比率は都市部になるとより高くなり，流通がより複雑になっていることを示している。

＊法令では人口50万以上

❶地球の歴史

地球年代学ほか

地質時代		年数(百万年)	偏年数(百万年)	氷期	動物	植物	造山活動	主要岩石と地下資源
先カンブリア時代	冥王代	600	4600					
	太古代	1500	4000	氷河時代	甲殻をもたない無脊椎動物	菌・藻時代	? 地向斜時代	日本では未発見。カナダのローレンシア台地の金鉱山，オーストラリアのカルグーリー金鉱山など。
	原生代	1960	2500	氷河時代				日本では未発見。楯状地を形成。アメリカのメサビ鉱山，南アフリカのダイヤモンド鉱山など。
古生代	カンブリア紀	54	542		三葉虫			日本では未発見。シベリア・インドの岩塩・石膏。
	オルドビス紀	44	488		筆石			日本では未発見。化石では筆石が出現。
	シルル紀	28	444		海サソリ	最初の陸上植物	カレドニア造山運動	日本ではさんご類の化石が北上高地にて発見。
	デボン紀	57	416		甲冑魚			日本では火成岩類。アメリカ，カナダでは含油層。
	石炭紀	60	359		両生類	擬羊歯植物	バリスカン造山運動	秋吉台，北上高地の海成層。外国では石灰層・鉄鉱床。
	二畳紀	48	299	氷河時代	爬虫類			日本では石灰岩。ドイツではカリ塩，石膏。
中生代	三畳紀	51	251		恐竜	裸子植物	造山運動 / アルプス造山運動	日本では鉛・亜鉛が岡山・山口県に分布。アトラス山脈に沿う鉛・亜鉛。
	ジュラ紀	55	200		始祖鳥			日本では石灰岩。外国では各種の地下資源。
	白亜紀	79	145					日本の中国地方の凝灰・角礫・玢岩。外国では石膏・含油層。マレー半島の錫。
新生代	古第三紀	43	66		アンモナイト 貝類	被子植物	古い日本の形成	日本では主要石灰層。外国では石灰岩の発達が著しく，多くの高等有孔虫を含む。
	新第三紀	20	23		哺乳類		地殻変動	日本では金・銀・銅その他の金属鉱床，石油・天然ガスなどをふくむ火山岩類。
	第四紀 更新世(洪積世)	2.6	2.6	氷河時代	人類		日本列島の形成	礫・砂・粘土・ロームなど硬くない未凝固の岩石。中国北部には黄土，氷食を受けた地方ではその遺物。
	第四紀 完新世(沖積世)	—	0.01					現在堆積中の物質，砂・泥・粘土・礫・砂礫など，泥炭。環太平洋造山帯地域などの火山性硫黄鉱床。

❷地球の大きさ (理科2023)

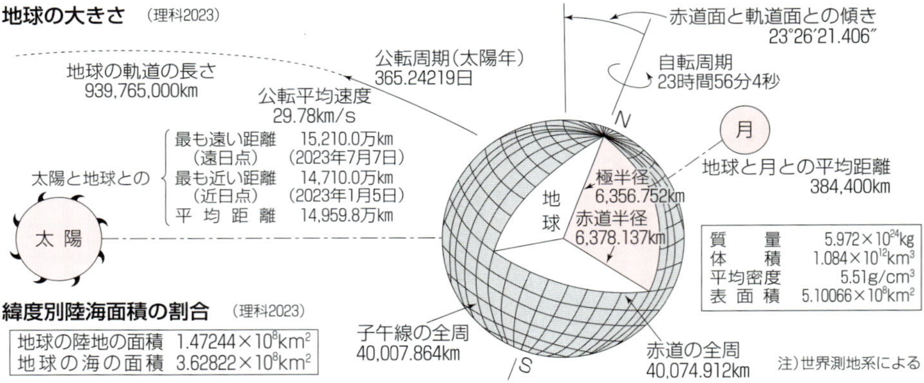

質量	5.972×10^{24}kg
体積	1.084×10^{12}km^3
平均密度	5.51g/cm^3
表面積	5.10066×10^{8}km^2

注)世界測地系による

❸緯度別陸海面積の割合 (理科2023)

地球の陸地の面積	1.47244×10^{8}km^2
地球の海の面積	3.62822×10^{8}km^2

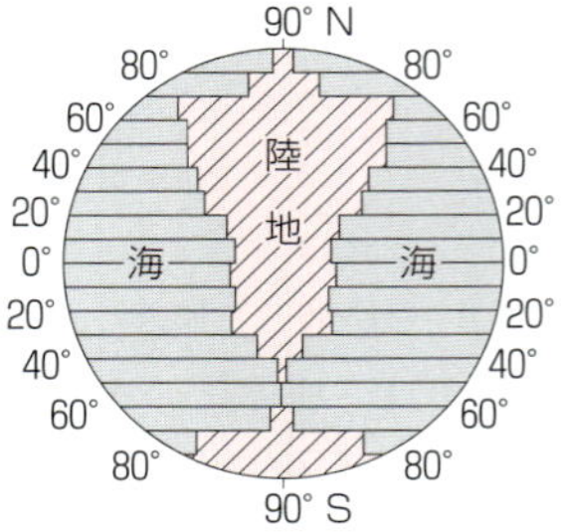

❹大陸別・地層別面積(万km^2)

理科1991

地層他	合計	アジア	ヨーロッパ	アフリカ	北アメリカ	南アメリカ	オーストラリア
始原層	1,985	524	204	336	503	293	125
古生層	1,718	571	165	272	423	212	75
中生層	1,985	320	284	533	344	375	129
第三紀層	871	270	145	62	174	138	82
第四紀層	1,917	804	173	421	134	365	20
砂漠	735	321	—	152	—	99	163
氷河	194	15	6	0	162	11	0
新噴出岩	396	139	12	41	101	73	30
珊瑚礁	2	—	—	—	—	—	2

❺緯線と経線の長さ(km)

理科2023

緯度	0°	10°	20°	30°	40°	50°	60°	70°	80°	90°
緯度1°の経線の長さ	110.574	110.606	110.704	110.851	111.035	111.229	111.413	111.560	111.661	111.694
経度1°の緯線の長さ	111.319	109.638	104.648	96.487	85.396	71.694	55.800	38.185	19.393	0.000

注)世界測地系による

❶地球上の水

理科2023

項　目	貯留量 (10^3km^3)	割合(%) 対全量	割合(%) 対陸水
総　計	**1,384,850**	**100**	
天水(大気中の水)	13	0.001	
海　水	1,348,850	97.4	
陸　水	35,987	2.6	**100**
(氷　河)	(27,500)	1.986	76.42
(地下水)	(8,200)	0.592	22.79
(塩水湖)	(107.0)	0.0077	0.297
(淡水湖)	(103.0)	0.0074	0.286
(土壌水)	(74.0)	0.0053	0.206
(河川水)	(1.7)	0.0001	0.005
(動植物)	(1.3)	0.0001	0.004

❷大陸別・高度別面積の割合(%)

理科1958

高度(m)	全大陸	アジア	ヨーロッパ	アフリカ	北アメリカ	南アメリカ	オーストラリア	南極
200 未満	25.3	24.6	52.7	9.7	29.9	38.2	39.3	6.4
200 ～ 500	26.8	20.2	21.2	38.9	30.7	29.8	41.6	2.8
500 ～ 1000	19.4	25.9	15.2	28.2	12.0	19.2	16.9	5.0
1,000～2,000	15.2	18.0	5.0	19.5	16.6	5.6	2.2	22.0
2,000～3,000	7.5	5.2	2.0	2.7	9.1	2.2	0.0	37.6
3,000～4,000	3.9	2.0	0.0	1.0	1.7	2.8	0.0	26.2
4,000～5,000	1.5	4.1	0.0	0.0	0.0	2.2	0.0	0.0
5,000 以上	0.4	1.1	—	0.0	0.0	0.0	—	—
平均高度 (m)	**875**	**960**	**340**	**750**	**720**	**590**	**340**	**2,200**

数値は原典のまま。調整項目があるため合計は100%にならない。

❸海洋の深さの面積比(%)

理科2023

深度(m)	全海洋	太平洋	大西洋	インド洋
0 ～ 200	7.5	5.6	8.7	4.1
200 ～ 1,000	4.4	3.4	5.9	2.9
1,000～2,000	4.4	3.9	5.2	3.6
2,000～3,000	8.5	7.2	9.6	10.0
3,000～4,000	20.9	20.9	18.9	25.0
4,000～5,000	31.7	32.5	30.4	36.3
5,000～6,000	21.2	24.7	20.6	16.8
6,000～7,000	1.2	1.6	0.6	1.2
7,000以上	0.1	0.2	0.1 未満	0.1 未満
平均深度 (m)	**3,729**	**4,188**	**3,736**	**3,872**

❹世界のおもな海洋・海溝

理科2023ほか

	海洋・海溝名	面積(万km²)	体積(万km³)	最大深度(m)	平均深度(m)	平均水温(℃)	表面塩分(‰)
	全　海　洋	**36,203**	**134,993**	**10,920**	**3,729**	—	**35.0**
大洋	※太平洋	16,624	69,619	10,920	4,188	3.7	34.9
大洋	マリアナ海溝	—	—	10,920	*2,550		—
大洋	トンガ海溝	—	—	10,800	*1,400		—
大洋	ケルマデック海溝	—	—	10,047	*1,500		—
大洋	フィリピン海溝	—	—	10,057	*1,400		—
大洋	伊豆・小笠原海溝	—	—	9,810	* 850		—
大洋	千島・カムチャツカ海溝	—	—	9,550	*2,200		—
大洋	日本海溝	—	—	8,058	* 800		—
大洋	チリ海溝	—	—	8,170	*3,400		—
大洋	アリューシャン海溝	—	—	7,679	*3,700		—
大洋	中央アメリカ海溝	—	—	6,662	*2,800		—
大洋	ペルー海溝	—	—	6,100	*2,100		—
大洋	※インド洋	7,343	28,434	7,125	3,872	3.8	34.8
大洋	スンダ(ジャワ)海溝	—	—	7,125	*4,500		—
大洋	※大西洋	8,656	32,337	8,605	3,736	4.0	35.3
大洋	プエルトリコ海溝	—	—	8,605	*1,500		—
大洋	サウスサンドウィッチ海溝	—	—	8,325	*1,450		—
地中海	北極海	949	1,262	5,440	1,330	−0.7	25.5
地中海	豪亜地中海①	908	1,137	7,440	1,252	6.9	33.9
地中海	アメリカ地中海②	436	943	7,680	2,164	6.6	36.0
地中海	地中海	251	377	5,267	1,502	13.4	34.9
地中海	紅海	45	24	2,300	538	22.7	38.8
沿海	ベーリング海	226	337	4,097	1,492	2.0	30.3
沿海	オホーツク海	139	135	3,372	973	1.5	30.9
沿海	東シナ海	120	33	2,292	272	9.3	32.1
沿海	日本海	101	169	3,796	1,667	0.9	34.1

①ティモール海，アラフラ海，バンダ海など　②カリブ海，メキシコ湾など
※沿海を含まない　＊海溝の長さ(km)

❺世界の潮差

理科2023ほか

地　名	潮汐差(m)①
アジア	
東京	1.3
新潟	0.2
三池(大牟田)	*4.3
インチョン	*8.1
シャンハイ	*2.4
ホンコン	1.5
シンガポール	*2.3
ジャカルタ	0.2
ムンバイ	*3.6
ヨーロッパ	
ナポリ	*0.3
ロンドン	*6.6
リヴァプール	*8.3
オスロ	*0.3
南北アメリカ	
ニューヨーク	*1.6
サンフランシスコ	1.7
リオデジャネイロ	*1.1
パナマシティ	*4.8
アフリカ	
スエズ	*1.5
ケープタウン	*1.5
オセアニア	
ホノルル	0.6
シドニー	1.2
オークランド	*2.9
ダーウィン	*5.6

①平均高高潮と平均低低潮の高さの差　＊大潮の平均高潮と平均低潮の高さの差

❻氷河におおわれた地域(km²)

理科2023

地　域	面　積
世界計	**16,329,511**
北アメリカ	2,056,467
グリーンランド	(1,802,600)
バッフィン島	(37,903)
クインエリザベス諸島	(109,057)
ロッキー山脈	(12,428)
アラスカ	(51,476)
ユーラシア	260,517
スカンディナヴィア	(3,800)
アルプス	(3,200)
アイスランド	(12,173)
ヒマラヤ	(33,200)
ナンシャン・クンルン	(16,700)
カラコルム	(16,000)
アフリカ	12
南アメリカ	26,500
オセアニア	1,015
南極地方	13,985,000

❶面積比からみた地球の陸と海(横軸の長さは各陸・海の面積に比例している)

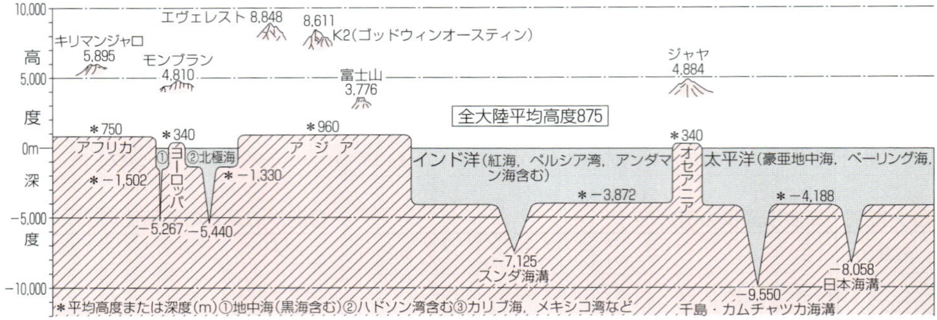

❷世界のおもな山(▲印は火山)

理科2023ほか

山名	所在地	国名	海抜高度(m)	初登頂年
(アジア)				
エヴェレスト①	ヒマラヤ	ネパール・中国	8,848	1953
K2(ゴッドウィンオースティン)	カラコルム	パキスタン・中国	8,611	1954
＊カンチェンジュンガ	ヒマラヤ	ネパール・インド	8,586	1955
＊マナスル	ヒマラヤ	ネパール	8,163	1956
＊ナンガパルバット	ヒマラヤ	パキスタン	8,126	1953
コンガ(ミニヤコンガ)	ホントワン〔横断〕	中国	7,556	1832
イスモイリソモニ(コミュニズム)	パミール高原	タジキスタン	7,495	1933
(ヨーロッパ)				
▲エルブルース	カフカス	ロシア	5,642	1874
モンブラン	アルプス	フランス・イタリア	4,810	1786
モンテローザ	アルプス	イタリア・スイス	4,634	1855
マッターホルン	アルプス	イタリア・スイス	4,478	1865
ユングフラウ	アルプス	スイス	4,158	1811
ムラセン	ネバダ	スペイン	3,482	1754
ナロドナヤ	ウラル	ロシア	1,895	−
(アフリカ)				
▲キリマンジャロ	−	タンザニア	5,895	1889
▲キリニャガ(ケニア)	−	ケニア	5,199	1899
ルウェンゾリ	−	ウガンダ コンゴ民主	5,110	1906
＊ラスダシャン	エチオピア高原	エチオピア	4,533	−
(北アメリカ)				
デナリ(マッキンリー)	アラスカ	アメリカ合衆国	6,190	1913
ローガン	セントエライアス	カナダ	5,959	1925
▲オリサバ	トランスベルサル	メキシコ	5,675	1848
＊▲ポポカテペトル	トランスベルサル	メキシコ	5,426	1848
ホイットニー	シエラネヴァダ	アメリカ合衆国	4,418	1875
エルバート	ロッキー	アメリカ合衆国	4,398	−
(南アメリカ)				
アコンカグア	アンデス	アルゼンチン	6,959	1897
ワスカラン	アンデス	ペルー	6,768	1932
▲コトパクシ	アンデス	エクアドル	5,911	1872
(オセアニア・南極)				
ヴィンソンマッシーフ	南極	−	4,897	1966
＊ジャヤ	ニューギニア島	インドネシア	4,884	−
▲マウナケア	ハワイ島	アメリカ合衆国	4,205	−
アオラキ(クック)	サザンアルプス	ニュージーランド	3,724	1894
コジアスコ	オーストラリアアルプス	オーストラリア	2,229	−

＊は異なる数値あり ①中国名はチョモランマ

❸日本のおもな山(▲印は火山)

理科2023ほか

山名	所在地	海抜高度(m)	火山型＊	近噴火年
▲富士山(剣ケ峯)	山梨・静岡	3,776	S,P,L	1707, 1854
北岳(白根山)	山梨	3,193		
穂高岳(奥穂高岳)	長野・岐阜	3,190		
槍ケ岳	長野・岐阜	3,180		
東岳(悪沢岳)	静岡	3,141		
赤石岳	長野・静岡	3,121		
▲御嶽山	長野・岐阜	3,067	S-C	2014
▲乗鞍岳	長野・岐阜	3,026	S,D	−
立山(大汝山)	富山	3,015		
剱岳	富山	2,999		
駒ケ岳(甲斐駒)	長野・山梨	2,967		
駒ケ岳(木曽駒)	長野	2,956		
白馬岳	長野・富山	2,932		
▲八ケ岳(赤岳)	長野・山梨	2,899	S,D	888?
▲白山(御前峰)	石川・岐阜	2,702	S	1659
▲浅間山	群馬・長野	2,568	S,L,D	2019
▲男体山	栃木	2,486	S	−
▲妙高山	新潟	2,454	S-C,D	−
▲大雪山(旭岳)	北海道	2,291	S-C,D,L	−
▲鳥海山	秋田・山形	2,236	S,D	1974
▲岩手山	岩手	2,038	S	1919
▲月山	山形	1,984	S	−
石鎚山(天狗岳)	愛媛	1,982		
谷川岳	新潟・群馬	1,978		
剣山	徳島	1,955		
宮之浦岳	鹿児島	1,936		
早池峰山	岩手	1,917		
▲蔵王山(熊野岳)	山形・宮城	1,841	S,P	1940
▲赤城山(黒檜山)	群馬	1,828	S-C,D	1251?
▲磐梯山	福島	1,816	S-C	1888
▲くじゅう連山(中岳)	大分	1,791	S,D	1996
▲大山	鳥取	1,729	S-C,D,P,L	−
▲霧島山(韓国岳)	宮崎・鹿児島	1,700	S,P,D	2018
丹沢山(蛭ケ岳)	神奈川	1,673		
▲岩木山	青森	1,625	S,D	1863
▲阿蘇山(高岳)	熊本	1,592	S-C,P	2021
▲雲仙岳(平成新山)	長崎	1,483	S,D	1990~96
伊吹山	滋賀	1,377		

＊*C*：カルデラ，*S*：成層火山，*L*：溶岩流および小型の楯状火山，*D*：溶岩円頂丘，*P*：砕屑丘

❹世界のおもな砂漠(万km²)

理科2023ほか

砂漠名	面積	砂漠名	面積	砂漠名	面積	砂漠名	面積
(アジア)		キジルクーム	30	ナミブ	14	ソノラ	31
アラビア①	246	カヴィール	26	(南北アメリカ)		モハーヴェ	7
ゴビ	130	シリア	26	パタゴニア	67	(オセアニア)	
大インド(タール)	60	(アフリカ)		グレートベースン	49	グレートヴィクトリア	65
タクラマカン	52	サハラ	907	チワワ	45	グレートサンディー	40
カラクーム	35	カラハリ	57	アタカマ	36	シンプソン	15

①ルブアルハリ砂漠やネフド砂漠を含むアラビア半島全域に広がる砂漠

理科2023ほか

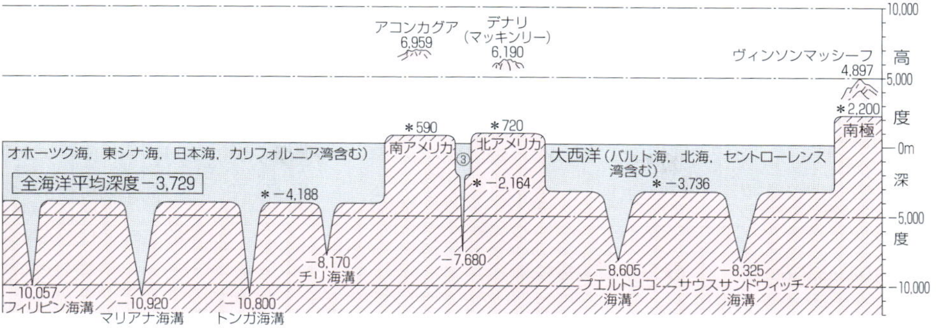

❶ 世界各地の雪線の高さ

理科1988

地方		場所	高さ(m)
アジア	カフカス	南斜面　西部	2,700
		南斜面　東部	3,500
	テンシャン	北斜面	3,800
		南斜面	4,200
	ヒマラヤ		4,250〜6,250
	クンルン		6,000
ヨーロッパ	アルプス	グランパラディソ	3,350
		モンブラン	2,800
	ノルウェー	ヨートン峡湾	1,900
	スペイン	シエラネバダ	3,200
	アイスランド	ホッフスイェクル	1,300
アフリカ		キリマンジャロ	5,200
北アメリカ	グリーンランド		1,400
	アラスカ	エリアス	610
	カナダ	バッフィン島	1,555
南アメリカ	コロンビア	アンデス	4,700
	ペルー	アンデス	4,900
	ボリビア	アンデス	5,500〜6,000
	チリ	アンデス24°S	6,200
		ティエラデルフエゴ	1,050
南極海地方		ケルゲレン島	600
		サウスジョージア島	300〜650
		ブーヴェー島	200

❷ 緯度別平均気温

気候学ほか

緯度	気温(℃)					
	1月	4月	7月	10月	年平均	年較差
90° N	−41.0	−28.0	−1.0	−24.0	−22.7	40.0
80°	−32.2	−22.7	2.0	−19.1	−17.1	34.2
70°	−26.3	−14.0	7.3	−9.3	−10.7	33.6
60°	−16.1	−2.8	14.1	0.3	−1.1	30.2
50°	−7.2	5.2	17.9	6.9	5.8	25.1
40°	5.5	13.1	24.0	15.7	14.1	18.5
30°	14.7	20.1	27.3	21.8	20.4	12.6
20°	21.9	25.2	28.0	26.4	25.3	6.1
10°	25.8	27.2	27.0	26.9	26.8	1.4
0°	26.5	26.6	25.7	26.5	26.3	0.9
10° S	26.4	25.9	23.0	25.7	25.5	3.4
20°	25.3	24.0	19.8	22.8	23.0	5.5
30°	21.6	18.7	14.5	18.0	18.4	7.1
40°	15.4	12.5	8.8	11.7	11.9	6.6
50°	8.4	5.4	3.0	4.8	5.4	5.4
60°	3.2	−	−9.3	−	−3.2	12.5
70°	−1.2	−	−21.0	−	−12.0	19.8
80°	(−4.3)	−	(−28.7)	−	(−20.6)	(24.4)
90°	(−6.0)	−	(−33.0)	−	(−25.0)	(27.0)

❸ 緯度別平均降水量・蒸発量

気候学ほか

緯度	面積(10⁶km²)		年降水量(cm)			全地球年蒸発量(cm)	＊差(cm/年)
	海洋	陸地	全地球	海洋	陸地		
90°N〜90°S	**362.8**	**147.2**	**74.3**	**74.2**	**75.3**	**74.3**	**0**
90°〜80°N	3.5	0.4	(17)	(15)	(34)	5	12
80°〜70°	8.1	3.5	(29)	(29)	(26)	9	20
70°〜60°	5.6	13.4	(39)	48	35	12	27
60°〜50°	11.0	14.6	69	96	50	38	31
50°〜40°	15.0	16.5	83	117	51	51	32
40°〜30°	20.8	15.6	51	51	52	71	−20
30°〜20°	25.1	15.1	43	22	79	91	−48
20°〜10°	31.5	11.2	71	62	95	109	−38
10°〜0°	34.1	10.0	147	140	172	103	44
0°〜10°S	33.7	10.4	116	95	181	116	0
10°〜20°	33.4	9.4	76	66	110	113	−37
20°〜30°	30.9	9.3	54	51	64	96	−42
30°〜40°	32.3	4.1	85	88	57	85	0
40°〜50°	30.5	1.0	92	92	87	58	34
50°〜60°	25.4	0.2	70	70	102	23	47
60°〜70°	17.3	1.6	(28)	29	(30)	9	19
70°〜80°	4.3	7.3	(26)	15	(30)	7	19
80°〜90°	0.4	3.5	(30)	0	(30)	5	25

＊降水量−蒸発量，(　)数字は暫定値

❹ 気候区の大陸別面積の割合(%)

赤字は各地域の最大値　H. Wagner

気候区	ユーラシア	アフリカ	オーストラリア	北アメリカ	南アメリカ	南極大陸	太平洋	大西洋	インド洋
Af	3.5	19.8	7.9	2.8	26.9	−	36.3	13.6	31.1
Aw	3.9	18.8	9.0	2.4	36.5	−	15.1	13.5	13.0
BS	15.9	21.5	25.8	10.7	6.7	−	1.3	8.4	2.4
BW	10.2	25.2	31.4	3.7	7.3	−	0.1	0.6	1.7
Cw	9.6	13.1	6.8	2.0	6.7	−	0.7	−	0.1
Cs	2.2	1.3	7.9	0.8	0.3	−	1.7	5.9	1.8

気候区	ユーラシア	アフリカ	オーストラリア	北アメリカ	南アメリカ	南極大陸	太平洋	大西洋	インド洋
Cf	5.7	0.3	11.2	10.7	14.0	−	30.7	28.3	23.8
Df	25.8	−	−	43.4	−	−	2.1	1.4	−
Dw	13.4	−	−	−	−	−	0.4	−	−
ET	9.8	−	−	17.3	1.6	3.6	9.7	21.5	23.4
EF	−	−	−	6.2	−	96.4	1.9	6.8	2.7

❶世界のおもな島(千km²)

理科2023ほか

名称	所属	面積	名称	所属	面積
グリーンランド	デンマーク	2,176	ジャワ	インドネシア	126
ニューギニア	①	772	キューバ	キューバ	115
カリマンタン(ボルネオ)	②	737	北島	ニュージーランド	114
マダガスカル	マダガスカル	590	ニューファンドランド	カナダ	111
バッフィン	カナダ	512	ルソン	フィリピン	106
スマトラ	インドネシア	434	アイスランド	アイスランド	103
本州	日本	228	ミンダナオ	フィリピン	96
グレートブリテン	イギリス	218	北海道	日本	78
スラウェシ(セレベス)	インドネシア	179	九州	日本	37
南島	ニュージーランド	151	四国	日本	18

①インドネシア・パプアニューギニア　②インドネシア・マレーシア・ブルネイ

❷日本のおもな島(km²)

名称	所属	面積
択捉(えとろふ)島	北海道	3,167
国後(くなしり)島	北海道	1,489
沖縄(おきなわ)島	沖縄	1,207
佐渡(さど)島	新潟	855
奄美大(あまみおお)島	鹿児島	712
対馬(つしま)	長崎	696
淡路(あわじ)島	兵庫	593
天草下(あまくさしも)島	熊本	575
屋久(やく)島	鹿児島	504
種子(たねが)島	鹿児島	444

全国都道府県市区町村別面積調'20

❸世界のおもな湖沼

地域	湖沼名	面積(最大深度)百km²(m)
アジア	*カスピ海	3,740(1,025)
	▲バイカル	315(1,741)
	*バルハシ	※182(26)
	*アラル海	※100(43)
	トンレサップ	※25(12)
南北アメリカ	▲スペリオル	824(406)
	▲ヒューロン	596(228)
	▲ミシガン	580(281)
	▲グレートベア	312(446)
	▲グレートスレーヴ	286(625)
	▲エリー	258(64)
	▲ウィニペグ	238(36)
	▲オンタリオ	190(244)
	マラカイボ	130(60)
	チチカカ	84(281)
アフリカ・オセアニア	ヴィクトリア	688(84)
	タンガニーカ	320(1,471)
	マラウイ(ニアサ)	225(706)
	*エーア	※97(6)
	チャド	※30(10)

※季節や年により湖面の拡大・縮小が著しい。数値はある時点。 *塩湖 ▲冬季凍結

理科2023ほか

❹日本のおもな湖沼

理科2023ほか

湖沼名(湖沼型※)	所在地	面積(最大深度)km²(m)	湖沼名(湖沼型※)	所在地	面積(最大深度)km²(m)
琵琶(びわ)湖(M)	滋賀	669(104)	摩周(ましゅう)湖(O)	北海道	19(211)
霞ケ(かすみが)浦(E)	茨城	168(12)	*十三(じゅうさん)湖(M)	青森	18(2)
*サロマ湖(E)	北海道	152(20)	クッチャロ湖(E)	北海道	13(3)
猪苗代(いなわしろ)湖(A)	福島	103(94)	阿寒(あかん)湖(E)	北海道	13(45)
*中(なか)海(E)	鳥取・島根	86(17)	諏訪(すわ)湖(E)	長野	13(8)
屈斜路(くっしゃろ)湖(A)	北海道	80(118)	中禅寺(ちゅうぜんじ)湖(O)	栃木	12(163)
*宍道(しんじ)湖(E)	島根	79(6)	池田(いけだ)湖(M)	鹿児島	11(233)
支笏(しこつ)湖(O)	北海道	78(360)	桧原(ひばら)湖(M)	福島	11(31)
洞爺(とうや)湖(O)	北海道	71(180)	印旛(いんば)沼(E)	千葉	9(5)
*浜名(はまな)湖(M)	静岡	65(13)	*涸(ひ)沼(E)	茨城	9(3)
*小川原(おがわら)湖(M)	青森	62(27)	*涛沸(とうふつ)湖(E)	北海道	8(2)
十和田(とわだ)湖(O)	青森・秋田	61(327)	*久美浜(くみはま)湾(M)	京都	7(21)
*風蓮(ふうれん)湖(O)	北海道	59(13)	芦ノ(あしの)湖(M)	神奈川	7(41)
*能取(のとろ)湖(E)	北海道	58(23)	*湖山(こやま)池(E)	鳥取	7(7)
北(きた)浦(E)	茨城	35(10)	山中(やまなか)湖(M)	山梨	7(13)
*厚岸(あっけし)湖(M)	北海道	32(11)	塘路(とうろ)湖(E)	北海道	6(7)
*網走(あばしり)湖(E)	北海道	32(16)	*松川(まつかわ)浦(E)	福島	6(6)
八郎(はちろう)潟調整池(E)	秋田	28(11)	*外浪逆(そとなさか)浦(E)	茨城・千葉	6(23)
田沢(たざわ)湖(A)	秋田	26(423)	*温根沼(おんねとう)(O)	北海道	6(7)

※E：富栄養湖　M：中栄養湖　O：貧栄養湖　A：酸栄養湖　*は汽水湖

❺世界と日本の湖沼透明度(m)

理科2023

湖沼名	所在地	透明度	湖沼名	所在地	透明度	湖沼名	所在地	透明度	湖沼名	所在地	透明度
グレートベア湖	カナダ	10-30	バイカル湖	ロシア	5-23	タウポ湖	ニュージーランド	11-20	ボーデン湖	スイス・ドイツ・オーストリア	3-15
摩周湖	北海道	28	倶多楽湖	北海道	22	タンガニーカ湖	タンザニア・ザンビア・コンゴ民主	5-19	レマン湖	スイス・フランス	2-15
タホ湖	アメリカ	28	マッジョーレ湖	スイス・イタリア	3-22	シュコダル湖	モンテネグロ・アルバニア	4-18	スペリオル湖	アメリカ・カナダ	0-15
マラウイ湖	マラウイ・タンザニア・モザンビーク	13-23	イシク湖	キルギス	13-20	支笏湖	北海道	17.5	パンケトー	北海道	14.0

❻世界のおもな河川

理科2023ほか

河川名	流域面積(千km²)	長さ(10km)	河口の所在 国名, 海洋名	河川名	流域面積(千km²)	長さ(10km)	河口の所在 国名, 海洋名
アマゾン	7,050	652	ブラジル, 大西洋	セントローレンス	1,463	306	カナダ, セントローレンス湾
コンゴ	3,700	467	コンゴ民主・アンゴラ, 大西洋	ヴォルガ	1,380	369	ロシア, カスピ海
ナイル	3,349	①670	エジプト, 地中海	ザンベジ	1,330	274	モザンビーク, モザンビーク海峡
ミシシッピ	3,250	②597	アメリカ合衆国, メキシコ湾	インダス	1,166	318	パキスタン, アラビア海
ラプラタ	3,100	③450	アルゼンチン・ウルグアイ, 大西洋	サスカチュワン	1,150	257	カナダ, ウィニペグ湖
オビ	2,990	④557	ロシア, オビ湾	マリー	1,058	⑤367	オーストラリア, グレートオーストラリア湾
エニセイ	2,580	555	ロシア, カラ海	オレンジ	1,020	210	南アフリカ共和国・ナミビア, 大西洋
レナ	2,490	440	ロシア, ラプテフ海	黄河〔ホワンホー〕	980	546	中国, 渤海〔ポーハイ〕
長江〔チャンチヤン〕(揚子江)	1,959	638	中国, 東シナ海	オリノコ	945	250	ベネズエラ, 大西洋
ニジェール	1,890	418	ナイジェリア, ギニア湾	ユーコン	855	319	アメリカ合衆国, ベーリング海
アムール(黒竜江)	1,855	442	ロシア, 間宮海峡	ドナウ(ダニューブ)	815	285	ルーマニア, 黒海
マッケンジー	1,805	424	カナダ, ボーフォート海	メコン	810	443	ベトナム, 南シナ海
ガンジス〔ガンガ〕・ブラマプトラ	1,621	251 284	バングラデシュ, ベンガル湾	ユーフラテス	765	280	イラク・イラン, ペルシア湾

①カゲラ川源流から　②ミズーリ川源流から　③パラナ川源流から。パラナ川・ウルグアイ川合流点より下流は約30km
④イルティシ川源流から　⑤ダーリング川源流から

❶ 世界のおもな河川(続き)

理科2023ほか

河川名	流域面積(千km²)	長さ(10km)	河口の所在 国名, 海洋名	河川名	流域面積(千km²)	長さ(10km)	河口の所在 国名, 海洋名
コロンビア	668	200	アメリカ合衆国・カナダ, 太平洋	エーヤワディー	430	199	ミャンマー, ベンガル湾
シルダリア	649	221	カザフスタン, アラル海	ドン	430	187	ロシア, アゾフ海
コロラド	590	233	メキシコ, カリフォルニア湾	ライン	224	123	オランダ, 北海
リオグランデ	570	306	アメリカ合衆国・メキシコ, メキシコ湾	ウラル	220	243	カザフスタン, カスピ海
ドニエプル	511	220	ウクライナ, 黒海	ロアール	121	102	フランス, ビスケー湾
アムダリア	465	254	ウズベキスタン, アラル海	セーヌ	78	78	フランス, イギリス海峡
チュー(珠江)	443	220	中国, 南シナ海	ポー	69	68	イタリア, アドリア海

❷ 日本のおもな河川

理科2023ほか

河川名	流域面積(km²)	幹川流路延長(km)	流量(m³/秒)2019年 年平均	最大	最小	河川名	流域面積(km²)	幹川流路延長(km)	流量(m³/秒)2019年 年平均	最大	最小
利根川(とね)	16,840	322	260	–	–	筑後川(ちくご)	2,863	143	100	4,600	15
石狩川(いしかり)	14,330	268	124	1,327	46	神通川(じんづう)	2,720	120	160	1,700	32
信濃川(しなの)	11,900	367	530	9,600	170	高梁川(たかはし)	2,670	111	23	620	3
北上川(きたかみ)	10,150	249	–	3,400	–	岩木川(いわき)	2,540	102	62	530	12
木曽川(きそ)	9,100	229	–	4,300	–	斐伊川(ひい)	2,540	153	24	330	7
十勝川(とかち)	9,010	156	–	303	–	釧路川(くしろ)	2,510	154	26	101	17
淀川(よど)	8,240	75	–	3,200	–	熊野川(くまの)(新宮川)	2,360	183	–	10,500	–
阿賀野川(あがの)	7,710	210	390	8,600	57	四万十川(しまんと)	2,270	196	–	–	–
最上川(もがみ)	7,040	229	350	3,000	89	大淀川(おおよど)	2,230	107	170	4,700	34
天塩川(てしお)	5,590	256	117	703	26	吉井川(よしい)	2,110	133	44	310	17
阿武隈川(あぶくま)	5,400	239	65	3,700	6	馬淵川(まべち)	2,050	142	37	950	12
天竜川(てんりゅう)	5,090	213	210	2,100	66	常呂川(ところ)	1,930	120	18	186	5
雄物川(おもの)	4,710	133	250	1,600	64	由良川(ゆら)	1,880	146	–	–	7
米代川(よねしろ)	4,100	136	80	1,200	21	球磨川(くま)	1,880	115	110	3,800	21
富士川(ふじ)	3,990	128	–	4,000	21	矢作川(やはぎ)	1,830	118	34	1,530	8
江の川(ごうの)	3,900	194	51	820	17	五ヶ瀬川(ごかせ)	1,820	106	70	1,600	16
吉野川(よしの)	3,750	194	97	5,100	18	旭川(あさひ)	1,810	142	35	300	9
那珂川(なか)	3,270	150	81	–	–	紀の川(きの)	1,750	136	60	3,000	1
荒川(あら)	2,940	173	44	–	–	太田川(おおた)	1,710	103	51	1,500	10
九頭竜川(くずりゅう)	2,930	116	–	500	–	尻別川(しりべつ)	1,640	126	54	354	17

❸ おもな河川の河況係数

日本の川

河川名	県名	調査地点	河況係数	河川名	国名	調査地点	河況係数
石狩川	北海道	橋本町	573	ナイル	エジプト	カイロ	30
北上川	岩手	狐禅寺	159	オハイオ	アメリカ合衆国	シビクリー	319
利根川	埼玉	栗橋	1,782	テネシー	アメリカ合衆国	パドゥーカ	1,000
信濃川	新潟	小千谷	117	コロラド	アメリカ合衆国	グランドキャニオン	181
荒川	埼玉	寄居	3,968	ミシシッピ	アメリカ合衆国	ヴィックスバーグ	21
富士川	静岡	清水端	1,142	テムズ	イギリス	ロンドン	8
黒部川	富山	宇奈月	5,075	ドナウ	オーストリア	ウィーン	4
吉野川	徳島	中央橋	1,415	ライン	スイス	バーゼル	18
四万十川	高知	具同	8,920	セーヌ	フランス	パリ	34
筑後川	福岡	瀬ノ下	8,671	ローヌ	フランス	サンモリス	35

河況係数＝最大流量/最小流量

＊日本の河川は1980年までの最大流量と最小流量の数値
外国の河川は既往の最大流量と最小流量の数値
＊最小流量が0の場合は河況係数は無限大になる。砂漠の河川でよくみられる。

一年中流量にあまり変化がない(河況係数が小さい)川は治水や利水に都合がよい。

❹ おもな河川の縦断面曲線(横軸：河口からの距離)(日本の川)

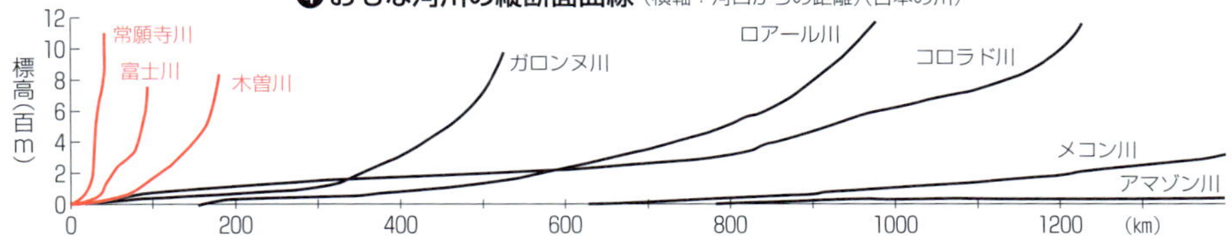

❺ おもな国の国立公園(千ha)

環境省資料ほか

国名	数	面積	国名	数	面積	国名	数	面積	国名	数	面積
日本	34	2,195	エチオピア	9	2,083	イタリア	14	825	カナダ	33	18,228
イングランド	7	1,075	ケニア	18	2,904	デンマーク	1	97,200	メキシコ	30	684
インド	66	3,874	コンゴ民主	7	8,544	ドイツ	10	700	ブラジル	35	11,919
韓国	16	315	南アフリカ共和国	22	3,464	ロシア	24	4,569	オーストラリア	298	23,137
タイ	75	4,349	イギリス	17	1,447	アメリカ合衆国	49	16,061	ニュージーランド	13	2,451

❶世界のおもなダム（上段：総貯水量順 下段：堤高順）

ダム便覧ほか

ダム名	国名	形式*	堤高(m)	総貯水量(百万m³)	完成年
ナルバーレ(オーエンフォールズ)	ウガンダ	G	31	204,800	1954
カホウカ	ウクライナ	G·E	37	182,000	1955
カリバ	ジンバブエ・ザンビア	A	128	180,600	1959
ブラーツク	ロシア	G	125	169,000	1964
アスワンハイ	エジプト	R	111	162,000	1970
アコソンボ	ガーナ	R	134	150,000	1965
ダニエルジョンソン	カナダ	MA	214	141,851	1968
グリ	ベネズエラ	E·G·R	162	135,000	1986
ロンタン〔龍灘〕	中国	G	192	126,210	2009
W.A.C.ベネット	カナダ	E	183	74,300	1967
大エチオピア・ルネサンス	エチオピア	G·R	145	74,000	※
クラスノヤルスク	ロシア	G	124	73,300	1967
ゼーヤ	ロシア	B	115	68,400	1978
ラグランデ2	カナダ	R	168	61,715	1978
ラグランデ3	カナダ	R	93	60,020	1981
ウスチイリムスク	ロシア	G	102	59,300	1977
ボグチャヌイ	ロシア	G	87	58,200	2012
ログン	タジキスタン	E·R	335	13,300	※
ヌレク	タジキスタン	E	300	10,500	1980
シャオワン〔小湾〕	中国	A	292	15,100	2010
グランドディクサーンス	スイス	G	285	401	1961
イングリ	ジョージア	A	272	1,100	1980
ヴァイオント	イタリア	A	262	168	1960
テヘリ	インド	E·R	261	3,540	2006
チコアセン(マニュエルモレノトレース)	メキシコ	E·R	261	1,613	1980
カンバラチンスキー	キルギス	G·E	255	4,650	※
モーボアゾン	スイス	A	250	212	1957
デリネル	トルコ	A	247	1,969	2006
マイカ	カナダ	R	243	25,000	1973
アルバート=リェラス=カルマゴ	コロンビア	R	243	970	1989
サヤノシュシェンスカヤ	ロシア	G	242	31,300	1990
アータン〔二灘〕	中国	A	240	5,800	1999
サンシヤ〔三峡〕	中国	G	185	39,300	2009

※未完成 ☞p.84～85

❷日本のおもなダム（上段：有効貯水量順 下段：堤高順）

ダム年鑑2020

ダム名	所在地	河川名	形式*	堤高(m)	有効貯水量(万m³)
奥只見	新潟・福島	只見川	G	157	45,800
徳山	岐阜	揖斐川	R	161	38,040
田子倉	福島	只見川	G	145	37,000
夕張シューパロ	北海道	夕張川	G	111	36,700
御母衣	岐阜	庄川	R	131	33,000
早明浦	高知	吉野川	G	106	28,900
玉川	秋田	玉川	G	100	22,900
九頭竜	福井	九頭竜川	R	128	22,300
池原	奈良	北山川	A	111	22,008
佐久間	静岡・愛知	天竜川	G	156	20,544
有峰	富山	和田川	G	140	20,400
手取川	石川	手取川	R	153	19,000
小河内	東京	多摩川	G	149	18,540
宮ヶ瀬	神奈川	中津川	G	156	18,300
矢木沢	群馬	利根川	A	131	17,580
雨竜第一	北海道	太釜別川	G	46	17,212
黒部	富山	黒部川	A	186	14,884
高瀬	長野	高瀬川	R	176	1,620
徳山	岐阜	揖斐川	R	161	38,040
奈良俣	群馬	楢俣川	R	158	8,500
奥只見	新潟・福島	只見川	G	157	45,800
宮ヶ瀬	神奈川	中津川	G	156	18,300
浦山	埼玉	浦山川	G	156	5,600
温井	広島	滝山川	A	156	7,900
佐久間	静岡・愛知	天竜川	G	156	20,544
奈川渡	長野	梓川	A	155	9,400
手取川	石川	手取川	R	153	19,000
小河内	東京	多摩川	G	149	18,540
田子倉	福島	只見川	G	145	37,000
有峰	富山	和田川	G	140	20,400
草木	群馬	渡良瀬川	G	140	5,050
川治	栃木	鬼怒川	A	140	7,600

＊ダム形式

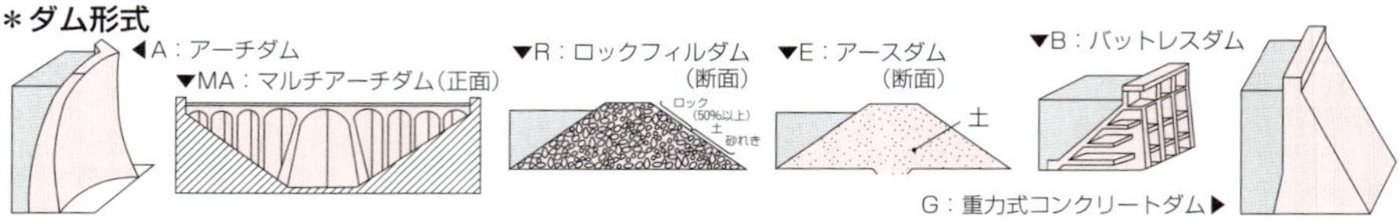

❸日本の水資源使用状況（2015年）

地域	水使用量(取水量ベース，億m³/年) 都市用水 生活用水	工業用水	農業用水	合計	都市用水水源内訳 河川水(%)	地下水(%)	1人平均使用量(L/日)①(2017年)
全国	**147.8**	**111.0**	**539.7**	**798.5**	**76.6**	**23.4**	**287**
北海道	6.3	8.7	46.4	61.4	93.2	6.8	261
東北	13.5	12.4	156.1	182.0	79.4	20.6	274
関東内陸	9.4	7.8	55.7	72.9	54.4	45.6	281
関東臨海	40.6	10.5	25.2	76.3	85.9	14.1	284
東海	20.8	21.6	49.5	92.0	57.5	42.5	289
北陸	3.6	5.0	28.1	36.6	49.8	50.2	298
近畿内陸	6.3	3.1	18.6	27.9	73.7	26.3	281
近畿臨海	17.9	8.9	21.1	47.9	80.9	19.1	305
山陰	1.6	1.8	12.3	15.6	60.9	39.1	299
山陽	6.9	11.9	30.1	48.9	89.6	10.4	286
四国	4.9	7.1	21.0	33.1	67.4	32.6	333
北九州	8.5	6.2	38.6	53.4	81.1	18.9	256
南九州	5.6	5.7	34.5	45.9	58.8	41.2	304
沖縄	1.9	0.4	2.6	4.8	89.3	10.7	313

①生活用水の1人1日あたり平均使用量　日本の水資源の現況'20

❹日本の産業別水源別用水量（2017年）

工統'18

産業別	淡水合計(千m³/日)	公共水道(%) 工業用水道	上水道	井戸水(%)	その他の淡水*(%)
製造業計	**25,891**	**43.4**	**6.8**	**23.0**	**26.8**
食品	2,992	15.2	18.0	55.0	11.8
繊維	1,289	18.0	2.1	43.0	36.9
木材・家具	76	30.4	36.1	27.0	6.5
紙・パルプ	6,775	28.3	0.7	12.2	58.8
印刷	65	6.1	56.3	26.3	11.3
化学	7,497	58.7	4.2	19.0	18.1
(石油・石炭製品)	(810)	(96.9)	(1.2)	(0.4)	(1.5)
皮革	4	0.4	27.9	70.6	1.1
窯業	607	27.1	8.5	38.6	25.8
金属	4,455	72.8	5.4	9.9	11.9
(鉄鋼)	(3,497)	(82.7)	(3.1)	(3.4)	(10.8)
はん用機械	119	20.9	37.2	35.5	6.4
生産用機械	159	19.7	38.0	40.7	1.6
業務用機械	86	13.8	30.6	40.5	15.1
電気機械	1,023	42.4	17.8	38.0	1.8
輸送機械	691	39.8	23.1	33.5	3.6
その他	54	16.1	27.9	54.3	1.7

従業者30人以上の事業所
＊地表水（河川・湖沼・貯水池からの取水），伏流水など

世界各地の月平均気温（上段℃）・月降水量（下段mm）（Ⅰ）

太字は最高（大），*斜字*は最低（小）　※平年値　理科2023ほか

ケッペン気候区	地名　緯度・経度・標高	国名	1月	2月	3月	4月	5月	6月	7月	8月	9月	10月	11月	12月	全年	統計期間
熱帯雨林気候 (Af)	**コロンボ**	スリランカ	*27.2*	27.6	28.4	28.6	**28.9**	28.3	28.1	28.1	27.9	27.5	27.3	*27.2*	27.9	1991-2020
	06°54′N　79°52′E　7m		86.7	*81.4*	111.6	229.4	303.4	198.4	120.4	119.5	263.7	**347.4**	322.2	187.1	2,371.2	1991-2020
	クアラルンプール	マレーシア	27.3	27.7	28.1	28.1	**28.5**	28.4	28.0	28.0	27.7	27.5	27.1	*27.0*	27.8	1991-2020
	03°07′N　101°33′E　27m		231.3	195.6	271.5	303.6	220.1	*141.5*	166.2	172.6	218.3	280.5	**356.5**	283.9	2,841.6	1991-2020
	シンガポール	シンガポール	*26.8*	27.3	27.9	28.2	**28.6**	28.5	28.2	28.1	28.0	27.9	27.2	*26.8*	27.8	1991-2020
	01°22′N　103°59′E　5m		221.0	*104.9*	151.1	164.0	164.3	136.5	144.9	148.8	133.4	166.5	254.2	**333.1**	2,122.7	1991-2020
	サルヴァドル	ブラジル	26.9	**27.2**	27.1	26.4	25.3	24.4	23.7	*23.6*	24.3	25.3	26.1	26.6	25.6	1991-2020
	13°01′S　38°31′W　52m		79.9	96.9	147.5	284.8	**306.6**	251.9	192.9	125.5	99.4	91.0	100.5	*66.8*	1,843.7	1991-2020
	イキトス	ペルー	26.2	26.1	26.1	26.0	25.8	25.5	*25.2*	25.8	26.3	**26.4**	**26.4**	26.2	26.0	1991-2020
	03°47′S　73°18′W　125m		312.1	294.8	**399.6**	340.2	291.6	218.6	201.4	*165.8*	200.5	271.2	304.4	361.6	3,361.8	1991-2020
熱帯雨林気候 (Am)	**ゴア**	インド	*26.3*	26.6	27.9	29.5	**30.1**	27.8	26.8	26.9	27.1	28.0	28.1	27.0	27.7	1991-2020
	15°29′N　73°49′E　58m		1.0	*0.1*	1.1	5.0	77.3	869.5	**955.7**	572.0	297.7	160.1	21.2	1.9	2,962.6	1991-2020
	マイアミ	アメリカ合衆国	*20.4*	21.6	22.9	24.9	26.8	28.2	**29.0**	**29.0**	28.3	26.8	23.8	21.8	25.3	1991-2020
	25°45′N　80°23′W　4m		*46.6*	54.5	63.1	84.9	157.0	**266.9**	188.0	241.8	259.3	192.6	89.9	62.0	1,706.6	1991-2020
	ベリーズ	ベリーズ	*24.3*	25.2	26.1	27.8	28.5	**28.7**	28.5	28.6	28.4	27.3	25.7	24.8	27.0	1991-2020
	17°32′N　88°18′W　5m		146.6	67.3	44.4	*39.5*	116.3	258.6	180.7	203.4	240.0	**299.0**	249.7	148.8	1,994.3	1991-2020
サバナ気候 (Aw)	**コルカタ（カルカッタ）**	インド	*19.9*	23.8	28.2	30.6	**31.2**	30.6	29.5	29.4	29.4	28.3	25.1	21.1	27.3	1991-2020
	22°32′N　88°20′E　6m		11.9	23.8	37.6	55.5	129.4	279.1	**387.8**	369.9	319.2	177.1	34.8	*6.0*	1,832.1	1991-2020
	バンコク	タイ	27.6	28.7	29.8	**30.8**	30.5	29.8	29.3	29.1	28.7	28.5	28.4	*27.4*	29.1	1991-2020
	13°43′N　100°33′E　3m		24.2	19.4	53.6	92.7	215.4	209.9	182.9	212.0	**343.6**	304.0	46.5	*13.5*	1,717.7	1991-2020
	ハイコウ（海口）	中国	*18.2*	19.3	22.4	25.6	27.9	**28.9**	**28.9**	28.5	27.6	25.9	23.2	19.6	24.7	1991-2020
	20°00′N　110°15′E　64m		*23.9*	29.6	42.4	80.0	194.6	236.6	247.6	**296.1**	268.9	273.9	60.2	38.1	1,791.9	1991-2020
	プノンペン	カンボジア	27.0	28.0	29.7	30.3	**30.5**	29.6	29.0	29.0	28.4	28.3	28.1	*26.9*	28.7	2010-2020
	11°36′N　104°52′E　10m		15.0	*4.6*	31.8	92.8	128.4	166.3	171.3	181.4	**266.2**	260.2	103.5	33.5	1,455.0	1991-2020
	ポアントノアール	コンゴ共和国	27.0	27.4	**27.7**	27.5	26.6	24.2	*22.8*	*22.8*	24.3	25.8	26.5	26.5	25.8	1991-2020
	04°49′S　11°54′E　17m		187.3	**221.6**	196.6	128.1	38.4	*1.2*	*1.2*	4.7	16.3	115.5	210.4	171.2	1,292.5	1991-2020
	アビジャン	コートジボワール	27.3	28.1	**28.4**	**28.4**	27.9	26.5	25.4	*24.6*	25.3	26.6	27.7	27.7	27.0	1991-2020
	05°15′N　03°56′W　7m		*28.8*	36.8	82.6	159.4	266.0	**411.5**	159.9	45.0	73.6	216.6	188.7	81.2	1,750.1	1991-2020
	サンホセ	コスタリカ	22.9	23.2	23.9	**24.1**	23.2	23.0	23.1	22.8	22.4	*22.1*	22.4	22.6	23.0	1991-2020
	09°59′N　84°11′W　908m		*10.2*	13.1	24.5	80.2	273.0	230.4	168.4	221.9	333.4	**334.0**	166.5	39.9	1,895.5	1991-2016
	ブラジリア	ブラジル	22.1	22.2	22.0	21.8	20.5	*19.5*	*19.5*	21.1	23.0	**23.3**	22.0	22.0	21.6	1991-2020
	15°47′S　47°56′W　1,159m		206.8	181.1	223.4	142.8	31.0	3.7	*1.6*	15.6	38.1	151.5	239.8	**243.7**	1,479.1	1991-2020
	ダーウィン	オーストラリア	28.3	28.2	28.3	28.3	27.0	25.2	*24.8*	25.5	27.7	29.0	**29.3**	28.9	27.5	1991-2020
	12°25′S　130°53′E　31m		**468.0**	412.1	317.9	106.4	21.5	0.4	*0.0*	0.7	14.3	70.4	145.1	270.4	1,827.2	1991-2020
ステップ気候 (BS)	**アシガバット**	トルクメニスタン	*3.4*	4.5	11.6	16.5	23.7	28.8	**30.8**	28.6	23.1	15.9	8.4	4.1	16.6	2007-2020
	37°59′N　58°21′E　312m		17.7	**51.8**	41.2	40.5	22.2	9.5	2.6	*1.5*	3.8	13.4	21.0	14.8	240.0	2007-2020
	マシュハド	イラン	*3.3*	5.2	9.9	15.7	21.4	26.2	**28.2**	27.0	22.1	16.0	9.4	5.1	15.8	1991-2020
	36°16′N　59°38′E　999m		24.0	33.7	**57.3**	47.9	33.9	5.5	1.3	1.0	*0.9*	7.8	19.3	19.5	252.1	1991-2020
	タイユワン（太原）	中国	*−4.6*	−0.7	6.1	13.2	19.0	22.7	**24.3**	22.5	17.5	10.8	3.3	−3.0	10.9	1991-2020
	37°37′N　112°35′E　777m		3.3	4.6	9.7	21.4	31.8	49.1	104.5	**108.6**	59.7	31.4	12.0	*2.6*	438.7	1991-2020

世界各地の月平均気温(上段℃)・月降水量(下段mm)(Ⅱ)

太字は最高(大)，斜字は最低(小)　※平年値　理科2023ほか

ケッペン気候区	地名 緯度・経度・標高	国名	1月	2月	3月	4月	5月	6月	7月	8月	9月	10月	11月	12月	全年	統計期間
ステップ気候(BS)	**ニアメ**	ニジェール	*24.6*	27.8	31.8	**34.7**	34.5	32.2	29.5	28.1	29.6	31.3	29.0	25.6	29.9	1991-2020
	13° 29′ N 02° 10′ E 223m		*0.0*	*0.0*	0.5	11.6	24.9	81.2	141.7	**192.3**	85.8	18.2	*0.0*	*0.0*	556.2	1991-2020
	キンバリー	南アフリカ共和国	**25.0**	24.4	22.1	17.8	14.0	10.4	*10.3*	12.9	17.1	20.2	22.4	24.3	18.4	1991-2020
	28° 48′ S 24° 48′ E 1,196m		69.4	**75.9**	60.1	39.3	16.4	9.1	*2.6*	2.8	8.0	30.9	44.5	50.8	409.8	1991-2020
	マウントアイザ	オーストラリア	29.8	29.2	28.1	25.5	20.8	17.6	*17.1*	19.0	23.4	26.9	29.1	**30.1**	24.7	1991-2020
	20° 41′ S 139° 29′ E 342m		**129.5**	113.0	63.0	4.9	7.4	5.9	2.9	*2.4*	5.1	17.2	46.4	79.1	476.8	1991-2020
砂漠気候(BW)	**リヤド**	サウジアラビア	*14.6*	17.6	21.6	27.3	33.1	35.9	36.9	**37.0**	33.7	28.4	21.4	16.5	27.0	1991-2020
	24° 42′ N 46° 44′ E 635m		15.1	8.1	24.2	**36.1**	6.5	*0.0*	0.1	0.4	*0.0*	0.9	15.1	20.8	127.3	1991-2017
	ハミ(哈密)	中国	*−10.3*	−3.1	5.9	14.9	20.7	25.6	**27.2**	25.2	18.3	9.5	0.4	−8.2	10.5	1991-2020
	42° 49′ N 93° 31′ E 739m		1.1	*0.9*	*0.9*	3.2	3.6	8.1	**8.5**	5.4	2.7	2.7	1.9	2.1	41.1	1991-2020
	ヌアクショット	モーリタニア	*21.6*	23.3	24.4	24.6	25.7	26.9	27.4	28.7	**29.6**	29.2	25.9	22.9	25.9	1991-2020
	18° 06′ N 15° 57′ W 2m		1.0	0.1	0.7	*0.0*	*0.0*	3.6	10.2	46.4	**51.3**	7.9	1.7	8.8	131.7	1991-2020
	アスワン	エジプト	*16.3*	18.6	22.9	27.8	32.3	34.4	**35.1**	**35.1**	32.8	29.3	22.7	17.7	27.1	1991-2020
	23° 57′ N 32° 49′ E 201m		0.2	*0.0*	**1.6**	0.3	0.3	*0.0*	*0.0*	*0.0*	0.3	0.7	0.1	0.1	3.6	1995-2020
	リマ	ペルー	22.8	**23.6**	23.1	21.1	19.2	17.9	17.3	*16.5*	16.7	17.6	19.0	20.8	19.6	1991-2020
	12° 01′ S 77° 07′ W 12m		0.1	**0.5**	0.3	0.1	0.1	*0.0*	0.1	0.1	**0.5**	*0.0*	0.1	0.2	2.1	1998-2020
地中海性気候(Cs)	**マドリード**	スペイン	*6.5*	8.0	11.3	13.6	17.5	22.7	**26.1**	25.7	21.0	15.4	9.9	7.0	15.4	1991-2020
	40° 24′ N 03° 40′ W 667m		31.5	33.5	33.0	47.2	49.0	21.5	10.5	*10.1*	23.0	**61.4**	54.3	47.8	422.8	1991-2020
	チュニス	チュニジア	*12.3*	12.5	14.6	17.2	20.9	25.0	28.1	**28.7**	25.7	22.0	17.1	13.5	19.8	1991-2020
	36° 50′ N 10° 14′ E 4m		59.0	56.3	47.5	37.5	23.0	11.8	*4.1*	13.8	46.0	56.6	53.6	**63.0**	472.2	1991-2020
	ケープタウン	南アフリカ共和国	21.6	**21.7**	20.2	17.7	15.3	13.1	*12.5*	12.9	14.4	16.8	18.5	20.6	17.1	1991-2020
	33° 58′ S 18° 36′ E 46m		*9.6*	10.6	13.1	41.4	63.1	**89.0**	81.2	73.0	44.1	29.0	26.4	12.1	492.6	1991-2020
	サンフランシスコ	アメリカ合衆国	*10.7*	11.8	13.0	13.9	15.4	16.9	17.7	**18.2**	**18.2**	16.9	13.4	*10.7*	14.7	1991-2020
	37° 37′ N 122° 23′ W 6m		98.8	100.2	69.4	35.2	13.3	3.8	*0.0*	1.0	1.9	20.0	50.3	**105.9**	499.8	1991-2020
	サンティアゴ	チリ	**21.5**	20.5	18.6	14.5	11.3	9.0	*8.4*	9.9	12.3	15.1	17.9	20.2	14.9	1991-2020
	33° 26′ S 70° 41′ W 520m		2.0	*1.7*	12.2	15.5	45.2	**81.3**	47.5	38.7	31.2	36.2	25.5	2.3	339.3	1991-2020
	パース	オーストラリア	24.7	**24.8**	22.9	19.7	16.2	13.9	*13.0*	13.4	14.6	17.1	20.1	22.8	18.6	1991-2020
	31° 55′ S 115° 58′ E 20m		15.2	16.6	17.6	30.0	79.8	124.7	**137.1**	120.6	77.7	33.3	28.9	*9.3*	690.8	1991-2020
温暖湿潤気候(Cfa)	**シャンハイ(上海)**	中国	*5.0*	6.5	10.3	15.7	20.9	24.4	**28.8**	28.5	24.8	19.7	13.9	7.5	17.2	1991-2020
	31° 25′ N 121° 27′ E 9m		67.5	62.9	81.0	77.2	90.6	181.5	144.1	**215.5**	122.2	61.5	60.5	*47.4*	1,211.9	1991-2020
	タイペイ(台北)	(台湾)	*16.6*	17.2	19.0	22.5	25.8	28.3	**30.1**	29.7	27.8	24.7	22.0	18.2	23.5	1991-2020
	25° 02′ N 121° 31′ E 5m		93.8	129.4	157.8	151.4	245.2	**354.6**	214.2	336.5	336.8	162.6	*89.3*	96.9	2,368.5	1991-2020
	アトランタ	アメリカ合衆国	*6.9*	9.0	12.9	17.1	21.7	25.4	**27.0**	26.6	23.6	17.9	12.1	8.3	17.4	1991-2020
	33° 39′ N 84° 25′ W 312m		115.8	115.8	118.9	97.9	89.6	116.7	**120.8**	109.2	97.0	*80.1*	101.7	115.5	1,279.0	1991-2020
	ダラス	アメリカ合衆国	*8.2*	10.5	14.8	18.9	23.6	28.0	**30.1**	**30.1**	26.1	20.1	13.8	9.2	19.5	1991-2020
	32° 54′ N 97° 02′ W 182m		62.2	68.2	81.2	81.1	**119.8**	93.4	*52.3*	55.5	69.4	106.0	64.1	72.1	925.3	1991-2020
	ニューヨーク	アメリカ合衆国	*1.2*	2.2	5.9	11.8	17.4	22.7	**26.0**	25.2	21.4	15.1	9.3	4.3	13.5	1991-2020
	40° 46′ N 73° 54′ W 7m		82.7	*74.1*	102.1	97.4	91.3	102.8	107.3	**111.9**	97.8	97.0	79.8	104.6	1,148.8	1991-2020
	アスンシオン	パラグアイ	**27.8**	27.0	25.9	23.2	19.4	18.1	*17.5*	19.5	21.6	24.3	25.2	26.9	23.0	1991-2020
	25° 16′ S 57° 38′ W 83m		145.1	162.7	136.3	150.7	133.7	69.5	57.1	*38.0*	70.0	172.4	173.2	**187.7**	1,496.4	1991-2020
	ブエノスアイレス	アルゼンチン	**24.9**	23.8	22.1	18.2	15.0	12.2	*11.2*	13.3	14.8	17.8	20.8	23.4	18.1	1991-2020
	34° 35′ S 58° 29′ W 25m		**153.1**	115.3	125.1	139.3	101.5	67.2	67.9	72.8	*65.9*	115.7	117.8	114.5	1,256.1	1991-2006

西岸海洋性気候 (Cfb)(Cfc)	**ストックホルム**	スウェーデン	−0.9	−1.0	1.7	6.4	11.5	15.9	**18.8**	17.8	13.2	7.7	3.6	0.7	8.0	1991-2020
	59° 21′ N　18° 04′ E　44m		38.5	30.7	26.6	26.9	35.5	**63.7**	56.9	60.8	49.9	47.5	45.1	46.9	529.0	1991-2020
	ロンドン	イギリス	5.7	6.0	8.0	10.5	13.7	16.8	**19.0**	18.7	15.9	12.3	8.5	6.1	11.8	1991-2020
	51° 28′ N　00° 27′ W　24m		59.7	46.6	41.7	42.6	46.9	49.7	47.2	57.7	46.1	66.3	**69.3**	59.6	633.4	1997-2020
	コペンハーゲン	デンマーク	1.8	1.9	3.8	8.2	12.5	15.9	**18.4**	18.1	14.4	10.0	6.1	3.1	9.5	1991-2020
	55° 41′ N　12° 32′ E　7m		43.7	32.0	34.0	30.5	44.7	60.5	59.8	**76.7**	58.9	62.3	52.9	50.1	606.1	1991-2020
	クライストチャーチ	ニュージーランド	**16.8**	16.7	14.6	11.8	9.0	6.3	5.6	7.1	9.3	11.2	13.2	15.5	11.4	1991-2011
	43° 29′ S　172° 33′ E　38m		42.0	38.1	41.9	47.5	**68.9**	52.0	67.6	66.4	43.1	45.9	45.1	43.3	601.8	1991-2011
温暖冬季少雨気候 (Cw)	**ホンコン(香港)**	中国	16.1	16.8	19.1	22.7	26.0	28.0	**28.6**	28.4	27.6	25.3	21.9	17.8	23.2	1992-2020
	22° 18′ N　114° 10′ E　64m		32.7	37.0	68.9	138.5	284.8	453.7	382.0	**456.1**	320.6	116.6	39.2	29.2	2,359.3	1992-2020
	チンタオ(青島)	中国	0.2	2.1	6.3	11.6	17.1	20.8	24.7	**25.6**	22.3	16.7	9.5	2.7	13.3	1991-2020
	36° 04′ N　120° 20′ E　77m		11.2	16.0	17.4	33.9	64.1	70.8	**159.2**	158.9	70.6	35.0	34.6	15.4	687.1	1991-2020
	プレトリア	南アフリカ共和国	**23.2**	**23.2**	21.7	18.8	15.4	12.5	12.3	15.6	19.8	21.3	22.3	22.7	19.1	1991-2016
	25° 44′ S　28° 11′ E　1,308m		118.6	110.5	81.5	25.4	19.1	4.5	0.6	3.8	14.3	65.5	99.5	**121.9**	665.2	1991-2014
亜寒帯(冷帯)湿潤気候 (Df)	**オスロ**	ノルウェー	−4.4	−4.2	−0.5	4.6	10.1	14.2	**16.5**	15.1	10.6	5.0	0.4	−3.5	5.3	1991-2020
	60° 12′ N　11° 04′ E　202m		63.5	47.2	45.1	50.0	65.9	77.8	82.2	**101.2**	80.1	95.6	88.7	67.0	864.3	1991-2020
	モスクワ	ロシア	−6.2	−5.9	−0.7	6.9	13.6	17.3	**19.7**	17.6	11.9	5.8	−0.5	−4.4	6.3	1991-2020
	55° 50′ N　37° 37′ E　147m		53.2	44.0	39.0	36.6	61.2	77.4	**83.8**	78.3	66.1	70.1	51.9	51.4	713.0	1991-2020
	オムスク	ロシア	−16.9	−14.6	−6.6	4.7	13.0	18.0	**19.4**	17.0	10.7	3.8	−6.9	−13.9	2.3	1991-2020
	55° 01′ N　73° 23′ E　121m		21.3	17.9	19.1	26.0	30.9	55.2	**64.8**	56.0	29.6	32.9	34.8	31.5	420.0	1991-2020
	モントリオール	カナダ	−10.0	−8.2	−2.4	5.8	13.9	19.0	**20.8**	20.1	15.0	8.3	2.2	−5.7	6.6	1991-2001
	45° 28′ N　73° 45′ W　35m		**100.1**	68.4	71.3	85.7	80.5	83.3	85.2	76.8	83.6	65.1	79.1	66.8	945.9	1991-2001
	シカゴ	アメリカ合衆国	−4.3	−2.3	3.4	9.4	15.4	20.9	**23.7**	22.7	18.6	11.8	4.7	−1.3	10.2	1991-2020
	41° 59′ N　87° 54′ W　203m		50.4	48.4	62.5	92.9	**114.3**	104.2	92.7	107.6	79.7	87.2	60.7	53.2	953.8	1991-2020
亜寒帯(冷帯)冬季少雨気候 (Dw)	**イルクーツク**	ロシア	−17.6	−14.0	−5.5	3.6	10.4	16.4	**19.0**	16.5	9.5	2.0	−7.9	−15.3	1.4	1991-2020
	52° 16′ N　104° 19′ E　467m		14.6	9.7	11.8	21.6	35.2	68.6	**101.4**	96.5	52.6	21.1	20.2	18.5	471.8	1991-2020
	ハバロフスク	ロシア	−19.2	−14.9	−5.8	5.0	13.1	18.1	**21.6**	20.1	14.3	5.6	−6.8	−17.3	2.8	1991-2020
	48° 32′ N　135° 11′ E　75m		15.4	11.3	21.4	39.8	65.7	63.2	**126.1**	125.3	85.3	50.8	25.9	13.2	643.4	1991-2020
	ウラジオストク	ロシア	−11.9	−8.1	−1.5	5.3	10.0	13.8	18.1	**20.0**	16.3	9.3	−0.7	−9.2	5.1	1991-2020
	43° 07′ N　131° 55′ E　187m		11.4	16.0	24.4	43.0	97.2	101.5	157.8	**176.0**	103.3	67.4	35.9	22.0	855.9	1991-2020
	チャンチュン(長春)	中国	−14.3	−9.3	−1.0	8.8	16.2	21.3	**23.7**	22.3	16.5	7.9	−2.8	−11.8	6.5	1991-2020
	43° 54′ N　125° 13′ E　238m		4.6	6.2	13.1	22.1	62.8	102.2	**147.6**	131.2	53.9	24.5	16.8	8.2	593.2	1991-2020
ツンドラ気候 (ET)	**ディクソン**	ロシア	−24.0	−24.1	−20.6	−15.3	−7.0	1.1	5.8	**6.0**	2.5	−6.4	−16.4	−21.7	−10.0	1991-2020
	73° 30′ N　80° 24′ E　42m		36.2	32.5	27.5	21.9	24.3	28.1	32.2	41.0	**42.3**	37.9	29.4	36.3	389.6	1991-2020
	バロー	アラスカ・アメリカ合衆国	−24.2	−24.4	−23.5	−15.4	−5.1	2.3	**5.5**	4.4	1.0	−5.9	−14.6	−21.3	−10.1	1991-2020
	71° 17′ N　156° 47′ W　11m		4.6	6.4	8.9	4.8	7.1	11.4	24.4	**27.2**	20.1	13.6	9.2	6.9	144.6	1991-2020
	ヌーク	グリーンランド・デンマーク	−7.4	−8.5	−7.6	−3.1	1.0	4.7	**7.2**	6.9	3.9	0.2	−3.3	−5.4	−0.9	1991-2020
	64° 10′ N　51° 45′ W　80m		63.7	41.2	49.1	49.7	45.6	43.3	55.3	86.4	**87.2**	79.3	67.5	67.5	735.8	1991-2020
山岳気候 (H・G)	**ラサ(拉薩)**	中国	−0.1	2.7	6.2	9.3	13.3	**16.8**	16.6	16.0	14.4	10.0	4.3	0.4	9.2	1991-2020
	29° 40′ N　91° 08′ E　3,650m		0.9	1.0	3.7	8.5	30.3	84.8	**140.6**	127.5	58.2	6.9	0.9	0.5	463.8	1991-2020
	ラパス	ボリビア	9.0	9.0	8.8	8.1	6.5	5.3	4.9	5.8	7.3	8.6	**9.5**	9.4	7.7	1991-2020
	16° 31′ S　68° 11′ W　4,058m		**124.9**	119.6	82.0	30.3	14.0	9.9	7.5	11.0	29.6	48.2	44.5	108.3	629.8	2001-2020

日本各地の月平均気温(上段℃)・月降水量(下段mm)(Ⅰ)

太字は最高(大),斜字は最低(小)　※1991～2020年の平均値　理科2023ほか

気候区		観測地点(標高) 緯度・経度	1月	2月	3月	4月	5月	6月	7月	8月	9月	10月	11月	12月	全年	最高気温記録(℃)	最低気温記録(℃)	最大日降水量記録(mm)	最深積雪記録(cm)	全日照時間 年相対湿度
北海道の気候	東	網走 (37.6m)	−5.1	*−5.4*	−1.3	4.5	9.8	13.5	17.6	**19.6**	16.8	10.9	4.0	−2.4	6.9	37.6	−29.2	163	143	1,850
		44°01′ 144°17′	53.8	41.9	*39.3*	51.2	64.1	68.1	85.8	**115.3**	115.0	88.2	58.1	63.6	844.2	1994.8.7	1902.1.25	1992.9.11	2004.2.23	74
		釧路 (4.5m)	*−4.8*	−4.3	−0.4	4.0	8.6	12.2	16.1	**18.2**	16.5	11.0	4.7	−1.9	6.7	32.4	−28.3	183	123	1,958
		42°59′ 144°23′	40.4	*24.8*	55.9	79.4	115.7	114.2	120.3	142.3	**153.0**	112.7	64.7	56.6	1,080.1	2010.6.26	1922.1.28	2021.9.18	1939.3.9	77
		浦河 (36.7m)	*−2.4*	−2.1	0.9	5.2	9.7	13.5	17.7	**19.9**	17.7	12.3	6.1	0.1	8.2	31.2	−15.5	190	52	1,839
		42°10′ 142°47′	34.0	*28.9*	48.8	77.9	125.3	95.9	141.5	**161.6**	144.4	117.7	83.4	59.0	1,118.3	1989.8.6	1979.1.29	1981.8.5	1928.1.7	78
	西	稚内 (2.8m)	*−4.3*	*−4.3*	−0.6	4.5	9.1	13.0	17.2	**19.5**	17.2	11.3	3.8	−2.1	7.0	32.7	−19.4	192	199	1,447
		45°25′ 141°41′	84.6	60.6	55.1	*50.3*	68.1	65.8	100.9	123.1	**136.7**	129.7	121.4	112.9	1,109.2	2021.7.29	1944.1.30	2016.9.6	1970.2.9	75
		旭川 (119.8m)	*−7.0*	−6.0	−1.4	5.6	12.3	17.0	20.7	**21.2**	16.4	9.4	2.3	−4.2	7.2	37.9	−41.0	184	138	1,567
		43°45′ 142°22′	66.9	54.7	55.0	*48.5*	66.6	71.4	129.5	**152.9**	136.3	105.8	114.5	102.4	1,104.4	2021.8.7	1902.1.25	1955.8.17	1987.3.4	76
		札幌 (17.4m)	*−3.2*	−2.7	1.1	7.3	13.0	17.0	21.1	**22.3**	18.6	12.1	5.2	−0.9	9.2	36.2	−28.5	207	169	1,718
		43°04′ 141°20′	108.4	91.9	77.6	*54.6*	55.5	60.4	90.7	126.8	**142.2**	109.9	113.8	114.5	1,146.1	1994.8.7	1929.2.1	1981.8.23	1939.2.13	69
	南西	函館 (35.0m)	*−2.4*	−1.8	1.9	7.3	12.3	16.2	20.3	**22.1**	18.8	12.5	6.0	−0.1	9.4	33.9	−21.7	176	91	1,745
		41°49′ 140°45′	77.4	64.5	*64.1*	71.9	88.9	79.8	123.6	**156.5**	150.5	105.6	110.8	94.6	1,188.0	2021.8.7	1891.1.29	1939.8.25	2012.2.27	74
日本海側の気候	両羽	青森 (2.8m)	*−0.9*	−0.4	2.8	8.5	13.7	17.6	21.8	**23.5**	19.9	13.5	7.2	1.4	10.7	36.7	−24.7	208	209	1,589
		40°49′ 140°46′	139.9	99.0	75.2	*68.7*	76.7	75.0	129.5	142.0	133.0	119.2	137.4	**155.2**	1,350.7	1994.8.12	1931.2.23	2007.11.12	1945.2.21	75
		秋田 (6.3m)	*0.4*	0.8	4.0	9.6	15.2	19.6	23.4	**25.0**	21.0	14.5	8.3	2.8	12.1	38.2	−24.6	187	117	1,527
		39°43′ 140°06′	118.9	*98.5*	99.5	109.9	125.0	122.9	**197.0**	184.6	161.0	175.5	189.1	159.8	1,741.6	1978.8.3	1888.2.5	1937.8.31	1974.2.10	73
		山形 (152.5m)	*−0.1*	0.4	4.0	10.2	16.2	20.3	23.9	**25.0**	20.6	14.1	7.7	2.4	12.1	40.8	−20.0	218	113	1,618
		38°15′ 140°21′	87.8	*63.0*	72.1	63.9	74.5	104.8	**187.2**	153.0	123.8	105.1	74.4	97.2	1,206.7	1933.7.25	1891.1.29	1913.8.27	1981.1.8	74
	北陸	新潟 (4.1m)	*2.5*	3.1	6.2	11.3	16.7	20.9	24.9	**26.5**	22.5	16.7	10.5	5.3	13.9	39.9	−13.0	265	120	1,640
		37°54′ 139°01′	180.9	115.8	112.0	97.2	*94.4*	121.1	222.3	163.4	151.9	157.7	203.5	**225.9**	1,845.9	2018.8.23	1942.2.12	1998.8.4	1961.1.18	72
		上越(高田) (12.9m)	*2.5*	2.7	5.8	11.7	17.0	20.9	25.0	**26.4**	22.3	16.4	10.5	5.3	13.9	40.3	−13.2	176	377	1,592
		37°06′ 138°15′	429.6	263.3	194.7	105.3	*87.0*	136.5	206.8	184.5	205.8	213.9	334.2	**475.5**	2,837.1	2019.8.14	1942.2.12	1985.7.8	1945.2.26	76
		輪島 (5.2m)	*3.3*	3.4	6.1	11.1	16.1	20.0	24.4	**25.9**	22.0	16.3	10.8	5.9	13.8	38.6	−10.4	219	110	1,580
		37°23′ 136°54′	219.2	139.6	138.6	121.6	*115.6*	155.8	199.6	176.8	214.5	171.1	231.5	**278.4**	2,162.3	2020.9.3	1943.1.30	1966.7.12	1945.1.18	75
		富山 (8.6m)	*3.0*	3.4	6.9	12.3	17.5	21.4	25.5	**26.9**	22.8	17.0	11.2	5.7	14.5	39.5	−11.9	208	208	1,647
		36°43′ 137°12′	259.0	171.7	164.6	134.5	*122.8*	172.6	245.6	207.0	218.1	171.9	224.8	**281.6**	2,374.2	2018.8.22	1947.1.29	1948.7.25	1940.1.30	76
		金沢 (5.7m)	*4.0*	4.2	7.3	12.6	17.7	21.6	25.8	**27.3**	23.2	17.6	11.9	6.8	15.0	38.5	−9.7	234	181	1,714
		36°35′ 136°38′	256.0	162.6	157.2	143.9	*138.0*	170.3	233.4	179.3	231.9	177.1	250.8	**301.1**	2,401.5	1902.9.8	1904.1.27	1964.7.18	1963.1.27	70
		敦賀 (1.6m)	*4.7*	5.1	8.3	13.4	18.2	22.1	26.3	**27.7**	23.7	18.1	12.7	7.4	15.6	37.6	−10.9	211	196	1,598
		35°39′ 136°04′	269.5	164.7	144.6	*120.4*	141.4	144.1	204.0	146.9	204.9	152.6	176.0	**316.7**	2,199.5	1918.8.13	1904.1.27	1965.9.17	1981.1.15	71
	山陰	鳥取 (7.1m)	*4.2*	4.7	7.9	13.2	18.1	22.0	26.2	**27.3**	22.9	17.2	11.9	6.8	15.2	39.2	−7.4	204	129	1,670
		35°29′ 134°14′	201.2	154.0	144.3	*102.2*	123.0	146.0	188.6	128.6	**225.4**	153.6	145.9	218.4	1,931.3	2021.8.6	1981.2.26	2021.7.7	1947.2.22	74
		松江 (16.9m)	*4.6*	5.0	8.0	13.1	18.0	21.7	25.8	**27.1**	22.9	17.4	12.0	7.0	15.2	38.5	−8.7	264	100	1,705
		35°27′ 133°04′	153.3	118.4	134.0	*113.0*	130.3	173.0	**234.1**	129.6	204.1	126.1	121.6	154.5	1,791.9	1994.8.1	1977.2.19	1964.7.18	1971.2.4	75
		浜田 (19.0m)	*6.2*	6.5	9.0	13.5	17.9	21.4	25.6	**26.8**	22.8	17.7	13.1	8.5	15.7	38.5	−7.6	395	53	1,761
		34°54′ 132°04′	97.8	*82.5*	122.1	116.2	136.7	185.3	**239.7**	150.9	192.2	111.3	105.5	114.5	1,654.6	2017.8.6	1981.2.26	1988.7.15	1982.1.17	73

日本各地の月平均気温(上段℃)・月降水量(下段mm)(Ⅱ)

太字は最高(大)，斜字は最低(小)　※1991～2020年の平均値　理科2023ほか

気候区	観測地点(標高) 緯度・経度	1月	2月	3月	4月	5月	6月	7月	8月	9月	10月	11月	12月	全年	最高気温記録(℃)	最低気温記録(℃)	最大日降水量記録(mm)	最深積雪記録(cm)	全年日照時間 相対湿度
太平洋側の気候 中央高地	福島 (67.4m)	*1.9*	2.5	5.9	11.7	17.2	20.7	24.3	**25.5**	21.6	15.6	9.5	4.3	13.4	39.1	−18.5	234	80	1,754
	37°46′ 140°28′	56.2	*41.1*	75.7	81.8	88.5	121.2	**177.7**	151.3	167.6	138.7	58.4	48.9	1,207.0	1942.8.15	1891.2.4	2019.10.12	1936.2.9	69
	宇都宮 (119.4m)	*2.8*	3.8	7.4	12.8	17.8	21.2	24.8	**26.0**	22.4	16.7	10.6	5.1	14.3	38.7	−14.8	326	32	1,961
	36°33′ 139°52′	*37.5*	38.5	87.7	121.5	149.2	175.2	215.4	198.5	**217.2**	174.4	71.1	38.5	1,524.7	1997.7.5	1902.1.24	2019.10.12	2014.2.15	70
	前橋 (112.1m)	*3.7*	4.5	7.9	13.4	18.6	22.1	25.8	**26.8**	22.9	17.1	11.2	6.1	15.0	40.0	−11.8	357	73	2,154
	36°24′ 139°04′	29.7	26.5	58.3	74.8	99.4	147.8	202.1	195.6	**204.3**	142.2	43.0	*23.8*	1,247.4	2001.7.24	1923.1.3	1947.9.15	2014.2.15	62
	長野 (418.2m)	*−0.4*	0.4	4.3	10.6	16.4	20.4	24.3	**25.4**	21.0	14.4	7.9	2.3	12.3	38.7	−17.0	132	80	1,970
	36°40′ 138°12′	54.6	49.1	60.1	56.9	69.3	106.1	**137.7**	111.8	125.5	100.3	*44.4*	49.4	965.1	1994.8.16	1934.1.24	2019.10.12	1946.12.11	72
	松本 (610.0m)	*−0.3*	0.6	4.6	10.8	16.5	20.2	24.2	**25.1**	20.4	13.9	7.8	2.5	12.2	38.5	−24.8	156	78	2,135
	36°15′ 137°58′	39.8	38.5	78.0	81.1	94.5	114.9	131.3	101.6	**148.0**	128.3	56.3	*32.7*	1,045.1	1942.8.2	1900.1.27	1911.8.4	1946.3.3	68
	甲府 (272.8m)	*3.1*	4.7	8.6	14.0	18.8	22.3	26.0	**27.1**	23.2	17.1	10.8	5.4	15.1	40.7	−19.5	245	114	2,226
	35°40′ 138°33′	42.7	44.1	86.2	79.5	85.4	113.4	148.8	133.1	**178.7**	158.5	52.7	*37.6*	1,160.7	2013.8.10	1921.1.16	1945.10.5	2014.2.15	64
	高山 (560.0m)	*−1.2*	−0.6	3.4	9.7	15.6	19.7	23.5	**24.4**	20.0	13.5	7.1	1.6	11.4	37.7	−25.5	266	128	1,638
	36°09′ 137°15′	101.9	*93.5*	122.5	123.9	125.2	170.4	**260.9**	197.9	225.9	155.5	94.4	104.4	1,776.5	2019.8.13	1939.2.11	1910.9.7	1981.1.8	77
瀬戸内	京都 (40.8m)	*4.8*	5.4	8.8	14.4	19.5	23.3	27.3	**28.5**	24.4	18.4	12.5	7.2	16.2	39.8	−11.9	289	41	1,794
	35°01′ 135°44′	*53.3*	65.1	106.2	117.0	151.4	199.7	**223.6**	153.8	178.5	143.2	73.9	57.3	1,522.9	2018.7.19	1891.1.16	1959.8.13	1954.1.26	65
	大阪 (23.0m)	*6.2*	6.6	9.9	15.2	20.1	23.6	27.7	**29.0**	25.2	19.5	13.8	8.7	17.1	39.1	−7.5	251	18	2,049
	34°41′ 135°31′	*47.0*	60.5	103.1	101.9	136.5	**185.1**	174.4	113.0	152.8	136.0	72.5	55.5	1,338.3	1994.8.8	1945.1.28	1957.6.26	1907.2.11	63
	和歌山 (13.9m)	*6.2*	6.7	9.9	15.1	19.7	23.2	27.2	**28.4**	24.9	19.3	13.8	8.6	16.9	38.5	−6.0	354	40	2,100
	34°14′ 135°10′	*48.7*	62.0	96.9	98.4	146.6	**183.5**	175.8	101.8	181.3	160.8	95.9	62.7	1,414.4	2013.8.11	1945.1.28	2000.9.11	1883.2.8	66
	高松 (9.4m)	*5.9*	6.3	9.4	14.7	19.8	23.3	27.5	**28.6**	24.7	19.0	13.2	8.1	16.7	38.6	−7.7	211	19	2,047
	34°19′ 134°03′	*39.4*	45.8	81.4	74.6	100.9	153.1	159.8	106.0	**167.4**	120.1	55.0	46.7	1,150.1	2013.8.11	1945.1.28	2004.10.20	1984.1.31	67
	広島 (3.6m)	*5.4*	6.2	9.5	14.8	19.6	23.2	27.2	**28.5**	24.7	18.8	12.9	7.5	16.5	38.7	−8.6	340	31	2,033
	34°24′ 132°28′	*46.2*	64.0	118.3	141.0	169.8	226.5	**279.8**	131.4	162.7	109.2	69.3	54.0	1,572.2	1994.7.17	1917.12.28	1926.9.11	1893.1.5	67
	大分 (4.6m)	*6.5*	7.2	10.2	14.8	19.3	22.6	26.8	**27.7**	24.2	19.1	13.8	8.7	16.8	37.8	−7.8	444	15	1,992
	33°14′ 131°37′	49.8	64.1	99.2	119.7	133.6	**313.6**	261.3	165.7	255.2	144.8	72.9	*47.1*	1,727.0	2013.7.24	1918.2.19	1908.8.10	1997.1.22	69
三陸	宮古 (42.5m)	*0.5*	0.8	3.9	8.9	13.5	16.5	20.3	**22.1**	19.1	13.6	8.1	2.9	10.8	37.3	−17.3	319	101	1,876
	39°39′ 141°58′	63.4	*54.7*	87.5	91.9	98.1	123.4	157.5	177.9	**216.4**	166.1	62.8	67.6	1,370.9	1933.7.23	1908.1.23	2000.7.8	1944.3.12	73
	盛岡 (155.2m)	*−1.6*	−0.9	2.6	8.7	14.5	18.8	22.4	**23.5**	19.3	12.6	6.2	0.8	10.6	37.2	−20.6	198	81	1,686
	39°42′ 141°10′	49.4	*48.0*	82.1	85.4	106.5	109.4	**197.5**	185.4	151.7	108.7	85.6	70.2	1,279.9	1924.7.12	1945.1.26	2007.9.17	1938.2.19	74
	仙台 (38.9m)	*2.0*	2.4	5.5	10.7	15.6	19.2	22.9	**24.4**	21.2	15.7	9.8	4.5	12.8	37.3	−11.7	313	41	1,837
	38°16′ 140°54′	42.3	*33.9*	74.4	90.2	110.2	143.7	178.4	157.8	**192.6**	150.6	58.7	44.1	1,276.7	2018.8.1	1945.1.26	1948.9.16	1936.2.9	71
東海	いわき(小名浜) (3.3m)	*4.1*	4.3	7.1	11.6	15.8	19.1	22.5	**24.5**	22.0	16.9	11.5	6.6	13.8	37.7	−10.7	227	28	2,069
	36°57′ 140°54′	57.3	54.0	108.4	125.2	146.1	149.5	160.7	122.6	192.3	**193.1**	80.3	*51.3*	1,440.7	1994.8.3	1952.2.5	1966.6.28	1945.2.26	72
	銚子 (20.1m)	*6.6*	6.9	9.7	13.8	17.4	20.2	23.5	**25.5**	23.4	19.2	14.4	9.3	15.8	35.3	−7.3	312	17	2,018
	35°44′ 140°51′	105.5	*90.5*	149.1	127.3	135.8	166.2	128.3	94.9	216.3	**272.5**	133.2	92.9	1,712.4	1962.8.4	1893.2.13	1947.8.28	1936.3.2	76
	水戸 (29.0m)	*3.3*	4.1	7.4	12.3	17.0	20.3	24.2	**25.6**	22.1	16.6	10.8	5.6	14.1	38.4	−12.7	277	32	2,001
	36°23′ 140°28′	54.5	53.8	102.8	116.7	144.5	135.7	141.8	116.9	**186.3**	185.4	79.7	*49.6*	1,367.7	1997.7.5	1952.2.5	1938.6.29	1945.2.26	74
	東京 (25.2m)	*5.4*	6.1	9.4	14.3	18.8	21.9	25.7	**26.9**	23.3	18.0	12.5	7.7	15.8	39.5	−9.2	372	46	1,927
	35°42′ 139°45′	59.7	*56.5*	116.0	133.7	139.7	167.8	156.2	154.7	224.9	**234.8**	96.3	57.9	1,598.2	2004.7.20	1876.1.13	1958.9.26	1883.2.8	65
	大島(伊豆) (74.0m)	*7.5*	7.8	10.4	14.4	18.2	21.0	24.6	**26.0**	23.4	18.9	14.5	10.0	16.4	35.9	−4.0	526	32	1,837
	34°45′ 139°22′	137.3	146.0	238.4	247.4	256.5	328.8	255.9	191.7	341.3	**405.2**	192.8	*117.6*	2,858.9	2020.8.16	1996.2.3	2013.10.16	1945.2.22	76

日本各地の月平均気温（上段℃）・月降水量（下段㎜）（Ⅲ）

太字は最高（大），斜字は最低（小）　※1991～2020年の平均値　理科2023ほか

気候区	観測地点（標高） 緯度・経度	1月	2月	3月	4月	5月	6月	7月	8月	9月	10月	11月	12月	全年	最高気温記録（℃）	最低気温記録（℃）	最大日降水量記録（㎜）	最深積雪記録（cm）	全日照時間 年相対湿度
太平洋側の気候 東海	浜松（45.9m）	*6.3*	6.8	10.3	15.0	19.3	22.6	26.3	**27.8**	24.9	19.6	14.2	8.8	16.8	41.1	−6.0	344	27	2,238
	34°45′ 137°43′	*59.2*	76.8	147.1	179.2	191.9	224.5	209.3	126.8	**246.1**	207.1	112.6	62.7	1,843.2	2020.8.17	1923.1.2	1910.8.9	1907.2.11	67
	名古屋（51.1m）	*4.8*	5.5	9.2	14.6	19.4	23.0	26.9	**28.2**	24.5	18.6	12.6	7.2	16.2	40.3	−10.3	428	49	2,141
	35°10′ 136°58′	*50.8*	64.7	116.2	127.5	150.3	186.5	211.4	139.5	**231.6**	164.7	79.1	56.6	1,578.9	2018.8.3	1927.1.24	2000.9.11	1945.12.19	66
	津（2.7m）	*5.7*	5.9	9.0	14.2	19.0	22.7	26.8	**27.9**	24.4	18.8	13.2	8.1	16.3	39.5	−7.8	427	26	2,109
	34°44′ 136°31′	48.5	57.1	104.5	129.0	167.3	201.8	173.9	144.5	**276.6**	186.1	76.4	*47.2*	1,612.9	1994.8.5	1904.1.27	2004.9.29	1951.2.14	67
南海	尾鷲（15.3m）	*6.5*	7.2	10.3	14.7	18.7	21.9	25.8	**26.8**	23.8	18.8	13.7	8.8	16.4	38.6	−6.9	806	5	1,966
	34°04′ 136°12′	*106.0*	118.8	233.8	295.4	360.5	436.6	405.2	427.3	**745.7**	507.6	211.5	121.3	3,969.6	2016.7.3	1963.1.24	1968.9.26	2005.2.1	72
	潮岬（67.5m）	*8.3*	8.8	11.6	15.6	19.3	22.1	25.7	**26.9**	24.6	20.3	15.5	10.6	17.5	36.1	−5.0	421	5	2,256
	33°27′ 135°45′	*97.7*	118.1	185.5	212.3	236.7	**364.7**	298.4	260.3	339.2	286.6	152.0	102.9	2,654.3	2020.8.16	1981.2.26	1939.10.17	1948.1.16	71
	高知（0.5m）	*6.7*	7.8	11.2	15.8	20.0	23.1	27.0	**27.9**	25.0	19.9	14.2	8.8	17.3	38.4	−7.9	629	10	2,160
	33°34′ 133°33′	*59.1*	107.8	174.8	225.3	280.4	359.5	357.3	284.1	**398.1**	207.5	129.6	83.1	2,666.4	1965.8.22	1977.2.17	1998.9.24	1987.1.13	69
	土佐清水（清水）（31.0m）	*8.9*	9.8	12.8	16.9	20.4	23.0	26.5	**27.7**	25.5	21.4	16.5	11.3	18.4	35.5	−5.0	421	4	2,191
	32°43′ 133°01′	98.6	116.4	183.9	221.8	232.6	**400.2**	222.8	231.5	362.4	254.2	146.9	*97.0*	2,563.9	1942.7.30	1981.2.26	1980.8.4	1968.1.15	70
	宮崎（9.2m）	*7.8*	8.9	12.1	16.4	20.3	23.2	27.3	**27.6**	24.7	20.0	14.7	9.7	17.7	38.0	−7.5	587	3	2,122
	31°56′ 131°25′	*72.7*	95.8	155.7	194.5	227.6	**516.3**	339.3	275.5	370.9	196.7	105.7	74.9	2,625.5	2013.8.1	1904.1.26	1939.10.16	1945.1.24	74
	鹿児島（3.9m）	*8.7*	9.9	12.8	17.1	21.0	24.0	28.1	**28.8**	26.3	21.6	16.2	10.9	18.8	37.4	−6.7	375	29	1,942
	31°33′ 130°33′	*78.3*	112.7	161.0	194.9	205.2	**570.0**	365.1	224.3	222.9	104.6	102.5	93.2	2,434.7	2016.8.22	1923.2.28	2019.7.3	1959.1.17	70
北九州	下関（3.3m）	*7.2*	7.5	10.3	14.7	19.1	22.5	26.5	**27.9**	24.6	19.7	14.5	9.5	17.0	37.0	−6.5	337	39	1,876
	33°57′ 130°56′	80.0	75.9	121.2	130.8	154.2	253.6	**309.4**	190.0	162.6	83.7	81.9	*69.1*	1,712.3	1960.8.10	1901.2.3	1904.6.25	1900.1.26	69
	対馬（厳原）（3.7m）	*6.0*	6.9	10.0	14.2	18.2	21.3	25.4	**26.8**	23.4	18.7	13.3	8.0	16.0	36.9	−8.6	393	9	1,863
	34°12′ 129°18′	80.1	94.7	172.3	218.4	241.2	294.4	**370.5**	326.4	235.5	120.8	100.6	*68.0*	2,302.6	2018.7.26	1895.2.22	1916.9.24	1901.2.21	71
	福岡（2.5m）	*6.9*	7.8	10.8	15.4	19.9	23.3	27.4	**28.4**	24.7	19.6	14.2	9.1	17.3	38.3	−8.2	308	30	1,889
	33°35′ 130°23′	74.4	69.8	103.7	118.2	133.7	249.6	**299.1**	210.0	175.1	94.5	91.4	*67.5*	1,686.9	2018.7.20	1919.2.5	1953.6.25	1917.12.30	68
	佐賀（5.5m）	*5.8*	7.0	10.4	15.3	20.0	23.5	27.2	**28.2**	24.5	19.1	13.3	7.8	16.9	39.6	−6.9	367	21	1,971
	33°16′ 130°18′	*54.1*	77.5	120.6	161.7	182.9	327.0	**366.8**	252.4	169.3	90.1	89.4	59.5	1,951.3	1994.7.16	1943.1.13	1953.6.25	1959.1.17	70
	熊本（37.7m）	*6.0*	7.4	10.9	15.8	20.5	23.7	27.5	**28.4**	25.2	19.6	13.5	8.0	17.2	38.8	−9.2	481	13	1,996
	32°49′ 130°42′	*57.2*	83.2	124.8	144.9	160.9	**448.5**	386.8	195.4	172.6	87.1	84.4	61.2	2,007.0	1994.7.17	1929.2.11	1957.7.25	1945.2.7	70
	長崎（26.9m）	*7.2*	8.1	11.2	15.6	19.7	23.0	26.9	**28.1**	24.9	20.0	14.5	9.4	17.4	37.7	−5.6	448	17	1,863
	32°44′ 129°52′	*63.1*	84.0	123.2	153.0	160.7	**335.9**	292.7	217.9	186.6	102.1	100.7	74.8	1,894.7	2013.8.18	1915.1.14	1982.7.23	2016.1.24	71
	福江（25.1m）	*7.6*	8.3	10.9	14.9	18.8	22.1	26.2	**27.3**	24.1	19.5	14.6	9.8	17.0	35.9	−5.4	433	43	1,746
	32°42′ 128°50′	*93.4*	109.5	172.1	216.1	210.2	**324.2**	308.8	239.6	289.2	132.7	134.1	108.9	2,338.8	2013.8.19	1977.2.19	2005.9.10	1963.1.26	73
南西諸島の気候	奄美（名瀬）（2.8m）	*15.0*	15.3	17.1	19.8	22.8	26.2	**28.8**	28.5	27.0	23.9	20.4	16.7	21.8	37.3	3.1	622	−	1,332
	28°23′ 129°30′	184.1	*161.6*	210.1	213.9	278.1	**427.4**	214.9	294.4	346.0	261.3	173.6	170.4	2,935.7	1960.7.9	1901.2.12	2010.10.20	−	74
	那覇（28.1m）	*17.3*	17.5	19.1	21.5	24.2	27.2	**29.1**	29.0	27.9	25.5	22.5	19.0	23.3	35.6	4.9	469	−	1,727
	26°12′ 127°41′	*101.6*	114.5	142.8	161.0	245.3	**284.4**	188.1	240.0	275.2	179.2	119.1	110.0	2,161.0	2001.8.9	1918.2.20	1959.10.16	−	73
	富士山（3,775.1m）	*−18.2*	−17.4	−14.1	−8.8	−3.2	1.4	5.3	**6.4**	3.5	−2.0	−8.7	−15.1	−5.9	17.8	−38.0	−	338	−
	35°22′ 138°44′	−	−	−	−	−	−	−	−	−	−	−	−	−	1942.8.13	1981.2.27	−	1989.4.27	−

❶世界の気象記録

WMO資料ほか

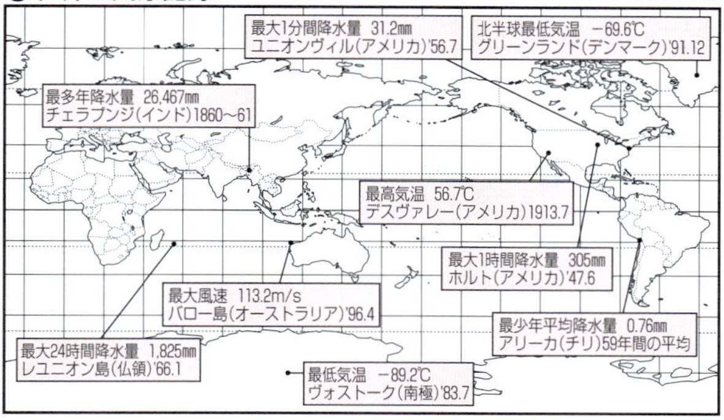

❷日本の気象記録

気象庁資料ほか

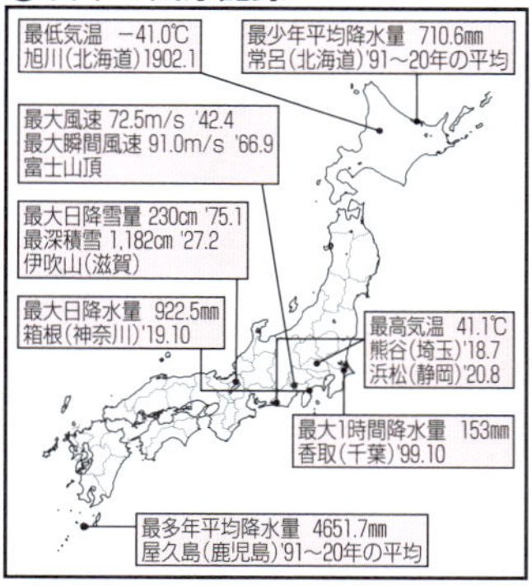

❸日本のおもな災害(気象・地震・火山噴火)

×は死者・行方不明者数(人)　理科2023ほか

年　月	気象事項
1909. 7	火災，大阪市，焼失11365(戸)
1934. 9	室戸台風，本州・四国・九州
1940. 1	火災，静岡市，焼失5121
1945. 9	枕崎台風，西日本(特に広島)，×3756
1947. 4	火災，飯田市，焼失3984
9	カスリーン台風東海以北(特に東京埼玉)×1930
1953.8〜9	冷害，全国(特に東日本)
1954. 9	洞爺丸台風，全国(特に北海道・四国)，×1761(火災あり)
1957. 7	水害(前線)，九州(特に諫早周辺)，×992
1958. 9	狩野川台風，近畿以東(特に静岡)，×1269
1959. 9	伊勢湾台風，九州を除く各地(特に愛知)，×5098
1961. 9	第2室戸台風，全国(特に近畿)，×202
1963. 1	雪害，北陸・山陰・山形・滋賀・岐阜，×228
1980. 7〜9	冷害，全国(沖縄を除く)
1980.12〜2	雪害，全国(特に北陸・東北)，×103
1982. 7	水害(豪雨)，関東以西，×345
1983. 7	水害(豪雨)，東北・中部・中国(特に島根)，×117
1991. 9	台風19号，全国，×62
1993. 8	台風13号，全国，×48
1999. 6	水害(豪雨)，東北〜九州，×40
1999. 9	台風18号，全国，×36
2004.10	台風23号，東北〜沖縄，×99
2005. 9	台風14号，全国，×29
2005.12〜3	平成18年豪雪，北海道〜四国，×152
2009. 7	水害(豪雨)，中国・九州，×39
2009. 8	台風9号，東北〜九州，×28
2010. 7	水害(豪雨)，東北〜九州，×14
2011.8〜9	台風12号，北海道〜四国，×98
2012. 7	水害(豪雨)，九州北部を中心，×32
2014.7〜8	水害(豪雨)，全国，×91
2016.12	火災，糸魚川市，焼失147(棟)
2017. 7	水害(豪雨)，九州北部，×44
2018.6〜7	水害(豪雨)，西日本，×271
2019. 9	房総半島台風(15号，暴風)，関東，×9
2019.10	東日本台風(19号，豪雨)，東日本，×107
2020. 7	水害(豪雨)，西〜東日本・東北，×86
2021. 8	水害(大雨)，西〜東日本，×13(熱海土砂災害)

年　月	地震事項
1605. 2	慶長地震　M7.9　×3000余
1703.12	元禄地震　M8.2　×5233余
1707.10	宝永地震　M8.6　×20000余
1771. 4	八重山地震津波　M7.4　×11741
1804. 7	象潟地震　M7.0　×333余
1847. 5	善光寺地震　M7.4　×8600
1854.12	安政東海地震　M8.4　×600余
12	安政南海地震　M8.4　×3000余
1855.11	江戸地震　M7.1　×4000余
1872. 3	浜田地震　M7.1　×552
1891.10	濃尾地震　M8.0　×7273
1896. 6	三陸地震津波　M8.2　×21959
1923. 9	関東大地震　M7.9　×142807
1927. 3	北丹後地震　M7.3　×2925
1933. 3	三陸地震津波　M8.1　×3064
1943. 9	鳥取地震　M7.2　×1083
1944.12	東南海地震　M7.9　×1223
1945. 1	三河地震　M6.8　×2306
1946.12	南海地震　M8.0　×1330
1948. 6	福井地震　M7.1　×3769
1952. 3	十勝沖地震　M8.2　×33
1960. 5	チリ地震津波　M8.5　×142
1964. 6	新潟地震　M7.5　×26
1968. 5	十勝沖地震　M7.9　×52
1978. 1	伊豆大島近海地震　M7.0　×25
6	宮城県沖地震　M7.4　×28
1983. 5	日本海中部地震　M7.7　×104
1984. 9	長野県西部地震　M6.8　×29
1993. 7	北海道南西沖地震　M7.8　×230
1994.12	三陸はるか沖地震　M7.6　×3
1995. 1	兵庫県南部地震　M7.3　×6437
2001. 3	芸予地震　M6.7　×2
2004.10	新潟県中越地震　M6.8　×68
2007. 3	能登半島地震　M6.9　×1
2007. 7	新潟県中越沖地震　M6.8　×15
2008. 6	岩手・宮城内陸地震　M7.2　×23
2011. 3	東北地方太平洋沖地震　M9.0　×22252①
2016. 4	熊本地震　M7.3　×273②
2018. 9	北海道胆振東部地震　M6.7　×43③

年　月	火山噴火事項
553.−	阿蘇山，日本最古の噴火記録
888.−	八ヶ岳〈赤岳〉，松原湖形成
1235.−	霧島山　×1235
1707.12	富士山，噴出物総量8億m³
1783. 5	浅間山，噴出物総量2億m³ 鬼押出し形成　×1151
1792.−	雲仙岳　×15000　有史以来日本最大の噴火災害
1801.−	鳥海山，享和岳生成　×8
1888. 7	磐梯山，諸村落埋没，檜原湖など生成　×461
1900. 7	安達太良山　×82
1902. 8	鳥島中央火口丘爆砕消失 ×125(全島民)日本での火山観測ぼっ興の契機となる
1914. 1	桜島，大隅半島とつながる 噴出物総量20億m³　×170
1915. 6	焼岳，大正池生成
1925. 5	十勝岳，2村落埋没　×344
1931〜34	口永良部島〔古岳〕，1村落全焼　×34
1944. 6	昭和新山生成
1957.10	三原山　×1
1958. 6	阿蘇山　×40
1962. 8	雄山(三宅島)
1973. 9	海底火山，西之島形成
1974. 7	焼山(新潟)割れ目噴火　×3
1977. 8	有珠山，有珠新山形成
1983.10	雄山(三宅島)，家屋埋没400(棟)
1986.11	三原山(伊豆大島)，島民島外避難
1989. 7	静岡県伊東沖で海底火山が噴火
1991. 5	雲仙岳　×44(火砕流)
2000. 3	有珠山
2000. 7	雄山(三宅島)，島民島外避難
2011. 2	霧島山
2013.11	海底火山，西之島拡大
2014. 9	御嶽山　×63
2015. 5	口之永良部島〔新岳〕，島民島外避難
2018. 1	草津白根山　×1

①2019年3月現在　②2019年4月現在　③2019年8月現在

❹世界のおもな大地震(1900年以降)

理科2023ほか

地震年月日	地震名	マグニチュード	死者数	地震年月日	地震名	マグニチュード	死者数
1908.12.28	メッシナ地震(イタリア)	7.1	82,000	1990. 7.16	ルソン島地震(フィリピン)	7.8	2,430
1920.12.16	海原地震(中国・寧夏)	8.5	235,502	1995. 1.17	兵庫県南部地震(日本)	7.3	6,434
1923. 9. 1	関東大震災(日本)	7.9	142,807	1995. 5.27	サハリン地震(ロシア)	7.5	1,989
1933. 3. 3	三陸沖地震(日本)*	8.1	3,064	1999. 8.17	コジャエリ/イズミット地震(トルコ)	7.8	17,118
1935. 5.30	クエッタ地震(パキスタン)	7.5	60,000	1999. 9.21	集集地震(台湾)	7.7	2,413
1952.11. 4	カムチャツカ地震(ロシア)	9.0	不明	2003.12.26	バム地震(イラン)	6.8	43,200
1960. 5.22	チリ地震(チリ)*	9.5	5,700	2004.12.26	スマトラ沖地震(インドネシア)*	9.1	227,898
1964. 3.27	アラスカ地震(アメリカ)	9.2	131	2005.10. 8	パキスタン地震(パキスタン)	7.7	86,000
1970. 5.31	ペルビアン地震(ペルー)	7.8	66,794	2006. 5.26	ジャワ島中部地震(インドネシア)	6.2	5,749
1976. 2. 4	グアテマラ地震(グアテマラ)	7.5	22,870	2008. 5.12	四川大地震(中国)	8.1	69,227
1976. 7.28	唐山地震(中国・河北)	7.8	242,800	2010. 1.12	ハイチ大地震(ハイチ)	7.3	316,000
1976. 8.16	ミンダナオ地震(フィリピン)	7.9	8,000	2011. 3.11	東北地方太平洋沖地震(日本)*	9.0	①②22,252
1985. 9.19	ミチョアカン地震(メキシコ)	8.1	9,500	2015. 4.25	ネパール地震(ネパール)	※7.8	①9,164
1987. 3. 6	エクアドル/コロンビア地震	6.9	5,000	2016. 4. 6	エクアドル地震(エクアドル)	※7.8	①677
1988.12. 7	アルメニア地震(アルメニア)	6.8	25,000	2018. 9.28	インドネシアスラウェシ島地震*	※7.5	①3,390

*津波被害が大きかった地震　※モーメントマグニチュード　①不明者を含む　②2019年3月現在　2020年12月現在

❶ 地球温暖化への温室効果ガスの影響

IPCC資料

項目	二酸化炭素	メタン	一酸化二窒素	六フッ化硫黄	ハイドロフルオロカーボン
2011年の濃度	391±0.2ppm	1803±2ppb	324.2±0.1ppb	7.28±0.03ppt	24.0±0.3ppt
濃度の年増加率①	2.0ppm	4.8ppb	0.8ppb	0.3ppt	0.9ppt
大気中の寿命(年)	—	12.4	121	3200	222
総排出量に占める割合(%)	76.0	15.8	6.2	②2.0	

濃度単位：ppm(百万分の１)，ppb(10億分の１)，ppt(１兆分の１)
①2005年～2011年の平均値　②フッ素系温室効果ガス

❷ メタンの発生源別放出量 ($10^{12}gCH_4$)

発生源	年間放出量	発生源	年間放出量
合計	**540**	人為発生源	—
自然発生源	—	水田	110
湿地	115	家畜	80
海洋	10	バイオマス燃焼	55
淡水	5	埋め立て	40
シロアリ	40	炭鉱	35
水和物分解	5(?)	天然ガス	45

地球環境の危機

❸ メタン・フロンガス純排出量 (1987年炭素換算)

メタン排出国	百万t	フロン排出国	百万t
アメリカ合衆国	130	アメリカ合衆国	350
インド	98	ソ連	180
中国	90	日本	100
ソ連	60	西ドイツ	75
カナダ	33	イギリス	71
ブラジル	28	イタリア	71
メキシコ	20	フランス	69
バングラデシュ	20	スペイン	48
インドネシア	19	カナダ	36
タイ	16	中国	32

メタン，フロンを赤外線吸収における相対的温室効果に応じて計算することにより，便宜的にCO_2温暖化当量として比較することができる。
世界の資源と環境

❹ 南極におけるオゾンホールの変化

気象庁資料

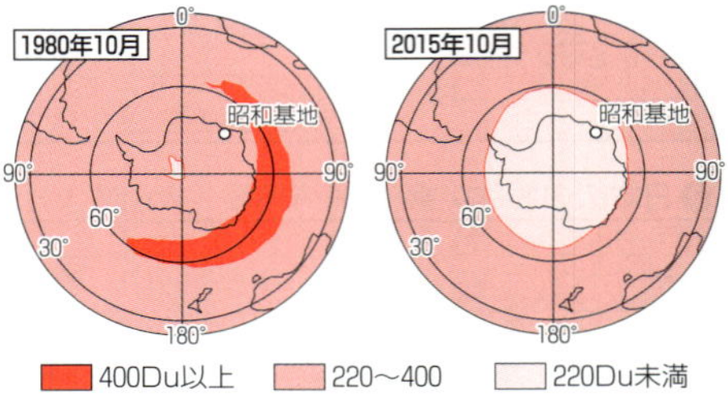

※Du(ドブソン)…オゾン層の厚さをはかる単位。数値が小さいほどオゾン層が薄い。220未満をオゾンホールとよぶ。

❺ 地域別・国別二酸化炭素排出量 (CO_2換算，百万t)

IEA資料

地域・国名	1971	1980	1990	2000	2010	2020 計	2020 %	2020 エネルギー起源別排出量 石炭	石油	天然ガス	2020 1人あたり排出量(t/人)	増減率%(2000-2020年)
世界①	**13,947**	**17,707**	**20,526**	**23,245**	**30,579**	**31,665**	**100**	**14,227**	**10,122**	**7,080**	**4.08**	**36.2**
アジア	2,160	3,453	5,843	8,163	14,967	18,436	58.2	11,466	4,191	2,693	4.04	125.8
アフリカ	250	395	525	661	1,021	1,144	3.6	379	494	271	0.86	73.2
ヨーロッパ	5,708	7,236	7,179	5,759	5,644	4,622	14.6	1,145	1,571	1,781	6.19	−19.7
北アメリカ	4,790	5,303	5,565	6,721	6,460	5,244	16.6	952	2,246	2,025	8.93	−22.0
南アメリカ	291	444	492	710	921	858	2.7	111	521	222	2.00	20.8
オセアニア	157	223	281	364	422	405	1.3	169	148	87	13.15	11.4
中国	780	1,364	2,089	3,097	7,831	10,081	31.8	7,968	1,484	606	7.15	225.5
アメリカ合衆国	4,289	4,596	4,803	5,730	5,352	4,258	13.4	866	1,724	1,648	12.90	−25.7
EU(27か国)	—	—	3,480	3,267	3,137	2,394	7.6	559	1,044	725	5.34	−26.7
インド	181	263	530	890	1,572	2,075	6.6	1,464	531	78	1.50	133.2
ロシア	②1,942	②2,936	2,164	1,474	1,529	1,552	4.9	415	294	799	10.77	5.2
日本	751	871	1,052	1,149	1,133	990	3.1	385	353	218	7.87	−13.9
ドイツ	978	1,048	940	812	759	590	1.9	178	223	171	7.10	−27.4
イラン	39	88	171	312	499	568	1.8	5	172	390	6.76	81.9
韓国	53	126	232	422	551	547	1.7	264	151	115	10.56	29.4
インドネシア	25	68	131	255	392	532	1.7	270	191	72	1.95	108.7
カナダ	340	422	409	503	526	508	1.6	47	232	228	13.36	0.9
サウジアラビア	13	99	151	235	418	484	1.5	0	306	177	13.89	106.1
ブラジル	87	168	185	295	374	389	1.2	55	266	64	1.83	32.0
南アフリカ共和国	157	208	244	281	420	388	1.2	324	60	4	6.54	38.4
オーストラリア	143	207	260	335	392	374	1.2	163	130	80	14.57	11.8

①国際輸送燃料(バンカー油)からの排出を含むため，全地域の合計と一致しない　②ソ連

❻ おもな国・地域の部門別二酸化炭素排出量 (2020年，CO_2換算)

IEA資料

国名	合計(百万t)	電力・熱生産(%)	工業(%)	運輸(%)	家庭(%)	その他(%)	国名	合計(百万t)	電力・熱生産(%)	工業(%)	運輸(%)	家庭(%)	その他(%)
世界	**31,665**	**37.6**	**19.5**	**22.4**	**6.1**	**14.4**	日本	990	42.8	17.2	18.3	5.6	16.1
中国	10,081	48.7	28.6	8.9	3.4	10.4	ドイツ	590	28.7	15.4	24.1	15.6	16.2
アメリカ合衆国	4,258	34.6	10.3	35.4	7.0	12.7	イラン	568	27.2	17.4	22.7	19.0	13.7
EU(27か国)	2,394	25.7	14.5	29.3	12.7	17.8	韓国	547	44.1	11.7	18.1	5.8	20.3
インド	2,075	45.7	24.2	13.0	4.5	12.6	インドネシア	532	27.6	24.6	23.8	4.5	19.5
ロシア	1,552	32.1	17.6	15.1	12.3	22.9	カナダ	508	12.3	13.1	31.2	7.3	36.1

❶乾燥地域における砂漠化(土地劣化)の要因(1997年)

地域	土地劣化面積(百万ha)	土地劣化の要因(%)				
		過放牧	森林減少	過耕作	過開拓	生物産業
世界	**1,035**	**46.1**	**20.2**	**22.7**	**10.8**	**0.2**
アジア	370	32.1	30.1	26.1	11.4	0.3
アフリカ	319	57.8	5.8	19.5	16.9	0.0
ヨーロッパ	99	41.5	39.1	18.4	0.0	1.0
北アメリカ	80	34.8	5.4	52.1	7.7	0.0
南アメリカ	79	33.1	40.7	14.7	11.5	0.0
オーストラリアなど*	88	89.7	4.8	5.5	0.0	0.0

*ニュージーランド，近海諸島を含む　World Atlas of Desertification

❷世界の捕鯨数

農水省資料ほか

クジラ名	1980	1983	1987	1990	2000	2017
合計	**14,779**	**11,490**	**1,868**	**656**	**1,344**	**1,380**
ミンククジラ	10,910	9,796	1,040	429	1,123	1,056
イワシクジラ	102	100	20	－	－	134
コククジラ	181	171	158	163	115	120
ホッキョククジラ	34	18	31	44	48	59
ナガスクジラ	471	278	89	19	7	8
ザトウクジラ	18	16	2	1	2	3
マッコウクジラ	2,092	414	211	－	5	－
ニタリクジラ	970	697	317	－	44	－

❸ヨーロッパの森林被害(2015年)

国名	調査面積(千ha)	調査本数(本)	被害割合(%)*
チェコ	2,666	5,218	52.0
イギリス	10)①2,665	10)1,912	10)48.5
フランス	①15,549	8,871	43.4
スロベニア	1,248	1,051	37.8
スロバキア	2,014	3,630	34.5
ルクセンブルク	86	1,200	32.6
イタリア	①8,675	4,757	29.8
クロアチア	①2,061	2,280	29.7
ブルガリア	4,202	5,513	26.2
モルドバ	375	14,239	26.1
モンテネグロ	827	1,176	25.4
スイス	①1,279	1,051	24.8

*調査木のうち，深刻な落葉もしくは枯死したものの割合
①森林面積　ICP資料

❹地域別森林面積の変化(百万ha)

地域	1990	2000	2010	2015	増減面積(万ha)*
世界	**4,128**	**4,056**	**4,016**	**3,999**	**－517**
アフリカ	706	670	638	624	－327
北アフリカ	39	38	37	36	－13
中央・西アフリカ	347	332	319	313	－134
東・南アフリカ	320	300	283	275	－180
アジア	568	566	589	593	101
東アジア	209	227	251	257	191
南・東南アジア	320	299	296	293	－107
西・中央アジア	39	40	43	44	17
ヨーロッパ	994	1,002	1,014	1,015	85
北アメリカ	752	749	750	751	－7
南アメリカ	931	891	852	842	－355
オセアニア	177	178	172	174	－13

*1990～2015年の年平均　FAO資料

❺おもな国の森林面積の変化(1990～2015年，千ha)

国名	年平均増減面積	国名	年平均増減面積
ブラジル	－2,127	パラグアイ	－233
インドネシア	－1,101	カメルーン	－220
ナイジェリア	－410	モザンビーク	－218
ミャンマー	－407	ベネズエラ	－214
タンザニア	－394	スーダン	－174
ジンバブエ	－324	ザンビア	－167
ボリビア	－321	ペルー	－158
コンゴ民主	－311	オーストラリア	－152
アルゼンチン	－307	メキシコ	－149
コロンビア	－237	ホンジュラス	－142

日本0.3　FAO資料

❻日本の動植物の現状(2020年)

環境省資料

分類	掲載種数①	絶滅②	野生絶滅③	絶滅危惧	Ⅰ類④	Ⅱ類⑤	準絶滅危惧⑥	評価対象種数*
13分類群合計	**5,748**	**110**	**14**	**3,716**	2,110	1,606	**1,364**	－
動物計	**2,787**	**49**	**1**	**1,446**	749	697	**943**	－
哺乳類	63	7	0	34	25	9	17	160
鳥類	152	15	0	98	55	43	22	700
爬虫類	57	0	0	37	14	23	17	100
両生類	67	0	0	47	25	22	19	91
汽水・淡水魚類	245	3	1	169	125	44	35	400
昆虫類	875	4	0	367	182	185	351	32,000
貝類	1,177	19	0	629	301	328	440	3,200
その他無脊椎動物	152	1	0	65	22	43	42	5,300
植物等計	**2,961**	**61**	**13**	**2,270**	1,361	909	**421**	－
維管束植物	2,163	28	11	1,790	1,049	741	297	7,000
蘚苔類	282	0	0	240	137	103	21	1,800
藻類	202	4	1	116	95	21	41	3,000
地衣類	154	4	0	63	43	20	41	1,600
菌類	159	25	1	61	37	24	21	3,000

①環境省版「レッドリスト」掲載種数　②日本ではすでに絶滅したと考えられる種　③左注記②と同　④絶滅の危機に瀕している種　⑤絶滅の危険が増大している種　⑥左注記④と同　*日本産の種・亜種の概数。肉眼で確認のできない種は除く

❼世界の絶滅種・絶滅危惧種(2022年1月)

分類	総数	絶滅①	野生絶滅②	絶滅危惧③	準絶滅危惧④	その他
評価種数*	**147,502**	**834**	**82**	**23,250**	**5,204**	**118,132**
動物	85,534	778	38	16,720	4,985	63,013
植物	61,371	124	44	24,449	3,668	33,086
菌類	597	0	0	284	61	252

*「国際自然保護連合(IUCN)レッドリスト」掲載種数　①すでに絶滅したと考えられる種　②飼育・栽培下あるいは自然分布域の明らかに外側で野生化した状態でのみ存続している種　③絶滅の危機に瀕している，あるいは絶滅の危険が増大している種　④現時点での絶滅危険度は小さいが，生息条件の変化によっては絶滅危惧に移行する可能性のある種

発展途上地域では，①人口爆発に対処するための焼畑の拡大，過放牧，②外貨獲得のための開発，牧場などへの転換により森林伐採が進行している。これに対して，先進地域では工業化に伴う大量の化石燃料の消費により，酸性雨に起因する森林枯死が進んでいる。
化石燃料の消費は大気中の二酸化炭素の濃度を上昇させ，宇宙へ放出されるエネルギーを吸収する結果，地球の温暖化を引き起こす(温室効果)。

❶ おもな河川の水質（BOD*）

OECD資料
（ ）は測定国

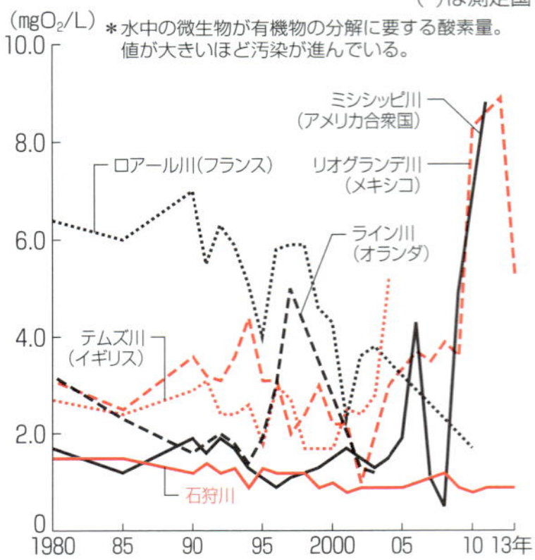

❷ おもな湖沼の水質

OECD資料
（ ）は測定国

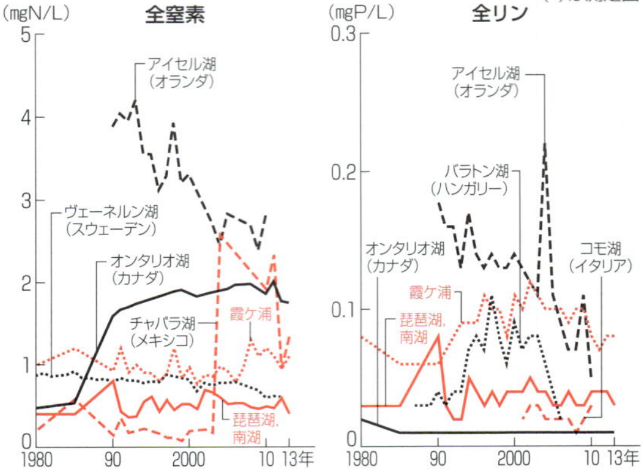

❸ 日本のおもな地点の酸性雨（pH値）

地点	2003	2010	2020
利尻	4.85	4.75	17)4.79
札幌	4.76	4.86	4.99
篦岳（宮城県涌谷町）	4.77	4.95	5.13
新潟巻	4.60	4.68	4.96
東京	07)4.77	4.95	5.11
尼崎	4.71	4.84	5.02
潮岬	4.74	11)4.81	13)4.81
隠岐	4.80	4.66	4.86
蟠竜湖（島根県益田市）	4.65	4.69	16)4.91
筑後小郡（福岡県小郡市）	4.85	4.80	4.92
大分久住	4.59	4.66	16)4.69
屋久島	4.67	4.66	4.68

酸性度が強いほどpHは低くなる。pH5.6が酸性雨の一つの目安　環境省資料

❹ 日本の海洋汚染（確認件数）

海上保安庁資料

海域	1990			2000			2010			2021		
	総数	油の汚染	廃棄物他	総数	油の汚染	廃棄物他	総数	油の汚染	廃棄物他	総数	油の汚染	廃棄物他
合計	**937**	**583**	**354**	**579**	**307**	**272**	**465**	**300**	**165**	**493**	**332**	**161**
北海道沿岸	42	34	8	24	13	11	78	39	39	55	30	25
本州東岸	59	55	4	34	23	11	76	46	30	55	34	21
東京湾	77	69	8	84	78	6	35	32	3	39	24	15
伊勢湾	33	26	7	63	17	46	48	10	38	40	15	25
大阪湾	44	36	8	21	16	5	11	10	1	13	10	3
瀬戸内海①	231	104	127	91	44	47	80	66	14	114	77	37
本州南岸	118	96	22	85	45	40	31	23	8	32	22	10
九州沿岸	195	80	115	71	31	40	31	24	7	61	49	12
日本海沿岸	75	46	29	78	13	65	53	30	23	49	38	11
南西海域	63	37	26	28	27	1	22	20	2	35	33	2

赤潮・青潮による汚染は除く　①大阪湾を除く

❺ 日本の水質の環境基準達成率（%）

環境省資料

水域	1975	1980	1990	2000	2010	2020
全体	**59.6**	**68.7**	**73.1**	**79.4**	**87.8**	**88.8**
河川	57.1	67.2	73.6	82.4	92.5	93.5
湖沼	38.6	41.6	44.2	42.3	53.2	49.7
海域	72.4	79.8	77.6	75.3	78.3	80.7
東京湾	(44)	(61)	(63)	(63)	(63)	(63)
伊勢湾	(53)	(53)	(59)	(56)	(56)	(63)
瀬戸内海①	(69)	(72)	(75)	(76)	(80)	(76)
有明海	(81)	(88)	(94)	(87)	(87)	(87)
八代海	(100)	(79)	(100)	(43)	(79)	(64)

河川はBOD（生物化学的酸素要求量），湖沼・海域はCOD（化学的酸素要求量）についての環境基準達成率。①大阪湾を含む

❻ 日本の水質汚染（mg/L）

環境省資料

おもな水域名	都道府県名	測定地点	1975	1995	2020
堀川	愛知	港新橋	4.2	4.6	4.5
目黒川	東京	太鼓橋	35.0	4.3	3.6
荒川	埼玉・東京	（2地点）	…	…	2.4
寝屋川	大阪	（2地点）	14.0	6.8	2.1
庄内川	愛知	（3地点）	…	…	2.0
多摩川	東京・神奈川	田園調布堰	7.0	3.8	2.0
大和川	奈良・大阪	藤井	24.0	13.0	1.9
鶴見川	神奈川	大綱橋	11.0	13.0	1.9
淀川	大阪	（2地点）	2.7	2.3	1.7
印旛沼	千葉	（4地点）	…	…	10.0
手賀沼	千葉	（4地点）	…	…	10.0
児島湖	岡山	湖心	11.0	10.0	7.3
霞ケ浦	茨城	湖心	7.0	9.0	6.7
宍道湖	島根	湖心	76)3.3	3.9	5.4
諏訪湖	長野	湖心	6.3	4.6	4.0
琵琶湖	滋賀	琵琶湖大橋南	2.6	3.1	3.5
阿寒湖	北海道	湖心	3.0	2.3	2.2
名古屋港	愛知	（2地点）	3.9	2.9	2.9
伊予三島港	愛媛	赤之井川沖	8.5	3.7	2.9
東京湾	神奈川	（7地点）	3.8	3.0	2.3
洞海湾	福岡	奥洞海	4.6	3.1	2.3
岩国港	山口	（2地点）	3.3	2.7	2.2
大阪港	大阪	（3地点）	4.4	2.8	2.1

河川はBOD，湖沼・海域はCOD平均値

❼ 日本の公害別苦情件数

総務省資料

種類		1980	1990	2000	2010	2021	%
合計		**64,690**	**74,294**	**83,881**	**80,095**	**73,739**	**100**
典型7公害	騒音	21,063	18,287	13,505	15,678	18,755	25.4
	大気汚染	9,282	9,496	26,013	17,612	14,384	19.5
	悪臭	12,900	11,423	14,013	12,061	10,387	14.1
	水質汚濁	8,269	7,739	8,272	7,574	5,353	7.3
	振動	3,031	2,144	1,640	1,675	2,301	3.1
	土壌汚染	230	233	308	222	192	0.3
	地盤沈下	34	37	31	23	23	0.0
その他①		9,881	24,935	20,099	25,250	22,344	30.3

①廃棄物投棄9,867件（2021年），日照不足，通風妨害，夜間照明など

❶世界のおもな橋（上段：全長順　下段：＊径間長順）

橋梁年鑑ほか

橋名	所在地	長さ(m)
第2レイク・ポンチャートレイン・コーズウェイ	アメリカ合衆国	38,422
第1レイク・ポンチャートレイン・コーズウェイ	アメリカ合衆国	38,352
チンタオチヤオチョウ(青島膠州)湾大橋	中国	36,480
ハンチョウ(杭州)湾跨海大橋	中国	35,673
スワムプランド・エクスプレスウェイ	アメリカ合衆国	28,952
テンブロン橋	ブルネイ	26,300
チェサピーク湾橋	アメリカ合衆国	25,230
港珠澳大橋(主要部)	中国	22,900
クリミア橋	ロシア・ウクライナ	18,118
リオ・ニテロイ橋	ブラジル	13,900
ペナン大橋	マレーシア	13,500
インチョン(仁川)大橋	韓国	12,343
第2サンマテオ・ヘイワード橋	アメリカ合衆国	10,895
セブンマイル橋	アメリカ合衆国	10,887
西候門大橋	中国	1,650
グレートベルトリンク(東橋)	デンマーク	1,624
オスマンガーズィー橋	トルコ	1,550
李舜臣大橋	韓国	1,545
潤揚長江大橋(北橋)	中国	1,490
南京長江第4大橋	中国	1,418
ハンバー橋	イギリス	1,410
ヤヴズスルタンセリム橋	トルコ	1,408
江陰長江大橋	中国	1,385
ゴールデンゲート	アメリカ合衆国	1,280
第2ボスポラス	トルコ	1,090

＊長大橋の定義は必ずしも明確ではないが，径間の長さを目安とする見方がある。この見方では長大橋の上位は吊橋が占める。

❷日本のおもな橋（上段：全長順　下段：＊径間長順）

橋梁年鑑ほか

橋名	所在地	型式①	長さ(m)
東京湾アクアブリッジ	神奈川・千葉	G	4,424
※第1北上川	東北新幹線	T	3,868
②	大阪	T	3,750
伊良部大橋	沖縄	G	3,540
東京ゲートブリッジ	東京	T	2,618
海田大橋	広島	－	1,856
南備讃瀬戸大橋	香川	S	1,723
来間大橋	沖縄	G	1,690
大鳴門橋	兵庫・徳島	S	1,629
北備讃瀬戸大橋	香川	S	1,611
上江橋	埼玉	G	1,609
明石海峡大橋	兵庫	S	1,991
南備讃瀬戸大橋	香川	S	1,100
来島海峡第三大橋	愛媛	S	1,030
来島海峡第二大橋	愛媛	S	1,020
北備讃瀬戸大橋	香川	S	990
下津井瀬戸大橋	岡山	S	940
多々羅大橋	広島	C	890
大鳴門橋	兵庫・徳島	S	876
因島大橋	広島	S	770
安芸灘大橋	広島	S	750
白鳥大橋	北海道	S	720

①S：吊橋，C：斜張橋，T：トラス橋，G：コンクリート桁橋　②関西国際空港連絡橋（スカイゲートブリッジ），鉄道，道路共用　※鉄道橋

❸日本のおもな鉄道トンネル

トンネル名／長さ(m)	鉄道線名／(区間)
青函	北海道新幹線・海峡線
53,850	(奥津軽いまべつ～木古内)
八甲田	東北新幹線
26,455	(七戸十和田～新青森)
岩手一戸	東北新幹線
25,808	(いわて沼宮内～二戸)
飯山	北陸新幹線
22,251	(飯山～上越妙高)
大清水	上越新幹線
22,221	(上毛高原～越後湯沢)
新関門	山陽新幹線
18,713	(新下関～小倉)
六甲	山陽新幹線
16,250	(新大阪～新神戸)
榛名	上越新幹線
15,350	(高崎～上毛高原)
五里ケ峯	北陸新幹線
15,175	(上田～長野)
中山	上越新幹線
14,857	(高崎～上毛高原)
北陸	北陸本線
13,870	(敦賀～南今庄)
新清水	上越線
13,500	(水上～土樽)

日本トンネル技術協会資料ほか

❹日本のおもな道路トンネル

トンネル名	所在地	長さ(m)
山手	東京	18,200
関越	群馬・新潟	11,055
飛驒	岐阜	10,710
東京湾アクア	神奈川・千葉	9,547
栗子	福島・山形	8,972
恵那山(上り)	長野・岐阜	8,649
第2新神戸	兵庫	7,175
新神戸	兵庫	6,910
雁坂	山梨・埼玉	6,625
肥後	熊本	6,340
加久藤	熊本・宮崎	6,260
あつみ	山形	6,022
袴腰	富山	5,932
阪奈	大阪・奈良	5,578
寒風山	愛媛・高知	5,432
関電	長野・富山	5,400
箕面	大阪	5,260
えりも黄金	北海道	4,941

国土交通省資料ほか

❺世界のおもなトンネル

トンネル名	所在地	長さ(km)
ゴタルドベース	スイス	57.1
ユーロ	イギリス・フランス	50.5
ユルヒョン	韓国	50.3
レッチベルクベース	スイス	34.6
グアダラマ	スペイン	28.4
＊ラウダール	ノルウェー	24.5
ウーシャオリン(烏鞘嶺)Ⅰ－Ⅱ	中国	20.1
シンプロンⅠ－Ⅱ	スイス・イタリア	19.8
フェライナ	スイス	19.1
ヴァーリア	イタリア	18.6
アペニノ	イタリア	18.5
チンリン(秦嶺)Ⅰ－Ⅱ	中国	18.5
＊サンゴタルド	スイス	16.4
フルカベース	スイス	15.4
セベロムイスキー	ロシア	15.3
モンテサントマルコ	イタリア	15.0
サンゴタルド	スイス	15.0

＊は道路トンネル，他は鉄道トンネル

Information Please Almanacほか

❻世界と日本のおもな峠

峠名	所在地	標高(m)
カラコルム	中国・インド	5,575
大サンベルナール	イタリア・スイス	2,473
サンゴタルド	スイス	2,108
サンベルナールディーノ	スイス	2,065
ブレンナー	イタリア・オーストリア	1,375
カイバー	パキスタン・アフガニスタン	1,080
針ノ木	長野・富山	2,536
渋峠	群馬・長野	2,152
徳本	長野	2,135
麦草峠	長野	2,120
雁坂	埼玉・山梨	2,082
大菩薩	山梨	1,897
野麦	岐阜・長野	1,673
和田	長野	1,650

タイムズアトラスほか

❼世界のおもな運河

Information Please Almanacほか

運河名	長さ(km)	国名	区間
ター(大)	1,794	中国	ペキン～ハンチョウ
カラクーム	① 1,500	トルクメニスタン	アムダリア川～カスピ海
ヴォルガ・バルト水路	② 1,122	ロシア	－
ニューヨークステート・バージ	835	アメリカ合衆国	エリー湖～ニューヨーク
サダム川	565	イラク	バグダッド～バスラ
バーレドーブ	③ 560	パキスタン	パンジャブ地方
ミッテルラント	464	ドイツ	デュースブルク～マクデブルク
ブレスト・ナント	360	フランス	ブレスト～ナント
ローヌ・ライン	347	〃	ストラスブール～モンベリアール
マルヌ・ライン	312	〃	ストラスブール～エペルネー
ドルトムント・エムス	264	ドイツ	ドルトムント～エムデン
ベレー	248	フランス	モンリュソン～ロアール川(モンタルジー)
ブルゴーニュ	240	〃	ソーヌ川～ヨンヌ川
スエズ	193	エジプト	スエズ～ポートサイド
パナマ	82	パナマ	パナマ～コロン

①現在キジルアルバートまで　②河川も含む　③灌漑水路

❽スエズ，パナマ運河の通過量

年	スエズ運河		パナマ運河	
	船数	重量(万t)	船数	重量(万t)
1980	20,795	28,148	13,507	16,990
1982	22,545	36,372	14,009	18,843
1985	19,791	35,252	11,230	14,272
1987	17,541	34,699	12,230	15,108
1990	17,664	41,127	11,941	15,959
1992	16,629	36,962	12,454	16,183
1994	16,370	36,449	12,337	17,328
1995	15,051	36,037	13,459	19,335
1996	14,731	35,497	13,700	20,118
1998	13,472	38,610	13,025	19,518
2000	14,142	43,904	13,653	19,370
2010	17,993	84,639	12,582	20,482
2020	19) 18,880	19) 120,709	12,245	25,573

SCA資料ほか

❶おもな国の道路延長，鉄道・海上・航空輸送量

世界の統計2019ほか

国名	道路延長(百km) 調査年	総計	国道・主要道路	1km²あたり道路延長(km)	舗装率(%)	鉄道総延長'18(千km)	鉄道輸送量('17) 旅客人キロ(億)	貨物トンキロ(億)	海上輸送量('17) 保有商船量('16)(万総登録トン)	積荷量(月平均，万t)	揚荷量(月平均，万t)	航空輸送量('15) 旅客人キロ(千万)	貨物トンキロ(千万)
日本	'80	11,134	428	－	45.9	－	3,133	393	4,096	696	5,103	5,122	③ 187
	'15	① **3,481**	① **605**	① **0.92**	09)**80.1**	②17)**19.2**	**4,374**	**217**	**2,458**	04)**1,487**	04)**6,909**	**16,791**	**887**
中国	'15	45,773	2,145	0.48	72.1	67.5	6,852	21,465	4,542	06)20,300	－	72,590	1,981
インド	'15	54,721	④ 980	1.66	61.1	68.4	11,498	6,202	1,064	－	－	14,047	183
韓国	'15	990	179	0.99	92.1	11)3.6	219	82	1,108	07)2,384	07)4,804	11,974	1,130
タイ	'06	1,801	519	0.35	－	11)5.3	10)82	10)27	338	－	－	8,712	213
エジプト	'14	1,552	④ 242	0.15	94.9	16)5.2	08)408	10)16	107	05)177	05)353	2,051	40
南アフリカ共和国	'01	3,641	31	0.30	17.3	17)21.0	07)139	08)1,133	95)34	03)1,071	03)349	3,108	89
イギリス	'15	4,213	528	1.73	100.0	16.0	14)652	08)125	3,032	－	－	28,318	547
イタリア	'05	4,877	282	1.62	－	16.8	390	100	1,613	－	－	3,843	95
オランダ	'15	1,841	130	4.44	75.5	14)2.8	180	05)50	816	04)940	04)2,926	10,352	529
スウェーデン	'01	2,130	153	0.52	78.6	9.7	15)63	05)218	227	581	679	09)893	③09)101
ドイツ	'15	6,426	513	1.80	－	33.4	775	706	962	964	1,460	24,466	699
ノルウェー	'09	939	280	0.29	80.7	17)4.1	15)31	05)31	1,739	1,049	234	09)882	③09)96
フランス	'15	10,724	202	1.95	100.0	17)29.2	15)847	14)246	633	926	1,730	18,415	410
ポーランド	'15	4,196	193	1.34	69.3	18.5	16)95	15)287	03)28	236	396	758	12
ロシア	'15	14,806	519	0.09	70.6	85.6	1,229	24,919	889	⑤11)1,577	⑤11)182	17,968	476
アメリカ合衆国	'15	66,414	1,053	0.68	66.3	17)149.9	107	24,451	1,212	05)3,378	05)7,847	145,169	3,722
メキシコ	'15	3,903	507	0.20	40.2	09)26.7	08)2	15)739	157	1,029	1,025	6,492	71
オーストラリア	'15	8,736	2,332	0.11	09)43.5	11)8.8	10)15	10)642	142	12,192	842	14,436	189

①幅員5.5m以上のみ　②JR各社合計　③旅客を含む　④高速道路を除く　⑤海上輸出品：外国の貨物船荷を含む

❷おもな国の自動車保有台数(2020年，万台)

国名	総台数	%	うち乗用車
世界	**153,526**	**100**	**110,979**
アメリカ合衆国	28,904	18.8	11,626
中国	27,339	17.8	22,691
日本	7,846	5.1	6,219
インド	6,853	4.5	3,794
ロシア	6,523	4.2	5,600
ドイツ	5,228	3.4	4,825
ブラジル	4,572	3.0	3,786
メキシコ	4,509	2.9	3,399
イタリア	4,500	2.9	3,972
フランス	4,054	2.6	3,229

日本の自動車工業2022

❸おもな国の保有船舶腹量(万総ｔ)

国名	1960	1980	2000	2022*	%
世界	**12,977**	**41,991**	**55,805**	**148,564**	**100**
パナマ	424	2,419	11,438	23,052	15.5
リベリア	1,128	8,029	5,145	20,737	14.0
マーシャル諸島	－	－	975	17,780	12.0
(ホンコン)	43	172	1,024	13,123	8.8
シンガポール	－	766	2,149	8,895	6.0
マルタ	－	13	2,817	8,324	5.6
中国	40	687	1,650	7,526	5.1
バハマ	10	9	3,145	6,130	4.1
ギリシャ	453	3,947	2,640	3,644	2.5
日本	693	4,096	1,526	2,995	2.0

☞p.92②　＊年初　UNCTADSTATほか

船籍（船舶の国籍）：すべての船舶は国籍を得なければならない。船籍は，建造国や船主国に関係なく，船主が有利と考える国におくことができる。それは，国により税金や乗船船員の国籍等の条件が異なるからで，このため，船主に有利な船籍取得条件を整え，自国籍船を多くしようとする国もある。

❹おもな空港の利用実績(2017年)

空港名	発着回数(千回)	乗降客数(10万人) 合計	国際便	取扱貨物(千t) 合計	国際便
成田国際	253	406	331	2,336	2,263
東京国際(羽田)	453	854	170	1,365	542
関西国際(大阪)	185	280	211	865	815
タイペイ，台湾桃園	246	449	445	2,270	2,253
ホンコン国際	432	727	725	5,050	4,937
ソウル，インチョン	363	622	615	2,922	2,826
シンガポール，チャンギ	378	622	616	2,165	2,125
バンコク，スワンナプーム	352	609	488	1,440	1,393
イスタンブール，アタテュルク*	461	641	445	1,159	1,100
ドバイ国際	408	882	877	2,654	2,654
アムステルダム，スキポール	515	685	684	1,778	1,753
パリ，シャルル・ド・ゴール	483	695	637	2,195	1,968
フランクフルト国際	476	645	571	2,194	2,066
ローマ，フィウミチーノ	297	410	294	186	178
ロンドン，ヒースロー	476	780	732	1,794	1,697
モスクワ，シェレメチェボ	308	401	221	260	159
ロサンゼルス国際	700	846	242	2,158	1,301
ニューヨーク，J･F･ケネディ	446	594	324	1,351	1,047
サンパウロ，グアルーリョス	266	380	140	543	338

＊2019年閉鎖　航空統計要覧'18

❺おもな港のコンテナ取扱量(万TEU*)

港名	国名	1990	2000	2010	2017
シャンハイ〔上海〕	中国	46	561	2,907	4,023
シンガポール	シンガポール	522	1,704	2,843	3,367
シェンチェン〔深圳〕	中国	－	399	2,251	2,521
ニンポー〔寧波〕－チョウシャン〔舟山〕	中国	－	90	1,314	2,461
ホンコン〔香港〕	中国	510	1,810	2,353	2,077
プサン〔釜山〕	韓国	235	754	1,416	2,047
コワンチョウ〔広州〕	中国	－	－	1,255	2,037
チンタオ〔青島〕	中国	－	212	1,201	1,830
ロサンゼルス－ロングビーチ①	アメリカ合衆国	212	488	783	1,689
ドバイ	アラブ首長国連邦	－	306	1,160	1,544
テンチン〔天津〕	中国	－	－	1,008	1,507
ロッテルダム	オランダ	367	628	1,115	1,373
ポートクラン	マレーシア	－	321	887	1,198
アントウェルペン	ベルギー	155	408	847	1,045
アモイ〔厦門〕	中国	－	－	582	1,038
カオシュン〔高雄〕	(台湾)	349	743	887	1,027
ターリエン〔大連〕	中国	－	－	524	971
ハンブルク	ドイツ	197	425	790	884
東京	日本	156	290	429	450

＊TEU(Twenty-foot Equivalent Unit)：20フィートのコンテナに換算したコンテナ数の単位
①1990，2000，2010年はロサンゼルスのみの数値　海事レポート2019ほか

交通・通信

❶おもな国の輸送機関別国内輸送量(2009～10年)

	輸送機関	日本	アメリカ合衆国	イギリス	ドイツ	フランス
旅客(億人キロ)	鉄道	3,939	103	625	989	992
	バス	874	4,704	385	624	489
	乗用車	8,113	45,288	6,802	8,868	7,239
	航空	753	9,089	83	65	97
	その他	31	18,312	0	0	0
	合計	**13,710**	**77,496**	**7,895**	**10,546**	**8,817**
貨物(億トンキロ)	鉄道	206	22,370	212	958	321
	道路	3,347	–	1,316	2,456	1,560
	水運	①1,673	6,966	②2	557	87
	航空	10	176	7	6	9
	その他	0	–	101	159	183
	合計	**5,236**	–	**1,638**	**4,136**	**2,160**

①内航海運　②内航水路のみ。(参考)海運672(02年)

国土交通省資料

❷日本の総合輸送活動指数(2000年＝100)　日本の統計'12

種類		1975	1980	1985	1990	1995	2008
総合		**54.0**	**63.4**	**70.9**	**88.6**	**94.4**	**110.9**
国内貨物	鉄	214.1	182.2	105.3	122.9	108.9	102.6
	自営	11.5	35.7	53.3	70.7	114.9	118.5
	自家	32.5	75.5	94.2	85.8	89.4	75.7
	船	77.4	91.5	85.1	100.4	100.8	83.8
	空	13.1	24.3	42.4	75.4	86.5	97.9
国内旅客	JR	96.8	84.3	85.0	101.1	100.6	107.8
	民	73.1	81.8	89.0	100.2	102.5	108.4
	バ	114.5	106.5	102.3	110.3	105.6	105.4
	タ	127.9	136.3	131.2	131.0	116.2	89.2
	船	158.0	139.2	128.6	144.4	126.3	81.0
	空	23.5	37.7	42.1	64.0	81.6	103.8
国際貨物		54.2	61.9	64.7	74.7	88.9	107.6
国際旅客		14.4	23.8	33.1	52.2	71.0	75.5

●鉄＝JR＋民鉄，船＝海運・旅客船，空＝航空，JR＝'85までは旧国鉄，民＝民鉄，バ＝バス，タ＝ハイヤー・タクシー

❸宅配便取扱量の推移(百万個)　国土交通省資料

	1981	1990	2000	2010	2021
宅配便*計	**107**	**1,101**	**2,574**	**3,220**	**4,953**
トラック運送	107	1,101	2,540	3,193	4,882
航空等利用運送①	–	–	34	27	71

*重量30kg以下の一口一個口の貨物　①鉄道，海上，航空輸送等とトラック輸送を組み合わせた運送

❹国内電子商取引の市場規模(兆円)

	2005	2010	2015	2021
消費者向け市場	3.5	7.8	13.8	20.7
EC化率(%)①	1.0	2.8	4.8	8.8
スマホ率(%)②	–	–	27.4	52.2

①電子商取引(EC)化率。すべての商取引金額に対する電子商取引市場規模の割合で，算出対象は物販系分野のみ　②物販のうち，スマートフォン経由市場の割合　経済産業省資料

p.36 ❶鉄道輸送量は，日本では旅客は多いが貨物は少ない。アメリカ合衆国では，穀物・石炭など貨物が多いが，旅客は少ない。英領時代に鉄道網が整備されたインドは，旅客・貨物とも輸送量が多い。
p.37 ❸❹1970年代に始まった宅配便のサービスは，高速道路の延伸と，おもな窓口であるコンビニエンスストアの店舗数増加に伴い，80年代に取扱量が急増した。近年は，インターネットの普及により電子商取引が増え，宅配便の需要はさらに拡大している。

❺国内航空路線の輸送実績(2014年)

区間	距離(km)	旅客数(千人)	座席利用率(%)	貨物重量(t)
東京－新千歳(幹)	894	8,862	71.1	189,256
東京－福岡(幹)	1,041	8,184	68.8	166,325
東京－大阪(幹)	514	5,226	68.1	81,105
東京－那覇(幹)	1,687	4,928	68.9	129,291
東京－鹿児島(ロ)	1,111	2,256	59.5	22,507
東京－熊本(ロ)	1,086	1,972	64.5	14,657
東京－広島(ロ)	790	1,788	59.7	17,986
東京－小松(ロ)	528	1,644	63.7	3,246
東京－長崎(ロ)	1,143	1,606	66.7	12,269
福岡－那覇(幹)	1,008	1,544	69.4	18,720
東京－松山(ロ)	859	1,413	62.0	7,039
東京－宮崎(ロ)	1,023	1,374	58.3	7,988
関西－新千歳(幹)	1,309	1,284	77.5	3,083
成田－新千歳(幹)	892	1,265	70.8	2,529
中部－新千歳(ロ)	1,084	1,233	65.8	6,183
東京－高松(ロ)	711	1,172	56.6	6,607
那覇－石垣(ロ)	472	1,167	63.3	14,480
東京－北九州(ロ)	958	1,157	59.8	10,887
東京－大分(ロ)	928	1,137	62.9	7,019
関西－那覇(幹)	1,261	1,117	76.4	27,228

(幹)：幹線，(ロ)：ローカル線　航空輸送統計年報'14

❻三大都市圏の輸送機関別旅客輸送量(百万人)　交通経済統計要覧2013/14

都市圏	年度	合計	JR			私鉄			地下鉄			路面電車	乗合バス	タクシー	自家用車
			計	定期外	定期	計	定期外	定期	計	定期外	定期				
首都圏	1955	**5,142**	**1,858**	715	1,143	**1,168**	441	727	**151**	80	71	836	788	340	–
	1975	**15,875**	**4,066**	1,378	2,688	**3,594**	1,164	2,430	**1,761**	593	1,167	49	2,509	821	3,074
	1995	**24,021**	**5,374**	1,819	3,555	**5,135**	1,749	3,386	**2,771**	1,042	1,730	40	2,025	748	7,928
	2010	***16,409**	**5,555**	2,088	3,467	**5,405**	2,158	3,247	**3,369**	1,439	1,930	38	1,447	595	–
中京圏	1955	**788**	**66**	33	32	**249**	110	133	–	–	–	282	144	48	–
	1975	**3,085**	**199**	124	74	**493**	168	325	**260**	114	146	11	579	142	1,403
	1995	**4,892**	**221**	74	147	**497**	167	330	**381**	195	187	5	341	127	3,320
	2010	***1,373**	**239**	81	158	**453**	164	289	**421**	224	197	–	182	78	–
京阪神圏	1955	**2,934**	**440**	160	280	**1,128**	360	767	**149**	75	74	683	376	159	–
	1975	**7,975**	**1,148**	468	680	**2,410**	856	1,554	**759**	338	421	150	1,207	445	1,858
	1995	**10,587**	**1,381**	506	875	**2,590**	1,010	1,580	**1,158**	537	621	53	973	364	4,069
	2010	***5,442**	**1,344**	477	867	**2,052**	957	1,095	**1,251**	777	474	24	612	159	–

*調査方法変更により自家用車の公表値がないため，合計値は以前と連続しない。

❶情報通信技術の国際比較

世界経済フォーラム資料

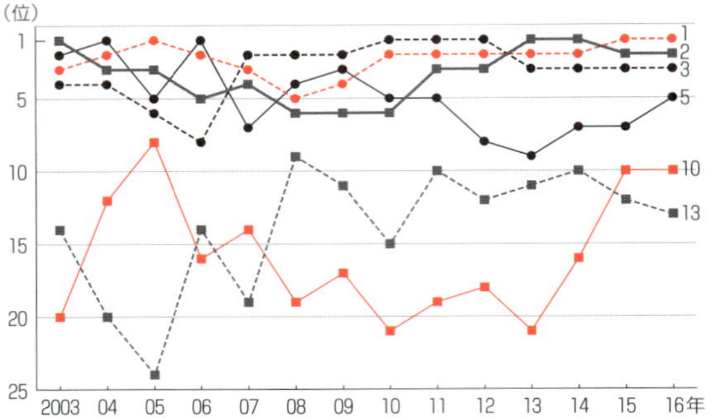

❶「世界ITレポート」では，ICT（情報通信技術）の利用環境や活用度などから競争力を分析して，世界のICT競争力ランキングを発表している。2016年には，日本は139か国・地域の中で10位となった。首位のシンガポールなど，先進国が上位を占めている。

❷おもな国の人工衛星打上げ数

世界の航空宇宙工業'21

衛　星	世界計②	アメリカ合衆国	ロシア③	中国	日本	イギリス	インド	ドイツ	フランス	カナダ
2020年	**1,227**	958	22	71	7	104	3	5	4	5
累計①	**9,710**	3,953	3,422	584	254	193	115	92	82	64
（%）	**100**	40.7	35.2	6.0	2.6	2.0	1.2	0.9	0.8	0.7

①2020年12月末現在　②国際機関，多国籍企業を含む　③旧ソ連諸国を含む

❸おもな国の通信メディア

国　名	郵便数 2012年 （百万通）	固定電話契約数 2014年 （千契約）	100人あたり契約数	日刊新聞発行部数 2013年 （千部）	テレビ保有世帯率 （%）
日　本	18,861	63,610	50.1	46,999	08)98.9
イ ン ド	08)5,722	27,000	2.1	12)112,892	11)47.2
インドネシア	08)455	29,638	11.7	9,583	09)71.6
韓　国	11)4,345	29,481	59.5	12)10,929	12)98.8
シンガポール	96)567	1,960	35.5	873	02)98.6
タ　イ	2,341	5,690	8.5	11)7,625	11)98.1
中　国	11)26,626	249,430	17.9	12)116,321	06)89.0
フィリピン	96)851	3,093	3.1	11)3,900	09)73.6
イギリス	17,964	33,238	52.4	9,852	06)99.0
イタリア	4,395	20,570	33.7	3,723	06)94.0
ス イ ス	5,452	4,375	53.6	1,810	10)92.7
ド イ ツ	① 19,308	47,021	56.9	17,242	09)95.0
フランス	00)26,357	38,805	60.0	6,537	09)98.6
アメリカ合衆国	①154,938	129,418	40.1	40,712	05)98.9
カ ナ ダ	96)10,900	16,572	46.6	4,190	10)98.9
ブラジル	11)8,725	44,128	21.8	8,480	10)98.1
オーストラリア	4,519	9,190	38.9	2,281	06)99.0

①国内郵便数のみ　　世図会2015/16ほか

❹おもな国の携帯電話の契約数

ITU資料ほか

国　名	契約数（千契約） 2000	2016	100人あたり契約数
世　界	**738,876**	**7,508,718**	**99.7**
中　国	85,260	1,364,934	96.9
イ ン ド	3,577	1,127,809	87.0
アメリカ合衆国	109,478	416,684	127.2
インドネシア	3,669	385,573	149.1
ブラジル	23,188	244,067	118.9
ロ シ ア	3,263	231,394	163.3
日　本	66,784	164,265	129.8
ナイジェリア	30	154,342	81.8
ベトナム	789	120,600	128.0
タ　イ	3,056	116,606	172.6
メキシコ	14,078	111,725	88.2
ド イ ツ	48,202	94,433	114.5
イギリス	43,452	78,529	122.3
フランス	29,052	67,571	103.5
韓　国	26,816	61,296	122.7
サウジアラビア	1,376	47,933	157.6

❺おもな国のインターネット利用者数（万人）

国　名	1997	2000	2014	利用者率 2020（%）
世　界	**9,622**	**35,063**	**291,842**	－
中　国	62	2,250	68,714	70.1
アメリカ合衆国	5,073	9,535	28,181	90.9
イ ン ド	13	45	22,813	43.0
ブラジル	112	500	11,637	81.3
日　本	716	4,708	11,504	90.2
ド イ ツ	528	2,400	7,124	89.8
イギリス	501	1,540	5,816	94.8
フランス	185	850	5,414	84.8
韓　国	155	1,904	4,175	96.5
イタリア	111	600	3,784	70.5
スペイン	95	539	3,586	93.2
カ ナ ダ	462	1,270	3,095	92.3
ポーランド	53	280	2,546	83.2
オーストラリア	233	670	1,998	89.6
（台　湾）	127	626	09)1,615	89.0
オランダ	93	380	1,566	91.3
スウェーデン	123	405	891	94.5
（ホンコン）	86	228	09)524	92.4
フィンランド	62	193	12)492	92.2

ITU資料ほか

❻日本の情報通信機器の保有率（世帯）

総務省資料

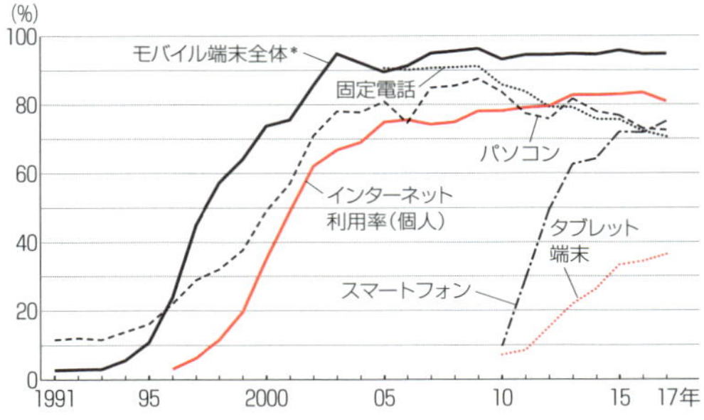

＊携帯電話・PHS，PDA，スマートフォン

❶ 世界の地域別年央推計人口・将来推計人口

World Population Prospects'22ほか

地域名	面積(万km²) 2021	年央推計人口(百万人) 1750	1800	1850	1900	1950	1970	1990	2000	2021	将来推計人口(百万人) 2050	2100	年平均人口増加率(%) 2020	2050	人口密度(人/km²) 2021
世界	**13,009**	**791**	**978**	**1,262**	**1,650**	**2,532**	**3,700**	**5,327**	**6,143**	**7,875**	**9,709**	**10,349**	**0.92**	**0.45**	**61**
アジア	3,103	502	635	809	947	1,403	2,142	3,226	3,741	4,679	5,292	4,674	0.71	0.11	151
ヨーロッパ	2,213	163	203	276	408	547	656	720	725	747	703	586	−0.10	−0.33	34
アングロアメリカ①	1,865	2	7	26	82	171	231	279	312	371	421	448	0.37	0.19	20
ラテンアメリカ	2,014	16	24	38	74	167	286	442	521	659	749	647	0.71	0.12	33
アフリカ	2,965	106	107	111	133	229	363	630	811	1,373	2,485	3,924	2.44	1.56	46
オセアニア	849	2	2	2	6	12	19	27	31	43	57	68	1.28	0.63	5

①グリーンランドを含む

❷ 世界の地域別出生率・死亡率・自然増加率・平均寿命の推移

地域	出生率(‰) 1950	2020	2050	死亡率(‰) 1950	2020	2050	自然増加率(‰) 1950	2020	2050	平均寿命(男女総合①)(歳) 1950	2020	2050
世界	**36.8**	**17.2**	**14.0**	**19.5**	**8.1**	**9.4**	**17.3**	**9.2**	**4.5**	**46.5**	**72.0**	**77.2**
日本	28.3	6.6	6.8	11.1	12.1	14.6	17.3	−5.5	−7.8	59.2	84.7	88.3
先進地域	23.0	9.5	9.0	11.2	11.3	12.5	11.8	−1.7	−3.5	63.5	78.6	84.3
発展途上地域	43.4	18.7	14.7	23.5	7.4	9.0	19.9	11.3	5.7	41.3	70.6	76.2
アフリカ	48.1	32.9	22.9	26.6	8.4	7.2	21.5	24.6	15.8	37.6	62.2	68.3
ラテンアメリカ	43.6	15.1	10.7	17.4	7.8	9.2	26.3	7.4	1.5	48.6	73.1	80.6
アングロアメリカ②	23.2	10.8	9.8	9.6	9.5	10.9	13.6	1.3	−1.1	68.0	77.9	84.0
アジア	41.7	14.8	11.3	22.9	7.2	9.9	18.8	7.5	1.4	42.0	73.7	79.5
東アジア	39.5	8.4	6.9	23.1	7.6	13.4	16.3	0.8	−6.5	43.0	79.0	84.1
中央アジア	37.5	24.4	16.6	15.7	7.3	8.1	21.8	17.0	8.5	54.3	69.8	75.0
南アジア	44.3	18.3	12.9	23.8	7.1	8.3	20.5	11.2	4.6	40.5	69.8	77.1
東南アジア	42.8	16.6	12.3	20.7	7.5	10.1	22.1	9.2	2.2	42.4	71.7	76.9
西アジア	44.5	19.8	14.4	21.6	5.5	6.8	22.9	14.3	7.6	45.1	73.1	79.9
ヨーロッパ	22.2	9.3	8.8	11.8	12.2	13.3	10.4	−2.9	−4.5	62.8	77.7	83.8
オセアニア	27.7	15.7	12.5	11.9	6.3	8.8	15.9	9.4	3.8	61.4	79.5	82.1

①男女数比を1：1として計算　②グリーンランドを含む　World Population Prospects'22

❸：途上国では乳児死亡率の高い国ほど出生率・死亡率が高い。先進国は少産少死型だが，出産育児と就業が両立可能な社会を実現したスウェーデンや，若年層移民の多い新大陸の出生率はやや高い。先進国の死亡率は人口の高齢化を反映し，多産少死型の途上国より高い。

❸ おもな国の人口・出生率・死亡率・平均寿命

World Population Prospects'22ほか

国名	推計人口(百万人) 1950	2020	2050	出生率(‰) 1950	2020	2050	死亡率(‰) 1950	2020	2050	自然増加率(‰) 1950	2020	2050	平均寿命(歳) 2020 男	女	乳児死亡率① 2020	幼児死亡率② 2020	合計特殊出生率 2020
インド	357	1,396	1,670	43.8	16.6	11.5	22.3	7.4	8.8	21.6	9.2	2.7	68.6	71.8	27.0	32.6	2.05
インドネシア	69	271	317	40.6	16.7	12.4	21.6	9.0	10.6	19.0	7.7	1.8	66.7	71.0	19.5	23.0	2.19
タイ	20	71	67	43.8	9.2	7.1	20.4	7.3	13.1	23.4	1.9	−6.0	75.0	83.7	7.4	8.7	1.34
韓国	20	51	45	40.0	5.7	4.8	49.3	6.2	15.0	−9.3	−0.5	−10.2	80.2	86.7	2.6	3.0	0.89
中国	543	1,424	1,312	41.1	8.6	6.9	23.2	7.3	13.2	17.9	1.3	−6.3	75.3	81.1	5.5	7.3	1.28
日本	84	125	103	28.3	6.6	6.8	11.1	12.1	14.6	17.3	−5.5	−7.8	81.6	87.7	1.8	2.5	1.29
パキスタン	37	227	367	43.7	28.0	19.0	31.1	7.1	6.9	12.6	20.9	12.0	63.9	68.8	54.2	65.2	3.55
バングラデシュ	39	167	203	46.5	18.1	11.6	27.0	5.8	7.4	19.5	12.2	4.1	70.2	74.0	24.3	29.1	2.00
エジプト	21	107	160	54.2	23.1	16.5	31.9	5.9	6.8	22.3	17.2	9.7	68.7	73.4	16.6	19.5	2.96
ナイジェリア	37	208	377	45.6	37.5	24.6	27.1	13.0	9.8	18.5	24.5	14.7	52.5	53.3	72.2	113.8	5.31
南アフリカ共和国	13	58	73	41.7	20.3	14.2	21.4	9.4	10.9	20.2	10.9	3.3	62.2	68.0	25.8	32.2	2.40
イタリア	46	59	52	19.7	6.9	6.7	9.8	12.1	14.7	10.0	−5.2	−7.9	80.0	84.7	2.5	2.9	1.26
オランダ	10	17	17	22.8	9.9	8.8	7.5	9.6	12.2	15.3	0.3	−3.4	79.9	83.3	3.6	4.2	1.59
イギリス	50	67	71	16.4	10.1	9.4	11.8	10.1	11.0	4.7	0.1	−1.6	78.4	82.4	3.6	4.2	1.56
スウェーデン	7	10	11	16.6	10.9	9.9	10.0	9.5	9.8	6.6	1.4	0.1	80.6	84.3	2.1	2.6	1.67
スペイン	28	47	44	20.0	7.5	6.9	11.0	10.4	13.2	9.0	−3.0	−6.4	79.6	85.0	2.7	3.2	1.24
ドイツ	70	83	78	16.2	9.1	8.5	10.6	11.7	13.8	5.6	−2.5	−5.3	78.7	83.6	3.1	3.7	1.52
フランス	41	64	65	20.8	10.6	9.6	12.8	10.2	11.7	8.0	0.4	−2.1	79.2	85.2	3.4	4.4	1.79
ポーランド	24	38	34	30.9	9.7	8.2	12.1	12.3	14.0	18.7	−2.6	−5.8	73.0	81.0	3.7	4.4	1.45
ルーマニア	16	19	17	25.2	10.2	9.4	12.3	14.5	13.9	12.9	−4.3	−4.4	71.5	79.4	5.6	6.9	1.75
ロシア	102	145	133	28.8	9.9	10.2	12.9	14.2	14.2	16.0	−4.3	−4.1	66.2	76.4	4.4	5.4	1.49
アメリカ合衆国	148	335	375	22.8	10.9	9.9	9.6	9.7	11.0	13.2	1.3	−1.1	74.6	80.3	5.4	6.3	1.64
メキシコ	27	125	143	49.3	15.6	10.4	21.5	9.3	9.5	27.9	6.2	0.9	66.3	74.3	11.8	13.7	1.91
アルゼンチン	17	45	51	26.0	14.1	10.9	9.8	8.5	8.7	16.2	5.6	2.2	72.5	79.3	7.6	8.6	1.91
ブラジル	53	213	230	46.4	13.1	9.4	17.3	7.4	10.1	29.1	5.7	−0.8	70.7	77.4	13.1	14.7	1.65
ベネズエラ	5	28	35	47.1	16.2	12.6	14.4	7.6	8.9	32.7	8.6	3.6	66.7	75.8	21.1	24.2	2.23
オーストラリア	8	25	32	23.3	11.6	9.9	9.6	6.4	9.0	13.7	5.2	0.9	82.9	85.7	3.1	3.7	1.59

①生存出生児1,000人のうち1歳未満で死亡する人数　②生存出生児1,000人のうち5歳未満で死亡する人数

❶おもな国の年齢別人口構成（2020年）

世人口'20ほか

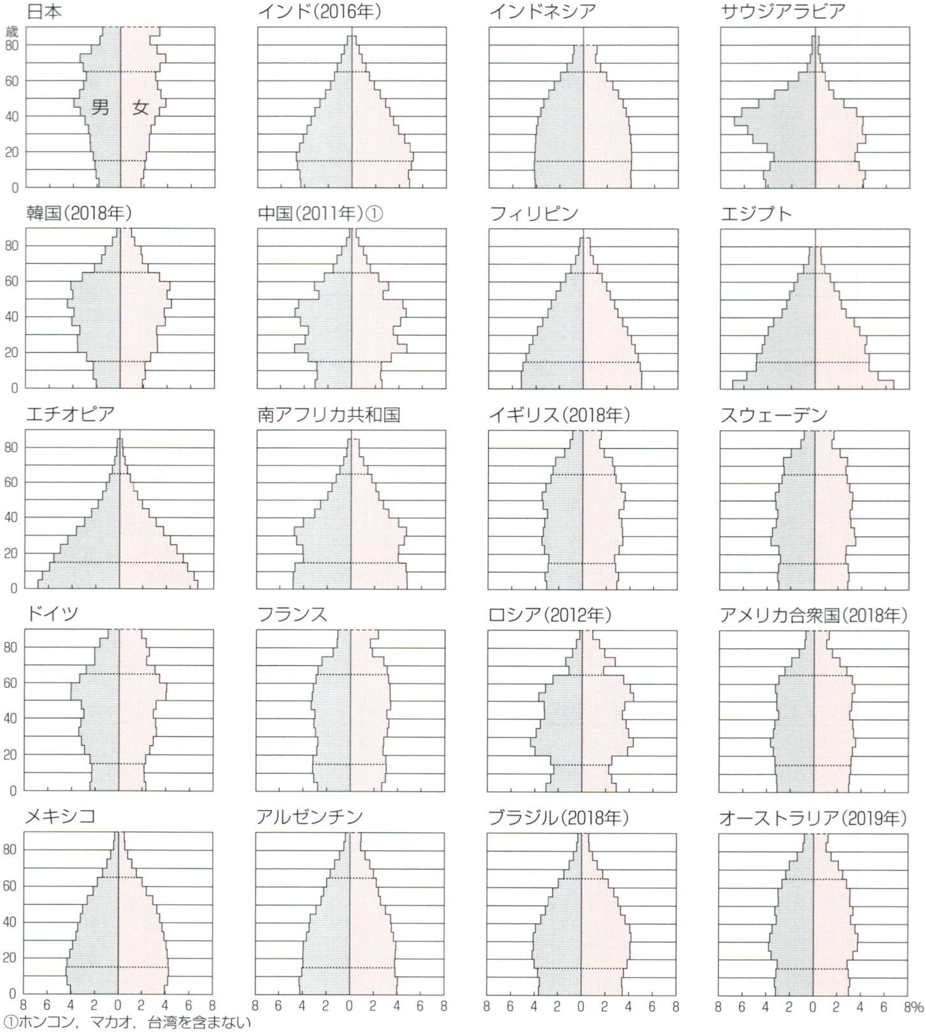

①ホンコン，マカオ，台湾を含まない

❷老年人口（65歳以上）割合の推移と予測（%）

国名	1950	1970	1990	2000	2020	2050	2100
日本	4.9	7.2	12.4	17.8	29.6	37.5	38.7
中国①	5.0	3.7	5.3	6.9	12.6	30.1	40.9
韓国	2.7	3.5	4.9	7.1	15.8	39.4	44.4
アメリカ合衆国	8.2	9.8	12.3	12.3	16.2	23.6	30.5
イギリス	10.8	13.0	15.7	15.7	18.7	26.1	32.6
フランス	11.4	12.9	14.1	16.2	21.0	28.5	34.2
ドイツ	9.5	13.6	14.9	16.4	22.0	30.5	33.7
イタリア	8.1	11.1	15.0	18.3	23.4	37.1	38.2
スウェーデン	10.2	13.7	17.8	17.3	20.0	24.8	31.8
スイス	9.5	11.4	14.6	15.3	18.7	29.3	32.6
オーストラリア	8.2	8.4	11.1	12.4	16.2	23.8	31.4

①ホンコン，マカオを含まない　World Population Prospects'22

❸老年人口（65歳以上）割合の到達年次

国名	以下の割合に到達した（する）年次		
	7%	14%	21%
日本	1970	1994	2007
中国	2002	2025	2036
韓国	2000	2018	2026
アメリカ合衆国	1942	2014	2034
イギリス	1929	1975	2029
フランス	1864	1990	2021
ドイツ	1932	1972	2014
イタリア	1927	1988	2013
スウェーデン	1887	1972	2025
スイス	1931	1985	2026
オーストラリア	1939	2013	2039

人口の動向'22

❶おもな国の産業別人口構成・産業別国内総生産（GDP）の割合（%）

ILOSTATほか

国名	産業別人口*（2013～18年）（万人）	1次	2次	3次	産業別GDP（2016～19年）（億ドル）	1次	2次	3次	国名	産業別人口*（2013～18年）（万人）	1次	2次	3次	産業別GDP（2016～19年）（億ドル）	1次	2次	3次
インド	36,057	43.3	24.9	31.8	28,689	16.0	24.8	59.2	イギリス	3,235	1.1	18.0	80.9	28,291	0.6	17.4	82.0
インドネシア	12,554	29.6	22.3	48.1	11,192	12.7	38.9	48.4	スウェーデン	511	1.7	18.1	80.2	5,309	1.4	22.2	76.4
サウジアラビア	1,328	2.5	24.8	72.7	7,930	2.2	47.4	50.4	スペイン	1,933	4.2	20.3	75.5	13,935	2.6	20.5	76.9
シンガポール	220	0.0	15.1	84.9	3,721	0.0	24.5	75.5	ドイツ	4,191	1.2	27.3	71.5	38,611	0.7	26.7	72.6
タイ	3,786	32.1	22.8	45.1	5,435	8.0	33.4	58.6	ハンガリー	447	4.8	32.4	62.8	1,635	3.4	25.0	71.6
韓国	2,692	5.0	25.1	69.9	16,467	1.6	32.8	65.6	フランス	2,712	2.5	20.0	77.5	27,155	1.6	17.1	81.3
中国	77,586	26.1	27.6	46.3	143,429	7.1	39.0	53.9	ポーランド	1,648	9.6	31.7	58.7	5,959	2.3	28.6	69.1
日本	6,664	3.4	23.9	72.7	49,548	1.2	29.1	69.7	ルーマニア	869	22.3	30.0	47.7	2,501	4.1	28.2	67.7
ベトナム	5,425	37.7	26.7	35.6	2,619	14.0	34.5	51.5	ロシア	7,253	5.9	26.8	67.3	16,999	3.4	32.2	64.4
マレーシア	1,448	11.3	27.7	61.0	3,647	7.3	37.4	55.3	アメリカ合衆国	15,576	1.4	19.9	78.7	205,802	0.9	18.6	80.5
エジプト	2,605	25.0	26.5	48.5	3,031	11.0	35.6	53.4	カナダ	1,866	1.5	19.6	78.9	15,282	1.9	23.3	74.8
タンザニア	2,116	68.1	6.3	25.6	533	28.7	25.1	46.2	メキシコ	5,372	12.7	25.9	61.4	12,689	3.4	30.9	65.7
ナイジェリア	5,848	37.8	11.7	50.5	4,481	21.9	27.4	50.7	コロンビア	2,237	16.7	20.0	63.3	3,236	6.7	26.3	67.0
南アフリカ共和国	1,661	5.2	23.1	71.7	3,514	1.9	26.0	72.1	チリ	839	9.2	22.3	68.5	2,823	3.5	29.3	67.2
モロッコ	1,065	37.2	17.7	45.1	1,197	12.2	25.3	62.5	ブラジル	9,076	9.3	20.1	70.6	18,398	4.4	17.9	77.7
イタリア	2,321	3.8	26.1	70.1	20,036	1.9	21.4	76.7	オーストラリア	1,260	2.6	19.9	77.5	13,966	2.1	25.4	72.5
オランダ	880	1.9	14.6	83.5	9,071	1.6	17.7	80.7	ニュージーランド	264	5.8	19.8	74.4	2,054	5.8	20.4	73.8

＊おもに15歳以上。調査対象年齢は国によって異なる

❷おもな国の産業別人口構成

ILOSTATほか

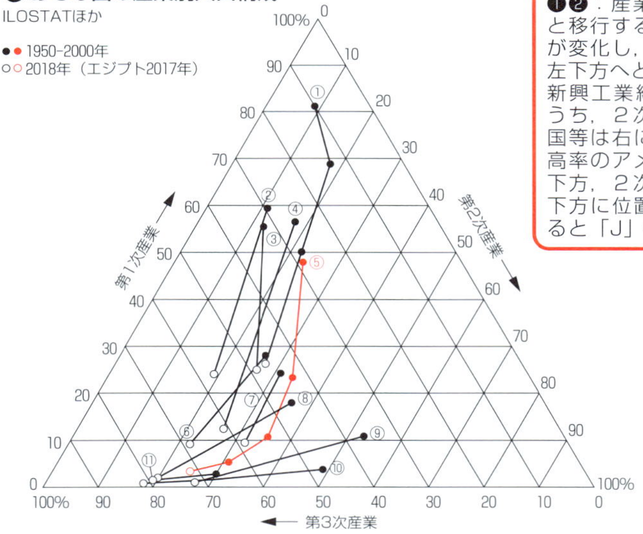

①中国（'65-'80-'00-'18）
②フィリピン（'65-'18）
③エジプト（'60-'17）
④メキシコ（'60-'18）
⑤日本（'50-'65-'80-'00-'18）
⑥チリ（'60-'18）
⑦ポーランド（'94-'18）
⑧フランス（'62-'18）
⑨西ドイツ―ドイツ（'65-'18）
⑩イギリス（'51-'18）
⑪アメリカ合衆国（'65-'18）

❶❷：産業の中心が1次→2次→3次へと移行するにしたがって産業別人口構成が変化し，三角グラフでも上方→下方→左下方へと移動する。発展途上国は上方，新興工業経済地域は中央付近にくるが，うち，2次の比率が高い東ヨーロッパ諸国等は右に寄る。先進国のうち，3次が高率のアメリカ合衆国，イギリス等は左下方，2次が高率の日本，ドイツは中央下方に位置する。一般に，経済が成長すると「J」の字型の動きとなる。

❸おもな国の合計特殊出生率

World Population Prospects'22

地域・国名	1950年	1960年	1970年	1980年	1990年	2000年	2010年	2020年	2030年	2040年	2050年
世界	**4.86**	**4.70**	**4.83**	**3.75**	**3.31**	**2.73**	**2.59**	**2.35**	**2.27**	**2.20**	**2.15**
先進地域	2.84	2.71	2.32	1.89	1.78	1.57	1.69	1.51	1.58	1.61	1.64
発展途上地域	5.94	5.64	5.87	4.40	3.71	2.98	2.74	2.47	2.36	2.27	2.20
日本	3.66	2.01	2.09	1.75	1.52	1.37	1.39	1.29	1.37	1.43	1.47
中国①	5.81	4.45	6.09	2.74	2.51	1.63	1.69	1.28	1.27	1.34	1.39
韓国	5.97	5.95	4.41	2.72	1.60	1.42	1.22	0.89	0.97	1.09	1.17
インド	5.73	5.92	5.62	4.78	4.04	3.35	2.60	2.05	1.91	1.83	1.78
イギリス	2.24	2.74	2.44	1.89	1.83	1.64	1.92	1.56	1.59	1.62	1.64
フランス	2.99	2.73	2.50	1.96	1.78	1.88	2.02	1.79	1.78	1.78	1.77
ドイツ	2.09	2.38	2.04	1.54	1.44	1.38	1.39	1.52	1.55	1.56	1.58
スウェーデン	2.30	2.18	1.94	1.67	2.12	1.54	1.98	1.67	1.68	1.68	1.69
アメリカ合衆国	2.93	3.55	2.47	1.83	2.07	2.05	1.93	1.64	1.67	1.68	1.70
コンゴ民主	5.97	6.08	6.34	6.47	6.70	6.72	6.59	6.21	5.56	4.62	3.75

①ホンコン，マカオを含まない　＊2030年以降は中位推計

合計特殊出生率：ある年の年齢別出生率が変わらないという仮定で，一人の女性が生涯に出産する子供の数の平均を示す推計数値。この数値が2.1を下まわると，将来人口は減り始める（夫婦1組に平均して子供が2人の場合，成人するまでに病気やけがで死ぬ子供がいるため）。

❶日本の人口推移

人口の動向'22ほか

年次	人口（千人） 総数	男	女	年平均人口増減率(‰)	人口密度(人/km²)
1908(明41)	47,965	24,041	23,924	12.3	125.6
1920(大9)	55,963	28,044	27,919	…	146.6
1930(昭5)	64,450	32,390	32,060	15.6	168.6
1940(〃15)	71,933	35,387	36,546	7.8	188.0
1947(〃22)	78,101	38,129	39,972	31.0	212.0
1950(〃25)	84,115	41,241	42,873	17.4	226.2
1955(〃30)	90,077	44,243	45,834	11.7	242.1
1960(〃35)	94,302	46,300	48,001	8.4	253.5
1965(〃40)	99,209	48,692	50,517	11.3	266.6
1970(〃45)	104,665	51,369	53,296	11.5	281.1
1975(〃50)	111,940	55,091	56,849	12.4	300.5
1980(〃55)	117,060	57,594	59,467	7.8	314.1
1985(〃60)	121,049	59,497	61,552	6.2	324.7
1990(平2)	123,611	60,697	62,914	3.3	331.6
1995(〃7)	125,570	61,574	63,996	2.4	336.8
2000(〃12)	126,926	62,111	64,815	2.0	340.4
2005(〃17)	127,768	62,349	65,419	−0.1	342.7
2010(〃22)	128,057	62,328	65,730	0.2	343.4
2015(〃27)	**127,095**	**61,842**	**65,253**	**−1.1**	**340.8**
2025	122,544	59,449	63,095	−5.0	329
2040	110,919	53,595	57,323	−7.9	297
2050	101,923	49,257	52,667	−8.7	273
2060	92,840	44,744	48,095	−9.6	249

❷日本の年齢別人口割合

人口の動向'22

年次	人口割合(%)* 0〜14歳	15〜64歳	65歳以上	平均年齢(歳)
1908	34.2	60.5	5.3	27.7
1920	36.5	58.3	5.3	26.7
1930	36.6	58.7	4.8	26.3
1940	36.7	58.5	4.8	26.6
1947	35.3	59.9	4.8	26.6
1950	35.4	59.7	4.9	26.6
1955	33.4	61.3	5.3	27.6
1960	30.0	64.2	5.7	29.1
1965	25.6	68.1	6.3	30.4
1970	23.9	69.0	7.1	31.5
1975	24.3	67.7	7.9	32.5
1980	23.5	67.4	9.1	33.9
1985	21.5	68.2	10.3	35.7
1990	18.2	69.7	12.1	37.6
1995	16.0	69.5	14.6	39.6
2000	14.6	68.1	17.4	41.4
2005	13.8	66.1	20.2	43.3
2010	13.1	63.8	23.0	45.0
2015	**12.5**	**60.8**	**26.6**	**46.4**
2025	11.5	58.5	30.0	49.0
2040	10.8	53.9	35.3	51.4
2050	10.6	51.8	37.7	52.3
2060	10.2	51.6	38.1	53.2

＊年齢不詳人口を年齢別に按分した人口による

❸おもな国・地域の都市人口率(%)

World Urbanization Prospects 2018

地域・国名	1950	1970	1990	2010	2018 %	2018 都市人口(万人)
世界	**29.6**	**36.6**	**43.0**	**51.7**	**55.3**	**421,982**
アジア	17.5	23.7	32.3	44.8	49.9	226,613
アフリカ	14.3	22.6	31.5	38.9	42.5	54,760
ヨーロッパ	51.7	63.1	69.9	72.9	74.5	55,291
アングロアメリカ	63.9	73.8	75.4	80.8	82.2	29,899
ラテンアメリカ	41.3	57.3	70.7	78.6	80.7	52,606
オセアニア	62.5	70.2	70.3	68.1	68.2	2,813
イラン	27.5	41.2	56.3	70.6	74.9	6,143
インド	17.0	19.8	25.5	30.9	34.0	46,078
インドネシア	12.4	17.1	30.6	49.9	55.3	14,760
サウジアラビア	21.3	48.7	76.6	82.1	83.8	2,813
タイ	16.5	20.9	29.4	43.9	49.9	3,456
韓国	21.4	40.7	73.8	81.9	81.5	4,168
中国	11.8	17.4	26.4	49.2	59.2	83,702
トルコ	24.8	38.2	59.2	70.8	75.1	6,155
日本	53.4	71.9	77.3	90.8	91.6	11,652
パキスタン	17.5	24.8	30.6	35.0	36.7	7,363
バングラデシュ	4.3	7.6	19.8	30.5	36.6	6,094
フィリピン	27.1	33.0	47.0	45.3	46.9	4,996
ベトナム	11.6	18.3	20.3	30.4	35.9	3,466
マレーシア	20.4	33.5	49.8	70.9	76.0	2,436
エジプト	31.9	41.5	43.5	43.0	42.7	4,244
コンゴ民主	19.1	24.6	30.6	40.0	44.5	3,735
ナイジェリア	9.4	17.8	29.7	43.5	50.3	9,861
南アフリカ共和国	42.2	47.8	52.0	62.2	66.4	3,809
イギリス	79.0	77.1	78.1	81.3	83.4	5,552
スウェーデン	65.7	81.0	83.1	85.1	87.4	873
スペイン	51.9	66.0	75.4	78.4	80.3	3,727
ドイツ	67.9	72.3	73.1	77.0	77.3	6,362
フランス	55.2	71.1	74.1	78.4	80.4	5,248
ポーランド	38.3	52.1	61.3	60.9	60.1	2,288
ロシア	44.1	62.5	73.4	73.7	74.4	10,716
アメリカ合衆国	64.2	73.6	75.3	80.8	82.3	26,879
カナダ	60.9	75.7	76.6	80.9	81.4	3,008
メキシコ	42.7	59.0	71.4	77.8	80.2	10,481
アルゼンチン	65.3	78.9	87.0	90.8	91.9	4,106
コロンビア	32.6	56.6	69.5	78.0	80.8	3,996
ブラジル	36.2	55.9	73.9	84.3	86.6	18,255
ペルー	41.0	57.4	68.9	76.4	77.9	2,536
オーストラリア	77.0	84.0	85.4	85.2	86.0	2,131

❹おもな国のスラム人口の割合(2014年，%)

国名	スラム人口率*	スラム人口(万人)
スーダン	91.6	1,194
コンゴ民主	74.8	2,178
バングラデシュ	55.1	2,927
ケニア	56.0	643
ナイジェリア	50.2	4,207
フィリピン	38.3	1,706
ペルー	34.2	824
中国	25.2	19,111
タイ	25.0	826
インド	24.0	9,845
南アフリカ共和国	23.0	786
ブラジル	22.3	3,849
インドネシア	21.8	2,921
アルゼンチン	16.7	640
メキシコ	11.1	1,085

＊都市人口に占めるスラム人口の割合
都市部やその周辺に居住し，衛生的な水道やトイレ施設の欠如，耐久性のない住宅，1部屋(4m²程度)に3人以上の過密な住環境のうち，ひとつでも該当する世帯人口。　UN Habitat

❺世界の大都市圏*人口

1950	(万人)	1980	(万人)	2015	(万人)
ニューヨーク	1,234	東京	2,855	東京	3,726
東京	1,127	大阪①	1,703	デリー	2,587
ロンドン	836	ニューヨーク	1,560	シャンハイ	2,348
大阪①	701	メキシコシティ	1,303	メキシコシティ	2,134
パリ	628	サンパウロ	1,209	サンパウロ	2,088
モスクワ	536	ブエノスアイレス	992	ムンバイ	1,932
ブエノスアイレス	517	ロサンゼルス	951	大阪①	1,930
シカゴ	500	ムンバイ	920	カイロ	1,882
コルカタ	460	コルカタ	910	ニューヨーク	1,865
シャンハイ	429	リオデジャネイロ	878	ペキン	1,842

＊定義は国により異なる　①神戸，京都，奈良，周辺都市を含む近畿圏　World Urbanization Prospects 2018

❸❹：都市人口率は都市化が早期に進んだ先進地域で高く，発展途上国で低い。発展途上国でも中南米諸国は高めである。世界的に都市化は進展しているが，特に新興工業経済地域で上昇。先進国では工業化に伴い，労働力を農村から吸収したためである。現在の途上国では，人口急増による農村からの余剰人口が都市に流入しても，工業化を伴わないため，スラムなどの都市問題が生じている。

❶日本の三大都市地域50キロ圏の人口動態（2021年）

住民基本台帳人口・世帯数表'22

区分		三大都市合計	東京50キロ圏						名古屋50キロ圏						大阪50キロ圏					
			0～10	10～20	20～30	30～40	40～50	計	0～10	10～20	20～30	30～40	40～50	計	0～10	10～20	20～30	30～40	40～50	計
人口増加（千人）	転入	3,131	374	592	464	349	200	1,980	153	92	72	76	17	412	257	161	104	111	103	737
	出生	413	34	70	57	46	26	234	18	17	13	15	3	67	31	27	18	18	15	111
	その他	43	5	12	6	4	2	30	1	1	0.7	1	0.2	4	2	1	1	1	1	7
	計（A）	3,588	413	675	527	399	229	2,245	173	110	86	92	20	484	291	189	124	131	120	857
人口減少（千人）	転出	3,064	384	595	425	314	184	1,903	152	94	78	79	19	423	248	158	105	117	106	736
	死亡	606	35	89	73	76	53	327	25	22	16	23	6	94	51	40	28	34	28	184
	その他	94	15	24	10	8	5	64	3	2	1	2	0.7	11	8	2	2	2	2	18
	計（B）	3,764	435	708	510	398	242	2,295	181	119	97	105	26	529	308	201	135	154	138	939
増減数（A）－（B）		**−176**	**−22**	**−33**	**17**	**1**	**−13**	**−50**	**−7**	**−8**	**−10**	**−12**	**−5**	**−44**	**−17**	**−12**	**−11**	**−23**	**−17**	**−81**

❷人口の多い市・町村（2022年，千人）

市（都道府県）	人口	町　村（道府県）	人口
東京23区（東京）	9,522.8	府中町（広島）	52.9
横浜（神奈川）	3,755.7	東浦町（愛知）	50.4
大阪（大阪）	2,732.1	寒川町（神奈川）	49.0
名古屋（愛知）	2,293.4	粕屋町（福岡）	48.5
札幌（北海道）	1,960.6	阿見町（茨城）	48.3
福岡（福岡）	1,568.2	志免町（福岡）	46.5
川崎（神奈川）	1,522.3	伊奈町（埼玉）	45.0
神戸（兵庫）	1,517.6	杉戸町（埼玉）	44.2
京都（京都）	1,388.8	東郷町（愛知）	43.7
さいたま（埼玉）	1,332.2	音更町（北海道）	43.4

2022年1月1日現在　住民基本台帳人口・世帯数表'22

❸在留外国人数（人）

在留外国人統計'21ほか

国籍	1980	1990	2000	2010	2020
総数	**782,910**	**1,075,317**	**1,686,444**	**2,134,151**	**2,887,116**
中国	①52,896	①150,339	①335,575	①687,156	778,112
ベトナム	2,742	6,233	16,908	41,781	448,053
韓国・朝鮮	664,536	687,940	635,269	565,989	②426,908
フィリピン	5,547	49,092	144,871	210,181	279,660
ブラジル	1,492	56,429	254,394	230,552	208,538
ネパール	108	447	3,649	17,525	95,982
インドネシア	1,448	3,623	19,346	24,895	66,832
（台湾）	−	−	−	−	55,872
アメリカ合衆国	22,401	38,364	44,856	50,667	55,761
タイ	1,276	6,724	29,289	41,279	53,379
ペルー	348	10,279	46,171	54,636	48,256
インド	1,944	3,107	10,064	22,497	38,558

2010年以前は外国人登録者数　①台湾を含む　②韓国のみ

❹人口の少ない市・町村（2022年，人）

市（道県）	人口	町　村（都県）	人口
歌志内（北海道）	2,916	青ヶ島村（東京）	170
夕張（北海道）	7,055	御蔵島村（東京）	299
三笠（北海道）	7,930	利島村（東京）	332
赤平（北海道）	9,368	粟島浦村（新潟）	338
室戸（高知）	12,319	渡名喜村（沖縄）	341

2022年1月1日現在　住民基本台帳人口・世帯数表'22

❺おもな都道府県の国籍別在留外国人割合（2020年）

県名	総数（千人）	在留外国人数の国籍別割合（%）
東京	560	中国（40.0）韓国（16.0）ベトナム（6.7）比（6.0）ネパール（4.4）
愛知	273	ブラジル（22.0）中国（17.6）ベトナム（15.9）比（14.3）韓国（10.4）
大阪	253	韓国（37.2）中国（26.5）ベトナム（15.4）比（3.7）（台湾）（2.5）
神奈川	232	中国（31.3）韓国（11.9）ベトナム（11.4）比（10.0）ブラジル（4.0）
埼玉	198	中国（37.7）ベトナム（15.4）比（10.8）韓国（8.0）ブラジル（3.8）
静岡	99	ブラジル（31.1）比（17.3）ベトナム（13.5）中国（11.4）ペルー（4.7）
群馬	62	ブラジル（21.2）ベトナム（17.7）比（12.5）中国（11.1）ペルー（7.7）
岐阜	59	比（22.4）ブラジル（20.4）中国（18.9）ベトナム（17.4）韓国（5.9）
三重	55	ブラジル（24.7）ベトナム（16.5）中国（13.4）比（13.1）韓国（7.4）
滋賀	33	ブラジル（28.0）ベトナム（17.6）中国（15.7）韓国（11.9）比（7.9）
岡山	31	ベトナム（33.1）中国（23.7）韓国（14.7）比（6.5）インドネシア（4.5）
沖縄	19	ベトナム（15.4）中国（13.2）米（12.7）ネパール（11.3）比（11.3）

☞ p.43③，48①　在留外国人統計'21

❻海外在留邦人数（人）

所在国	1960	1980	2000	2020
総数	**241,102**	**445,372**	**811,712**	**1,357,724**
アメリカ合衆国	38,114	121,180	297,968	426,354
中国	−	6,199	46,090	111,769
オーストラリア	611	5,007	38,427	97,532
タイ	673	6,424	21,154	81,187
カナダ	3,963	12,280	34,066	70,937
イギリス	792	10,943	53,114	63,030
ブラジル	156,848	141,580	75,318	49,689
ドイツ	①847	①13,991	25,021	41,757
韓国	−	3,040	16,446	40,500
フランス	514	6,842	25,574	37,134
シンガポール	279	8,140	23,063	36,585
マレーシア	−	3,201	11,625	30,973

①西ドイツ　海外在留邦人数調査統計'21ほか

❼日本の年齢別人口構成（人口ピラミッド）

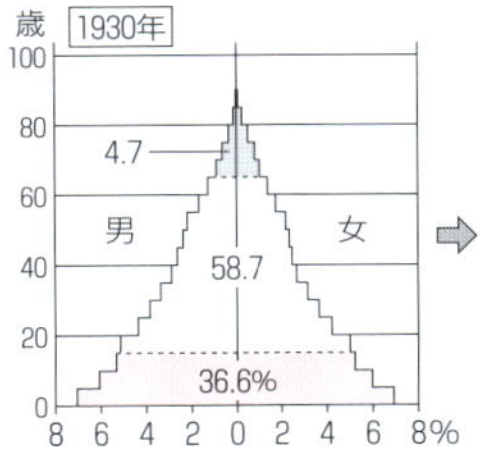

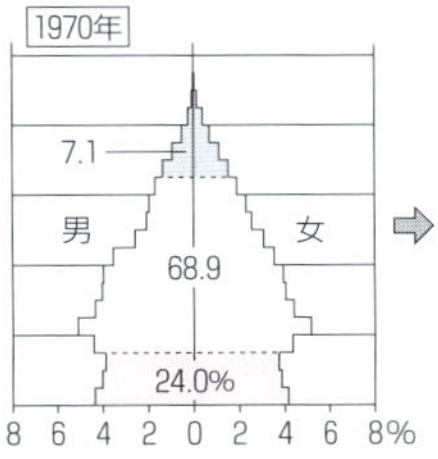

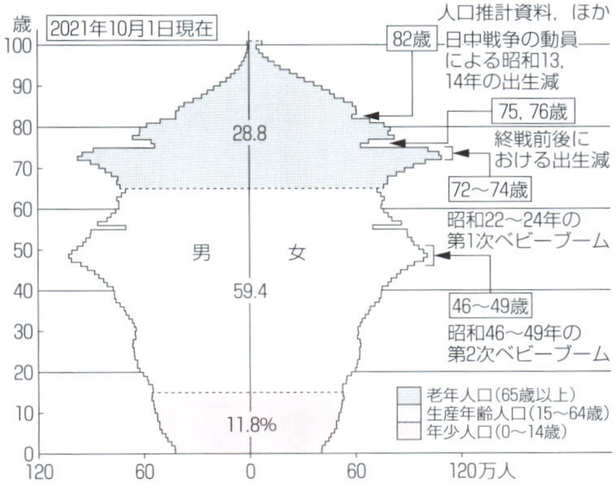

❶世界のおもな都市の人口(千人)

日本を除く，首都人口はp.124～143世界の国々を参照

地域	都市名	国名	(調査年)	人口
アジア	ドバイ	アラブ首長国連邦	17)	* 2,976
アジア	モスル	イラク	15)	1,384
アジア	マシュハド	イラン	16)	3,001
アジア	イスファハーン	イラン	16)	1,961
アジア	ムンバイ(ボンベイ)	インド	11)	12,442
アジア	ベンガルール(バンガロール)	インド	11)	8,443
アジア	ハイデラバード	インド	11)	6,731
アジア	アーメダーバード	インド	11)	5,577
アジア	チェンナイ(マドラス)	インド	11)	4,646
アジア	コルカタ(カルカッタ)	インド	11)	4,496
アジア	スーラト	インド	11)	4,467
アジア	プネ	インド	11)	3,124
アジア	ジャイプル	インド	11)	3,046
アジア	スラバヤ	インドネシア	16)	2,874
アジア	バンドン	インドネシア	16)	2,497
アジア	メダン	インドネシア	16)	2,247
アジア	スマラン	インドネシア	16)	1,757
アジア	パレンバン	インドネシア	16)	1,623
アジア	マカッサル	インドネシア	16)	1,489
アジア	アルマティ	カザフスタン	18)	1,801
アジア	ジッダ	サウジアラビア	10)	3,430
アジア	メッカ(マッカ)	サウジアラビア	10)	1,534
アジア	ハラブ(アレッポ)	シリア	11)	5,927
アジア	コロンボ	スリランカ	12)	561
アジア	プサン〔釜山〕	韓国	18)	3,473
アジア	インチョン〔仁川〕	韓国	18)	2,977
アジア	テグ〔大邱〕	韓国	18)	2,479
アジア	チョンチン〔重慶〕	中国	16)	24,488
アジア	シャンハイ〔上海〕	中国	16)	14,500
アジア	テンチン〔天津〕	中国	16)	10,444
アジア	コワンチョウ〔広州〕	中国	16)	8,700
アジア	チョントゥー〔成都〕	中国	16)	7,740
アジア	ホンコン〔香港〕	中国	18)	7,482
アジア	ナンキン〔南京〕	中国	16)	6,630
アジア	シーアン〔西安〕	中国	16)	6,290
アジア	シェンヤン〔瀋陽〕	中国	16)	5,860
アジア	スワトウ〔汕頭〕	中国	16)	5,520
アジア	ハルビン〔哈爾浜〕	中国	16)	5,510
アジア	ハンチョウ〔杭州〕	中国	16)	5,450
アジア	ウーハン〔武漢〕	中国	16)	5,180
アジア	チャンチュン〔長春〕	中国	16)	4,360
アジア	フォーシャン〔仏山〕	中国	16)	4,000
アジア	ターリエン〔大連〕	中国	16)	3,980
アジア	シェンチェン〔深圳〕	中国	16)	3,850
アジア	チンタオ〔青島〕	中国	16)	3,790
アジア	シンペイ〔新北〕	(台湾)	19)	3,997
アジア	タイジョン〔台中〕	(台湾)	19)	2,806
アジア	カオシュン〔高雄〕	(台湾)	19)	2,773
アジア	タイペイ〔台北〕	(台湾)	19)	2,666
アジア	イスタンブール	トルコ	18)	* 15,067
アジア	イズミル	トルコ	18)	* 3,749
アジア	カラチ	パキスタン	17)	14,916
アジア	ラホール	パキスタン	17)	11,126
アジア	チッタゴン	バングラデシュ	11)	2,592
アジア	ケソンシティ	フィリピン	15)	2,936
アジア	ダヴァオ	フィリピン	15)	1,632
アジア	ホーチミン	ベトナム	09)	5,880
アジア	ヤンゴン	ミャンマー	14)	5,160
アフリカ	アレクサンドリア	エジプト	06)	4,028
アフリカ	ギーザ(アルギザ)	エジプト	06)	3,022
アフリカ	アビジャン	コートジボワール	14)	4,395
アフリカ	オムドゥルマン	スーダン	08)	1,849
アフリカ	ラゴス	ナイジェリア	10)	10,788
アフリカ	ヨハネスバーグ	南アフリカ共和国	16)	4,949
アフリカ	ケープタウン	南アフリカ共和国	16)	4,004
アフリカ	カサブランカ	モロッコ	14)	3,359
ヨーロッパ	ミラノ	イタリア	18)	1,366
ヨーロッパ	ナポリ	イタリア	18)	966
ヨーロッパ	ハリコフ	ウクライナ	19)	1,446
ヨーロッパ	オデッサ	ウクライナ	19)	1,013
ヨーロッパ	ロッテルダム	オランダ	17)	634
ヨーロッパ	バーミンガム	イギリス	17)	1,137
ヨーロッパ	チューリヒ	スイス	17)	409
ヨーロッパ	イェーテボリ	スウェーデン	17)	564
ヨーロッパ	バルセロナ	スペイン	17)	1,620
ヨーロッパ	ハンブルク	ドイツ	17)	1,830
ヨーロッパ	ミュンヘン	ドイツ	17)	1,456
ヨーロッパ	マルセイユ	フランス	16)	862
ヨーロッパ	リヨン	フランス	16)	515
ヨーロッパ	アントウェルペン	ベルギー	18)	523
ヨーロッパ	サンクトペテルブルク	ロシア	18)	5,351
ヨーロッパ	ノヴォシビルスク	ロシア	18)	1,612
ヨーロッパ	エカテリンブルク	ロシア	18)	1,468
ヨーロッパ	ニジニーノヴゴロド	ロシア	18)	1,259
北アメリカ	ニューヨーク	アメリカ合衆国	17)	8,622
北アメリカ	ロサンゼルス	アメリカ合衆国	17)	3,999
北アメリカ	シカゴ	アメリカ合衆国	17)	2,716
北アメリカ	ヒューストン	アメリカ合衆国	17)	2,312
北アメリカ	フェニックス	アメリカ合衆国	17)	1,626
北アメリカ	フィラデルフィア	アメリカ合衆国	17)	1,580
北アメリカ	サンディエゴ	アメリカ合衆国	17)	1,419
北アメリカ	ダラス	アメリカ合衆国	17)	1,341
北アメリカ	サンフランシスコ	アメリカ合衆国	17)	884
北アメリカ	シアトル	アメリカ合衆国	17)	724
北アメリカ	デトロイト	アメリカ合衆国	17)	673
北アメリカ	トロント	カナダ	17)	2,929
北アメリカ	モントリオール	カナダ	17)	1,779
北アメリカ	カルガリー	カナダ	17)	1,336
北アメリカ	ヴァンクーヴァー	カナダ	17)	675
北アメリカ	プエブラ	メキシコ	18)	1,536
北アメリカ	グアダラハラ	メキシコ	18)	1,530
北アメリカ	シウダーファレス	メキシコ	18)	1,447
北アメリカ	ティフアナ	メキシコ	18)	1,434
南アメリカ	コルドバ	アルゼンチン	18)	1,438
南アメリカ	ロサリオ	アルゼンチン	18)	1,277
南アメリカ	グアヤキル	エクアドル	17)	2,556
南アメリカ	メデジン	コロンビア	18)	2,501
南アメリカ	カリ	コロンビア	18)	2,408
南アメリカ	サンパウロ	ブラジル	18)	12,176
南アメリカ	リオデジャネイロ	ブラジル	18)	6,688
南アメリカ	サルヴァドル	ブラジル	18)	2,857
南アメリカ	フォルタレーザ	ブラジル	18)	2,643
南アメリカ	ベロオリゾンテ	ブラジル	18)	2,501
南アメリカ	マナオス	ブラジル	18)	2,145
南アメリカ	マラカイボ	ベネズエラ	15)	1,653
南アメリカ	サンタクルス	ボリビア	12)	1,441
オセアニア	シドニー	オーストラリア	17)	5,131
オセアニア	メルボルン	オーストラリア	17)	4,850
オセアニア	ブリズベン	オーストラリア	17)	2,408
オセアニア	パース	オーストラリア	17)	2,043
オセアニア	アデレード	オーストラリア	17)	1,333
オセアニア	オークランド	ニュージーランド	18)	1,695

*都市的地域の人口　中国の都市人口は市轄区の常住人口の数値(中国城市統計年鑑)

各国統計年鑑ほか

❶日本の市の面積（2022年）・人口（2022年1月1日）（Ⅰ）

赤字は都道府県庁所在地　•は政令指定都市
＊境界未定があるため，数値は概算値

市名	面積（km²）	人口（万人）
北海道	**83,424**	**518.3**
•札幌	1,121	196.0
旭川	748	32.7
函館	678	24.8
苫小牧	＊562	16.9
帯広	619	16.5
釧路	1,363	16.3
江別	187	11.9
北見	1,427	11.4
小樽	244	11.0
千歳	＊595	9.7
室蘭	81	7.9
岩見沢	481	7.8
恵庭	＊295	7.0
石狩	722	5.8
北広島	119	5.7
登別	212	4.6
北斗	397	4.5
滝川	116	3.8
網走	471	3.4
伊達	＊444	3.2
稚内	761	3.2
名寄	535	2.6
根室	506	2.4
紋別	＊831	2.0
富良野	601	2.0
美唄	278	2.0
留萌	298	1.9
深川	529	1.9
士別	1,119	1.7
砂川	79	1.6
芦別	865	1.2
赤平	130	0.9
三笠	303	0.7
夕張	763	0.7
歌志内	56	0.2
青森	**9,646**	**124.3**
青森	825	27.5
八戸	306	22.3
弘前	524	16.6
十和田	726	5.9
むつ	864	5.4
五所川原	404	5.2
三沢	120	3.8
黒石	217	3.1
つがる	254	3.0
平川	346	3.0
岩手	**15,275**	**120.6**
盛岡	886	28.5
奥州	＊993	11.3
一関	1,256	11.1
花巻	908	9.3
北上	438	9.2
滝沢	182	5.5
宮古	1,259	4.9
大船渡	＊323	3.4

市名	面積（km²）	人口（万人）
久慈	624	3.3
釜石	＊440	3.1
二戸	420	2.5
遠野	826	2.5
八幡平	862	2.4
陸前高田	232	1.8
宮城	**7,282**	**226.8**
•仙台	786	106.5
石巻	555	13.8
大崎	797	12.6
名取	98	7.9
登米	536	7.6
栗原	805	6.4
多賀城	20	6.2
気仙沼	332	6.0
塩竈	17	5.2
富谷	49	5.2
岩沼	60	4.3
東松島	101	3.9
白石	286	3.2
角田	148	2.7
秋田	**11,638**	**95.6**
秋田	906	30.3
横手	693	8.5
大仙	867	7.7
由利本荘	1,210	7.3
大館	913	6.9
能代	427	5.0
湯沢	791	4.2
潟上	98	3.2
北秋田	1,153	3.0
鹿角	708	2.9
男鹿	241	2.5
仙北	1,094	2.4
にかほ	241	2.3
山形	**9,323**	**105.6**
山形	＊381	24.2
鶴岡	＊1,312	12.2
酒田	603	9.8
米沢	549	7.8
天童	113	6.1
東根	207	4.7
寒河江	139	4.0
新庄	223	3.4
南陽	161	3.0
上山	＊241	2.9
長井	215	2.5
村山	197	2.2
尾花沢	373	1.4
福島	**13,784**	**184.1**
郡山	757	31.9
いわき	1,232	31.4
福島	768	27.3
会津若松	＊383	11.5
須賀川	279	7.5
白河	305	5.9

市名	面積（km²）	人口（万人）
南相馬	399	5.8
伊達	265	5.8
二本松	344	5.2
喜多方	555	4.6
田村	458	3.4
相馬	198	3.3
本宮	88	3.0
茨城	**6,098**	**289.0**
水戸	＊217	27.1
つくば	284	24.6
日立	226	17.2
ひたちなか	100	15.7
古河	124	14.1
土浦	123	14.1
取手	70	10.5
筑西	205	10.2
神栖	147	9.5
牛久	59	8.4
龍ケ崎	79	7.6
笠間	240	7.4
石岡	216	7.2
守谷	36	6.9
鹿嶋	106	6.7
常総	124	6.2
那珂	98	5.4
坂東	123	5.2
つくばみらい	79	5.2
結城	66	5.0
小美玉	145	4.9
常陸太田	372	4.9
鉾田	208	4.7
下妻	81	4.2
北茨城	187	4.1
かすみがうら	157	4.0
常陸大宮	348	4.0
桜川	180	3.9
稲敷	206	3.9
行方	222	3.2
高萩	194	2.7
潮来	71	2.7
栃木	**6,408**	**194.2**
宇都宮	417	51.9
小山	172	16.7
栃木	332	15.6
足利	178	14.4
那須塩原	593	11.7
佐野	356	11.6
鹿沼	491	9.5
真岡	167	7.9
日光	1,450	7.8
大田原	354	7.0
下野	75	6.0
さくら	126	4.4
矢板	170	3.1
那須烏山	174	2.5
群馬	**6,362**	**194.3**

市名	面積（km²）	人口（万人）
高崎	＊459	37.0
前橋	312	33.3
太田	176	22.3
伊勢崎	139	21.2
桐生	274	10.6
館林	61	7.4
渋川	240	7.4
藤岡	180	6.3
安中	276	5.6
みどり	208	4.9
富岡	123	4.7
沼田	443	4.6
埼玉	**3,798**	**738.5**
•さいたま	217	133.2
川口	62	60.5
川越	109	35.3
越谷	60	34.5
所沢	72	34.3
草加	27	25.0
春日部	66	23.2
上尾	46	23.0
熊谷	160	19.3
新座	23	16.6
久喜	82	15.1
狭山	49	14.9
入間	45	14.6
朝霞	18	14.3
三郷	＊30	14.3
深谷	138	14.2
戸田	18	14.1
鴻巣	67	11.7
ふじみ野	15	11.4
富士見	20	11.2
加須	133	11.2
坂戸	41	9.9
八潮	18	9.2
東松山	65	9.0
和光	11	8.3
行田	67	7.9
飯能	193	7.8
本庄	90	7.7
志木	9	7.6
蕨	5	7.5
桶川	25	7.4
吉川	32	7.3
鶴ヶ島	18	7.0
北本	20	6.5
蓮田	27	6.1
秩父	＊578	6.0
日高	47	5.4
羽生	59	5.4
白岡	25	5.2
幸手	34	4.9
千葉	**5,157**	**631.0**
•千葉	272	97.6
船橋	86	64.5

市名	面積（km²）	人口（万人）
松戸	61	49.6
市川	＊57	49.0
柏	115	43.1
市原	368	27.1
流山	35	20.4
八千代	51	20.3
習志野	21	17.5
佐倉	104	17.2
浦安	＊17	16.8
野田	104	15.3
木更津	139	13.6
我孫子	43	13.1
成田	214	13.0
鎌ケ谷	21	10.9
印西	124	10.7
四街道	35	9.5
茂原	100	8.7
君津	319	8.2
香取	262	7.3
八街	75	6.7
袖ケ浦	95	6.5
旭	130	6.4
白井	35	6.2
銚子	84	5.7
東金	89	5.7
山武	147	4.9
富里	54	4.9
大網白里	58	4.8
館山	110	4.5
富津	205	4.2
いすみ	158	3.6
南房総	230	3.6
匝瑳	102	3.4
鴨川	191	3.1
勝浦	＊94	1.6
東京	**2,194**	**1,379.4**
東京23区	＊628	952.2
八王子	186	56.1
町田	72	43.0
府中	29	26.0
調布	22	23.7
西東京	16	20.5
小平	21	19.5
三鷹	16	19.0
日野	28	18.7
立川	24	18.5
東村山	17	15.1
武蔵野	11	14.8
多摩	21	14.7
青梅	103	13.1
国分寺	11	12.7
小金井	11	12.4
東久留米	13	11.7
昭島	17	11.3
稲城	18	9.3
東大和	13	8.5

❶日本の市の面積・人口（Ⅱ）（続き）

住民基本台帳人口・世帯数表2022，全国都道府県市区町村別面積調2022

市名	面積（km²）	人口（万人）
狛江	6	8.3
あきる野	73	8.0
国立	8	7.6
清瀬	10	7.4
武蔵村山	15	7.1
福生	10	5.6
羽村	10	5.4
神奈川	**2,416**	**921.5**
・横浜	438	375.5
・川崎	143	152.2
・相模原	329	71.9
藤沢	70	44.3
横須賀	101	39.2
平塚	＊68	25.5
茅ヶ崎	＊36	24.5
大和	27	24.2
厚木	94	22.3
小田原	114	18.8
鎌倉	40	17.7
秦野	104	15.9
海老名	27	13.6
座間	18	13.1
伊勢原	56	9.9
綾瀬	22	8.4
逗子	17	5.9
三浦	32	4.1
南足柄	77	4.1
新潟	**12,584**	**218.8**
・新潟	726	77.9
長岡	＊891	26.3
上越	974	18.7
新発田	533	9.5
三条	432	9.4
柏崎	442	8.0
燕	＊111	7.8
村上	＊1,174	5.7
南魚沼	585	5.4
佐渡	856	5.1
十日町	＊590	5.0
五泉	＊352	4.8
阿賀野	＊193	4.0
糸魚川	＊746	4.0
見附	78	3.9
魚沼	947	3.4
小千谷	155	3.4
妙高	446	3.0
胎内	265	2.8
加茂	134	2.5
富山	**4,248**	**103.7**
富山	＊1,242	41.1
高岡	210	16.7
射水	109	9.1
南砺	669	4.8
砺波	127	4.7
氷見	231	4.4
黒部	＊426	4.0

市名	面積（km²）	人口（万人）
魚津	201	4.0
滑川	55	3.3
小矢部	134	2.8
石川	**4,186**	**112.4**
金沢	469	44.8
白山	755	11.3
小松	371	10.6
加賀	306	6.4
野々市	14	5.3
七尾	318	5.0
能美	84	4.9
かほく	64	3.5
輪島	＊426	2.4
羽咋	82	2.0
珠洲	247	1.3
福井	**4,191**	**76.7**
福井	536	25.9
坂井	210	8.9
越前	231	8.1
鯖江	85	6.9
敦賀	251	6.4
大野	872	3.1
小浜	233	2.8
あわら	117	2.7
勝山	254	2.2
山梨	**4,465**	**81.6**
甲府	212	18.6
甲斐	72	7.6
南アルプス	264	7.1
笛吹	202	6.8
富士吉田	＊122	4.7
北杜	602	4.6
山梨	290	3.3
中央	32	3.0
甲州	264	3.0
都留	162	2.9
韮崎	144	2.8
大月	280	2.2
上野原	171	2.2
長野	**13,562**	**205.6**
長野	835	37.1
松本	978	23.6
上田	552	15.4
佐久	424	9.8
飯田	659	9.8
安曇野	332	9.6
伊那	668	6.6
塩尻	＊290	6.6
千曲	120	5.9
茅野	＊267	5.5
須坂	150	5.0
諏訪	＊109	4.8
岡谷	＊85	4.8
中野	112	4.3
小諸	99	4.1
駒ヶ根	＊166	3.2

市名	面積（km²）	人口（万人）
東御	112	2.9
大町	565	2.6
飯山	＊202	2.0
岐阜	**10,621**	**199.6**
岐阜	204	40.4
大垣	207	15.9
各務原	88	14.6
多治見	＊91	10.8
可児	88	10.0
関	472	8.6
高山	2,178	8.5
中津川	＊676	7.6
羽島	54	6.7
美濃加茂	75	5.7
土岐	＊116	5.6
瑞穂	28	5.5
恵那	＊504	4.8
郡上	1,031	3.9
瑞浪	175	3.6
本巣	375	3.3
海津	112	3.2
下呂	851	3.0
山県	222	2.5
飛騨	793	2.3
美濃	117	1.9
静岡	**7,777**	**365.8**
・浜松	＊1,558	79.5
・静岡	＊1,412	68.9
富士	245	25.0
沼津	187	19.1
磐田	＊163	16.8
藤枝	194	14.3
焼津	70	13.7
富士宮	＊389	13.0
掛川	266	11.6
三島	62	10.8
島田	316	9.7
袋井	108	8.8
御殿場	195	8.6
伊東	124	6.7
湖西	87	5.8
裾野	138	5.0
菊川	94	4.7
伊豆の国	95	4.7
牧之原	112	4.3
熱海	62	3.5
御前崎	66	3.1
伊豆	364	2.9
下田	104	2.0
愛知	**5,173**	**752.8**
・名古屋	＊327	229.3
豊田	918	41.9
岡崎	387	38.5
一宮	114	38.2
豊橋	262	37.2
春日井	93	30.9

市名	面積（km²）	人口（万人）
安城	86	18.9
豊川	161	18.6
西尾	161	17.0
刈谷	50	15.2
小牧	63	15.0
稲沢	79	13.5
瀬戸	111	12.8
半田	47	11.8
東海	43	11.4
江南	30	9.9
日進	35	9.3
大府	34	9.2
あま	27	8.8
北名古屋	18	8.6
知多	46	8.4
尾張旭	21	8.4
蒲郡	57	7.9
犬山	75	7.3
碧南	37	7.2
知立	16	7.2
清須	17	6.9
豊明	＊23	6.8
愛西	67	6.2
みよし	32	6.1
津島	25	6.0
長久手	＊22	6.0
田原	191	6.0
常滑	56	5.8
高浜	13	4.9
岩倉	10	4.7
新城	499	4.4
弥富	＊49	4.4
三重	**5,774**	**178.4**
四日市	207	30.9
津	711	27.4
鈴鹿	194	19.7
松阪	624	16.0
桑名	137	14.0
伊勢	208	12.3
伊賀	558	8.8
名張	130	7.6
亀山	191	4.9
志摩	179	4.7
いなべ	＊220	4.4
鳥羽	107	1.7
尾鷲	193	1.6
熊野	373	1.6
滋賀	**4,017**	**141.5**
大津	465	34.4
草津	68	13.7
長浜	681	11.5
東近江	388	11.3
彦根	197	11.1
甲賀	482	8.9
守山	56	8.4
近江八幡	177	8.2

市名	面積（km²）	人口（万人）
栗東	53	7.0
湖南	70	5.4
野洲	80	5.0
高島	693	4.6
米原	＊250	3.8
京都	**4,612**	**251.1**
・京都	828	138.8
宇治	68	18.3
亀岡	225	8.7
長岡京	19	8.1
木津川	85	7.9
舞鶴	342	7.9
福知山	553	7.6
城陽	33	7.5
京田辺	43	7.0
八幡	24	6.9
向日	8	5.7
京丹後	＊501	5.2
綾部	347	3.2
南丹	616	3.0
宮津	＊173	1.7
大阪	**1,905**	**880.0**
・大阪	＊225	273.2
・堺	150	82.6
東大阪	62	48.2
豊中	＊36	40.8
枚方	65	39.7
吹田	36	37.8
高槻	105	34.9
茨木	76	28.3
八尾	42	26.3
寝屋川	25	22.9
岸和田	73	19.0
和泉	85	18.4
守口	13	14.2
箕面	48	13.9
門真	12	11.9
大東	18	11.8
松原	17	11.7
羽曳野	26	10.9
富田林	40	10.8
池田	22	10.3
河内長野	110	10.1
泉佐野	57	9.8
摂津	15	8.6
貝塚	44	8.3
交野	26	7.7
泉大津	14	7.3
柏原	25	6.7
藤井寺	9	6.3
泉南	49	6.0
大阪狭山	12	5.8
高石	11	5.7
四條畷	19	5.5
阪南	36	5.2
兵庫	**8,401**	**548.8**

❶日本の市の面積・人口(Ⅲ)（続き）

住民基本台帳人口・世帯数表2022，全国都道府県市区町村別面積調2022

市名	面積(km²)	人口(万人)	市名	面積(km²)	人口(万人)	市名	面積(km²)	人口(万人)	市名	面積(km²)	人口(万人)	市名	面積(km²)	人口(万人)
•神戸	＊557	151.7	境港	29	3.3	徳島	192	25.0	八女	482	6.1	大分	502	47.7
姫路	535	53.0	**島根**	**6,708**	**66.6**	阿南	279	7.0	古賀	42	5.9	別府	＊125	11.3
西宮	＊100	48.3	松江	573	19.9	鳴門	136	5.5	小郡	46	5.9	中津	＊491	8.3
尼崎	51	46.0	出雲	624	17.4	吉野川	144	3.9	直方	＊62	5.5	佐伯	903	6.8
明石	49	30.4	浜田	691	5.1	小松島	45	3.6	朝倉	247	5.1	日田	666	6.2
加古川	138	26.1	益田	733	4.4	阿波	191	3.5	那珂川	75	5.0	宇佐	439	5.4
宝塚	＊102	23.2	安来	421	3.7	美馬	367	2.7	筑後	42	4.9	臼杵	291	3.6
伊丹	25	20.2	雲南	553	3.6	三好	721	2.4	田川	＊55	4.6	豊後大野	603	3.4
川西	53	15.5	大田	435	3.3	**香川**	**1,877**	**96.4**	中間	16	4.0	由布	＊319	3.3
三田	210	10.9	江津	268	2.2	高松	376	42.4	嘉麻	135	3.6	杵築	280	2.7
芦屋	＊18	9.5	**岡山**	**7,115**	**187.9**	丸亀	112	11.2	みやま	105	3.6	国東	318	2.6
高砂	34	8.8	•岡山	790	70.4	三豊	223	6.3	大川	34	3.2	豊後高田	206	2.2
豊岡	698	7.8	倉敷	356	47.9	観音寺	118	5.8	うきは	117	2.8	竹田	＊478	2.0
三木	177	7.5	津山	506	9.8	坂出	92	5.1	宮若	140	2.7	津久見	79	1.6
たつの	＊211	7.4	総社	212	6.9	さぬき	159	4.6	豊前	111	2.4	**宮崎**	**7,734**	**107.8**
丹波	493	6.2	玉野	＊104	5.6	善通寺	40	3.1	**佐賀**	**2,441**	**81.2**	宮崎	644	40.0
小野	＊93	4.7	笠岡	136	4.6	東かがわ	153	2.9	佐賀	＊432	23.0	都城	＊653	16.2
赤穂	127	4.6	赤磐	209	4.3	**愛媛**	**5,676**	**134.1**	唐津	488	11.8	延岡	868	11.9
南あわじ	229	4.5	真庭	829	4.3	松山	429	50.7	鳥栖	72	7.4	日向	337	5.9
加西	＊151	4.2	井原	244	3.8	今治	419	15.3	伊万里	255	5.3	日南	536	5.0
淡路	184	4.2	瀬戸内	125	3.6	新居浜	234	11.6	武雄	195	4.8	小林	＊563	4.4
洲本	182	4.2	浅口	66	3.3	西条	510	10.6	小城	96	4.4	西都	439	2.9
丹波篠山	378	4.0	備前	258	3.2	四国中央	421	8.4	神埼	＊125	3.0	えびの	＊283	1.8
加東	158	3.9	高梁	547	2.8	宇和島	468	7.1	鹿島	112	2.8	串間	295	1.7
西脇	132	3.9	新見	793	2.7	大洲	432	4.1	嬉野	126	2.5	**鹿児島**	**9,186**	**160.5**
宍粟	659	3.6	美作	429	2.6	伊予	194	3.6	多久	97	1.8	鹿児島	548	60.0
朝来	403	2.9	**広島**	**8,479**	**278.8**	西予	514	3.5	**長崎**	**4,131**	**132.0**	霧島	603	12.4
相生	90	2.8	•広島	907	118.9	東温	211	3.3	長崎	406	40.6	鹿屋	448	10.1
養父	423	2.2	福山	518	46.3	八幡浜	133	3.1	佐世保	426	24.3	薩摩川内	683	9.3
奈良	**3,691**	**133.5**	呉	353	21.3	**高知**	**7,103**	**69.3**	諫早	342	13.5	姶良	231	7.7
奈良	277	35.3	東広島	635	18.9	高知	309	32.2	大村	127	9.7	出水	330	5.2
橿原	40	12.0	尾道	285	13.1	南国	125	4.6	島原	83	4.3	日置	253	4.7
生駒	53	11.8	廿日市	489	11.6	香南	126	3.3	南島原	170	4.3	奄美	308	4.2
大和郡山	43	8.4	三原	472	9.0	四万十	632	3.2	雲仙	214	4.2	指宿	149	3.9
香芝	24	7.8	三次	778	5.0	土佐	92	2.6	五島	420	3.5	曽於	390	3.4
大和高田	16	6.3	府中	196	3.7	香美	538	2.5	平戸	235	2.9	南九州	358	3.3
天理	86	6.3	庄原	1,246	3.3	須崎	135	2.0	対馬	707	2.9	南さつま	284	3.2
桜井	99	5.5	安芸高田	538	2.7	宿毛	286	1.9	西海	242	2.6	志布志	290	3.0
葛城	34	3.7	大竹	79	2.6	安芸	317	1.6	壱岐	139	2.5	いちき串木野	112	2.6
五條	292	2.8	竹原	118	2.4	土佐清水	266	1.2	松浦	131	2.1	伊佐	393	2.4
宇陀	248	2.8	江田島	101	2.1	室戸	248	1.2	**熊本**	**7,409**	**174.7**	枕崎	75	2.0
御所	61	2.4	**山口**	**6,113**	**134.0**	**福岡**	**4,988**	**510.8**	•熊本	390	73.1	阿久根	134	1.9
和歌山	**4,725**	**93.5**	下関	716	25.3	•福岡	343	156.8	八代	681	12.3	西之表	206	1.4
和歌山	209	36.2	山口	1,023	18.9	•北九州	493	93.6	天草	684	7.6	垂水	162	1.3
田辺	1,027	7.0	宇部	287	16.1	久留米	230	30.3	玉名	153	6.4	**沖縄**	**2,282**	**148.5**
橋本	131	6.1	周南	656	13.9	飯塚	214	12.6	合志	53	6.3	那覇	41	31.8
紀の川	228	6.0	岩国	874	13.0	春日	14	11.3	宇城	189	5.7	沖縄	50	14.3
岩出	39	5.4	防府	189	11.4	大牟田	81	11.0	荒尾	57	5.0	うるま	87	12.5
海南	101	4.8	山陽小野田	133	6.0	筑紫野	88	10.5	山鹿	300	5.0	浦添	19	11.5
新宮	＊255	2.7	下松	89	5.7	糸島	216	10.3	菊池	277	4.7	宜野湾	20	10.0
有田	37	2.6	光	92	4.9	大野城	27	10.1	宇土	74	3.6	豊見城	19	6.5
御坊	44	2.2	萩	698	4.4	宗像	120	9.7	人吉	211	3.1	名護	211	6.4
鳥取	**3,507**	**55.1**	長門	357	3.2	行橋	70	7.2	上天草	127	2.5	糸満	47	6.2
鳥取	765	18.4	柳井	140	3.0	太宰府	30	7.1	阿蘇	＊376	2.5	宮古島	204	5.5
米子	132	14.6	美祢	473	2.2	福津	53	6.7	水俣	163	2.3	石垣	229	4.9
倉吉	272	4.5	**徳島**	**4,147**	**72.6**	柳川	77	6.3	**大分**	**6,341**	**113.1**	南城	50	4.5

❶都道府県別面積・人口・人口密度・産業別人口

（赤字は各項目の上位1位，太字は2～5位）　住民基本台帳人口・世帯数表2022ほか

都道府県名	面積①2022年(km²)	2020.10.1国勢調査人口(千人)	人口2022.1.1(千人)	人口密度(人/km²)②	市部人口の割合2022年(%)	出生率2021年(‰)	死亡率2021年(‰)	人口増減率③2021年(‰)	社会増減率④2021年(‰)	老年人口割合⑤2022年(%)	在留外国人数2021年(百人)	産業別人口構成⑥2020年(%)		
												第1次産業	第2次産業	第3次産業
全国	**377,974**	**126,146**	**125,927**	**333**	**91.6**	**6.6**	**11.4**	**−5.7**	**−0.8**	**28.5**	**27,606**	**3.5**	**23.7**	**72.8**
北海道	**83,424**	5,224	5,183	62	82.5	5.5	13.2	−8.6	−0.9	32.3	363	6.8	17.0	76.2
青森	9,646	1,237	1,243	129	77.5	5.2	**14.9**	−13.5	−3.7	33.9	56	**11.4**	20.0	68.6
岩手	**15,275**	1,210	1,206	79	82.4	5.3	14.5	−12.1	−2.9	33.9	72	**9.7**	24.8	65.5
宮城	* 7,282	2,301	2,268	311	84.7	6.1	11.4	−6.0	−0.7	28.7	210	4.2	22.5	73.3
秋田	11,638	959	956	82	90.7	4.5	**16.5**	−15.2	−3.2	**37.8**	40	8.8	24.0	67.2
山形	* 9,323	1,068	1,056	113	80.3	5.5	**14.7**	−12.5	−3.3	**34.2**	74	8.8	28.7	62.6
福島	**13,784**	1,833	1,841	134	80.0	5.8	13.8	−11.6	−3.5	31.9	141	6.3	29.7	64.0
茨城	6,098	2,867	2,890	474	90.9	5.8	11.7	−6.0	−0.1	29.7	711	5.2	28.8	66.0
栃木	6,408	1,933	1,942	303	87.8	6.0	11.7	−6.6	−0.9	29.3	424	5.4	31.3	63.4
群馬	6,362	1,939	1,943	305	85.3	6.0	12.5	−7.4	−0.9	30.1	619	4.6	31.2	64.2
埼玉	* 3,798	**7,344**	**7,385**	**1,945**	93.4	6.4	10.2	**−1.1**	**2.8**	26.7	**1,971**	1.5	23.0	75.5
千葉	* 5,157	6,284	6,310	1,224	**96.8**	6.3	10.4	**−1.9**	**2.2**	27.5	1,653	2.5	19.1	**78.4**
東京	* 2,194	**14,047**	**13,794**	**6,287**	**99.4**	7.1	9.3	−3.5	−1.3	22.8	**5,311**	0.4	15.2	**84.4**
神奈川	2,416	**9,237**	**9,215**	**3,814**	**96.8**	6.6	9.8	**−0.5**	**2.7**	25.4	**2,275**	0.8	20.2	**79.0**
新潟	* **12,584**	2,201	2,188	174	**96.6**	5.7	14.0	−11.2	−3.0	33.0	169	5.2	28.4	66.3
富山	* 4,248	1,034	1,037	244	92.0	5.9	13.1	−9.9	−2.7	32.4	182	3.0	**33.3**	63.7
石川	4,186	1,132	1,124	269	87.3	6.5	11.7	−7.2	−2.0	29.9	147	2.7	28.0	69.3
福井	4,191	766	767	183	87.9	6.8	12.6	−9.1	−3.3	30.5	160	3.3	31.6	65.1
山梨	* 4,465	809	816	183	85.1	6.1	12.4	−5.8	**0.4**	31.0	171	6.7	28.0	65.2
長野	* **13,562**	2,048	2,056	152	80.0	6.1	12.6	−7.4	−0.9	31.9	356	8.5	28.8	62.7
岐阜	* 10,621	1,978	1,996	188	84.8	6.0	12.0	−10.0	−4.0	30.4	566	2.9	**32.6**	64.5
静岡	* 7,777	3,633	3,658	470	93.9	6.1	11.8	−7.6	−1.9	30.1	973	3.5	**32.7**	63.8
愛知	* 5,173	**7,542**	**7,528**	**1,455**	94.6	**7.4**	9.9	−4.0	−1.6	25.2	**2,651**	2.0	**32.4**	65.6
三重	* 5,774	1,770	1,784	309	87.6	6.4	12.1	−8.8	−3.1	29.9	542	3.2	31.8	64.9
滋賀	* 4,017	1,413	1,415	352	94.6	**7.3**	9.7	**−2.6**	−0.2	26.4	334	2.5	**32.9**	64.6
京都	4,612	2,578	2,511	545	94.9	6.4	11.4	−7.6	−2.5	29.5	583	2.0	22.5	75.5
大阪	1,905	**8,837**	**8,800**	**4,619**	**98.0**	6.9	11.2	−4.4	−0.1	27.1	**2,461**	0.5	22.6	76.9
兵庫	8,401	5,465	5,488	653	95.4	6.6	11.4	−6.3	−1.5	28.8	1,119	1.9	25.0	73.1
奈良	3,691	1,324	1,335	362	79.2	5.8	11.6	−7.1	−1.3	31.6	138	2.4	22.1	75.5
和歌山	4,725	922	935	198	78.6	5.9	13.7	−10.2	−2.4	33.2	71	8.4	22.2	69.4
鳥取	3,507	553	551	157	74.4	6.7	13.7	−9.3	−2.2	32.4	45	7.9	21.7	70.4
島根	6,708	671	666	99	90.0	6.7	**14.7**	−9.9	−1.9	**34.4**	94	6.6	23.5	69.9
岡山	* 7,115	1,888	1,879	264	94.1	7.0	12.2	−7.7	−2.6	30.3	294	4.2	27.0	68.7
広島	8,479	2,799	2,788	329	93.7	6.7	11.4	−8.5	−3.8	29.6	506	2.8	26.1	71.2
山口	6,113	1,342	1,340	219	96.1	5.9	14.4	−11.6	−3.1	**34.7**	158	4.1	26.2	69.6
徳島	4,147	719	726	175	74.4	6.0	14.3	−11.3	−3.0	33.8	60	7.7	23.3	69.0
香川	* 1,877	950	964	514	84.6	6.5	12.7	−9.3	−3.1	31.5	130	4.8	25.1	70.1
愛媛	5,676	1,334	1,341	236	90.8	5.9	13.9	−10.9	−3.0	33.1	119	7.0	23.9	69.1
高知	7,103	691	693	98	82.1	5.9	**14.9**	−11.6	−2.6	**35.4**	45	**10.5**	17.0	72.5
福岡	* 4,988	5,135	5,108	1,024	88.1	**7.4**	11.1	−3.1	**0.6**	27.9	762	2.5	20.0	**77.5**
佐賀	2,441	811	812	333	82.7	**7.2**	12.4	−7.4	−2.2	30.7	65	7.6	24.0	68.4
長崎	4,131	1,312	1,320	320	89.4	6.7	13.7	−12.0	−5.0	33.3	89	6.8	19.3	73.9
熊本	* 7,409	1,738	1,747	236	80.6	**7.2**	12.6	−6.4	−1.1	31.6	166	**8.9**	21.2	69.9
大分	* 6,341	1,123	1,131	178	95.3	6.5	13.3	−9.3	−2.5	33.3	118	6.3	23.1	70.7
宮崎	* 7,734	1,069	1,078	139	83.7	7.0	13.4	−8.3	−2.0	32.8	70	**10.1**	20.8	69.2
鹿児島	* 9,186	1,588	1,605	175	89.0	**7.2**	13.5	−7.7	−1.4	32.6	118	8.5	19.1	72.4
沖縄	2,282	1,467	1,485	651	77.2	**9.9**	9.2	**0.1**	−0.6	22.8	185	4.2	14.3	**81.5**

①都道府県面積中＊印のある県は，境界未定地域を含み，数値は推計値
②人口／面積
③2021年の（自然増減数＋社会増減数）の2020年の総人口に対する割合
④（転入者数等－転出者数等）／（前年人口）×1000
⑤65歳以上
⑥分類不能は除く

人口移動の中心が若年層であるため，地方の人口流出県では高齢化によって死亡率が高まり，自然増減率・人口増減率とも低くなる傾向がある。従来は大都市周辺などでその逆の傾向であったが，2021年にはコロナ禍でリモートワークが定着し，都心から郊外に人の移動が起こった。東京では転出が上回り，周辺県で増加がみられた。出生率は全国的に低いが，沖縄は例外的に高い。第3次産業人口は大都市中心の都県と沖縄で高率である。

❶世界の言語別人口（2017年，百万人）　母語として話す人数

The World Almanac 2018

言語名	人口	おもな使用地域	言語名	人口	おもな使用地域	言語名	人口	おもな使用地域
中国語	1,284	中国	ベンガル語	242	インド東部，バングラデシュ	フランス語	76	フランス，カナダ，スイス一部
（北京語）	(898)	中国北部	ポルトガル語	219	ポルトガル，ブラジル	テルグ語	74	インド・ハイデラバード周辺
（呉　語）	(80)	中国上海周辺	ロシア語	154	ロシア	マラーティー語	72	インド・ムンバイ周辺
（広東語）	(73)	中国広東省，（ホンコン）	日本語	128	日本	トルコ語	71	トルコ
スペイン語	437	スペイン，ラテンアメリカ	パンジャビー語	122	パキスタン，インド・パンジャブ地方	ウルドゥー語	69	パキスタン，インド・カシミール地方
英　語	372	イギリス，アングロアメリカ	ジャワ語	84	インドネシア	ベトナム語	68	ベトナム
アラビア語	295	西アジア，北アフリカ	朝鮮語	77	韓国，北朝鮮，中国東北部一部	タミル語	68	インド・チェンナイ周辺，スリランカ
ヒンディー語	260	インド	ドイツ語	77	ドイツ，オーストリア	イタリア語	63	イタリア，スイス一部

❷世界の宗教別人口（2015年，千人）　赤字は各項目の最大値

The World Almanac 2017

宗教	世界計	(%)	アジア	アフリカ	ヨーロッパ	北アメリカ	中南アメリカ	オセアニア
キリスト教	**2,412,635**	32.9	378,934	565,079	580,488	277,667	581,674	28,793
（ローマ・カトリック）	**(1,238,305)**	(16.9)	(148,545)	(204,994)	(276,864)	(89,275)	(509,190)	(9,437)
（プロテスタント）	**(541,100)**	(7.4)	(95,138)	(213,790)	(94,055)	(60,906)	(64,200)	(13,011)
（正教会）①	**(283,072)**	(3.9)	(18,716)	(51,714)	(202,554)	(7,900)	(1,120)	(1,068)
イスラーム（イスラム教）	**1,701,295**	23.2	1,162,911	484,829	45,774	5,471	1,689	621
（スンナ派）	**(1,486,329)**	(20.3)	(959,717)	(477,481)	(43,598)	(3,783)	(1,238)	(512)
（シーア派）	**(200,224)**	(2.7)	(193,612)	(2,836)	(2,143)	(1,089)	(438)	(106)
ヒンドゥー教	**984,673**	13.4	977,037	3,211	1,146	1,923	800	556
仏教	**520,362**	7.1	511,984	277	1,905	4,766	802	628
無神論	**137,716**	1.9	114,998	652	14,679	3,759	3,052	576
新宗教	**66,472**	0.9	61,047	217	654	2,488	1,944	123
シク教	**24,701**	0.3	23,029	84	619	858	8	104
ユダヤ教	**14,634**	0.2	6,380	132	1,465	6,093	439	125
儒教	**8,468**	0.1	8,377	21	16	–	1	53
神道	**2,827**	0.04	2,753	–	–	66	8	–
その他	**1,450,999**	20.0	1,137,394	111,737	96,377	58,037	39,673	7,780

①ギリシャ正教・ロシア正教など

❸世界の難民数（2020年12月末現在，千人）

UNHCR資料ほか

発生地域・国名	流出難民数	%
世界①	**20,662**	**100**
アジア	**12,101**	**58.6**
シリア	6,703	32.4
アフガニスタン	2,595	12.6
ミャンマー	1,103	5.3
イラク	333	1.6
ベトナム	317	1.5
中国	175	0.8
アフリカ	**7,592**	**36.7**
南スーダン	2,189	10.6
コンゴ民主	840	4.1
ソマリア	812	3.9
スーダン	788	3.8
中央アフリカ	642	3.1
エリトリア	525	2.5
ブルンジ	373	1.8
ナイジェリア	353	1.7
ルワンダ	246	1.2
ヨーロッパ	**191**	**0.9**
南北アメリカ	**539**	**2.6**
コロンビア	190	0.9
ベネズエラ	171	0.8
オセアニア	**1**	**0.01**

受入地域・国名	受入難民数	%	難民のおもな発生国
世界	**20,662**	**100**	
アジア	**9,753**	**47.2**	
トルコ	3,652	17.7	シリア
パキスタン	1,439	7.0	アフガニスタン
レバノン	870	4.2	シリア
バングラデシュ	867	4.2	ミャンマー
イラン	800	3.9	アフガニスタン，イラク
ヨルダン	702	3.4	シリア，イラク
アフリカ	**7,063**	**34.2**	
ウガンダ	1,421	6.9	南スーダン，コンゴ民主，ブルンジ，ソマリア，ルワンダ，エリトリア
スーダン	1,040	5.0	南スーダン，エリトリア，シリア，エチオピア，中央アフリカ
エチオピア	800	3.9	南スーダン，ソマリア，エリトリア，スーダン
コンゴ民主	490	2.4	ルワンダ，中央アフリカ，南スーダン，ブルンジ
チャド	479	2.3	スーダン，中央アフリカ，ナイジェリア
ケニア	453	2.2	ソマリア，南スーダン，コンゴ民主，エチオピア，ブルンジ
カメルーン	436	2.1	中央アフリカ，ナイジェリア
南スーダン	314	1.5	スーダン，コンゴ民主
ヨーロッパ	**3,016**	**14.6**	
ドイツ	1,211	5.9	シリア，アフガニスタン，イラク，エリトリア，イラン，トルコ，ソマリア，ロシア，ナイジェリア，パキスタン，セルビア，コソボ，エチオピア
フランス	436	2.1	アフガニスタン，スリランカ，シリア，スーダン，コンゴ民主，ロシア，セルビア，コソボ，ギニア，トルコ，カンボジア，イラク，中国，ベトナム
南北アメリカ	**759**	**3.7**	
アメリカ合衆国	341	1.6	中国，エルサルバドル，グアテマラ，ベネズエラ，ホンジュラス，ハイチ，エジプト，メキシコ，インド，シリア，エチオピア，ネパール，ロシア
オセアニア	**71**	**0.3**	

①無国籍者などを含むため各地域の合計と一致しない

❹アメリカ合衆国の人種・民族別人口の推移（%）

年	総人口（万人）	ヨーロッパ系	アフリカ系	ネイティブアメリカン	中国系	日系	ヒスパニック②
1790	**393**	80.73	19.27	–	–	–	–
1830	**1,287**	81.90	18.10	–	–	–	–
1870	**3,856**	87.11	12.66	0.07	0.16	–	–
1900	**7,599**	87.91	11.63	0.31	0.12	0.03	–
1930	**12,278**	89.83	9.68	0.27	0.06	0.11	–
1950	**15,070**	89.55	9.98	0.23	0.08	0.09	–
1970	**20,321**	87.47	11.11	0.39	0.21	0.29	4.46
1990	**24,871**	80.28	12.06	0.79	0.66	0.34	8.81
2010	**30,934**	74.15	12.57	①0.99	1.12	0.25	16.40
2021	**33,189**	61.16	12.11	①1.14	1.31	0.22	18.84

①太平洋島嶼先住民を含む　②他の民族と重複する　U.S. Census Bureau

p.50❶：急増中のヒスパニックとアジア系が重要である。いずれも北東部の大都市に多いほか，アフリカ系は南部に，ヒスパニックはメキシコ国境に近い太平洋沿岸からテキサスまでとカリブ海諸国に近いフロリダに，アジア系は太平洋沿岸に多い。ニューイングランドと中西部ではヨーロッパ系比率が特に高い。

❶アメリカ合衆国の地域・都市別の人種・民族(2021年，%)

太字は人口(千人)　U.S.Census Bureau

地域・都市	合計(千人)	ヨーロッパ系	アフリカ系	ネイティブアメリカン①	アジア系	中国系	インド系	フィリピン系	ベトナム系	朝鮮系	日系	ヒスパニック②
総人口(千人)	**331,893**	**202,981**	**40,194**	**3,771**	**19,157**	**4,360**	**4,402**	**2,960**	**1,896**	**1,445**	**742**	③**62,529**
総人口(%)	100	61.2	12.1	1.1	5.8	1.3	1.3	0.9	0.6	0.4	0.2	18.8
北東部	**57,159**	64.4	11.0	0.4	6.8	2.1	2.0	0.5	0.3	0.5	0.1	15.3
中西部	**68,841**	74.7	10.0	0.7	3.4	0.6	1.0	0.4	0.2	0.2	0.1	8.4
南部	**127,225**	58.0	18.4	0.8	3.6	0.6	1.1	0.4	0.5	0.3	0.1	18.7
西部	**78,667**	52.1	4.5	2.5	10.6	2.6	1.5	2.4	1.2	0.8	0.7	30.7
ニューヨーク	**8,467**	33.3	21.6	1.0	14.4	6.8	2.5	0.8	0.2	0.9	0.3	29.1
シカゴ	**2,696**	36.0	28.5	1.2	6.9	2.0	1.7	1.2	0.4	0.5	0.1	28.8
マイアミ	**439**	20.9	12.2	0.7	1.3	0.4	0.4	0.2	0.1	0.03	0.01	71.8
ニューオーリンズ	**376**	31.6	57.2	0.3	2.7	0.5	0.2	0.2	1.6	0.02	0.1	5.7
ロサンゼルス	**3,849**	32.3	8.1	1.7	11.7	2.0	1.0	3.3	0.6	2.7	0.7	48.1

①太平洋島嶼先住民を含む　②スペイン語を母語とするラテンアメリカ諸国出身の移民とその子孫。人種による区分ではないため，ヨーロッパ系やアフリカ系などさまざまな人種からなる　③(内訳)メキシコ系37,235千人，プエルトリコ系5,798千人，キューバ系2,400千人など

❷アメリカ合衆国の移民数*の推移(万人)

U.S.Census Bureauほか

出生国	1880	出生国	1920	出生国	1960	出生国	2000	出生国	2016
移民数計	**668**	**移民数計**	**1,392**	**移民数計**	**974**	**移民数計**	**3,111**	**移民数計**	**4,374**
ドイツ	197	ドイツ	169	イタリア	126	メキシコ	918	メキシコ	1,157
アイルランド	186	イタリア	161	ドイツ	99	中国②	152	中国②	272
イギリス	92	ソ連	140	カナダ	95	フィリピン	137	インド	243
カナダ	72	ポーランド	114	イギリス	77	インド	102	フィリピン	194
スウェーデン	19	カナダ	114	ポーランド	75	ベトナム	99	エルサルバドル	139
ノルウェー	18	イギリス	114	ソ連	69	キューバ	87	ベトナム	135
フランス	11	アイルランド	104	メキシコ	58	朝鮮③	86	キューバ	127
中国①	10	スウェーデン	63	アイルランド	34	カナダ	82	ドミニカ共和国	109
人口比(%)	13.3	人口比(%)	13.2	人口比(%)	5.4	人口比(%)	11.1	人口比(%)	13.5

*外国生まれ人口。各年の入国者数　①台湾を含む　②ホンコン，台湾を含む　③北朝鮮，韓国の計

❸おもな国の移民(外国生まれ人口)(2015年現在，千人)

OECD資料

オランダ		イギリス		スイス		スウェーデン		スペイン	
移民数計	**2,056**	**移民数計**	**8,988**	**移民数計**	**2,416**	**移民数計**	**1,676**	**移民数計**	**6,109**
トルコ	191	ポーランド	936	ドイツ	350	フィンランド	156	モロッコ	786
スリナム	179	インド	755	イタリア	263	イラク	131	ルーマニア	639
モロッコ	168	パキスタン	482	ポルトガル	222	シリア	98	エクアドル	410
インドネシア	123	アイルランド	365	フランス	158	ポーランド	85	コロンビア	354
ドイツ	118	ドイツ	337	トルコ	78	イラン	69	イギリス	259
人口比(%)	12.2	人口比(%)	13.9	人口比(%)	29.1	人口比(%)	17.1	人口比(%)	13.2

ドイツ		フランス[12)]		ベルギー		カナダ[11)]		オーストラリア	
移民数計	**11,453**	**移民数計**	**7,590**	**移民数計**	**1,877**	**移民数計**	**6,775**	**移民数計**	**6,710**
トルコ	1,364	アルジェリア	1,363	モロッコ	211	インド	547	イギリス	1,207
ポーランド	1,334	モロッコ	924	フランス	184	中国	545	ニュージーランド	611
ロシア	957	ポルトガル	633	オランダ	129	イギリス	537	中国	481
カザフスタン	737	チュニジア	387	イタリア	120	フィリピン	454	インド	432
ルーマニア	547	イタリア	327	トルコ	98	アメリカ合衆国	263	フィリピン	236
人口比(%)	14.2	人口比(%)	11.9	人口比(%)	16.6	人口比(%)	19.6	人口比(%)	28.0

❹カナダの民族別人口(2016年)

Statistics Canada

民族	万人
総人口	**3,446**
カナダ系	1,113
イングランド系	632
スコットランド系	479
フランス系	468
アイルランド系	462
ドイツ系	332
北米インディアン他*	213
中国系	176
イタリア系	158
インド系	137

各民族人口には2つ以上の民族に該当する場合を含む。*メティス(先住民族とヨーロッパ系の混血)，イヌイットを含む

❺ロシアの民族別人口(2010年)

民族	万人
総人口	**14,285**
ロシア	11,101
タタール	531
ウクライナ	192
バシキール	158
チュヴァシ	143
チェチェン	143
アルメニア	118
アヴァール	91
モルドヴァ	74
カザフ	64

ロシア国勢調査2010

❻おもなアジア諸国の宗教別人口(%)

Time Almanac 2010

国名	イスラーム	キリスト教	仏教	ヒンドゥー教	ユダヤ教	その他の宗教
アラブ首長国連邦	①62.0	9.0	4.0	21.0	—	
イスラエル	17.7	2.1	—	—	76.3	
イラン	②98.2	0.4	—	—	—	バハイ教(0.5)　ゾロアスター教(0.1)
インド	12.3	6.8	0.8	72.0	—	伝統的信仰(3.8)　シク教(1.9)
インドネシア	77.0	13.2	—	3.2	—	伝統的信仰(2.6)
スリランカ	①7.0	③8.0	70.0	15.0	—	
タイ	①9.0	—	83.0	—	—	伝統的信仰(2.5)
パキスタン	①96.1	2.5	—	1.2	—	
バングラデシュ	①88.3	③0.3	0.6	10.5	—	
フィリピン	5.1	③87.6	—	—	—	伝統的信仰(2.2)
マレーシア	60.4	9.1	19.2	6.3	—	中国民族宗教(2.6)　精霊信仰(0.8)
ミャンマー	3.0	④6.0	74.0	2.0	—	伝統的信仰(11.0)

①おもにスンナ派　②おもにシーア派　③おもにカトリック　④おもにプロテスタント　*調査年はおもに2005年

❶おもなアジア諸国の民族　世界年鑑2017ほか

国名・民族別割合
アフガニスタン　パシュトゥン人 42%，タジク系 27%，ハザラ人 9%，ウズベク系 9%
ブルネイ　マレー系 66%，中国系 10%，先住民 3%
ミャンマー　ビルマ人 68%，シャン人 9%，カレン人など 135 の少数民族
インドネシア　ジャワ人 40%，スンダ人 16%，マレー人 4%，バタク人 4%（約 300 の民族）
イラク　アラブ人 65%，クルド人 23%，アゼルバイジャン系 6%，トルクメン系 1%
ラオス　ラオ人 53%，クムー人 11%，モン人 9%など約 50 民族
ネパール　チェトリ人 17%，ブラーマン人 12%，マガール人 7%，タルー人 7%，タマン人 6%
スリランカ　シンハラ人 75%，タミル人 15%，ムーア人 9%
タイ　タイ人 81%（シャム系 35%，ラオ系 27%），中国人（漢人）11%，マレー人 4%
ベトナム　ベトナム人（キン人）86%，タイー人，ターイ人，ムオン人，クメール人など 53 の少数民族

❷中国の民族構成（2010年，千人）　中国年鑑2015ほか

中国総人口			**1,339,724**（**100%**）
漢族			1,225,932（91.5%）
少数民族			113,792（ 8.5%）
チョワン（壮）族	16,926	リースー（傈僳）族	703
ホイ（回）族	10,586	トンシアン（東郷）族	622
満州族	10,388	コーラオ（仡佬）族	551
ウイグル（維吾爾）族	10,069	ラフ（拉祜）族	486
ミャオ（苗）族	9,426	ワ（佤）族	430
イ（彝）族	8,714	シュイ（水）族	412
トゥチャ（土家）族	8,354	ナシ（納西）族	326
チベット（藏）族	6,282	チャン（羌）族	310
モンゴル（蒙古）族	5,982	トウ（土）族	290
トン（侗）族	2,880	モーラオ（仫佬）族	216
プイ（布依）族	2,870	シボ（錫伯）族	190
ヤオ（瑶）族	2,796	キルギス（柯爾克孜）族	187
ペー（白）族	1,934	ジンプオ（景頗）族	148
朝鮮族	1,831	ダオール（達斡爾）族	132
ハニ（哈尼）族	1,661	サラ（撒拉）族	131
リー（黎）族	1,463	プーラン（布朗）族	120
カザフ（哈薩克）族	1,463	マオナン（毛南）族	101
タイ（傣）族	1,261	タジク（塔吉克）族	51
ショー（畲）族	709	プミ（普米）族	43

❸シンガポールの民族別人口の割合　Statistics Singapore

民　族	1901	1947	1970	1980	2000	2016
総計*（千人）	**228**	**938**	**2,013**	**2,282**	**3,273**	**3,933**
中国系（%）	72.1	77.8	77.0	78.3	76.8	74.3
マレー系（%）	15.8	12.1	14.8	14.4	13.9	13.4
インド系（%）	7.5	7.4	7.0	6.3	7.9	9.1

中国人（華僑）が国の主導権を握っている。　＊国民，永住民数

❹マレーシアの民族別人口の割合

民　族	1980	1990	2000	2010	2016
総計*（万人）	**1,387**	**1,810**	**2,208**	**2,626**	**2,840**
マレー系（%）	57.1	61.8	65.0	67.3	68.6
中国系（%）	32.1	27.6	26.1	24.5	23.4
インド系（%）	8.6	7.8	7.7	7.3	7.0

＊国民数　Statistics Malaysia

❺おもなラテンアメリカ諸国の民族

国名・民族別構成
アルゼンチン　ヨーロッパ系 86%，メスチーソ 7%
ボリビア　先住民 55%，メスチーソ 30%
ブラジル　ヨーロッパ系 48%，ムラート 43%，アフリカ系 8%，アジア系 1%
チリ　メスチーソ 72%，ヨーロッパ系 22%
コロンビア　メスチーソ 58%，ヨーロッパ系 20%，ムラート 14%，アフリカ系 4%
グアテマラ　混血 60%，マヤ系先住民 39%
メキシコ　メスチーソ 64%，先住民 18%，ヨーロッパ系 15%
ニカラグア　メスチーソ 63%，ヨーロッパ系 14%，アフリカ系 8%，先住民 5%
ペルー　先住民 52%，メスチーソ 32%，ヨーロッパ系 12%

世界年鑑2017ほか

❻おもなアフリカ諸国の民族（部族）別割合

国名・民族（部族）別割合
アンゴラ　オヴィンブンドゥ人 37%，キンブンドゥ人 25%，コンゴ人 15%
ウガンダ　バカンダ人 17%，バニャンコレ人 10%，バソガ人 9%，バキガ人 7%
コンゴ共和国　コンゴ人 48%，サンガ人 20%，テケ人 17%，ンボチ人 12%
スーダン　アフリカ系 52%（南部中心），アラブ系 39%（北部中心），ベジャ人 6%
ソマリア　ソマリ人 92%，アラブ人 2%
ナイジェリア　ヨルバ人 18%，ハウサ人 17%，イボ人 13%，フラ人 11%
ブルンジ　フツ人 81%，ツチ人 16%，リンガラ人 2%
モザンビーク　マクア・ロムウェ人 52%，ソンガ・ロンガ人 24%，ニャンジャ・セナ人 12%
リベリア　クペレ人 20%，バサ人 13%，グレボ人 10%
ルワンダ　フツ人 85%，ツチ人 14%，ツワ人 1%

世界年鑑2017ほか

❼南アフリカ共和国の州別人種・民族別人口の割合（2016年，%）　Statistics South Africa

州名（州都）	人口（千人）	アフリカ系	カラード（混血）	ヨーロッパ系	インド・アジア系	州名（州都）	人口（千人）	アフリカ系	カラード（混血）	ヨーロッパ系	インド・アジア系
南アフリカ共和国計	**55,653**	**80.7**	**8.7**	**8.1**	**2.5**	リンポポ（ポロクワネ）	5,799	97.1	0.3	2.3	0.3
ハウテン（ヨハネスバーグ）	13,399	80.4	3.3	13.6	2.7	ムプマランガ（ムボンベラ）	4,335	93.6	0.8	5.2	0.4
クワズール・ナタール（ピーターマリッツバーグ）	11,065	87.0	1.2	3.9	7.9	ノースウェスト（マフィケン）	3,748	91.6	1.6	6.4	0.4
イースタンケープ（ビジョ）	6,996	86.4	8.6	4.6	0.4	フリーステート（ブルームフォンテーン）	2,834	88.7	2.5	8.5	0.3
ウェスタンケープ（ケープタウン）	6,279	35.7	47.5	16.0	0.8	ノーザンケープ（キンバリー）	1,193	48.1	43.7	7.7	0.5

❶おもな国の食料生産指数・穀物生産指数・穀物生産量

FAOSTAT

国名	1人あたり食料生産指数(2014～2016年＝100)				1人あたり穀物生産指数(2014～2016年＝100)				穀物生産量(万 t)			
	1990	2000	2010	2020	1990	2000	2010	2020	1990	2000	2010	2020
世界	**80**	**85**	**94**	**101**	**96**	**89**	**93**	**99**	**195,172**	**205,854**	**246,151**	**299,614**
日本	114	102	96	100	122	107	95	90	1,445	1,280	1,145	1,092
バングラデシュ	68	77	96	106	78	89	101	102	2,775	3,950	5,186	5,996
中国	44	70	91	101	88	80	88	100	40,193	40,522	49,634	61,552
インド	75	80	91	110	101	100	97	108	19,392	23,493	26,784	33,504
サウジアラビア	148	121	117	138	555	228	125	69	414	217	157	118
タイ	69	85	96	93	70	92	118	97	2,117	3,053	4,093	3,551
アルジェリア	48	52	84	102	67	34	129	112	163	93	421	439
ケニア	100	84	109	97	133	92	117	105	279	259	435	488
マリ	73	68	93	116	46	49	77	110	177	231	534	1,035
タンザニア	76	65	88	100	84	60	114	126	396	362	864	1,249
ザンビア	72	69	106	106	74	58	113	99	121	121	310	369
フランス	116	113	101	91	95	108	102	84	5,511	6,573	6,584	5,685
ドイツ	104	94	96	93	78	93	91	86	3,758	4,527	4,404	4,327
イタリア	112	123	111	100	100	116	102	92	1,741	2,066	1,850	1,695
ポーランド	119	92	91	111	97	77	91	117	2,801	2,234	2,723	3,487
スウェーデン	125	110	94	98	120	104	76	100	638	560	428	595
イギリス	114	107	98	94	109	114	92	75	2,257	2,399	2,095	1,896
ロシア	—	68	75	111	—	60	57	121	① 20,911	6,424	5,962	13,004
カナダ	87	92	91	109	137	109	89	113	5,681	5,109	4,612	6,501
メキシコ	80	89	95	107	104	96	102	94	2,556	2,800	3,493	3,638
アメリカ合衆国	88	95	96	101	88	86	92	92	31,241	34,263	40,113	43,488
アルゼンチン	68	81	93	105	48	82	76	146	1,914	3,798	3,977	8,657
ブラジル	52	66	93	108	50	61	83	121	3,249	4,653	7,516	12,557
チリ	69	84	98	102	113	85	101	71	298	259	359	276
オーストラリア	89	108	93	84	90	119	97	65	2,305	3,445	3,346	2,661

①ソ連

❶世界の穀物生産量は，先進国で停滞の反面，中国・インド・ブラジルなどBRICS諸国の増産により伸びている。一方，人口が急増するアフリカは砂漠化などの環境悪化や内戦等で食料事情の悪化している国が多い。❷日本の肉類・乳製品などの自給率は，飼料となる粗粒穀物（とうもろこし等）の輸入で支えられている。オーストラリア・フランスは穀類・砂糖類，イタリア・スペインは野菜・果実の自給率が高い。❸アジアやアフリカの発展途上国では，動物性食料は少なく，でんぷん質食料が多い。

❷おもな国の食料自給率（2018年，%）

食需'20

国名	食料自給率①	穀類				いも類	豆類	野菜類	果実類	肉類	卵類	牛乳・乳製品	魚介類	砂糖類	油脂類
			食用穀物	うち小麦	粗粒穀物										
日本*	37	28	63	15	1	73	8	80	38	53	97	61	55	36	13
イタリア	60	63	73	62	54	54	43	149	109	74	98	85	17	12	35
イギリス	65	82	79	83	88	87	45	43	13	77	93	88	65	57	58
フランス	125	176	169	183	187	130	77	72	65	103	99	104	29	348	91
ドイツ	86	101	115	124	83	134	11	42	37	122	71	106	27	118	93
オランダ	65	10	16	16	5	150	0	347	39	253	218	157	129	211	51
スペイン	100	71	81	78	65	62	15	210	129	152	113	89	59	34	79
スウェーデン	63	102	82	84	143	78	73	34	6	76	96	84	69	92	22
スイス	51	45	42	45	51	94	36	52	42	88	64	101	2	58	39
オーストラリア	200	239	232	240	251	91	274	92	102	164	100	109	33	375	93
カナダ	266	197	379	406	122	154	337	59	25	136	93	97	92	41	264
アメリカ合衆国	132	128	156	152	124	101	191	86	67	114	103	102	65	78	90

①カロリーベース　＊2020年。日本は食用穀物にそば，粗粒穀物に裸麦を含むが，他国は含まない。 ☞ p.69①

❸おもな国の供給栄養量（1人1日あたり，2020年）

FAOSTAT

国名	熱量(kcal)	でんぷん質食料の割合(%)①	動物性食料の割合(%)②	脂質(g) 採油用作物	脂質(g) 動物性油脂	たんぱく質(g)	動物性たんぱく質の割合(%)②
日本	2,679	40.5	26.2	27	3	88.3	56.7
韓国	3,443	34.8	23.2	31	13	98.1	54.8
中国	3,344	50.7	23.4	36	5	106.7	39.0
インド	2,599	56.1	11.9	32	10	67.2	23.1
北朝鮮	2,077	66.7	6.8	7	1	53.8	18.8
アルジェリア	3,487	50.1	11.6	19	2	89.6	27.4
エジプト	3,326	65.9	9.3	23	4	93.3	23.9
ケニア	2,193	55.2	10.7	7	3	58.6	22.3
コンゴ共和国	2,220	58.1	12.3	10	0.3	52.4	49.1
ザンビア	2,343	76.0	7.1	17	1	54.8	23.1
デンマーク	3,453	26.5	41.0	8	82	110.8	66.0
イタリア	3,563	32.2	25.9	11	20	105.7	54.4
ドイツ	3,628	25.3	33.5	9	35	105.9	63.5
イギリス	3,381	33.7	30.4	13	13	105.4	55.7
ロシア	3,407	40.4	27.5	6	14	105.6	53.9
アメリカ合衆国	3,926	23.7	29.6	18	10	118.8	64.2
アルゼンチン	3,338	35.1	31.5	4	12	114.2	59.7
ブラジル	3,343	30.6	27.5	31	9	93.0	59.9
ニュージーランド	3,214	32.5	30.2	16	35	93.4	55.5
オーストラリア	3,422	24.0	33.6	13	17	114.9	65.6

①穀類，いも類，でんぷんの合計　②動物性食料にはすべての動物性油脂類を含む

❶おもな国の1人あたり供給食料（2020年，kg／年）

FAOSTAT

国名	穀物計	小麦*	米*	とうもろこし*	きび・ひえ・あわ*	じゃがいも*	キャッサバ*	てんさい・さとうきび	豆類	採油用作物	野菜	果実
世界	**175.1**	**66.7**	**78.9**	**19.2**	**3.0**	**33.1**	**20.9**	**4.3**	**7.3**	**9.0**	**140.6**	**78.0**
日本	131.6	43.5	72.6	13.8	0.1	17.7	0.0	−	1.3	9.8	94.3	33.2
韓国	154.6	47.9	85.4	19.7	0.2	12.8	0.1	0.0	1.4	11.2	192.1	47.0
インド	187.7	65.5	101.9	7.8	8.3	25.0	3.5	12.2	14.6	11.6	90.7	63.5
カザフスタン	125.0	101.2	10.2	1.5	0.3	107.5	0.0	0.0	6.2	1.0	254.0	55.0
サウジアラビア	189.7	99.2	56.1	28.7	0.5	19.1	−	0.3	5.4	9.1	74.6	87.6
タイ	206.1	19.7	168.2	10.9	−	3.5	2.1	19) 63.7	2.8	10.9	41.7	64.5
中国	204.6	66.3	128.3	5.8	0.7	48.2	2.0	0.0	1.4	13.3	380.4	99.3
マレーシア	172.8	43.6	105.9	21.1	−	15.0	1.6	0.0	2.8	12.1	64.5	40.7
モンゴル	115.3	98.4	7.6	0.9	−	67.8	0.0	−	0.4	0.6	63.9	13.2
ベトナム	237.3	16.0	204.2	17.2	−	3.6	9.5	6.7	3.3	9.6	173.3	78.9
エジプト	263.0	147.9	48.2	59.7	0.0	29.7	0.0	34.8	3.6	8.5	149.0	93.4
コンゴ共和国	62.8	42.0	15.9	4.9	−	1.5	263.5	0.0	3.2	3.5	29.2	45.6
ナイジェリア	137.9	26.7	41.9	34.4	7.8	4.5	124.8	3.6	11.0	11.2	68.5	51.6
南アフリカ共和国	163.6	56.9	20.2	83.1	0.1	32.5	0.0	−	1.2	1.8	38.4	22.2
イギリス	128.7	102.7	8.9	6.7	−	66.2	−	−	2.4	4.7	86.5	85.4
イタリア	149.7	135.8	8.0	3.3	−	37.4	−	−	7.8	3.9	94.6	127.9
スペイン	114.4	97.9	10.9	2.1	−	58.4	−	−	5.9	5.2	106.5	98.4
スウェーデン	110.9	89.6	6.8	1.9	−	56.8	−	0.0	2.3	3.1	88.4	60.2
ドイツ	93.0	64.1	6.0	6.9	0.1	67.1	−	0.0	0.7	3.4	91.4	78.6
フランス	139.9	116.1	9.3	12.0	−	51.0	−	−	1.2	3.0	94.8	83.8
ポーランド	139.4	101.3	2.8	−	−	100.4	−	0.0	1.0	1.6	107.5	64.8
ルーマニア	169.3	129.0	4.8	31.6	−	99.6	−	−	1.8	2.5	141.6	117.7
ロシア	154.3	131.4	8.2	1.0	1.0	87.2	−	0.0	2.5	2.2	99.5	62.2
アメリカ合衆国	113.8	81.6	11.5	12.2	−	48.6	0.1	−	5.1	6.6	119.3	95.2
カナダ	119.4	79.1	15.8	20.1	−	68.2	0.2	−	8.6	6.8	99.6	92.8
メキシコ	163.4	32.7	9.0	121.2	−	15.1	0.2	0.5	9.7	1.8	62.0	120.5
アルゼンチン	138.8	120.1	12.5	4.3	−	44.6	1.8	−	6.1	1.5	71.5	74.1
ブラジル	123.9	54.6	37.1	27.9	−	19.7	31.2	15.3	13.3	11.2	48.0	102.2
オーストラリア	94.0	74.4	13.6	3.8	−	44.7	0.1	−	7.8	4.7	81.0	71.1

国名	コーヒー*	茶①	肉類計	牛肉	豚肉	羊・ヤギ肉	鶏肉②	動物性油脂	牛乳	卵	魚介類	供給熱量(kcal)③
世界	**1.2**	**0.9**	**42.8**	**9.1**	**14.6**	**2.0**	**16.4**	**2.9**	**71.0**	**10.5**	**20.5**	**2,982**
日本	3.4	0.7	53.4	9.6	21.3	0.2	22.3	0.9	46.8	19.9	46.2	2,679
韓国	2.3	0.1	78.5	16.9	38.4	0.4	22.8	4.6	8.9	12.2	55.3	3,443
インド	0.0	0.9	4.6	1.1	0.2	0.6	2.6	3.6	67.0	3.9	8.0	2,599
カザフスタン	0.4	1.4	71.9	26.6	8.2	9.2	21.2	5.2	283.2	8.0	2.8	3,413
サウジアラビア	2.2	1.2	55.0	4.4	−	4.8	43.0	4.6	48.0	10.0	11.7	3,312
タイ	0.5	0.9	25.8	1.2	13.1	0.0	11.4	1.0	14.3	12.2	29.2	2,855
中国	0.1	1.3	61.3	6.7	35.3	3.8	15.0	1.7	24.8	21.8	39.9	3,344
マレーシア	0.0	0.9	64.7	6.0	7.4	1.0	50.2	1.9	5.6	17.7	54.7	3,010
モンゴル	0.7	0.7	111.6	26.6	0.6	66.3	3.0	7.9	154.7	5.5	0.6	2,960
ベトナム	2.6	1.4	60.6	6.1	38.2	0.2	15.8	2.3	9.6	4.1	39.6	3,005
エジプト	0.5	0.7	23.3	7.4	0.0	0.6	14.3	1.5	26.9	3.1	27.1	3,326
コンゴ共和国	0.7	0.0	40.0	1.9	6.8	0.3	23.2	0.1	1.0	0.4	24.5	2,220
ナイジェリア	0.0	0.0	7.0	1.6	1.5	2.0	1.2	0.2	1.2	2.8	6.8	2,587
南アフリカ共和国	0.9	0.3	59.8	17.2	4.2	2.8	34.9	0.6	49.8	7.5	6.5	2,857
イギリス	2.8	1.6	79.1	17.4	24.0	3.9	32.7	4.7	198.1	11.2	17.9	3,381
イタリア	4.7	0.1	70.2	15.9	32.9	0.8	19.6	7.2	181.2	11.3	29.2	3,563
スペイン	3.5	0.2	101.9	12.3	52.6	1.9	33.6	4.6	156.6	14.8	40.8	3,354
スウェーデン	9.9	0.4	68.0	22.5	28.6	1.3	15.4	14.5	216.4	13.6	32.2	3,252
ドイツ	6.4	0.3	78.8	14.6	44.0	1.0	18.3	12.6	208.5	15.3	12.6	3,628
フランス	5.3	0.2	78.2	20.8	31.0	2.4	23.0	16.4	198.5	13.9	33.2	3,538
ポーランド	2.4	0.5	89.5	1.5	55.0	0.0	32.9	13.5	175.7	8.8	12.5	3,593
ルーマニア	3.5	0.1	66.4	5.2	34.5	2.6	23.9	7.3	213.3	13.0	8.3	3,638
ロシア	1.6	0.9	76.9	12.9	28.2	1.5	30.8	4.9	152.4	16.5	21.7	3,407
アメリカ合衆国	4.4	0.5	128.6	37.9	30.6	0.6	58.7	3.6	229.5	16.1	22.8	3,926
カナダ	6.8	0.4	90.6	27.5	21.4	1.1	40.1	12.6	161.4	15.1	20.7	3,583
メキシコ	0.5	0.0	71.0	14.6	19.1	0.8	35.9	2.1	91.6	20.6	13.6	3,174
アルゼンチン	0.8	23.3	110.2	46.9	14.4	1.4	46.2	4.5	161.9	16.7	6.8	3,338
ブラジル	3.4	2.3	99.2	35.4	14.2	0.7	48.4	3.2	151.1	12.8	8.1	3,343
オーストラリア	5.4	0.5	121.5	37.0	24.2	10.6	48.7	6.1	236.5	7.8	24.1	3,422

*製品を含む　①マテ茶を含む　②家禽類　③1人1日あたり供給熱量

❶ 米(もみ)の生産（万t）　FAOSTAT

国名	1990	2020	%
世界	**51,857**	**75,674**	**100**
中国	18,933	21,186	28.0
インド	11,152	17,831	23.6
バングラデシュ	2,678	5,491	7.3
インドネシア	4,518	5,465	7.2
ベトナム	1,923	4,276	5.7
タイ	1,719	3,023	4.0
ミャンマー	1,397	2,510	3.3
フィリピン	989	1,929	2.5
ブラジル	742	1,109	1.5
カンボジア	250	1,096	1.4

日本971　☞p.55「解説」

❷ 米の輸出入（万t）　FAOSTAT

輸出国	1990	2020	%	輸入国	1990	2020	%
世界	**1,241**	**4,559**	**100**	世界	**1,206**	**4,527**	**100**
インド	51	1,446	31.7	中国	6	290	6.4
ベトナム	162	569	12.5	フィリピン	59	191	4.2
タイ	401	567	12.4	サウジアラビア	28	154	3.4
パキスタン	74	394	8.7	コートジボワール	34	134	3.0
アメリカ合衆国	243	279	6.1	ガーナ	11	132	2.9
中国	33	227	5.0	マレーシア	33	122	2.7
ミャンマー	25	185	4.0	アメリカ合衆国	15	118	2.6
ブラジル	0.1	122	2.7	セネガル	39	113	2.5
ウルグアイ	29	96	2.1	イラン	56	111	2.5
パラグアイ	0.2	80	1.7	モザンビーク	7	106	2.3

日本4(出)　68(入)　☞p.55「解説」

❸ 小麦の生産（万t）　FAOSTAT

国名	1990	2020	%
世界	**59,133**	**76,093**	**100**
中国	9,823	13,425	17.6
インド	4,985	10,759	14.1
ロシア	①10,189	8,590	11.3
アメリカ合衆国	7,429	4,969	6.5
カナダ	3,210	3,518	4.6
フランス	3,335	3,014	4.0
パキスタン	1,432	2,525	3.3
ウクライナ	−	2,491	3.3
ドイツ	1,524	2,217	2.9
トルコ	2,002	2,050	2.7

日本95　①ソ連　☞p.55「解説」

❹ 小麦の輸出入（万t）　FAOSTAT

輸出国	1990	2020	%	輸入国	1990	2020	%
世界	**9,860**	**19,853**	**100**	世界	**9,588**	**19,174**	**100**
ロシア	①83	3,727	18.8	インドネシア	172	1,030	5.4
アメリカ合衆国	2,756	2,613	13.2	トルコ	218	966	5.0
カナダ	1,795	2,611	13.2	エジプト	540	904	4.7
フランス	1,717	1,979	10.0	中国	1,253	815	4.3
ウクライナ	−	1,806	9.1	イタリア	466	799	4.2
オーストラリア	1,151	1,040	5.2	アルジェリア	261	705	3.7
アルゼンチン	584	1,020	5.1	ブラジル	196	616	3.2
ドイツ	215	926	4.7	フィリピン	153	615	3.2
カザフスタン	−	520	2.6	バングラデシュ	116	601	3.1
ポーランド	0.003	469	2.4	ナイジェリア	3	590	3.1

日本537(入)　①ソ連　☞p.55「解説」

❺ 米と小麦の比較（2020年）　FAOSTAT

種類		米 万t	米 %	小麦 万t	小麦 %
地域別収穫量	世界	**75,674**	**100**	**76,093**	**100**
	アジア	67,661	89.4	34,792	45.7
	アフリカ	3,789	5.0	2,523	3.3
	ヨーロッパ	407	0.5	25,502	33.5
	北アメリカ	1,315	1.7	8,786	11.5
	南アメリカ	2,497	3.3	2,996	3.9
	オセアニア	6	0.008	1,493	2.0
地域別輸入量	世界	**4,527**	**100**	**19,174**	**100**
	アジア	1,761	38.9	8,443	44.0
	アフリカ	1,550	34.2	4,760	24.8
	ヨーロッパ	488	10.8	3,566	18.6
	北アメリカ	443	9.8	932	4.9
	南アメリカ	216	4.8	1,336	7.0
	オセアニア	70	1.5	136	0.7
栽培面積(万ha)		**16,419**		**21,901**	

❻ 米の生産量上位15か国の1haあたり収量（2020年）

国名	t/ha
世界平均	**4.61**
アメリカ合衆国	8.54
中国	7.04
日本	6.64
ブラジル	6.61
ベトナム	5.92
インドネシア	5.13
バングラデシュ	4.81
フィリピン	4.09
インド	3.96
ネパール	3.80
ミャンマー	3.77
カンボジア	3.76
タイ	2.91
パキスタン	2.52
ナイジェリア	1.55

FAOSTAT

❼ 小麦の生産量上位15か国の1haあたり収量（2020年）

国名	t/ha
世界平均	**3.47**
ドイツ	7.82
フランス	6.68
中国	5.74
ポーランド	5.24
ウクライナ	3.80
カナダ	3.51
インド	3.43
アメリカ合衆国	3.34
ロシア	2.98
トルコ	2.96
アルゼンチン	2.94
パキスタン	2.87
イラン	1.98
オーストラリア	1.47
カザフスタン	1.18

日本4.47　FAOSTAT

❽ とうもろこしの生産（万t）

国名	1990	2020	%
世界	**48,362**	**116,235**	**100**
アメリカ合衆国	20,153	36,025	31.0
中国	9,682	26,067	22.4
ブラジル	2,135	10,396	8.9
アルゼンチン	540	5,840	5.0
ウクライナ	−	3,029	2.6
インド	896	3,016	2.6
メキシコ	1,464	2,742	2.4
インドネシア	673	2,250	1.9
南アフリカ共和国	918	1,530	1.3
ロシア	①988	1,388	1.2

日本0.02　①ソ連　☞p.55,56「解説」
FAOSTAT

❾ とうもろこしの輸出入（万t）

輸出国	1990	2020	%	輸入国	1990	2020	%
世界	**7,204**	**19,289**	**100**	世界	**7,351**	**18,524**	**100**
アメリカ合衆国	5,217	5,184	26.9	メキシコ	410	1,595	8.6
アルゼンチン	300	3,688	19.1	日本	1,601	1,577	8.5
ブラジル	0.01	3,443	17.9	ベトナム	0.2	1,214	6.6
ウクライナ	−	2,795	14.5	韓国	616	1,166	6.3
ルーマニア	0.03	565	2.9	中国	37	1,129	6.1
フランス	719	456	2.4	スペイン	181	807	4.4
ハンガリー	16	404	2.1	エジプト	190	788	4.3
セルビア	−	361	1.9	イラン	94	621	3.3
南アフリカ共和国	200	258	1.3	コロンビア	3	616	3.3
ブルガリア	0.02	256	1.3	イタリア	114	599	3.2

日本0.0001(出)　☞p.55,56「解説」　FAOSTAT

❶大豆の生産（万ｔ） FAOSTAT

国名	1990	2020	%
世界	**10,846**	**35,346**	**100**
ブラジル	1,990	12,180	34.5
アメリカ合衆国	5,242	11,255	31.8
アルゼンチン	1,070	4,880	13.8
中国	1,100	1,960	5.5
インド	260	1,123	3.2
パラグアイ	179	1,102	3.1
カナダ	126	636	1.8
ロシア	①88	431	1.2
ボリビア	23	283	0.8
ウクライナ	−	280	0.8

ブラジル，アルゼンチンの増加が著しい。
日本22　①ソ連　☞p.56「解説」

❷大豆の輸出入（万ｔ） FAOSTAT

輸出国	1990	2020	%	輸入国	1990	2020	%
世界	**2,588**	**17,337**	**100**	**世界**	**2,633**	**16,705**	**100**
ブラジル	408	8,297	47.9	中国	0.1	10,033	60.1
アメリカ合衆国	1,547	6,457	37.2	アルゼンチン	0.004	532	3.2
パラグアイ	141	662	3.8	オランダ	412	454	2.7
アルゼンチン	321	636	3.7	エジプト	2	406	2.4
カナダ	17	443	2.6	タイ	0.002	404	2.4
ウルグアイ	3	215	1.2	メキシコ	90	390	2.3
ウクライナ	−	179	1.0	ドイツ	272	387	2.3
ロシア	−	120	0.7	スペイン	262	334	2.0
オランダ	29	105	0.6	日本	468	316	1.9
クロアチア	−	26	0.2	トルコ	0.2	304	1.8

日本0.01（出）

❸大麦の生産（万ｔ） FAOSTAT

国名	1990	2020	%
世界	**17,807**	**15,703**	**100**
ロシア	①5,254	2,094	13.3
スペイン	938	1,147	7.3
ドイツ	1,399	1,077	6.9
カナダ	1,344	1,074	6.8
フランス	1,000	1,027	6.5
オーストラリア	411	1,013	6.4
トルコ	730	830	5.3
イギリス	790	812	5.2
ウクライナ	−	764	4.9
アルゼンチン	33	448	2.9

日本22　①ソ連　☞p.56「解説」

❹ライ麦の生産（万ｔ） FAOSTAT

国名	1990	2020	%
世界	**3,819**	**1,502**	**100**
ドイツ	399	351	23.4
ポーランド	604	290	19.3
ロシア	①2,218	238	15.8
ベラルーシ	−	105	7.0
デンマーク	55	70	4.7
中国	120	52	3.5
カナダ	60	49	3.2
ウクライナ	−	46	3.0
スペイン	27	41	2.7
トルコ	24	30	2.0

①ソ連　☞p.56「解説」

❺えん麦の生産（万ｔ） FAOSTAT

国名	1990	2020	%
世界	**3,992**	**2,518**	**100**
カナダ	269	458	18.2
ロシア	①1,555	413	16.4
ポーランド	212	163	6.5
スペイン	51	138	5.5
フィンランド	166	121	4.8
オーストラリア	153	114	4.5
イギリス	53	103	4.1
アメリカ合衆国	519	95	3.8
ブラジル	18	90	3.6
スウェーデン	158	81	3.2

日本0.03　①ソ連　☞p.56「解説」

❻じゃがいもの生産（万ｔ） FAOSTAT

国名	1990	2020	%
世界	**26,683**	**35,907**	**100**
中国	3,200	7,818	21.8
インド	1,477	5,130	14.3
ウクライナ	−	2,084	5.8
ロシア	①6,361	1,961	5.5
アメリカ合衆国	1,824	1,879	5.2
ドイツ	1,447	1,172	3.3
バングラデシュ	107	961	2.7
フランス	475	869	2.4
ポーランド	3,631	785	2.2
オランダ	704	702	2.0

日本227　①ソ連　☞p.56「解説」

❼タロいもの生産（万ｔ） FAOSTAT

国名	1990	2020	%
世界	**503**	**1,284**	**100**
ナイジェリア	73	321	25.0
エチオピア	−	233	18.1
中国	110	189	14.7
カメルーン	75	182	14.1
ガーナ	82	125	9.8
パプアニューギニア	22	28	2.2
ブルンジ	13	24	1.9
マダガスカル	11	23	1.8
ルワンダ	8	19	1.5
中央アフリカ	5	13	1.0

日本13（さといもなど）
サトイモ属

❽ヤムいもの生産（万ｔ） FAOSTAT

国名	1990	2020	%
世界	**2,177**	**7,483**	**100**
ナイジェリア	1,362	5,005	66.9
ガーナ	88	853	11.4
コートジボワール	318	765	10.2
ベナン	105	315	4.2
トーゴ	39	87	1.2
カメルーン	9	71	0.9
中央アフリカ	23	49	0.7
チャド	24	46	0.6
コロンビア	3	42	0.6
パプアニューギニア	21	36	0.5

日本17（やまのいも，ながいもなど）
ヤマノイモ属

p.54：米・小麦・とうもろこしは三大穀物と呼ばれ，基本的に人口の多い国での生産が多く，各々年間７～11億ｔ生産される。アジア原産の米はモンスーンアジアで９割が生産され，生産順位は人口順位とほぼ対応する。生産国内でほとんど消費されるため，小麦やとうもろこしに比べて貿易量は少ない。西アジア原産で乾燥・冷涼気候での生産に適する小麦は，新大陸の企業的穀物農業のさかんな国とフランスが，輸出の上位を占める。

❾キャッサバの生産（万ｔ）

国名	1990	2020	%
世界	**15,236**	**30,266**	**100**
ナイジェリア	1,904	6,000	19.8
コンゴ民主	1,872	4,101	13.6
タイ	2,070	2,900	9.6
ガーナ	272	2,181	7.2
インドネシア	1,583	1,830	6.0
ブラジル	2,432	1,821	6.0
ベトナム	228	1,049	3.5
アンゴラ	160	878	2.9
カンボジア	6	766	2.5
タンザニア	779	755	2.5

イモノキ属。タピオカの原料　☞p.56「解説」
FAOSTAT

❿さつまいもの生産（万ｔ）

国名	1990	2020	%
世界	**12,277**	**8,949**	**100**
中国	10,470	4,895	54.7
マラウイ	−	692	7.7
タンザニア	40	444	5.0
ナイジェリア	14	387	4.3
アンゴラ	16	173	1.9
エチオピア	①15	160	1.8
アメリカ合衆国	57	156	1.7
ウガンダ	169	154	1.7
インドネシア	197	149	1.7
ベトナム	193	137	1.5

日本69　①エリトリアを含む　FAOSTAT

p.54, 55：とうもろこしは原産地であるアメリカ大陸での生産が多い。飼料として重要で，日本の輸入が多い。大豆と生産国が似ているが，生産量の違いで区別する。大麦，ライ麦，えん麦，じゃがいもは冷涼地域，キャッサバは熱帯（焼畑）での生産が多い。さとうきびの生産は熱帯から亜熱帯の人口の多い国で多く，バイオ燃料（エタノール）としての利用も多いブラジルが４割を占めている。

❶きび・ひえ・あわの生産（万ｔ）

国名	1990	2020	%
世界	**3,000**	**3,046**	**100**
インド	1,042	1,249	41.0
ニジェール	177	351	11.5
中国	458	230	7.5
ナイジェリア	514	200	6.6
マリ	74	192	6.3
エチオピア	①15	122	4.0
セネガル	50	114	3.8
ブルキナファソ	45	96	3.1
チャド	17	69	2.3
スーダン	②11	48	1.6

日本0.02　①エリトリアを含む　②南スーダンを含む　FAOSTAT

❷もろこし（ソルガム）の生産（万ｔ）

国名	1990	2020	%
世界	**5,681**	**5,871**	**100**
アメリカ合衆国	1,456	947	16.1
ナイジェリア	419	636	10.8
エチオピア	①97	506	8.6
インド	1,168	477	8.1
メキシコ	598	470	8.0
中国	568	355	6.0
ブラジル	24	277	4.7
スーダン	②118	254	4.3
ニジェール	28	213	3.6
ブルキナファソ	75	184	3.1

①エリトリアを含む　②南スーダンを含む　FAOSTAT

❸さとうきびの生産（万ｔ）　FAOSTAT

国名	1990	2020	%
世界	**105,300**	**186,972**	**100**
ブラジル	26,267	75,712	40.5
インド	22,557	37,050	19.8
中国	5,762	10,812	5.8
パキスタン	3,549	8,101	4.3
タイ	3,356	7,497	4.0
メキシコ	3,992	5,395	2.9
アメリカ合衆国	2,552	3,275	1.8
オーストラリア	2,437	3,028	1.6
インドネシア	2,798	2,891	1.5
グアテマラ	960	2,835	1.5

日本117

❹てんさいの生産（万ｔ）　FAOSTAT

国名	1990	2020	%
世界	**30,919**	**25,297**	**100**
ロシア	①8,298	3,392	13.4
アメリカ合衆国	2,496	3,050	12.1
ドイツ	3,037	2,862	11.3
フランス	3,175	2,620	10.4
トルコ	1,399	2,303	9.1
ポーランド	1,672	1,417	5.6
エジプト	57	1,304	5.2
中国	1,452	1,160	4.6
ウクライナ	–	915	3.6
オランダ	862	669	2.6

日本391　①ソ連

❺砂糖（粗糖）の生産（万ｔ）　FAOSTAT

国名	1990	2020	%
世界	**11,172**	**17,281**	**100**
ブラジル	794	3,844	22.2
インド	1,258	2,890	16.7
中国	688	1,040	6.0
タイ	351	829	4.8
アメリカ合衆国	634	768	4.4
メキシコ	328	619	3.6
ロシア	①943	579	3.4
パキスタン	202	563	3.3
ドイツ	468	449	2.6
オーストラリア	368	434	2.5

日本77　①ソ連

❻砂糖*の輸出入（万ｔ）　FAOSTAT

輸出国	1990	2020	%	輸入国	1990	2020	%
世界	**2,864**	**6,974**	**100**	世界	**2,832**	**6,588**	**100**
ブラジル	154	3,064	43.9	インドネシア	28	554	8.4
インド	3	706	10.1	中国	113	527	8.0
タイ	237	538	7.7	アメリカ合衆国	184	351	5.3
オーストラリア	285	336	4.8	アルジェリア	73	256	3.9
フランス	260	228	3.3	バングラデシュ	9	253	3.8
グアテマラ	40	167	2.4	マレーシア	81	219	3.3
アラブ首長国連邦	13	147	2.1	インド	1	201	3.1
ドイツ	128	124	1.8	韓国	110	194	2.9
ロシア	①13	119	1.7	ナイジェリア	31	191	2.9
南アフリカ共和国	78	102	1.5	イタリア	19	159	2.4

日本0.2（出）　105（入）　①ソ連　＊精製糖，含蜜糖，加工糖の合計

❼砂糖の消費（2012年，ｇ）

国名	1人1日あたり	国名	1人1日あたり
ブラジル	184	ベリーズ	140
（オランダ領アンティル）	184	モーリタニア	140
イスラエル	178	フィジー	137
キューバ	159	スイス	137
シンガポール	153	オーストラリア	134
バルバドス	148	グアテマラ	134
トリニダード・トバゴ	145	ニュージーランド	134
コスタリカ	142	スワジランド	134
ガンビア	142	チリ	129
マレーシア	142	ヨルダン	129

世界平均68　日本47　世界統計年鑑2012

❽葉たばこの生産（千ｔ）　FAOSTAT

国名	1990	2020	%
世界	**7,138**	**5,886**	**100**
中国	2,627	2,134	36.3
インド	552	761	12.9
ブラジル	445	702	11.9
ジンバブエ	130	203	3.5
インドネシア	156	200	3.4
アメリカ合衆国	738	177	3.0
モザンビーク	3	159	2.7
パキスタン	68	133	2.3
アルゼンチン	68	109	1.9
マラウイ	101	94	1.6

日本14

❾葉たばこの輸出入（千ｔ）　FAOSTAT

輸出国	1990	2020	%	輸入国	1990	2020	%
世界	**1,511**	**2,257**	**100**	世界	**1,463**	**2,139**	**100**
ブラジル	188	485	21.5	ベルギー	①41	205	9.6
ベルギー	①10	220	9.7	ロシア	②36	151	7.1
中国	32	186	8.2	ポーランド	15	143	6.7
ジンバブエ	116	178	7.9	ドイツ	162	136	6.4
インド	70	177	7.8	インドネシア	27	110	5.2
マラウイ	87	112	5.0	アメリカ合衆国	199	108	5.1
アメリカ合衆国	230	98	4.3	アラブ首長国連邦	0.1	101	4.7
モザンビーク	0	61	2.7	トルコ	3	94	4.4
イタリア	138	59	2.6	中国	13	88	4.1
タンザニア	7	57	2.5	オランダ	92	83	3.9

日本6（出）　27（入）　①ルクセンブルクを含む　②ソ連

❶茶の生産（千ｔ） FAOSTAT

国　名	1990	2020	%
世　界	**2,525**	**7,024**	**100**
中　国	540	2,970	42.3
インド	688	1,425	20.3
ケニア	197	570	8.1
アルゼンチン	51	335	4.8
スリランカ	233	278	4.0
トルコ	123	255	3.6
ベトナム	32	240	3.4
インドネシア	156	138	2.0
ミャンマー	15	126	1.8
タ　イ	7	98	1.4

日本70

❷茶の輸出入（千ｔ） FAOSTAT

輸出国	1990	2020	%	輸入国	1990	2020	%
世　界	**1,227**	**2,140**	**100**	世　界	**1,231**	**1,922**	**100**
ケニア	166	576	26.9	パキスタン	108	254	13.2
中　国	195	349	16.3	ロシア	① 256	151	7.9
スリランカ	216	285	13.3	イギリス	178	130	6.8
インド	198	210	9.8	アメリカ合衆国	77	107	5.6
ベトナム	16	126	5.9	エジプト	70	75	3.9
ウガンダ	5	72	3.4	アラブ首長国連邦	18	74	3.9
アルゼンチン	46	66	3.1	モロッコ	29	72	3.7
アラブ首長国連邦	7	58	2.7	イラン	42	63	3.3
マラウイ	41	47	2.2	イラク	32	55	2.9
インドネシア	111	45	2.1	中　国	6	43	2.3

日本5（出）　27（入）　①ソ連

❸コーヒー豆（生豆）の生産（千ｔ）

国　名	1990	2020	%
世　界	**6,063**	**10,688**	**100**
ブラジル	1,465	3,700	34.6
ベトナム	92	1,763	16.5
コロンビア	845	833	7.8
インドネシア	413	773	7.2
エチオピア	① 204	585	5.5
ペルー	81	377	3.5
ホンジュラス	120	365	3.4
インド	118	298	2.8
ウガンダ	129	291	2.7
グアテマラ	202	225	2.1

①エリトリアを含む　FAOSTAT

❹コーヒー豆（生豆）の輸出入（千ｔ） FAOSTAT

輸出国	1990	2020	%	輸入国	1990	2020	%
世　界	**4,844**	**7,719**	**100**	世　界	**4,730**	**7,487**	**100**
ブラジル	853	2,373	30.7	アメリカ合衆国	1,174	1,428	19.1
ベトナム	90	1,231	16.0	ドイツ	829	1,120	15.0
コロンビア	811	695	9.0	イタリア	307	567	7.6
インドネシア	422	376	4.9	日　本	291	392	5.2
ホンジュラス	106	363	4.7	スペイン	176	317	4.2
ドイツ	94	340	4.4	ベルギー	① 116	314	4.2
ウガンダ	141	329	4.3	フランス	313	234	3.1
ベルギー	① 6	241	3.1	ロシア	③ 58	198	2.6
エチオピア	② 64	230	3.0	スイス	67	192	2.6
ペルー	68	213	2.8	オランダ	170	189	2.5

日本0.003（出）　①ルクセンブルクを含む　②エリトリアを含む　③ソ連

❺カカオ豆の生産（千ｔ） FAOSTAT

国　名	1990	2020	%
世　界	**2,532**	**5,757**	**100**
コートジボワール	808	2,200	38.2
ガーナ	293	800	13.9
インドネシア	142	739	12.8
ナイジェリア	244	340	5.9
エクアドル	97	328	5.7
カメルーン	115	290	5.0
ブラジル	256	270	4.7
シエラレオネ	24	193	3.4
ペルー	15	160	2.8
ドミニカ共和国	43	78	1.3

❻カカオ豆の輸出入（千ｔ） FAOSTAT

輸出国	1990	2020	%	輸入国	1990	2020	%
世　界	**1,896**	**4,117**	**100**	世　界	**1,766**	**3,874**	**100**
コートジボワール	676	1,636	39.7	オランダ	314	988	25.5
ガーナ	249	520	12.6	ドイツ	297	442	11.4
エクアドル	68	323	7.9	マレーシア	0.1	385	9.9
カメルーン	104	313	7.6	アメリカ合衆国	337	377	9.7
ベルギー	① 1	223	5.4	ベルギー	① 57	279	7.2
ナイジェリア	148	217	5.3	インドネシア	0.001	199	5.1
インドネシア	104	211	5.1	フランス	67	159	4.1
オランダ	18	153	3.7	トルコ	5	137	3.5
マレーシア	163	96	2.3	イギリス	150	116	3.0
ドミニカ共和国	46	65	1.6	カナダ	23	104	2.7

日本0.002（出）　49（入）　①ルクセンブルクを含む

❼コプラ油の生産（千ｔ） FAOSTAT

国　名	1990	2020	%
世　界	**3,350**	**2,612**	**100**
フィリピン	1,463	965	37.0
インドネシア	760	599	22.9
インド	288	339	13.0
ベトナム	120	177	6.8
メキシコ	126	132	5.1
スリランカ	75	54	2.1
マレーシア	32	50	1.9
パプアニューギニア	33	33	1.3
モザンビーク	38	28	1.1
タ　イ	43	28	1.1

ココやしから採った油

❽パーム油の生産（万ｔ） FAOSTAT

国　名	1990	2020	%
世　界	**1,145**	**7,588**	**100**
インドネシア	241	4,476	59.0
マレーシア	609	1,914	25.2
タ　イ	23	269	3.5
コロンビア	25	156	2.1
ナイジェリア	73	128	1.7
グアテマラ	1	81	1.1
ホンジュラス	8	70	0.9
パプアニューギニア	15	63	0.8
ブラジル	7	58	0.8
コートジボワール	25	49	0.6

油やしから採った油

茶は中国～インド原産で，傾斜地に適し，中国を除く生産上位国は旧イギリス領である。コーヒー（Awの高原が適地）はエチオピア高原，カカオ豆・天然ゴム（Afの低地が適地）はアマゾンが原産地だが，主要産地は異なっている。コプラ油（ココやし）・パーム油（油やし）は熱帯，なつめやしは中東の乾燥地域で生産される。

❶なつめやしの生産（千t） FAOSTAT

国名	1990	2020	%
世界	**3,431**	**9,454**	**100**
エジプト	542	1,691	17.9
サウジアラビア	528	1,542	16.3
イラン	516	1,283	13.6
アルジェリア	206	1,152	12.2
イラク	545	735	7.8
パキスタン	287	543	5.7
スーダン	①110	465	4.9
オマーン	120	369	3.9
チュニジア	81	332	3.5
アラブ首長国連邦	141	329	3.5

①南スーダンを含む

❷落花生の生産（万t） FAOSTAT

国名	1990	2020	%
世界	**2,309**	**5,364**	**100**
中国	637	1,799	33.5
インド	751	995	18.6
ナイジェリア	117	449	8.4
アメリカ合衆国	163	278	5.2
スーダン	①12	277	5.2
セネガル	70	180	3.4
ミャンマー	46	165	3.1
アルゼンチン	23	129	2.4
ギニア	8	107	2.0
インドネシア	114	86	1.6

日本1　①南スーダンを含む

❸ひまわりの種子の生産（万t）

国名	1990	2020	%
世界	**2,271**	**5,023**	**100**
ロシア	①640	1,331	26.5
ウクライナ	−	1,311	26.1
アルゼンチン	390	323	6.4
中国	134	238	4.7
ルーマニア	56	220	4.4

①ソ連　FAOSTAT

❹なたねの生産（万t） FAOSTAT

国名	1990	2020	%
世界	**2,443**	**7,238**	**100**
カナダ	327	1,948	26.9
中国	696	1,400	19.3
インド	413	912	12.6
ドイツ	209	353	4.9
フランス	198	330	4.6

日本0.4

❺オリーブの生産（千t） FAOSTAT

国名	1990	2020	%
世界	**9,024**	**23,640**	**100**
スペイン	3,369	8,138	34.4
イタリア	913	2,207	9.3
チュニジア	825	2,000	8.5
モロッコ	396	1,409	6.0
トルコ	1,100	1,317	5.6
アルジェリア	178	1,080	4.6
エジプト	42	933	3.9
シリア	461	781	3.3
ポルトガル	198	723	3.1
アルゼンチン	88	367	1.6

☞p.59「解説」

❻レモン・ライムの生産（千t）

国名	1990	2020	%
世界	**7,251**	**21,354**	**100**
インド	752	3,717	17.4
メキシコ	696	2,879	13.5
中国	110	2,688	12.6
アルゼンチン	534	1,823	8.5
ブラジル	312	1,585	7.4
トルコ	357	1,189	5.6
スペイン	630	1,100	5.2
アメリカ合衆国	706	983	4.6
南アフリカ共和国	64	667	3.1
イラン	394	489	2.3

日本9　☞p.59「解説」　FAOSTAT

❼ごまの生産（千t） FAOSTAT

国名	1990	2020	%
世界	**2,379**	**6,804**	**100**
スーダン	①80	1,525	22.4
ミャンマー	207	740	10.9
タンザニア	29	710	10.4
インド	835	658	9.7
ナイジェリア	44	490	7.2

日本0.01　①南スーダンを含む

❽オレンジ類の生産（万t） FAOSTAT

国名	1990	2020	%
世界	**6,225**	**11,406**	**100**
中国	442	3,062	26.8
ブラジル	1,818	1,773	15.5
インド	201	985	8.6
アメリカ合衆国	735	562	4.9
スペイン	418	552	4.8
メキシコ	230	518	4.5
エジプト	183	413	3.6
トルコ	108	292	2.6
イラン	183	280	2.5
インドネシア	25	272	2.4

日本72　☞p.59「解説」

❾オレンジ類の輸出入（万t） FAOSTAT

輸出国	1990	2020	%	輸入国	1990	2020	%
世界	**568**	**1,349**	**100**	**世界**	**585**	**1,265**	**100**
スペイン	199	300	22.2	ロシア	①29	133	10.5
エジプト	14	170	12.6	ドイツ	110	89	7.0
南アフリカ共和国	31	165	12.2	フランス	92	84	6.6
トルコ	20	115	8.5	オランダ	52	83	6.6
中国	7	78	5.8	アメリカ合衆国	3	60	4.7
モロッコ	47	56	4.1	イギリス	53	58	4.6
アメリカ合衆国	54	55	4.1	サウジアラビア	25	52	4.1
オランダ	13	49	3.7	カナダ	28	36	2.9
パキスタン	2	48	3.5	中国	1	34	2.7
ギリシャ	26	44	3.3	バングラデシュ	0.3	33	2.6

日本0.1（出）　11（入）　①ソ連

❿ぶどうの生産（万t） FAOSTAT

国名	1990	2020	%
世界	**5,975**	**7,803**	**100**
中国	86	1,477	18.9
イタリア	844	822	10.5
スペイン	647	682	8.7
フランス	821	588	7.5
アメリカ合衆国	514	539	6.9
トルコ	350	421	5.4
インド	41	313	4.0
チリ	117	277	3.6
アルゼンチン	234	206	2.6
南アフリカ共和国	132	203	2.6

地中海性気候区での生産が多い。
日本16　☞p.90②③

⓫ぶどうの輸出入（万t） FAOSTAT

輸出国	1990	2020	%	輸入国	1990	2020	%
世界	**163**	**493**	**100**	**世界**	**162**	**480**	**100**
チリ	47	60	12.2	アメリカ合衆国	37	66	13.8
イタリア	41	45	9.2	オランダ	8	40	8.4
中国	0.05	42	8.6	ドイツ	34	35	7.2
ペルー	0.2	42	8.4	ロシア	①0.01	32	6.6
オランダ	4	36	7.3	イギリス	12	28	5.8
アメリカ合衆国	25	35	7.2	中国	0.001	25	5.2
南アフリカ共和国	5	32	6.6	（ホンコン）	3	24	5.0
トルコ	2	21	4.3	カナダ	18	19	3.9
（ホンコン）	0.2	21	4.2	タイ	0.03	14	2.9
スペイン	9	20	4.1	フランス	13	13	2.7

日本0.2（出）　4（入）　①ソ連　☞p.90②③

❶バナナの生産（万t）

国名	1990	2020	%
世界	**4,994**	**11,983**	**100**
インド	715	3,150	26.3
中国	146	1,151	9.6
インドネシア	241	818	6.8
ブラジル	573	664	5.5
エクアドル	305	602	5.0
フィリピン	354	596	5.0
グアテマラ	45	448	3.7
アンゴラ	27	412	3.4
タンザニア	16	342	2.9
コスタリカ	174	253	2.1

FAOSTAT

❷バナナの輸出入（万t）

輸出国	1990	2020	%	輸入国	1990	2020	%
世界	**903**	**2,450**	**100**	世界	**888**	**2,338**	**100**
エクアドル	216	704	28.7	アメリカ合衆国	310	467	20.0
コスタリカ	143	262	10.7	中国	1	175	7.5
グアテマラ	36	251	10.3	ロシア	②7	152	6.5
コロンビア	115	203	8.3	ドイツ	123	132	5.7
フィリピン	84	187	7.6	オランダ	14	127	5.5
ベルギー	①1	101	4.1	ベルギー	①18	117	5.0
オランダ	4	88	3.6	日本	76	107	4.6
パナマ	75	70	2.9	イギリス	47	98	4.2
アメリカ合衆国	34	59	2.4	イタリア	43	78	3.3
ホンジュラス	78	56	2.3	フランス	50	70	3.0

①ルクセンブルクを含む　②ソ連　FAOSTAT

❸グレープフルーツの生産（千t）

国名	1990	2020	%
世界	**4,149**	**9,343**	**100**
中国	85	4,950	53.0
ベトナム	80	833	8.9
アメリカ合衆国	1,794	518	5.5
メキシコ	107	491	5.3
南アフリカ共和国	101	416	4.5
タイ	25	285	3.0
スーダン	①45	268	2.9
トルコ	33	238	2.5
イスラエル	404	146	1.6
チュニジア	51	100	1.1

①南スーダンを含む　FAOSTAT
参考値：インド258（2018年）

❹りんごの生産（万t）

国名	1990	2020	%
世界	**4,105**	**8,644**	**100**
中国	432	4,050	46.9
アメリカ合衆国	438	465	5.4
トルコ	190	430	5.0
ポーランド	81	355	4.1
インド	109	273	3.2
イタリア	205	246	2.8
イラン	152	221	2.6
ロシア	①603	204	2.4
フランス	233	162	1.9
チリ	70	162	1.9

日本72　①ソ連　FAOSTAT

❺なしの生産（千t）

国名	1990	2020	%
世界	**9,597**	**23,109**	**100**
中国	2,354	16,000	69.2
イタリア	968	619	2.7
アメリカ合衆国	874	610	2.6
アルゼンチン	236	600	2.6
トルコ	413	546	2.4

日本198　FAOSTAT

❻キャベツ類の生産（万t）

国名	1990	2020	%
世界	**3,935**	**7,086**	**100**
中国	779	3,380	47.7
インド	237	921	13.0
ロシア	①864	263	3.7
韓国	352	256	3.6
ウクライナ	−	176	2.5

日本141　①ソ連　FAOSTAT

❼パイナップルの生産（万t）

国名	1990	2020	%
世界	**1,184**	**2,782**	**100**
フィリピン	142	270	9.7
コスタリカ	42	262	9.4
ブラジル	110	246	8.8
インドネシア	39	245	8.8
中国	46	222	8.0
インド	88	180	6.5
タイ	187	153	5.5
ナイジェリア	76	151	5.4
メキシコ	45	121	4.3
コロンビア	34	88	3.2

日本0.7　FAOSTAT

❽トマトの生産（万t）

国名	1990	2020	%
世界	**7,631**	**18,682**	**100**
中国	750	6,477	34.7
インド	460	2,057	11.0
トルコ	600	1,320	7.1
アメリカ合衆国	1,093	1,223	6.5
エジプト	423	673	3.6
イタリア	547	625	3.3
イラン	160	579	3.1
スペイン	316	431	2.3
メキシコ	216	414	2.2
ブラジル	226	375	2.0

日本71　FAOSTAT

❾サイザル麻の生産（千t）

国名	1990	2020	%
世界	**380**	**210**	**100**
ブラジル	185	86	41.0
タンザニア	34	36	17.3
ケニア	40	23	10.8
マダガスカル	20	18	8.4
中国	30	14	6.7

ロープや敷物に加工される　FAOSTAT

❿亜麻の生産（千t）　FAOSTAT

国名	1990	2020	%
世界	**688**	**976**	**100**
フランス	77	746	76.4
ベルギー	①12	82	8.4
ベラルーシ	−	48	4.9
ロシア	②245	39	4.0
中国	242	24	2.4
イギリス	0	15	1.5
エジプト	12	8	0.8
オランダ	40	7	0.8
チリ	2	3	0.3
アルゼンチン	2	3	0.3

衣類などリネン製品に加工される
①ルクセンブルクを含む　②ソ連

p.58：オリーブ，レモン，オレンジ類，ぶどうは地中海性気候に適し，オリーブの生産は地中海周辺に集中している。ぶどうは，ほとんどがワインに利用される。
p.59：バナナは熱帯ではいも類と並ぶ重要な食料で，生産はインドや中国で多いが，輸出は多国籍企業のプランテーションが多い中南米諸国とフィリピンが中心である。
p.60：生糸は中国が生産・輸出とも多い。綿花生産上位国は綿工業のさかんな国にほぼ一致する。アメリカ合衆国は輸出中心で，中国は生産・輸入ともに多い。綿花のパキスタンとウズベキスタン，ジュートのバングラデシュは品目判定の目安になる。羊毛は南半球での生産・輸出が多く，毛織物工業は北半球でさかんである。

❶ジュートの生産（千t） FAOSTAT

国名	1990	2020	%
世界	**2,779**	**2,689**	**100**
インド	1,425	1,807	67.2
バングラデシュ	842	805	29.9
中国	400	37	1.4
ウズベキスタン	–	19	0.7
ネパール	16	10	0.4
南スーダン	①3	4	0.1
ジンバブエ	2	3	0.1
エジプト	4	2	0.1
ブラジル	4	1	0.0
ブータン	0.3	0.3	0.0

①旧スーダン　☞p.59「解説」

❷生糸（上繭）の生産（t）

国名	1990	2020	%
世界	**364,220**	**663,083**	**100**
中国	158,000	400,000	60.3
インド	78,000	200,000	30.2
ウズベキスタン	–	20,942	3.2
ベトナム	3,335	14,937	2.3
タイ	5,000	11,400	1.7
イラン	900	6,000	0.9
北朝鮮	10,666	2,857	0.4
ブラジル	16,271	2,742	0.4
タジキスタン	–	1,429	0.2
インドネシア	–	857	0.1

日本80　☞p.59「解説」　FAOSTAT

❸生糸の輸出入（t） FAOSTAT

	国名	1990	2020	%
輸出	世界	**14,890**	**4,299**	**100**
	中国	8,594	2,354	54.8
	ベトナム	40	668	15.5
	ウズベキスタン	–	517	12.0
	イタリア	28	331	7.7
	アラブ首長国連邦	–	99	2.3
輸入	世界	**14,635**	**5,086**	**100**
	インド	1,598	1,920	37.8
	ルーマニア	–	959	18.9
	イタリア	2,914	495	9.7
	ベトナム	0	346	6.8
	イラン	0	221	4.3

日本147（入）　☞p.59「解説」

❹綿花の生産（万t） FAOSTAT

国名	1990	2020	%
世界	**1,852**	**2,420**	**100**
インド	167	613	25.3
中国	451	591	24.4
アメリカ合衆国	338	318	13.1
ブラジル	63	276	11.4
パキスタン	164	120	5.0
ウズベキスタン	–	83	3.4
トルコ	65	66	2.7
アルゼンチン	30	37	1.5
ギリシャ	22	30	1.2
ベナン	6	26	1.1

☞p.59「解説」

❺綿花の輸出入（万t） FAOSTAT

輸出国	1990	2020	%	輸入国	1990	2020	%
世界	**512**	**922**	**100**	世界	**510**	**850**	**100**
アメリカ合衆国	170	382	41.4	中国	42	216	25.4
ブラジル	11	213	23.0	ベトナム	3	139	16.3
インド	34	97	10.5	バングラデシュ	11	119	14.0
ギリシャ	7	29	3.1	トルコ	8	106	12.5
ベナン	4	28	3.0	パキスタン	0.4	82	9.6
オーストラリア	30	17	1.8	インドネシア	33	49	5.7
ブルキナファソ	6	17	1.8	エジプト	6	19	2.2
アルゼンチン	14	12	1.3	インド	0.02	17	2.0
タジキスタン	–	10	1.1	タイ	28	13	1.6
ウズベキスタン	–	10	1.1	マレーシア	4	12	1.4

日本0.01（出）　3（入）　☞p.59「解説」

❻羊毛（脂付）の生産（千t）

国名	1990	2020	%
世界	**3,350**	**1,785**	**100**
中国	239	334	18.7
オーストラリア	1,102	284	15.9
ニュージーランド	309	151	8.5
トルコ	61	80	4.5
イギリス	74	71	4.0
モロッコ	35	59	3.3
イラン	45	58	3.3
ロシア	①474	52	2.9
南アフリカ共和国	97	47	2.6
インド	41	46	2.6

羊から刈り取った原毛　①ソ連
☞p.59, 90「解説」　FAOSTAT

❼羊毛の輸出入（2020年，千t） FAOSTAT

輸出国	洗上羊毛	脂付羊毛	%	輸入国	洗上羊毛	脂付羊毛	%
世界	**151**	**421**	**100**	世界	**158**	**321**	**100**
オーストラリア	10	242	57.6	中国	34	187	58.3
南アフリカ共和国	1	49	11.7	インド	44	34	10.7
ニュージーランド	60	30	7.1	チェコ	0.1	25	7.7
レソト	–	9	2.2	ウルグアイ	0.01	11	3.4
スペイン	1	7	1.8	南アフリカ共和国	0.3	9	2.9
ルーマニア	0.1	7	1.7	イタリア	7	9	2.7
イギリス	14	7	1.6	イギリス	13	8	2.5
アルゼンチン	0.1	6	1.4	トルコ	1	7	2.1
ブラジル	–	5	1.2	ブルガリア	0.1	7	2.1
シリア	11	5	1.2	ベルギー	2	5	1.6

総輸出量の多くを南半球の国が占める。%は脂付の割合。
日本3（洗・入）　0.001（脂・入）　☞p.59「解説」

❽天然ゴムの生産（千t） FAOSTAT

国名	1990	2020	%
世界	**5,225**	**14,845**	**100**
タイ	1,418	4,703	31.7
インドネシア	1,275	3,366	22.7
ベトナム	58	1,226	8.3
インド	297	963	6.5
コートジボワール	74	936	6.3
中国	264	688	4.6
マレーシア	1,292	515	3.5
グアテマラ	18	436	2.9
フィリピン	61	422	2.8
カンボジア	32	349	2.4

東南アジアで世界の70%以上を生産する。
☞p.57「解説」

❾天然ゴム*の輸出入（千t） FAOSTAT

輸出国	1990	2020	%	輸入国	1990	2020	%
世界	**4,064**	**9,059**	**100**	世界	**4,282**	**8,923**	**100**
タイ	1,133	2,654	29.3	中国	340	2,299	25.8
インドネシア	1,084	2,280	25.2	マレーシア	136	1,222	13.7
コートジボワール	68	1,083	12.0	アメリカ合衆国	840	804	9.0
ベトナム	76	574	6.3	ベトナム	–	632	7.1
マレーシア	1,322	565	6.2	日本	666	560	6.3
カンボジア	24	462	5.1	インド	52	378	4.2
ラオス	–	275	3.0	韓国	254	308	3.4
フィリピン	18	145	1.6	ドイツ	236	227	2.5
ミャンマー	1	132	1.5	トルコ	47	210	2.4
グアテマラ	14	121	1.3	ブラジル	92	173	1.9

日本0.2（出）　*乾燥天然ゴムなどを含む

❶ 羊の頭数（万頭）　FAOSTAT

国名	1990	2020	%
世界	**120,552**	**126,314**	**100**
中国	11,124	17,310	13.7
インド	4,870	6,810	5.4
オーストラリア	17,030	6,353	5.0
ナイジェリア	1,246	4,774	3.8
イラン	4,458	4,659	3.7
エチオピア	①2,296	4,291	3.4
トルコ	4,365	4,213	3.3
スーダン	②2,070	4,095	3.2
チャド	193	3,871	3.1
イギリス	4,383	3,270	2.6

日本1　①エリトリアを含む　②南スーダンを含む

❷ 羊肉の生産（万ｔ）　FAOSTAT

国名	1990	2020	%
世界	**703**	**989**	**100**
中国	55	275	27.8
オーストラリア	63	69	7.0
ニュージーランド	53	46	4.6
アルジェリア	13	34	3.4
イギリス	37	30	3.0
インド	18	28	2.8
イラン	24	27	2.7
スーダン	① 7	27	2.7
パキスタン	19	24	2.5
モンゴル	11	21	2.2

日本0.02　①南スーダンを含む

❸ ヤギの頭数（万頭）　FAOSTAT

国名	1990	2020	%
世界	**58,882**	**112,811**	**100**
インド	11,320	15,025	13.3
中国	9,617	13,345	11.8
ナイジェリア	2,332	8,372	7.4
パキスタン	3,545	7,821	6.9
バングラデシュ	2,103	6,003	5.3
エチオピア	①1,720	5,246	4.7
チャド	284	4,119	3.7
ケニア	1,019	3,602	3.2
スーダン	②1,528	3,223	2.9
マリ	609	2,781	2.5

日本2　①エリトリアを含む　②南スーダンを含む

❹ 牛の頭数（万頭）　FAOSTAT

国名	1990	2020	%
世界	**129,661**	**152,594**	**100**
ブラジル	14,710	21,815	14.3
インド	20,250	19,448	12.7
アメリカ合衆国	9,582	9,379	6.1
エチオピア	①3,000	7,029	4.6
中国	7,777	6,098	4.0
アルゼンチン	5,285	5,446	3.6
パキスタン	1,768	4,962	3.3
メキシコ	3,205	3,564	2.3
チャド	430	3,224	2.1
スーダン	②2,103	3,176	2.1

ヒンドゥー教徒が多数を占めるインドでは，乳牛・役牛が中心。　日本391　①エリトリアを含む　②南スーダンを含む

❺ 豚の頭数（万頭）　FAOSTAT

国名	1990	2020	%
世界	**84,932**	**95,263**	**100**
中国	34,575	40,650	42.7
アメリカ合衆国	5,379	7,731	8.1
ブラジル	3,362	4,112	4.3
スペイン	1,691	3,280	3.4
ドイツ	3,418	2,607	2.7
ロシア	①7,896	2,516	2.6
ベトナム	1,226	2,203	2.3
ミャンマー	228	1,919	2.0
メキシコ	1,520	1,879	2.0
カナダ	1,039	1,397	1.5

日本912　①ソ連

❻ 馬の頭数（万頭）　FAOSTAT

国名	1990	2020	%
世界	**6,100**	**6,000**	**100**
アメリカ合衆国	507	1,053	17.5
メキシコ	617	639	10.6
ブラジル	612	596	9.9
モンゴル	220	409	6.8
中国	1,029	367	6.1
カザフスタン	－	314	5.2
アルゼンチン	340	259	4.3
エチオピア	① 265	215	3.6
コロンビア	198	158	2.6
チャド	20	132	2.2

日本1　①エリトリアを含む

❼ 牛肉の生産（万ｔ）　FAOSTAT

国名	1990	2020	%
世界	**5,303**	**6,788**	**100**
アメリカ合衆国	1,047	1,236	18.2
ブラジル	412	1,010	14.9
中国	108	603	8.9
アルゼンチン	301	317	4.7
オーストラリア	168	237	3.5
メキシコ	111	208	3.1
ロシア	① 881	163	2.4
フランス	191	143	2.1
カナダ	90	138	2.0
パキスタン	29	118	1.7

日本48　①ソ連

❽ 牛肉の輸出入（万ｔ）　FAOSTAT

輸出国	1990	2020	%	輸入国	1990	2020	%
世界	**432**	**914**	**100**	**世界**	**446**	**956**	**100**
ブラジル	5	172	18.9	中国	0.04	212	22.2
オーストラリア	67	110	12.1	アメリカ合衆国	70	107	11.2
アメリカ合衆国	34	94	10.3	日本	38	60	6.3
アルゼンチン	16	62	6.7	韓国	11	44	4.6
ニュージーランド	24	47	5.2	オランダ	7	38	3.9
オランダ	31	45	4.9	ドイツ	25	34	3.6
カナダ	8	38	4.1	(ホンコン)	4	33	3.5
ポーランド	4	37	4.1	イタリア	45	31	3.2
アイルランド	28	36	3.9	ロシア	① 35	26	2.7
ウルグアイ	13	30	3.3	チリ	0.2	25	2.6

日本0.5(出)　①ソ連

❾ 豚肉の生産（万ｔ）　FAOSTAT

国名	1990	2020	%
世界	**6,970**	**10,984**	**100**
中国	2,235	4,113	37.4
アメリカ合衆国	696	1,285	11.7
ドイツ	446	512	4.7
スペイン	179	500	4.6
ブラジル	105	448	4.1
ロシア	① 665	428	3.9
ベトナム	73	355	3.2
カナダ	112	230	2.1
フランス	173	220	2.0
ポーランド	185	199	1.8

日本131　①ソ連

❿ 豚肉の輸出入（万ｔ）　FAOSTAT

輸出国	1990	2020	%	輸入国	1990	2020	%
世界	**283**	**1,385**	**100**	**世界**	**277**	**1,351**	**100**
アメリカ合衆国	7	235	17.0	中国	0.0001	430	31.9
スペイン	1	213	15.4	イタリア	50	89	6.6
ドイツ	22	176	12.7	日本	34	89	6.6
カナダ	22	119	8.6	ドイツ	55	79	5.8
デンマーク	47	111	8.0	メキシコ	3	70	5.2
オランダ	77	105	7.6	ポーランド	2	66	4.9
ブラジル	1	90	6.5	韓国	0.2	42	3.1
ベルギー	① 28	70	5.0	イギリス	8	39	2.9
フランス	13	47	3.4	アメリカ合衆国	23	32	2.3
ポーランド	1	39	2.8	ルーマニア	6	27	2.0

日本0.1(出)　①ルクセンブルクを含む

❶鶏肉の生産（万ｔ） FAOSTAT

国名	1990	2020	%
世界	**3,542**	**11,950**	**100**
アメリカ合衆国	867	2,049	17.1
中国	220	1,514	12.7
ブラジル	236	1,379	11.5
ロシア	① 328	458	3.8
インドネシア	50	371	3.1
メキシコ	75	358	3.0
インド	36	355	3.0
日本	139	235	2.0
アルゼンチン	32	222	1.9
イラン	38	222	1.9

①ソ連

❷鶏肉の輸出入（万ｔ） FAOSTAT

輸出国	1990	2020	%	輸入国	1990	2020	%
世界	**220**	**1,450**	**100**	**世界**	**215**	**1,347**	**100**
ブラジル	29	390	26.9	中国	6	153	11.3
アメリカ合衆国	53	355	24.5	メキシコ	4	88	6.5
オランダ	25	117	8.1	サウジアラビア	21	62	4.6
ポーランド	2	94	6.5	日本	29	54	4.0
トルコ	0.1	52	3.6	アラブ首長国連邦	6	47	3.5
ベルギー	① 7	46	3.2	ドイツ	21	47	3.5
ウクライナ	−	43	3.0	(ホンコン)	16	45	3.4
イギリス	3	38	2.6	イラク	1	43	3.2
タイ	14	34	2.4	南アフリカ共和国	0.4	40	3.0
ドイツ	2	25	1.8	イギリス	11	37	2.7

日本1(出)　①ルクセンブルクを含む

❸バター*の生産（千ｔ） FAOSTAT

国名	1990	2020	%
世界	**7,835**	**12,510**	**100**
インド	1,038	4,884	39.0
パキスタン	311	1,223	9.8
アメリカ合衆国	608	984	7.9
ドイツ	648	497	4.0
ニュージーランド	258	484	3.9
フランス	527	418	3.3
アイルランド	148	294	2.3
トルコ	118	270	2.2
ロシア	①1,739	269	2.2
ポーランド	300	243	1.9

日本72　①ソ連　*ギー（乳脂肪製品）を含む

❹バターの輸出入（千ｔ） FAOSTAT

輸出国	1990	2020	%	輸入国	1990	2020	%
世界	**1,185**	**1,756**	**100**	**世界**	**1,210**	**1,651**	**100**
ニュージーランド	217	425	24.2	フランス	70	181	11.0
アイルランド	68	293	16.7	ドイツ	103	171	10.4
オランダ	196	254	14.4	オランダ	97	156	9.4
ドイツ	138	135	7.7	ロシア	② 299	120	7.3
ベルギー	① 107	128	7.3	ベルギー	① 95	101	6.1
フランス	94	75	4.2	中国	5	86	5.2
ベラルーシ	−	68	3.9	イギリス	112	79	4.8
イギリス	38	61	3.5	サウジアラビア	19	41	2.5
ポーランド	18	56	3.2	アメリカ合衆国	2	34	2.1
デンマーク	50	50	2.9	オーストラリア	1	34	2.0

日本0.01(出)　18(入)　①ルクセンブルクを含む　②ソ連

❺チーズの生産（千ｔ） FAOSTAT

国名	1990	2020	%
世界	**14,830**	**25,947**	**100**
アメリカ合衆国	3,126	6,220	24.0
ドイツ	1,321	3,171	12.2
フランス	1,457	2,233	8.6
イタリア	917	1,313	5.1
オランダ	584	997	3.8
ポーランド	333	893	3.4
トルコ	139	832	3.2
ロシア	①2,074	748	2.9
カナダ	286	607	2.3
エジプト	268	593	2.3

日本160　①ソ連

❻チーズの輸出入（千ｔ） FAOSTAT

輸出国	1990	2020	%	輸入国	1990	2020	%
世界	**2,014**	**7,264**	**100**	**世界**	**2,067**	**7,190**	**100**
ドイツ	297	1,312	18.1	ドイツ	363	891	12.4
オランダ	437	924	12.7	イギリス	202	499	6.9
フランス	340	656	9.0	イタリア	287	489	6.8
イタリア	73	463	6.4	フランス	101	401	5.6
デンマーク	234	400	5.5	オランダ	70	381	5.3
アメリカ合衆国	13	359	4.9	ベルギー	① 142	358	5.0
ニュージーランド	90	327	4.5	ロシア	② 17	311	4.3
アイルランド	72	282	3.9	日本	108	292	4.1
ベラルーシ	−	275	3.8	スペイン	45	287	4.0
ポーランド	7	263	3.6	サウジアラビア	54	181	2.5

日本1(出)　①ルクセンブルクを含む　②ソ連

❼牛乳の生産（万ｔ） FAOSTAT

国名	1990	2020	%
世界	**47,854**	**71,804**	**100**
アメリカ合衆国	6,701	10,125	14.1
インド	2,224	8,782	12.2
ブラジル	1,493	3,651	5.1
中国	416	3,440	4.8
ドイツ	3,131	3,316	4.6
ロシア	①10,804	3,196	4.5
フランス	2,614	2,515	3.5
パキスタン	352	2,251	3.1
ニュージーランド	751	2,187	3.0
トルコ	796	2,000	2.8

日本744　①ソ連

❽鶏の羽数（百万羽） FAOSTAT

国名	1990	2020	%
世界	**10,620**	**33,097**	**100**
アメリカ合衆国	1,332	9,222	27.9
中国	2,000	4,748	14.3
インドネシア	571	3,560	10.8
ブラジル	546	1,479	4.5
パキスタン	79	1,443	4.4
イラン	160	1,009	3.0
インド	268	791	2.4
メキシコ	234	592	1.8
ロシア	①1,137	497	1.5
ベトナム	75	410	1.2

日本320　①ソ連

❾鶏卵の生産（千ｔ） FAOSTAT

国名	1990	2019	%
世界	**35,072**	**82,168**	**100**
中国	6,357	33,090	40.3
アメリカ合衆国	4,034	6,707	8.2
インド	1,161	5,775	7.0
インドネシア	364	4,753	5.8
ブラジル	1,230	3,158	3.8
メキシコ	1,010	2,950	3.6
日本	2,419	2,640	3.2
ロシア	①4,582	2,492	3.0
トルコ	385	1,244	1.5
ウクライナ	−	954	1.2

①ソ連

❶おもな国の土地利用状況（2020年）

FAOSTATほか

国名	土地面積（10万ha）	耕地率（%）	牧場・牧草地率（%）	森林率（%）	農民1人あたり耕地（ha）①	就農率（%）②
世界	**130,312**	**12.0**	**24.4**	**31.1**	**1.82**	**26.9**
アジア	**31,100**	**19.0**	**34.7**	**20.0**	**1.03**	**29.6**
アゼルバイジャン	83	28.5	29.3	13.7	1.49	34.8
アフガニスタン	652	12.4	46.4	1.9	2.12	46.0
アラブ首長国連邦	71	1.3	4.2	4.5	0.82	1.8
イエメン	528	2.8	41.7	1.0	0.87	28.8
イスラエル	22	22.2	7.6	6.5	14.40	0.9
イラク	434	12.1	9.2	1.9	2.91	20.3
イラン	1,623	10.8	18.2	6.6	4.61	16.7
インド	2,973	56.7	3.5	24.3	0.90	44.3
インドネシア	1,878	27.3	5.9	49.1	1.33	29.6
オマーン	310	0.3	4.4	0.0	1.00	4.2
カザフスタン	2,700	11.0	68.3	1.3	21.91	15.5
カンボジア	177	24.3	8.5	45.7	1.19	39.4
キプロス	9	14.3	0.2	18.7	8.27	2.7
キルギス	192	7.1	46.9	6.9	3.53	17.2
サウジアラビア	2,150	1.7	79.1	0.5	7.66	3.2
ジョージア	69	6.3	27.9	40.6	0.69	41.1
シリア	184	31.2	44.6	2.8	9.60	12.9
シンガポール	1	0.9	0.0	21.7	0.06	0.3
スリランカ	62	38.3	7.1	34.2	1.22	26.2
タイ	511	43.5	1.6	38.9	1.83	31.4
韓国	98	16.0	0.6	64.4	1.08	5.4
中国	9,388	14.4	41.8	23.4	0.71	24.9
北朝鮮	120	21.1	0.4	50.1	0.35	44.2
トルクメニスタン	470	4.3	67.8	8.8	4.79	22.9
トルコ	770	30.1	19.0	28.9	4.80	17.6
日本	**365**	**10.4**	**1.6**	**68.4**	**1.74**	**3.2**
ネパール	143	16.2	12.5	41.6	0.24	62.8
パキスタン	771	41.2	6.5	4.8	1.20	38.3
バングラデシュ	130	71.5	4.6	14.5	0.38	37.9
フィリピン	298	37.5	5.0	24.1	1.10	24.8
ブータン	38	2.6	10.8	71.4	0.53	56.5
ベトナム	313	37.4	2.0	46.7	0.66	32.6
マレーシア	329	25.2	0.9	58.2	5.42	10.0
ミャンマー	653	19.2	0.7	43.7	1.18	46.5
モンゴル	1,558	0.9	71.5	9.1	4.33	25.1
ヨルダン	89	3.2	8.4	1.1	4.14	3.3
ラオス	231	5.9	2.9	71.9	0.61	58.8
レバノン	10	26.4	39.1	14.0	3.69	3.9
アフリカ	**29,922**	**9.4**	**28.1**	**21.3**	**1.28**	**48.8**
アルジェリア	2,382	3.6	13.8	0.8	7.65	10.5
アンゴラ	1,247	4.2	41.5	53.4	0.72	59.2
ウガンダ	201	45.4	26.5	11.7	0.89	63.5
エジプト	995	4.0	0.0	0.05	0.77	20.4
エチオピア	1,129	16.4	17.7	15.1	0.56	64.1
ガーナ	228	22.9	32.4	35.1	1.02	40.0
ガボン	258	1.9	6.7	91.3	3.18	29.6
カメルーン	473	16.4	4.2	43.0	1.61	43.3
ギニア	246	15.5	43.5	25.2	1.47	59.8
ケニア	569	11.1	37.4	6.3	0.83	33.6
コートジボワール	318	25.2	41.5	8.9	2.13	45.6
コンゴ共和国	342	1.8	29.3	64.3	1.04	36.8
コンゴ民主	2,267	6.8	8.0	55.6	0.92	55.9
ザンビア	743	5.2	26.9	60.3	0.99	59.1
シエラレオネ	72	24.2	30.5	35.1	1.58	43.6
ジンバブエ	387	10.6	31.3	45.1	0.97	62.2
スーダン	1,868	11.4	25.8	9.8	5.09	41.2
セネガル	193	17.0	29.1	41.9	3.54	22.6
ソマリア	627	1.8	68.5	9.5	1.81	26.8
タンザニア	886	17.5	27.1	51.6	0.88	64.8
チャド	1,259	4.2	35.7	3.4	1.51	69.5
中央アフリカ	623	3.0	5.1	35.8	1.51	68.9
チュニジア	155	32.1	30.6	4.5	10.16	14.3
トーゴ	54	51.8	18.4	22.2	3.31	31.5
ナイジェリア	911	45.6	30.7	23.7	2.06	35.8
ナミビア	823	1.0	46.2	8.1	4.95	22.4
ニジェール	1,267	14.1	22.7	0.9	2.84	71.1
ボツワナ	567	0.5	45.2	26.9	1.57	23.4
マダガスカル	582	6.2	64.1	21.4	0.36	74.3
マラウイ	94	40.3	19.6	23.8	0.80	62.4
マリ	1,220	5.4	28.4	10.9	1.42	68.1
南アフリカ共和国	1,213	10.2	69.2	14.1	3.83	21.4
南スーダン	632	3.9	40.8	11.3	0.98	62.6
モザンビーク	786	7.6	45.1	46.7	0.64	70.8
モーリタニア	1,031	0.4	38.1	0.3	1.23	30.1
モロッコ	446	21.0	47.1	12.9	2.60	35.0
リビア	1,760	1.2	7.6	0.1	6.54	16.8
リベリア	96	7.3	13.0	79.1	0.79	41.2
ルワンダ	25	56.8	16.6	11.2	0.40	55.5
ヨーロッパ	**22,133**	**13.0**	**7.8**	**46.0**	**15.81**	**5.3**
アイスランド	101	1.2	17.4	0.5	15.93	4.0
アイルランド	69	6.5	59.0	11.4	4.40	4.5
アルバニア	27	25.1	17.4	28.8	1.62	35.5
イタリア	296	31.3	12.6	32.3	10.03	4.0
ウクライナ	579	58.3	13.0	16.7	12.19	15.1
オーストリア	83	16.8	15.3	47.3	8.01	3.9
オランダ	34	30.9	22.9	11.0	5.62	2.1
ギリシャ	129	25.0	20.5	30.3	7.88	10.6
イギリス	242	24.9	46.4	13.2	17.27	1.0
クロアチア	56	17.3	9.6	34.7	9.04	6.5
スイス	40	10.8	27.3	32.1	3.47	2.6
スウェーデン	407	6.2	1.1	68.7	29.94	1.7
スペイン	500	33.3	19.0	37.2	21.79	4.0
スロベニア	20	11.6	18.7	61.5	5.90	4.1
セルビア	87	32.1	7.7	31.1	5.32	14.6
チェコ	77	32.8	12.8	34.7	18.47	2.6
デンマーク	40	59.9	5.6	15.7	39.96	2.1
ドイツ	349	34.0	13.5	32.7	21.17	1.3
ノルウェー	364	2.2	0.5	33.4	13.94	2.1
ハンガリー	91	45.7	8.0	22.5	19.46	4.8
フィンランド	304	7.4	0.1	73.7	24.23	3.7
フランス	548	34.6	17.5	31.5	29.10	2.4
ブルガリア	109	33.6	12.9	35.9	17.71	6.6
ベルギー	30	29.3	15.7	22.8	19.57	0.9
ボスニア・ヘルツェゴビナ	51	21.9	21.4	42.7	9.25	12.0
ポーランド	306	36.8	10.4	31.0	6.74	9.6
ポルトガル	92	19.8	22.4	36.2	7.06	5.4
モンテネグロ	13	1.1	18.1	61.5	0.87	7.5
ラトビア	62	21.6	10.1	54.8	20.82	7.2
リトアニア	63	36.5	10.5	35.1	30.46	5.7
ルーマニア	230	40.6	18.5	30.1	5.35	20.5
ロシア	16,377	7.5	5.6	49.8	29.55	6.0
北アメリカ	**21,199**	**11.1**	**16.7**	**35.5**	**13.47**	**6.8**
アメリカ合衆国	9,147	17.5	26.8	33.9	60.74	1.7
エルサルバドル	21	42.5	15.2	28.2	2.27	15.7
カナダ	8,966	4.3	2.2	38.7	133.91	1.6
キューバ	104	34.3	27.4	31.2	3.97	18.0
グアテマラ	107	19.1	16.9	32.9	1.01	30.8
コスタリカ	51	11.0	23.5	59.4	1.54	18.6
ジャマイカ	11	19.9	21.1	55.1	1.07	15.9
ドミニカ共和国	48	25.5	24.8	44.4	3.09	9.0
ニカラグア	120	14.9	27.2	28.3	2.22	29.2
ハイチ	28	49.0	17.8	12.6	0.70	46.2
パナマ	74	9.0	20.3	56.8	2.95	14.1
バハマ	10	1.2	0.2	50.9	2.07	3.3
ホンジュラス	112	14.3	17.1	56.8	1.69	25.2
メキシコ	1,944	11.8	38.2	33.8	3.61	12.5
南アメリカ	**17,462**	**7.5**	**22.9**	**48.3**	**5.42**	**14.2**
アルゼンチン	2,737	12.3	27.3	10.4	25.88	7.7
ウルグアイ	175	11.8	68.6	11.6	16.42	8.3
エクアドル	248	10.0	11.8	50.3	1.08	31.8
ガイアナ	197	2.3	4.0	93.6	15.34	12.2
コロンビア	1,110	7.9	35.6	53.3	2.49	16.6
スリナム	156	0.4	0.1	97.4	4.01	8.0
チリ	744	2.3	18.8	24.5	3.07	7.3
パラグアイ	397	12.1	30.2	40.5	6.90	21.3
ブラジル	8,358	7.6	20.7	59.4	8.00	9.5
ベネズエラ	882	3.7	20.6	52.4	2.60	13.0
ペルー	1,280	4.4	14.7	56.5	1.12	33.7
ボリビア	1,083	4.4	30.5	46.9	3.30	30.0
オセアニア	**8,496**	**3.9**	**39.4**	**21.8**	**25.48**	**6.9**
オーストラリア	7,692	4.0	42.2	17.4	89.51	2.8
ニュージーランド	263	2.3	36.3	37.6	3.84	6.0
パプアニューギニア	453	2.2	0.4	79.2	2.11	17.8
フィジー	18	7.6	9.5	62.4	1.37	29.4

①耕地面積÷農林水産業就業人口　②農林水産業就業人口÷就業人口×100

中国

❶おもな穀物・大豆輸入量の推移（千 t）

FAOSTAT

種類	1961	1970	1980	1990	2000	2010	2020
穀物計	**5,799**	**5,357**	**12,950**	**13,608**	**3,093**	**5,669**	**35,467**
小麦	3,882	5,302	10,972	12,527	876	1,219	8,152
米	62	5	130	59	239	363	2,902
大麦	1,094	0	20	652	1,974	2,367	8,079
とうもろこし	595	50	1,828	369	3	1,572	11,294
大豆	0	0	576	1	10,419	54,798	100,327

❷おもな農産物の作付面積の推移（万ha）

中統2021ほか

種類	1952	1970	1980	1990	2000	2010	2020
米	2,838	3,236	3,388	3,306	2,996	3,010	3,008
小麦	2,478	2,546	2,884	3,075	2,665	2,444	2,338
とうもろこし	1,257	1,583	2,009	2,140	2,306	3,498	4,126
豆類	1,168	799	723	756	1,266	1,105	1,159
なたね	186	145	284	550	749	732	677
落花生	180	171	234	291	486	437	473
綿花	558	500	492	559	404	437	317
さとうきび	18	39	48	101	118	162	135

❸おもな農産物の省別生産（2020年）

赤数字は各項目の最大値　　中統2021

省・自治区		生産量（万t）								飼養頭数（万頭）		
		米	小麦	とうもろこし	豆類	いも類	綿花	さとうきび	茶	牛	豚	羊
全国計		**21,186**	**13,425**	**26,067**	**2,287**	**2,987**	**591**	**10,812**	**293**	**9,562**	**40,650**	**17,310**
東北部	黒竜江省	2,896	19	3,647	932	32	—	—	—	516	1,371	695
	吉林省	665	2	2,973	73	32	—	—	—	285	899	398
	遼寧省	447	2	1,794	26	30	0.0004	—	—	280	1,284	405
華北	北京市	0.1	5	24	0.3	1	0.001	—	—	8	32	12
	天津市	50	63	110	1	1	1	0.02	—	28	162	39
	内モンゴル	123	171	2,743	256	126	0.01	—	—	671	534	4,445
	河北省	49	1,439	2,052	29	149	21	—	0.0001	359	1,749	905
	山東省	99	2,569	2,595	57	114	18	—	3	279	2,934	981
	山西省	2	236	980	31	62	0.2	0.0001	0.1	117	569	588
	河南省	514	3,753	2,342	98	96	2	11	7	392	3,887	293
華中	上海市	85	5	1	0.1	0.2	0.002	0.2	0.01	5	83	0.5
	重慶市	489	6	251	41	286	—	8	5	105	1,083	0.1
	江蘇省	1,966	1,334	308	72	26	1	5	1	27	1,375	22
	浙江省	465	41	26	31	39	1	46	18	15	628	93
	安徽省	1,561	1,672	663	98	19	4	8	13	95	1,419	15
	江西省	2,051	3	21	32	56	5	61	7	275	1,570	—
	湖北省	1,864	401	312	40	106	11	28	36	242	2,161	—
	湖南省	2,639	8	223	40	98	7	35	25	438	3,735	—
	貴州省	416	33	220	34	319	0.04	61	21	518	1,364	22
	四川省	1,475	247	1,065	139	552	0.2	38	34	880	3,875	171
華南	福建省	392	0.02	15	12	82	0.004	27	46	32	911	0.3
	広東省	1,100	0.1	58	12	97	—	1,367	13	122	1,767	—
	広西壮族	1,014	1	273	27	53	0.1	7,412	9	349	1,828	—
	雲南省	525	70	938	123	185	0.0003	1,597	46	859	3,120	99
	海南省	126	—	—	2	17	—	106	0.1	49	249	0.1
西部	陝西省	81	413	620	28	97	0.1	1	9	151	850	149
	寧夏回族	49	28	249	2	42	—	—	—	178	90	503
	甘粛省	2	269	617	37	223	3	—	0.2	482	622	1,727
	青海省	—	38	15	4	32	—	—	—	652	72	1,280
	新疆ウイグル	42	582	928	10	16	516	—	—	528	376	3,807
	チベット	1	18	3	2	0.3	—	—	0.02	624	50	659

東南アジア諸国

❹タイとベトナムの米の輸出量と作付面積の推移

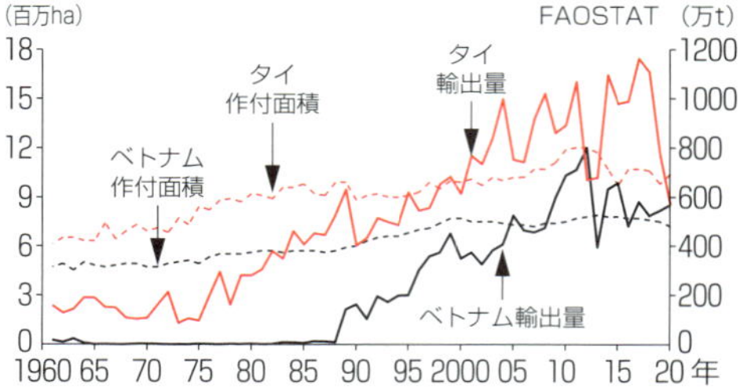

❺米の生産者価格の推移（ドル/ t）

FAOSTAT

年	タイ	ベトナム	フィリピン	インドネシア	アメリカ合衆国	日本
1991	160	…	174	162	167	2,566
1995	166	…	282	208	202	3,349
1999	128	…	201	155	131	2,258
2003	134	125	163	141	178	2,399
2007	327	198	243	277	282	1,810
2011	335	316	350	877	320	2,435
2015	265	287	381	689	269	1,495
2019	346	281	327	371	287	2,220
2020	310	292	338	382	295	2,226

東南・南アジア諸国

❶タイの米の輸出先（万ｔ）

タイ米輸出業者協会資料

年	輸出量	輸出先(%)									
2000	**660**	ナイジェリア	13.2	セネガル	9.5	イラン	9.3	南アフリカ共和国	6.5	マレーシア	5.0
2010	**905**	ナイジェリア	15.5	南アフリカ共和国	6.4	フィリピン	5.6	イラク	5.6	ベナン	5.1
2020	**573**	南アフリカ共和国	11.7	アメリカ合衆国	11.7	ベナン	8.4	中国	6.7	アンゴラ	6.1

白米，パーボイルドライス（籾米を蒸した後，乾燥・精米したもので，おもにアフリカ向け），ジャスミンライス，砕米等のコメ関連製品の計（2020年内訳）白米39%，パーボイルドライス25%

❷天然ゴムの生産量（万ｔ）

国名	1970	1980	1990	2000	2010	2020
タイ	29	47	142	228	305	470
インドネシア	80	102	128	150	273	337
ベトナム	3	4	6	29	75	123
マレーシア	127	153	129	93	94	51

FAOSTAT

❸東南アジア諸国の農産物輸出（2020年）

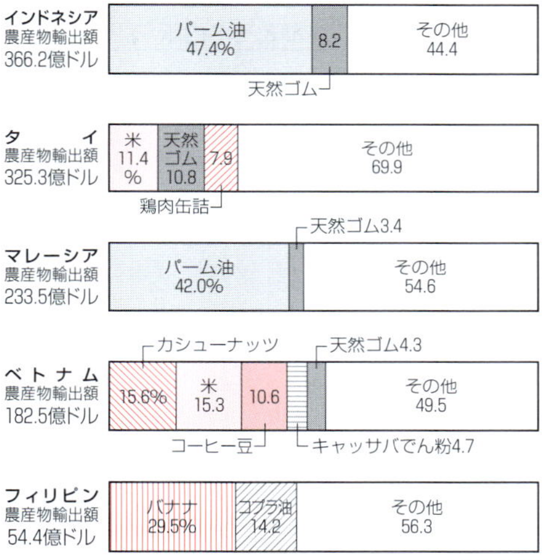

FAOSTAT

❹パーム油の生産量（万ｔ）

国名	1970	1980	1990	2000	2010	2020
インドネシア	22	72	241	700	2,196	4,476
マレーシア	43	257	609	1,084	1,699	1,914
タイ	0.1	2	23	58	129	269

FAOSTAT

❺インドの農産物輸出量（万ｔ）

農産物	1970	1980	1990	2000	2010	2020
米	3	48	51	153	223	1,446
香辛料	5	11	9	21	59	132
綿花	4	11	34	1	157	97
茶	20	24	20	20	23	21

FAOSTAT

アフリカ諸国

❻アルジェリアの農産物生産量（千ｔ）

FAOSTAT

農産物	1970	1980	1990	2000	2010	2020
小麦	1,435	1,511	750	760	2,605	3,107
オリーブ	138	103	178	217	311	1,080
ぶどう	1,275	407	263	204	561	554

❽ナイジェリアの農産物生産量（万ｔ）

FAOSTAT

農産物	1970	1980	1990	2000	2010	2020
キャッサバ	1,021	1,150	1,904	3,201	4,253	6,000
ヤムいも	1,203	525	1,362	2,620	3,733	5,005
米	34	109	250	330	447	817
もろこし（ソルガム）	405	369	419	771	714	636

❿南アフリカ共和国のワイン産業

FAOSTAT

生産・輸出		1995	2000	2005	2010	2020
ぶどう	作付面積（千ha）	103	108	113	105	116
	生産量（千t）	1,363	1,455	1,683	1,743	2,008
ワイン	生産量（千t）	753	695	841	933	1,040
	輸出量（千t）	129	170	349	392	362
	輸出の割合（%）①	17.2	24.5	41.5	42.1	34.8

①ワイン輸出量／ワイン生産量×100

❼コートジボワール，ガーナのカカオ豆の生産量（千ｔ）

年	コートジボワール	ガーナ	インドネシア①
1970	179	406	2
1980	417	277	10
1990	808	293	142
2000	1,401	437	421
2010	1,301	632	845
2020	2,200	800	739

①参考値　FAOSTAT

❾ケニアの農産物輸出額（百万ドル）

年	コーヒー豆	茶	切り花
1980	292	172	8
1990	144	196	13
2000	154	467	92
2010	205	1,164	397
2020	209	1,241	573

UN comtradeほか

EU諸国

❶おもな国の経営規模別農家数の割合（2016年，％）

EUROSTAT

経営規模	ブルガリア	デンマーク	ドイツ	アイルランド13)	スペイン	フランス	イタリア13)	オランダ	ポーランド	ポルトガル	ルーマニア	フィンランド	イギリス①
農家総数（万戸）	**20.3**	**3.6**	**26.5**	**14.0**	**94.5**	**44.5**	**101.0**	**5.6**	**141.1**	**25.9**	**342.2**	**5.0**	**18.5**
5ha未満	82.6	6.1	8.7	7.0	51.6	24.0	58.6	20.2	54.2	71.5	91.8	2.2	10.2
5～20ha	8.5	38.7	36.9	35.7	26.8	18.2	28.5	28.7	36.1	19.3	7.1	33.6	29.3
20～50ha	4.1	20.5	23.9	39.3	10.8	16.2	8.4	29.6	7.2	5.0	0.5	33.8	21.9
50～100ha	1.8	13.2	17.6	14.6	5.3	19.3	3.0	16.8	1.6	1.8	0.2	19.9	17.0
100ha以上	3.0	21.5	12.9	3.4	5.5	22.3	1.5	4.7	0.9	2.4	0.4	10.5	21.6

①2020年1月，EUを離脱

❷EU諸国の農業生産額とその内訳（2020年，億ドル）

赤字は各国最大値，*斜体*は各項目最大値　EUROSTAT

農産物	EU計①（27か国）	ベルギー	ブルガリア	チェコ	デンマーク	ドイツ	エストニア	アイルランド	ギリシャ	スペイン	フランス	クロアチア	イタリア	ラトビア
農業総生産額	**4,299**	**98.0**	**41.5**	**58.9**	**117.8**	**610.0**	**10.0**	**94.8**	**122.7**	**584.3**	***778.1***	**27.2**	**534.7**	**17.4**
農作物	**2,484**	**46.5**	**29.6**	**36.0**	**38.7**	**312.1**	**5.3**	**20.8**	**93.3**	**353.2**	***477.6***	**17.1**	**358.8**	**11.5**
小麦	246	3.7	8.2	8.6	5.8	41.7	1.5	0.7	3.4	17.3	*58.3*	1.4	21.8	5.3
大麦	95	0.6	0.9	3.3	5.9	19.4	0.9	2.4	0.8	*19.6*	19.0	0.5	2.0	0.5
てんさい	22	1.4	－	1.2	0.7	－	－	－	0.0	1.1	*6.7*	0.5	0.8	－
じゃがいも	140	4.4	0.4	1.5	3.1	26.6	0.1	1.5	2.5	6.1	*38.8*	0.4	7.5	0.5
野菜	659	18.9	2.2	3.5	7.9	69.7	0.5	3.5	19.1	*115.6*	76.5	3.0	111.4	0.7
果物	339	6.5	2.3	0.7	0.7	9.2	0.1	0.6	35.7	*113.1*	37.6	0.9	59.4	0.2
ワイン	255	－	－	0.4	－	18.2	－	－	0.2	13.8	*110.2*	1.5	88.2	－
オリーブ油	42	－	－	－	－	－	－	－	7.6	*16.8*	－	0.5	15.5	－
畜産物	**1,814**	**51.5**	**11.9**	**22.9**	**79.1**	**297.9**	**4.7**	**74.0**	**29.4**	**231.1**	***300.5***	**10.2**	**175.9**	**6.0**
牛肉	315	11.0	1.7	3.0	4.4	35.6	0.5	27.2	2.0	35.3	*82.8*	2.8	31.9	0.5
豚肉	449	16.3	1.9	3.7	43.1	84.7	0.9	6.8	2.3	*98.9*	39.0	2.9	31.8	0.8
鶏肉	220	7.5	1.9	2.8	3.0	28.2	0.4	2.0	4.0	28.3	*37.1*	1.3	27.7	0.6
牛乳	617	14.9	3.7	12.0	23.2	*122.7*	2.7	31.2	12.2	37.5	109.3	2.0	57.8	3.3

農産物	リトアニア	ルクセンブルク	ハンガリー	マルタ	オランダ	オーストリア	ポーランド	ポルトガル	ルーマニア	スロベニア	スロバキア	フィンランド	スウェーデン	イギリス②
農業総生産額	**35.5**	**4.6**	**89.7**	**1.4**	**281.4**	**79.7**	**302.7**	**84.6**	**171.0**	**15.2**	**23.3**	**43.3**	**62.7**	**305.4**
農作物	**24.9**	**1.7**	**56.3**	**0.5**	**161.7**	**38.7**	**149.5**	**50.9**	**123.6**	**8.9**	**14.7**	**17.5**	**31.8**	**113.5**
小麦	10.4	0.1	8.9	－	2.9	3.1	20.2	0.4	12.0	0.3	3.5	1.2	5.5	21.0
大麦	1.3	0.1	2.2	－	0.7	1.3	5.6	0.1	2.4	0.2	1.0	2.0	2.3	13.8
てんさい	0.3	－	0.3	－	1.9	0.7	4.6	－	0.3	0.0	0.5	0.2	0.7	2.4
じゃがいも	0.6	0.0	1.0	0.0	14.7	1.0	11.9	1.3	11.9	0.3	0.5	0.9	1.9	10.7
野菜	1.0	0.1	8.7	0.4	112.6	8.4	35.9	13.2	30.5	1.8	1.1	6.1	5.7	36.4
果実	0.3	0.0	4.2	0.1	10.6	3.4	16.3	18.2	13.4	1.5	0.5	1.6	0.9	10.7
ワイン	－	0.3	1.2	－	－	6.1	－	9.7	3.2	1.3	－	－	－	－
オリーブ油	－	－	－	－	－	－	－	1.2	－	0.1	－	－	－	－
畜産物	**10.6**	**2.8**	**33.4**	**0.8**	**119.7**	**40.9**	**153.2**	**33.7**	**47.4**	**6.4**	**8.7**	**25.8**	**30.9**	**191.9**
牛肉	1.6	0.7	3.7	0.0	13.6	8.6	20.7	7.4	4.1	1.7	1.2	4.8	7.3	48.4
豚肉	1.5	0.3	8.3	0.1	30.5	9.5	36.3	7.1	10.7	0.6	1.8	3.3	5.3	19.1
鶏肉	1.5	0.0	9.6	0.1	7.7	2.4	34.5	5.7	6.1	1.2	1.1	2.2	2.4	35.2
牛乳	4.6	1.7	6.7	0.2	55.1	15.9	48.0	8.2	12.0	2.1	3.3	12.5	11.6	54.4

①表に掲載の26か国（イギリス除く）とキプロスの合計　②2020年1月，EUを離脱

❸おもな国の家畜飼養頭数（2020年，万頭）

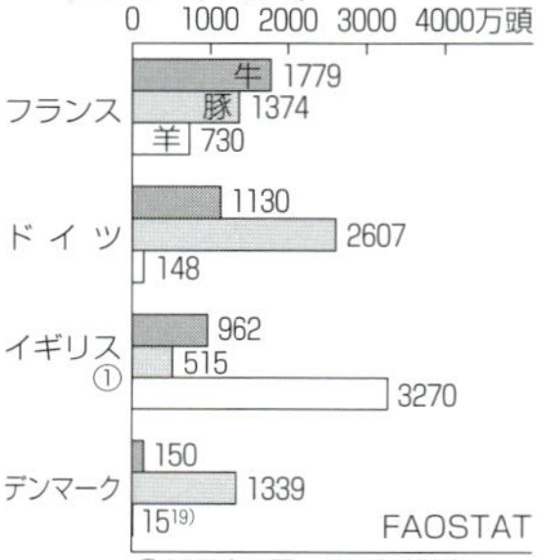

①2020年1月，EUを離脱

❹オランダの農業生産（億ドル）

農産物	1970	1980	1990	2000	2010	2020
農業生産額	**36**	**125**	**212**	**171**	**292**	**281**
農作物（%）	**14.9**	**11.0**	**11.5**	**9.9**	**11.5**	**10.0**
じゃがいも	5.8	3.9	3.3	3.6	6.1	5.0
穀物	4.3	2.6	1.2	1.5	1.6	1.3
園芸作物（%）	**18.1**	**23.2**	**32.6**	**43.5**	**45.8**	**46.8**
野菜	8.5	8.5	10.6	12.3	12.3	11.5
花・植物	4.3	9.1	18.0	26.9	28.5	28.2
花の球根	2.2	2.0	－	－	－	－
果実	2.0	1.4	1.9	1.7	2.7	3.7
種子	0.2	0.8	1.8	2.0	1.9	3.0
畜産物（%）	**67.0**	**65.8**	**55.9**	**46.6**	**42.7**	**43.2**
家畜・肉類	35.0	32.6	32.2	24.1	21.3	20.8
酪製品	24.2	27.3	23.7	22.5	21.4	22.4

EUROSTATほか

❺オランダの花き栽培面積（2016年）

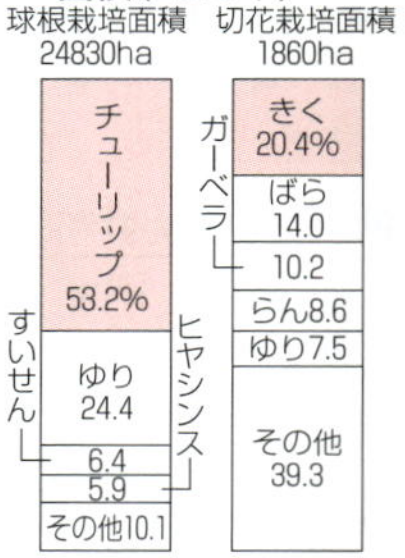

オランダ中央統計局資料

ロシアと周辺諸国

❶ロシアと周辺諸国の農産物生産（2020年）

FAOSTAT

国名	農業生産額（億ドル）	小麦（万t）	大麦（万t）	ライ麦（千t）	えん麦（千t）	とうもろこし（万t）	じゃがいも（万t）	てんさい（万t）	ひまわり種子（万t）	綿花（千t）	羊（万頭）
ロシア	815	8,590	2,094	2,378	4,132	1,388	1,961	3,392	1,331	…	2,065
アゼルバイジャン	42	182	99	1	11	31	104	23	2	72	748
アルメニア	14	13	9	0.3	6	0.6	44	6	…	…	64
ウクライナ	303	2,491	764	457	510	3,029	2,084	915	1,311	…	66
ウズベキスタン	…	616	16	5	2	48	314	0.3	4	828	1,883
カザフスタン	99	1,426	366	30	240	96	401	47	84	108	1,775
キルギス	16	63	51	0.9	2	71	133	45	1	24	551
ジョージア	9	10	5	0.2	2	26	21	…	0.2	…	84
タジキスタン	17	85	15	1	3	18	92	…	1	100	382
トルクメニスタン	18) 15	148	2	…	…	1	49	22	…	168	1,406
ベラルーシ	59	285	138	1,051	445	108	523	401	0.2	…	9
モルドバ	14	57	11	2	2	79	17	42	49	…	68

ラテンアメリカ諸国

❷キューバの砂糖の輸出（%）

UN comtradeほか

年	輸出に占める割合	輸出相手国
1959	74.3	アメリカ合衆国(70) 日本(4) オランダ(3)
1960	75.7	アメリカ合衆国(53) ソ連(17) 中国(5)
1962	82.9	ソ連(42) 中国(17) チェコ(7)
1965	86.5	ソ連(47) 中国(15) チェコ(7)
1970	76.9	ソ連(51) 日本(10) 東ドイツ(5)
1975	89.8	ソ連(56) スペイン(8) 日本(8)
1986	77.2	ソ連(58) 日本(8) 中国(5)
1991	71.8	ソ連(57) 中国(12) 日本(6)
2000	27.4	ロシア(70) 中国(12) カナダ(3)
2006	0.2	ドイツ(58) イギリス(10) スペイン(10)

1959年1月キューバ革命

❸メキシコの農産物生産（万t）

FAOSTAT

農産物	1980	1990	2000	2010	2020
穀物	**2,089**	**2,556**	**2,800**	**3,493**	**3,638**
小麦	278	393	349	368	299
とうもろこし	1,237	1,464	1,756	2,330	2,742
大豆	32	58	10	17	25
オレンジ	174	222	381	405	465
レモン	60	70	166	189	288

❹ブラジルの農産物生産（万t）

FAOSTAT

農産物	1980	1990	2000	2010	2020
穀物	**3,322**	**3,249**	**4,653**	**7,516**	**12,557**
米	978	742	1,113	1,124	1,109
とうもろこし	2,037	2,135	3,232	5,536	10,396
大豆	1,516	1,990	3,282	6,876	12,180
さとうきび	14,865	26,267	32,612	71,746	75,712
オレンジ	1,089	1,752	2,133	1,850	1,671
コーヒー豆	106	146	190	291	370
カカオ豆	32	26	20	24	27
葉たばこ	40	45	58	79	70
肉類	**532**	**771**	**1,542**	**2,363**	**2,913**
鶏肉	137	236	598	1,069	1,379
牛肉	285	412	658	912	1,010

❺ブラジルの農産物輸出

FAOSTAT

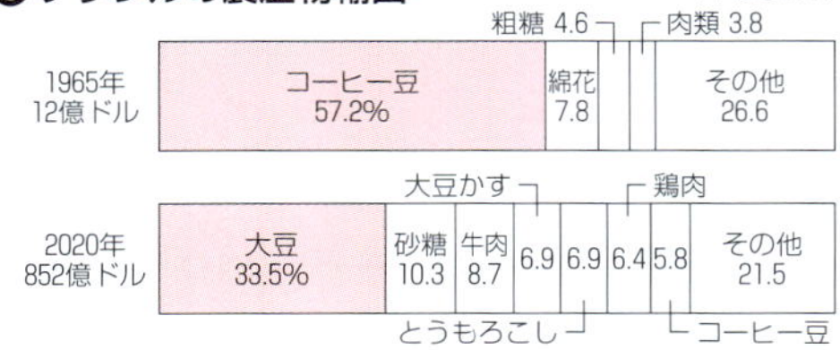

❻コロンビア，エクアドルの切り花輸出（百万ドル）

UN comtrade

年	コロンビア	エクアドル	オランダ
1990	…	14	1,965
2000	585	156	2,192
2010	1,245	609	3,912
2020	1,423	838	4,601

この3か国で世界の輸出額の70%（2020年）を占める。

❼アルゼンチンの農産物生産（万t）

FAOSTAT

農産物	1980	1990	2000	2010	2020
穀物	**1,865**	**1,914**	**3,798**	**3,977**	**8,657**
小麦	797	1,006	1,548	902	1,978
大麦	22	33	72	296	448
えん麦	43	70	55	18	60
とうもろこし	640	540	1,678	2,266	5,840
大豆	350	1,070	2,014	5,268	4,880
肉類	**360**	**366**	**410**	**472**	**623**
牛肉	284	301	272	263	317

オセアニア諸国

❽オーストラリアの農産物の生産と輸出（千t）

年	小麦		羊毛（脂付）		砂糖		肉類	
	生産量	輸出量	生産量	輸出量	生産量	輸出量	生産量	輸出量
1970	7,890	6,886	926	713	2,525	1,386	2,070	559
1980	10,856	14,876	709	505	3,330	2,201	2,654	851
1990	15,066	11,507	1,102	541	3,681	2,853	3,063	923
2000	24,757	17,724	671	485	5,448	3,748	3,707	1,432
2010	21,834	15,888	350	325	4,519	3,255	4,048	1,506
2020	14,480	10,400	284	242	4,335	3,356	4,785	1,849

FAOSTAT

❾ニュージーランドの畜産物の生産と輸出（千t）

年	肉類		羊毛（脂付）		チーズ，バター	
	生産量	輸出量	生産量	輸出量	生産量	輸出量
1970	1,000	655	334	229	340	289
1980	1,127	662	357	144	361	300
1990	1,119	648	309	76	376	308
2000	1,303	798	257	49	641	616
2010	1,332	855	176	44	660	694
2020	1,450	978	151	30	834	752

FAOSTAT

農業

北アメリカ

❶アメリカ合衆国の州別農産物生産（2021年）

USDA資料

州名	農家1戸あたりの経営面積(ha)	小麦(万t)	とうもろこし(10万t)	大豆(万t)	牛(飼育頭数)(万頭) 総数	牛(飼育頭数)(万頭) 肉牛	豚(万頭)	綿花(千t)
総計	**180**	**4,480**	**3,829**	**12,153**	**9,379**	**3,084**	**7,445**	**5,323**
ニューイングランド	**48**	—	—	—	**44**	**4**	**3**	—
メーン	69	—	—	—	8	1	0.5	—
ニューハンプシャー	42	—	—	—	3	0.5	0.4	—
ヴァーモント	71	—	—	—	25	1	1	—
マサチューセッツ	28	—	—	—	4	1	1	—
ロードアイランド	22	—	—	—	0.4	0.1	0.2	—
コネティカット	28	—	—	—	5	1	0.4	—
中部大西洋沿岸	**63**	**70**	**70**	**144**	**288**	**32**	**138**	—
ニューヨーク	84	26	25	46	142	10	6	—
ニュージャージー	31	3	3	12	3	1	1	—
ペンシルヴェニア	56	41	42	86	143	22	131	—
北東中央(五大湖沿岸)	**102**	**486**	**1,207**	**4,144**	**775**	**121**	**1,408**	—
オハイオ	71	119	164	757	126	29	280	—
インディアナ	109	62	261	921	85	18	435	—
イリノイ	154	131	557	1,859	105	35	540	—
ミシガン	85	123	88	297	114	10	116	—
ウィスコンシン	90	50	137	310	345	29	37	—
北西中央	**256**	**1,994**	**2,081**	**6,001**	**2,951**	**933**	**4,405**	**302**
ミネソタ	153	152	352	970	215	34	890	—
アイオワ	145	—	645	1,720	370	86	2,390	—
ミズーリ	117	87	139	753	431	204	345	245
ノースダコタ	612	534	97	494	195	97	15	—
サウスダコタ	595	119	187	587	400	180	201	—
ネブラスカ	405	112	471	955	685	188	365	—
カンザス	316	991	191	523	655	146	199	57
南部	**130**	**867**	**408**	**1,863**	**3,293**	**1,400**	**1,269**	**4,756**
デラウェア	93	7	8	21	1	0.2	0.4	—
メリーランド	65	34	19	70	18	5	2	—
ワシントンD.C.	—	—	—	—	—	—	—	—
ヴァージニア	75	22	15	74	139	59	27	48
ウェストヴァージニア	64	—	1	—	38	19	0.4	—
ノースカロライナ	74	53	34	179	80	37	800	218
サウスカロライナ	79	14	13	40	33	17	14	119
ジョージア	100	17	21	17	109	50	5	612
フロリダ	83	—	3	—	170	93	—	34
ケンタッキー	70	83	70	280	209	97	44	—
テネシー	62	64	41	207	179	90	31	183
アラバマ	86	25	14	38	130	70	—	200
ミシシッピ	123	11	32	319	92	48	17	276
アーカンソー	135	23	39	425	178	93	12	390
ルイジアナ	118	—	26	150	78	45	1	68
オクラホマ	180	313	11	33	530	216	209	205
テキサス	206	201	60	10	1,310	464	109	2,403
山岳	**514**	**714**	**52**	—	**1,259**	**446**	**207**	**137**
モンタナ	865	274	2	—	245	139	23	—
アイダホ	189	208	6	—	250	46	3	—
ワイオミング	962	8	3	—	130	70	11	—
コロラド	330	189	38	—	270	66	62	—
ニューメキシコ	655	8	2	—	139	46	0.2	24
アリゾナ	558	14	1	—	98	19	15	113
ユタ	242	12	1	—	80	35	94	—
ネヴァダ	726	—	—	—	47	25	0.3	—
太平洋沿岸	**152**	**350**	**11**	—	**770**	**148**	**13**	**128**
ワシントン	166	237	5	—	114	21	2	—
オレゴン	171	86	3	—	125	53	1	—
カリフォルニア	142	26	2	—	515	66	8	128
アラスカ	328	—	—	—	2	1	0.2	—
ハワイ	61	—	—	—	14	8	1	—

赤字は各項目の最大値

❷アメリカ合衆国のおもな農産物（2021年）

USDA資料

米	(千t)	オレンジ	(千t)	グレープフルーツ	(千t)	ぶどう	(千t)
総計	**8,708**	**総計**	**4,388**	**総計**	**438**	**総計**	**6,050**
アーカンソー	4,138	フロリダ	2,383	フロリダ	174	カリフォルニア	5,755
カリフォルニア	1,664	カリフォルニア	1,960	カリフォルニア	168	ワシントン	295
ルイジアナ	1,291	テキサス	45	テキサス	96	—	—

❸アメリカ合衆国の農産物輸出

（百万ドル）

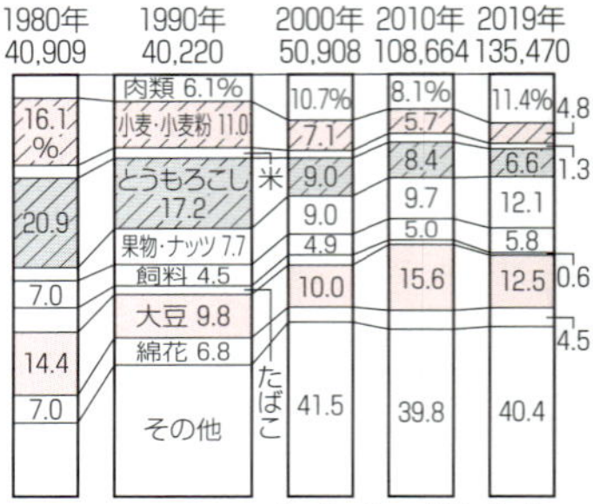

Agricultural Statistics

❹アメリカ合衆国の農産物のおもな輸出先

（百万ドル）

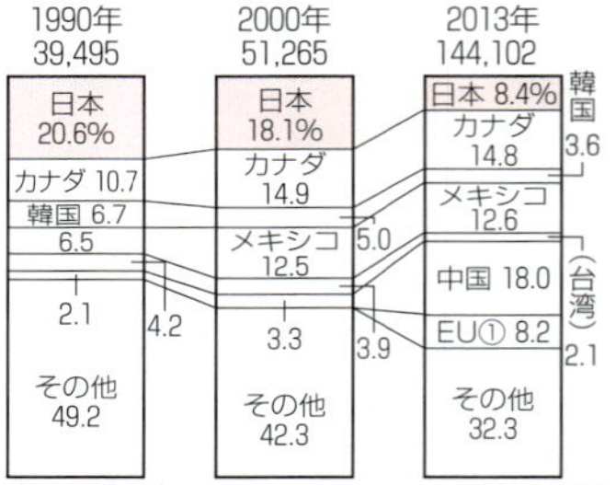

①EU28か国　USDA資料

❺カナダの農業収入（百万ドル）

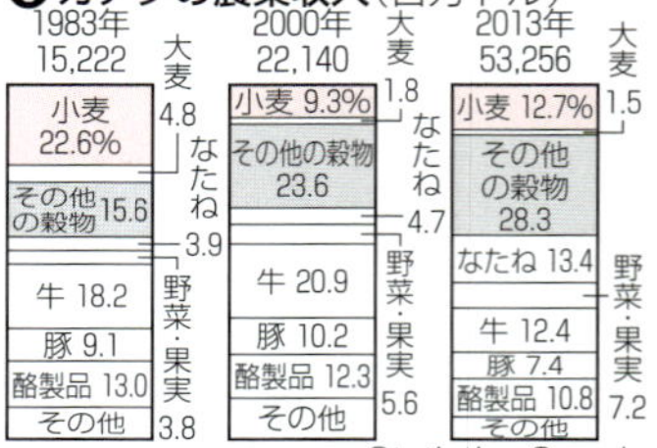

Statistics Canada

❻カナダの農水産物輸出

カナダ農業・農産食料省資料

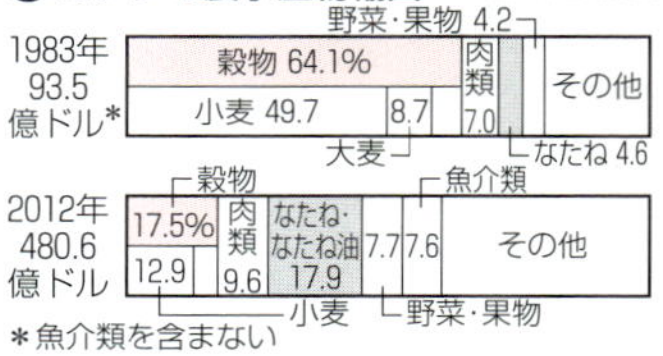

＊魚介類を含まない

❼カナダの農水産物輸出先

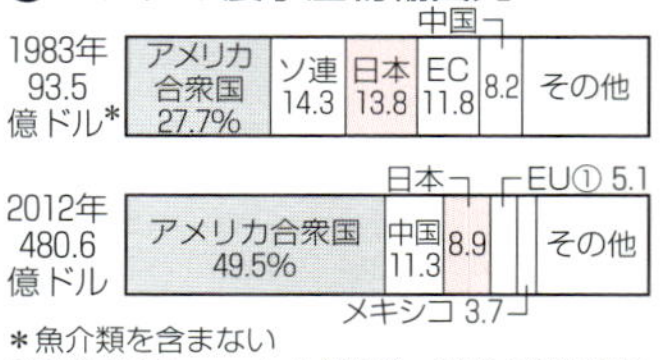

＊魚介類を含まない
①EU27か国　カナダ農業・農産食料省資料

❶日本の食料自給率（%）

食需'20ほか

年度	総合①	主食用穀物②	米	小麦	いも類	豆類	野菜	果実	肉類	鶏卵	牛乳・乳製品	魚介類	海藻類	砂糖類	油脂類	きのこ類
1960	79	89	102	39	100	44	100	100	93	101	89	108	92	18	42	－
1970	60	74	106	9	100	13	99	84	89	97	89	102	91	22	22	111
1980	53	69	100	10	96	7	97	81	80	98	82	97	74	27	29	109
1990	48	67	100	15	93	8	91	63	70	98	78	79	72	32	28	92
2000	40	60	95	11	83	7	81	44	52	95	68	53	63	29	14	74
2010	39	59	97	9	76	8	81	38	56	96	67	55	70	26	13	86
2020	37	60	97	15	73	8	80	38	53	97	61	55	70	36	13	89

重量ベース　①供給熱量ベース　②米・小麦・大麦・裸麦　☞p.52②

❷日本の農業総産出額の構成比（%）

生産農業所得統計'20

生産物	1960	1970	2000	2020
総産出額（億円）	**19,148**	**46,643**	**91,295**	**89,370**
耕種計	**80.5**	**73.3**	**72.3**	**63.3**
米	47.4	37.9	25.4	18.4
麦類	5.5	1.0	1.4	0.6
雑穀・豆類	3.1	1.2	1.2	0.9
いも類	3.0	1.7	2.5	2.7
野菜	9.1	15.9	23.2	25.2
果実	6.0	8.5	8.9	9.8
花き	0.5	0.9	4.9	3.4
工芸農作物	4.3	4.4	3.7	1.7
その他	1.6	1.8	1.1	0.6
畜産計	**18.2**	**25.9**	**26.9**	**36.2**
養蚕	2.9	2.7	0.02	①0.9
加工農産物	**1.3**	**0.7**	**0.7**	**0.5**

①養蚕を含むその他畜産物

❸日本の1戸あたりの農家所得（千円）

経営形態別経営統計'20ほか

区分	1960	1970	1980	1990	2000	2010	2020③
世帯員数（人）①	5.72	4.80	4.40	4.25	4.48	3.99	－
（うち農業従事者数）	(2.27)	(1.63)	(1.18)	(1.04)	(1.67)	(1.60)	－
農業粗収益(1)	359	985	2,421	3,002	3,508	4,571	7,002
（うち作物収入）	(281)	(727)	(1,723)	(2,277)	(2,734)	(2,983)	(4,700)
（うち畜産収入）	(61)	(223)	(632)	(670)	(704)	(941)	(1,441)
農業経営費(2)	134	477	1,469	1,839	2,423	3,348	5,827
農外収入(3)	211	972	3,829	5,754	5,272	1,862	880
（うち労賃・手当など）	(136)	(763)	(3,158)	(4,598)	(4,360)	(1,120)	(632)
農外支出(4)	27	87	266	315	298	252	568
農家所得	**410**	**1,393**	**4,515**	**6,602**	**6,059**	**2,833**	**1,487**
農業所得(1)－(2)	225	508	952	1,163	1,084	1,223	1,175
農外所得(3)－(4)	184	885	3,563	5,348	4,975	1,610	312
農業依存度（%）②	55.0	36.5	21.1	17.6	17.9	43.1	79.0

①2000年以降は販売農家　②農業所得／農家所得×100　③2019年以降，調査対象区分変更

❹日本の米の供給量（玄米，千t）

食需'20ほか

年度	生産量	輸入量	輸出量	供給量	1人1年あたり供給量(kg)
1970	12,689	15	785	11,948	95.1
1975	13,165	29	2	11,964	88.0
1980	9,751	27	754	11,209	78.9
1985	11,622	30	0	10,849	74.6
1990	10,499	50	0	10,484	70.0
1995	10,748	495	581	10,290	67.8
2000	9,490	879	462	9,790	64.6
2010	8,554	831	201	9,018	59.5
2020	8,145	814	110	7,857	50.7

❺日本の作付延面積の変化（千ha）

作付	1970	1980	1990	2000	2021	%
総計	**6,311**	**5,636**	**5,349**	**4,563**	**3,977**	**100**
稲	2,923	2,377	2,074	1,770	1,404	35.3
麦類	483	320	369	297	283	7.1
いも類	280	183	172	166	121	3.0
豆類	337	261	257	192	183	4.6
果樹	416	408	346	286	202	5.1
野菜	683	644	625	497	355	8.9
工芸農作物	257	262	231	191	130	3.3
飼肥料作物	733	1,034	1,096	1,026	1,001	25.2

耕地及び作付面積統計'21ほか

❻日本のおもな輸入農産物（2021年）

財務省貿易統計

品目	輸入量（千t）	おもな輸入先（%）
とうもろこし①	15,240	米(72.8)ブラジル(15.4)アルゼンチン(7.3)
小麦	5,126	米（44.2）カナダ（35.1）豪（20.6）
飼料	8,706	米(28.0)インドネシア(24.4)中国(14.6)
大豆	3,271	米（75.9）ブラジル（15.1）カナダ（8.3）
生鮮野菜	666	中国(64.3)米(9.7)ニュージーランド(9.2)
冷凍野菜	838	中国（45.4）米（27.1）タイ（4.4）
肉類	2,937	米（23.4）タイ（15.6）ブラジル（15.4）
（牛肉）	585	豪（40.7）米（39.8）カナダ（8.5）
（豚肉）	903	米（27.2）カナダ（25.3）スペイン（13.4）
乳製品	384	ニュージーランド(21.0)豪(18.5)米(15.8)
バナナ(生鮮)	1,109	フィリピン(76.1)エクアドル(12.3)メキシコ(6.7)
天然ゴム	692	インドネシア(68.8)タイ(28.2)ベトナム(1.6)
綿花	65	米（32.3）ブラジル（14.9）印（12.0）
植物性油脂	946	マレーシア(47.1)インドネシア(29.0)スペイン(4.3)
まぐろ	175	(台湾)（29.4）中国（14.9）韓国（10.3）
うなぎ	7	中国（79.6）(台湾)（20.3）
えび	159	印(26.7)ベトナム(17.4)インドネシア(15.3)
たこ	26	モーリタニア(28.8)中国(25.2)モロッコ(22.2)

①とうもろこしの約7割は飼料用　☞p.76④

❼日本の1人1日あたり食品群別食料供給量（g）

区分	1970	1980	1990	2000	2010	2020
米	287.8	238.7	211.8	195.3	179.9	153.4
小麦	108.1	113.3	111.4	114.4	114.8	111.5
いも類	49.2	52.5	62.7	64.3	56.5	58.9
豆類	28.8	24.1	26.2	25.8	24.1	25.3
野菜	366.5	359.7	346.1	326.4	278.6	279.0
（うち緑黄野菜）	(65.6)	(67.5)	(70.3)	(78.3)	(72.9)	(79.9)
（その他）	(300.9)	(292.3)	(275.7)	(248.1)	(205.7)	(199.1)
果実	144.1	149.5	143.4	155.3	137.1	128.1
肉類	49.2	85.8	108.7	120.2	121.0	139.1
鶏卵	45.7	45.1	51.9	54.7	53.3	55.2
牛乳・乳製品	137.2	179.0	228.0	258.2	236.7	258.3
魚介類	167.9	179.4	195.0	184.1	144.7	114.3
海藻類	2.5	3.7	3.9	3.8	2.7	2.5
砂糖類	73.8	63.9	59.7	55.4	51.9	45.5
油脂類	27.4	40.2	47.8	53.7	50.7	54.6
熱量(kcal)	2,530	2,563	2,640	2,643	2,447	2,269
たんぱく質	78.1	83.0	85.5	86.8	79.7	77.9
脂質	56.3	72.6	79.7	84.2	77.0	81.9

食需'20ほか

❶都道府県別農業（Ⅰ）(2020年)

赤字は各項目の上位1位，太字は2～5位　　農林センサス'20ほか

都道府県名	総農家数(千戸)	農業経営体① 計(千)	個人経営体(%)	主業(%)	準主業(%)	副業的(%)	団体経営体(%)	世帯員 農業従事者②(千人)	経営耕地面積規模別経営体③(%) 0.5ha未満	0.5～1.0ha	1.0～1.5ha	1.5～2.0ha	2.0ha以上	耕地面積(2021年)(百ha)	農家1戸あたり耕地面積(ha)
1960年	6,057	－	－	－	－	－	－	－	39.1	32.7	17.2	6.9	4.1	60,710	1.0
1970年	5,402	－	－	－	－	－	－	－	31.0	31.0	16.8	7.8	5.8	57,960	1.1
1980年	4,661	－	－	－	－	－	－	－	41.6	28.1	21.2	5.3	3.8	54,610	1.2
1990年	3,835	－	－	－	－	－	－	－	18.4	27.3	13.4	7.0	9.1	52,730	1.4
2000年	3,120	－	－	－	－	－	－	－	24.0	35.8	17.1	9.0	14.1	48,300	1.6
2010年	2,528	－	－	－	－	－	－	－	21.2	34.0	16.6	8.8	19.4	45,180	1.8
全国	**1,747**	**1,076**	**96.4**	**21.5**	**13.3**	**61.7**	**3.6**	**2,494**	**22.9**	**29.7**	**14.7**	**8.2**	**24.5**	**43,490**	**2.5**
北海道	38	35	87.5	**62.8**	2.4	22.4	**12.5**	81	5.8	3.2	2.7	2.0	**86.3**	**11,430**	**30.4**
青森	36	29	97.3	**40.0**	11.4	45.9	2.7	73	13.1	19.9	15.0	11.2	**40.8**	**1,496**	**4.1**
岩手	53	35	96.5	19.0	16.8	60.6	3.5	**89**	19.6	26.1	16.0	9.9	28.4	**1,493**	2.8
宮城	42	30	95.7	17.3	17.0	61.4	4.3	75	13.4	21.5	16.1	**11.6**	37.4	1,255	**3.0**
秋田	37	29	96.4	20.7	16.7	59.0	3.6	70	10.4	17.7	14.9	**11.5**	**45.5**	1,464	**4.0**
山形	40	28	96.4	27.3	14.4	54.8	3.6	71	16.0	18.0	12.7	9.1	**44.1**	1,158	2.9
福島	**63**	**43**	97.8	17.2	**17.3**	63.3	2.2	**107**	17.3	26.7	16.5	10.7	28.8	1,373	2.2
茨城	**72**	**45**	**98.1**	21.5	10.7	65.9	1.9	**105**	16.9	27.8	**17.1**	10.6	27.6	**1,623**	2.3
栃木	46	33	97.7	22.7	15.5	59.5	2.3	80	11.8	22.0	16.1	**12.0**	38.2	1,217	2.6
群馬	42	20	96.2	25.5	8.3	62.4	3.8	44	24.3	30.8	15.7	7.9	21.3	659	1.6
埼玉	46	28	98.0	16.2	15.8	65.9	2.0	65	19.9	33.3	**19.6**	10.5	16.7	735	1.6
千葉	51	35	97.3	25.7	13.2	58.4	2.7	84	16.3	25.1	**17.4**	**11.5**	29.8	1,227	2.4
東京	10	5	**98.5**	10.8	**42.5**	45.2	1.5	12	**50.4**	32.5	10.2	3.3	3.7	64	0.7
神奈川	21	11	97.3	17.0	**24.6**	55.7	2.7	27	**36.2**	35.4	15.1	6.8	6.5	182	0.9
新潟	**63**	**44**	96.4	16.4	**20.2**	59.8	3.6	**107**	12.8	21.0	14.5	10.8	**40.9**	**1,682**	2.7
富山	17	12	91.7	7.3	14.0	70.4	**8.3**	29	14.6	27.8	**19.1**	**12.3**	26.3	580	**3.4**
石川	16	10	94.0	10.5	13.5	69.9	**6.0**	22	17.8	27.3	16.0	9.1	29.8	406	2.6
福井	16	11	93.6	7.0	12.7	73.9	**6.4**	25	19.8	31.3	**17.6**	10.0	21.2	399	2.5
山梨	28	15	**98.1**	23.3	12.5	62.4	1.9	33	35.2	**43.0**	13.9	3.8	4.1	233	0.8
長野	**90**	**43**	96.8	20.0	13.2	63.6	3.2	**103**	32.1	35.5	13.6	6.1	12.7	1,052	1.2
岐阜	49	21	96.0	9.5	11.1	**75.4**	4.0	49	**38.4**	39.2	10.8	3.8	7.8	552	1.1
静岡	51	26	97.3	23.9	13.8	59.6	2.7	63	**36.2**	31.0	11.9	5.5	15.4	615	1.2
愛知	61	27	97.5	25.6	13.0	58.9	2.5	66	34.8	35.7	12.9	5.6	10.9	733	1.2
三重	34	19	96.4	9.6	14.0	72.9	3.6	43	23.2	35.4	16.7	8.6	16.2	576	1.7
滋賀	22	15	94.3	9.0	14.4	70.8	5.7	34	19.3	32.1	16.4	8.6	23.5	509	2.3
京都	25	14	96.3	11.1	14.6	70.6	3.7	31	29.7	**39.9**	13.7	5.3	11.4	297	1.2
大阪	21	8	**98.5**	11.7	**17.9**	68.9	1.5	18	**46.7**	39.4	8.8	2.6	2.5	124	0.6
兵庫	**67**	**38**	96.9	9.8	13.7	73.5	3.1	87	29.3	**40.7**	15.5	5.7	8.8	728	1.1
奈良	22	11	**98.4**	12.1	12.9	73.3	1.6	25	31.7	**44.2**	12.4	3.7	8.0	198	0.9
和歌山	25	18	**99.1**	31.6	11.6	55.9	0.9	42	28.0	33.4	15.8	8.9	14.0	316	1.3
鳥取	23	14	96.6	13.2	14.6	68.8	3.4	34	26.4	39.4	15.4	6.4	12.4	341	1.5
島根	27	15	95.5	8.6	14.2	72.6	4.5	34	31.2	38.6	14.2	5.4	10.5	362	1.3
岡山	51	29	97.7	9.8	11.9	**76.0**	2.3	66	29.6	39.5	15.0	5.8	10.2	627	1.3
広島	45	22	96.4	8.9	11.6	**75.9**	3.6	48	34.2	38.7	13.5	4.9	8.6	528	1.2
山口	27	16	96.9	9.6	11.5	**75.8**	3.1	33	29.5	36.1	14.6	6.5	13.3	445	1.6
徳島	25	15	97.9	19.9	11.4	66.6	2.1	33	28.2	38.4	16.0	7.2	10.2	281	1.1
香川	29	16	97.4	10.6	11.1	**75.6**	2.6	37	33.7	**43.6**	11.6	3.7	7.4	293	1.0
愛媛	35	22	97.6	20.8	11.1	65.7	2.4	46	27.3	35.1	15.7	7.7	14.2	462	1.3
高知	20	13	97.5	**32.5**	8.2	56.9	2.5	27	33.6	35.5	14.1	6.2	10.6	262	1.3
福岡	41	28	96.0	24.5	12.0	59.5	4.0	64	22.3	31.2	15.8	8.7	22.0	793	1.9
佐賀	19	14	93.6	28.3	12.7	52.6	**6.4**	35	23.4	28.9	15.0	8.9	23.9	505	2.7
長崎	28	18	97.6	30.8	13.3	53.5	2.4	42	21.9	32.3	16.7	9.1	20.0	459	1.6
熊本	48	34	96.1	31.8	11.0	53.2	3.9	79	18.6	25.7	16.1	10.6	29.1	1,075	2.3
大分	32	19	95.5	15.5	10.2	69.8	4.5	39	27.2	34.1	14.5	7.2	17.0	545	1.7
宮崎	31	21	96.2	**33.3**	7.9	55.0	3.8	44	22.9	27.7	14.6	9.3	25.5	648	2.1
鹿児島	48	30	95.2	29.5	9.9	55.7	4.8	55	21.3	25.5	14.1	8.8	30.3	1,129	2.4
沖縄	15	11	96.2	**32.0**	11.9	52.2	3.8	18	25.5	25.0	14.9	9.1	25.5	365	2.5

2020年より区分が大幅に変更されている。　①一定規模以上の農業を行う者，または農作業受託事業を行う者。個人経営体は個人（世帯）で事業を行う経営体。団体経営体は法人・各種団体（農協など）・地方公共団体などの経営体　②個人経営体において自営農業に従事した世帯員数　③2010年までは「例外規定農家」を除く　☞ p.63①，p.72「解説」

❶都道府県別農業（Ⅱ）（2021年）

赤字は各項目の上位1位，太字は2～5位　　生産農業所得統計ほか

都道府県名	耕地							作付延面積（百ha）	稲作（水稲）			農業産出額（億円）（2020年）		
	水田（百ha）	水田率①（%）	畑（百ha）			耕地率②（%）	耕地利用率③（%）		作付面積（百ha）	収穫量（千t）	1haあたり収穫量（t）	野菜	果実	畜産
			普通畑	樹園地	牧草地									
1960年	33,810	55.7	61)21,650	61)4,509	61)813	16.4	133.2	80,840	33,080	12,858	4.01	1,741	1,154	3,477
1970年	34,150	54.9	14,950	6,002	2,825	15.7	108.9	63,110	29,230	12,689	4.42	7,400	3,966	12,096
1980年	30,550	55.9	12,390	5,870	5,803	14.7	103.2	56,360	23,770	9,751	4.12	19,037	6,916	32,187
1990年	28,460	54.0	12,750	4,751	6,466	14.1	102.0	53,490	20,740	10,499	5.09	25,880	10,451	31,303
2000年	26,410	54.7	11,880	3,564	6,447	13.0	94.5	45,630	17,700	9,490	5.36	21,139	8,107	24,596
2010年	24,960	54.3	11,690	3,106	6,167	12.3	92.2	42,330	16,280	8,483	5.21	22,485	7,497	26,475
全国	**23,660**	**54.4**	**11,260**	**2,632**	**5,934**	**11.7**	**91.4**	**39,770**	**14,030**	**7,563**	**5.39**	**22,520**	**8,741**	**32,279**
北海道	**2,220**	19.4	**4,176**	30	**5,000**	14.6	99.1	**11,330**	**961**	**574**	**5.97**	**2,145**	69	**7,337**
青森	792	52.9	351	**222**	**131**	15.5	80.0	1,197	417	257	**6.16**	821	**906**	883
岩手	939	62.9	248	34	**272**	9.8	80.0	1,194	484	269	5.55	292	142	**1,628**
宮城	**1,034**	82.4	152	11	57	17.2	90.4	1,135	**646**	**353**	5.47	275	30	724
秋田	**1,284**	87.7	118	22	39	12.6	84.6	**1,238**	**848**	**501**	**5.91**	301	89	365
山形	916	79.1	119	101	22	12.4	90.6	1,049	629	**394**	**6.26**	465	**729**	376
福島	**971**	70.7	289	65	48	10.0	76.7	1,053	605	336	5.55	480	299	434
茨城	953	58.7	**606**	60	4	**26.6**	91.3	**1,482**	**635**	345	5.43	**1,645**	97	**1,270**
栃木	948	77.9	223	21	25	**19.0**	98.4	**1,198**	548	301	5.49	756	71	1,225
群馬	247	37.5	**372**	29	12	10.4	91.0	600	149	73	4.92	1,004	80	1,079
埼玉	409	55.6	298	27	1	**19.4**	86.7	637	300	152	5.08	831	54	245
千葉	727	59.3	**468**	29	4	**23.8**	88.5	1,086	506	278	5.49	**1,383**	111	1,194
東京	2	3.5	47	15	1	2.9	93.6	60	1	0.5	4.05	129	32	20
神奈川	35	19.4	113	34	—	7.5	94.0	171	29	14	4.93	345	64	147
新潟	**1,494**	**88.8**	160	21	7	13.4	86.8	**1,460**	**1,172**	**620**	5.29	321	92	485
富山	553	**95.3**	18	7	2	13.7	90.3	524	363	200	5.51	54	23	78
石川	337	83.0	51	12	5	9.7	84.7	344	238	125	5.27	101	34	88
福井	362	**90.7**	27	8	3	9.5	**102.8**	410	245	126	5.15	80	12	44
山梨	77	33.1	48	100	9	5.2	86.3	201	49	26	5.32	117	**650**	78
長野	517	49.1	356	**147**	32	7.8	83.3	876	315	190	**6.03**	891	**894**	269
岐阜	423	76.6	88	30	12	5.2	85.7	473	216	103	4.78	339	54	411
静岡	215	35.0	148	**241**	11	7.9	87.6	539	153	77	5.06	582	254	451
愛知	415	56.6	262	52	4	14.2	91.0	667	264	131	4.96	**1,011**	195	831
三重	440	76.4	82	54	0	10.0	90.8	523	263	130	4.95	145	70	419
滋賀	471	**92.5**	29	9	0	12.7	**102.2**	520	301	156	5.19	105	6	106
京都	231	77.8	36	29	1	6.4	80.5	239	142	72	5.04	250	19	125
大阪	86	69.7	18	19	—	6.5	79.4	99	46	23	4.89	141	65	19
兵庫	667	**91.6**	43	16	3	8.7	81.5	593	358	176	4.91	349	38	592
奈良	140	70.7	24	34	0	5.4	79.3	157	84	43	5.12	113	75	55
和歌山	93	29.3	23	**200**	0	6.7	89.6	283	61	30	4.97	141	**759**	35
鳥取	233	68.3	88	13	8	9.7	77.1	263	126	64	5.05	214	64	290
島根	292	80.7	51	13	5	5.4	77.3	280	168	88	5.21	101	43	253
岡山	493	78.6	92	36	6	8.8	78.1	490	288	151	5.24	223	264	585
広島	396	75.0	74	52	6	6.2	74.4	393	222	116	5.22	247	168	487
山口	371	83.4	46	25	3	7.3	73.3	326	184	93	5.06	160	49	182
徳島	192	68.3	53	35	1	6.8	84.3	237	103	48	4.65	352	95	255
香川	244	83.3	22	27	0	15.6	80.9	237	113	57	5.01	242	69	320
愛媛	217	47.0	54	**189**	2	8.1	86.8	401	132	67	5.10	197	532	258
高知	198	75.6	30	33	2	3.7	80.5	211	110	50	4.51	711	111	82
福岡	640	80.7	74	78	2	15.9	**115.0**	912	346	164	4.73	707	239	383
佐賀	418	82.8	41	45	1	**20.7**	**133.7**	675	233	119	5.10	343	197	342
長崎	210	45.8	194	52	3	11.1	95.4	438	108	51	4.70	471	140	532
熊本	661	61.5	218	131	**65**	14.5	97.1	1,044	323	156	4.84	**1,221**	338	1,192
大分	388	71.2	86	44	27	8.6	90.1	491	196	96	4.87	351	131	430
宮崎	346	53.4	251	39	11	8.4	**104.2**	675	159	78	4.89	681	129	**2,157**
鹿児島	352	31.2	**621**	125	30	12.3	91.8	1,036	186	89	4.79	562	98	**3,120**
沖縄	8	2.2	279	19	**59**	16.0	87.7	320	7	2	3.24	127	60	397

①水田率＝（水田面積／耕地面積）×100　②耕地率＝（耕地総面積／総土地面積）×100　③耕地利用率＝（作付延面積／耕地面積）×100

☞ p.63①，p.72「解説」

農業

❶都道府県別農業（Ⅲ）

作物統計ほか

	小麦 収穫量（百t）	大麦 収穫量（百t）	じゃがいも 収穫量（千t）	さつまいも 収穫量（千t）	大豆 収穫量（百t）	だいこん 収穫量（千t）	キャベツ 収穫量（千t）	きゅうり 収穫量（千t）	トマト 収穫量（千t）	りんご 収穫量（千t）
調査年	2021年	2021年	2021年	2021年	2021年	2021年	2021年	2021年	2021年	2021年
1960年	15,310	12,060	3,499	6,277	4,176	2,859	686	462	242	876
1970年	4,740	4,180	3,611	2,654	1,260	2,748	1,437	965	790	1,021
1980年	5,830	3,320	3,421	1,317	1,739	2,689	1,545	1,018	1,014	960
1990年	9,515	3,459	3,552	1,402	2,204	2,336	1,544	931	767	1,053
2000年	6,882	2,143	2,899	1,073	2,350	1,876	1,449	767	806	800
2010年	5,678	1,616	2,290	864	2,225	1,496	1,359	588	691	787
全　国	**10,970**	**2,348**	**2,175**	**672**	**2,465**	**1,251**	**1,485**	**551**	**725**	**662**
1位	北海道 7,284	佐賀 468	北海道 1,686	鹿児島 191	北海道 1,054	千葉 148	群馬 292	宮崎 64	熊本 133	青森 416
2位	福岡 781	栃木 400	鹿児島 91	茨城 189	宮城 222	北海道 143	愛知 267	群馬 54	北海道 65	長野 110
3位	佐賀 567	福岡 274	長崎 82	千葉 87	秋田 139	青森 114	千葉 120	埼玉 46	愛知 49	岩手 42
4位	愛知 294	福井 •133	茨城 50	宮崎 71	滋賀 86	鹿児島 93	茨城 109	福島 39	茨城 48	山形 32
5位	三重 228	富山 •102	千葉 30	徳島 27	青森 82	神奈川 74	長野 73	千葉 31	千葉 33	福島 19
6位	熊本 216	岡山 96	福島 16	熊本 18	新潟 78	宮崎 70	鹿児島 69	茨城 26	栃木 32	秋田 16
7位	群馬 210	北海道 •92	長野 16	−	佐賀 75	茨城 55	神奈川 67	高知 26	岐阜 26	北海道 8
8位	滋賀 209	群馬 85	青森 16	−	山形 73	新潟 49	北海道 59	北海道 16	福島 24	群馬 6
9位	埼玉 200	茨城 85	静岡 15	−	福岡 72	長崎 46	熊本 43	熊本 16	群馬 21	宮城 2
10位	茨城 138	大分 84	熊本 14	−	富山 71	群馬 33	岩手 29	佐賀 15	福岡 20	岐阜 1

•一部秘匿された種類の数値を含まない

	みかん 収穫量（千t）	ぶどう 収穫量（千t）	荒茶 生産量（百t）	乳牛 飼養頭数（千頭）	肉牛 飼養頭数（千頭）	豚 飼養頭数（千頭）	採卵鶏 飼養羽数（万羽）	ブロイラー 飼養羽数（万羽）	生乳 生産量（千t）	養蚕 収繭量（t）
調査年	2021年	2021年	2021年	2022年	2022年	2022年	2022年	2022年	2021年	2020年
1960年	894	155	776	824	2,340	1,918	−	−	1,887	111,208
1970年	2,552	234	912	1,804	1,789	6,335	16,979	5,374	4,761	111,736
1980年	2,892	323	1,023	2,091	2,157	9,998	16,472	13,125	6,504	73,061
1990年	1,653	276	899	2,058	2,702	11,817	18,741	15,045	8,189	24,925
2000年	1,143	238	847	1,764	2,823	9,806	17,847	10,841	8,497	1,244
2010年	786	185	850	1,484	2,892	11)9,768	11)17,592	09)10,714	7,720	265
全　国	**749**	**165**	**781**	**1,371**	**2,614**	**8,949**	**18,010**	**13,923**	**7,592**	**80**
1位	和歌山 148	山梨 41	静岡 297	北海道 846	北海道 553	鹿児島 1,199	茨城 1,514	鹿児島 2,809	北海道 4,266	群馬 28
2位	愛媛 128	長野 29	鹿児島 265	栃木 55	鹿児島 338	宮崎 764	千葉 1,284	宮崎 2,760	栃木 348	栃木 14
3位	静岡 100	岡山 15	三重 54	熊本 44	宮崎 255	北海道 728	鹿児島 1,173	岩手 2,110	熊本 267	福島 14
4位	熊本 90	山形 15	宮崎 31	岩手 40	熊本 134	群馬 605	広島 993	青森 806	岩手 212	埼玉 5
5位	長崎 52	福岡 7	京都 25	群馬 34	岩手 89	千葉 583	愛知 975	北海道 518	群馬 208	愛媛 3
6位	佐賀 47	北海道 7	福岡 17	千葉 28	長崎 88	岩手 492	岡山 932	徳島 425	千葉 193	宮城 3
7位	愛知 24	青森 5	熊本 13	茨城 24	栃木 84	茨城 421	群馬 897	熊本 385	茨城 175	長野 2
8位	広島 22	大阪 4	埼玉 7	愛知 21	宮城 80	青森 359	青森 650	佐賀 364	愛知 154	岩手 2
9位	福岡 21	愛知 3	−	宮城 18	沖縄 78	栃木 356	北海道 645	長崎 312	岡山 115	山梨 2
10位	三重 19	岩手 3	−	岡山 17	群馬 57	熊本 339	三重 643	鳥取 311	宮城 109	茨城 2

p.70：1960年以降の農家総数の減少は著しく，最新年次では200万戸を下回っている。2020年以降農業経営に関する統計の調査方法が変更され，「農家」単位から「農業経営体」単位になった。その結果「専業農家」「兼業農家」に代わり，「農業経営体（個人）」中の「主業」「準主業」「副業的」の区分となった。北海道では「団体経営体」が多く，「個人経営体」でも「主業」の割合が大きい。

p.71：耕地率は約11%と低く，耕地面積の5割が水田である。水田率は北陸・近畿で高く，北海道は低い。稲作は1960年以降面積・収量とも減少，地域別では新潟・北海道と東北各県が多い。

p.72：1960年以後輸入量の増加に伴い，大豆や果実の一部は生産量が減少している。産地では，小麦の7割近く，じゃがいもの8割は冷涼な北海道で，さつまいもの3割近くは温暖な鹿児島で生産される。野菜類では，消費地の東京近郊諸県や高冷地の群馬・長野，暖地の宮崎などに注目する。果実ではりんごの青森・長野，ぶどうの山梨などそれぞれの主産地がはっきりしている。畜産では乳牛が北海道，豚やブロイラーは鹿児島・宮崎での飼育がさかんである。

❶原木の生産（百万m³）

FAOSTAT

国名	1990	2021	%	用材%	薪炭材%	針葉樹%	広葉樹%
世界	**3,543**	**3,967**	**100**	**50.9**	**49.1**	**35.7**	**64.3**
アメリカ合衆国	509	454	11.4	84.3	15.7	74.9	25.1
インド	311	350	8.8	14.2	85.8	4.3	95.7
中国	377	336	8.5	53.6	46.4	27.0	73.0
ブラジル	195	266	6.7	53.7	46.3	16.9	83.1
ロシア	①386	217	5.5	93.0	7.0	79.2	20.8
カナダ	162	142	3.6	99.0	1.0	81.5	18.5
インドネシア	164	125	3.2	70.6	29.4	0.0	100.0
エチオピア	②73	119	3.0	2.5	97.5	6.8	93.2
コンゴ民主	47	94	2.4	4.9	95.1	0.0	100.0
ドイツ	85	82	2.1	71.8	28.2	78.3	21.7

日本33（用材71.7%，薪炭材28.3%，針葉樹65.0%，広葉樹35.0%）
①ソ連　②エリトリアを含む

❶：森林面積の広い国がほぼ原木生産の上位を占める（p.63参照）。アメリカ合衆国など先進国ではパルプ，建築材などの用材利用が中心で，インドやアフリカ諸国では薪炭材（燃料）利用が多い。用材に使う針葉樹は高緯度地方に多く，広葉樹は低緯度地方でおもに燃料として伐採される。
❸：木材輸出は針葉樹の豊富なロシアやカナダなど高緯度地方が多い。
❼：日本は供給量の6割以上を外材に依存。
❾：輸入相手先上位4か国に注目する。

❷製材量（万m³）

FAOSTAT

国名	1990	2021	%
世界	**46,301**	**49,447**	**100**
中国	2,274	8,400	17.0
アメリカ合衆国	8,614	8,049	16.3
ロシア	①10,500	4,180	8.5
カナダ	3,974	4,116	8.3
ドイツ	1,472	2,644	5.3
インド	1,746	2,398	4.8
スウェーデン	1,202	1,910	3.9
フィンランド	750	1,195	2.4
オーストリア	751	1,076	2.2
ブラジル	1,373	1,024	2.1

日本820　①ソ連

❸木材の輸出入（原木・製材）（万m³）

FAOSTAT

輸出国	1990	2021	%	輸入国	1990	2021	%
世界	**16,203**	**31,637**	**100**	**世界**	**16,790**	**30,125**	**100**
ロシア	①1,694	4,800	15.2	中国	412	9,582	31.8
カナダ	2,839	3,458	10.9	アメリカ合衆国	2,274	2,870	9.5
ニュージーランド	230	2,478	7.8	オーストリア	527	1,331	4.4
ドイツ	578	2,300	7.3	ベルギー	③386	1,263	4.2
チェコ	②165	2,200	7.0	ドイツ	807	1,227	4.1
アメリカ合衆国	3,012	1,567	5.0	イタリア	1,233	942	3.1
スウェーデン	706	1,405	4.4	イギリス	1,091	905	3.0
フィンランド	447	994	3.1	日本	3,667	745	2.5
ラトビア	－	833	2.6	フィンランド	530	716	2.4
オーストリア	537	725	2.3	スウェーデン	222	704	2.3

日本166（出）　①ソ連　②チェコスロバキア　③ルクセンブルクを含む

❹パルプの生産（万t）

FAOSTAT

国名	1990	2021	%
世界	**16,561**	**19,157**	**100**
アメリカ合衆国	5,640	4,856	25.4
ブラジル	436	2,257	11.8
中国	1,252	1,817	9.5
カナダ	2,284	1,431	7.5
スウェーデン	992	1,123	5.9
フィンランド	877	1,096	5.7
インドネシア	79	898	4.7
ロシア	①1,008	887	4.6
日本	1,115	763	4.0
インド	175	613	3.2

①ソ連

❺パルプの輸出入（2021年）

	国名	万t	%
輸出	**世界**	**6,276**	**100**
	ブラジル	1,582	25.2
	カナダ	803	12.8
	アメリカ合衆国	692	11.0
	インドネシア	508	8.1
	フィンランド	417	6.7
輸入	**世界**	**6,103**	**100**
	中国	2,380	39.0
	アメリカ合衆国	580	9.5
	ドイツ	387	6.3
	イタリア	332	5.4
	オランダ	217	3.6

日本26（出）139（入）　FAOSTAT

❻紙・板紙の生産（万t）

FAOSTAT

国名	1990	2021	%
世界	**23,935**	**41,730**	**100**
中国	1,399	12,110	29.0
アメリカ合衆国	7,197	6,748	16.2
日本	2,809	2,375	5.7
ドイツ	1,219	2,312	5.5
インド	219	1,728	4.1
インドネシア	144	1,195	2.9
韓国	452	1,082	2.6
ブラジル	484	1,067	2.6
イタリア	573	989	2.4
ロシア	①1,072	953	2.3

①ソ連

❼日本の用材供給量*

年次	総供給量（千m³）	国産材（%）	外材（%）
1960	**56,547**	86.7	13.3
1970	**102,679**	45.0	55.0
1980	**108,964**	31.7	68.3
1990	**111,162**	26.4	73.6
2000	**99,263**	18.2	81.8
2005	**85,857**	20.0	80.0
2010	**70,253**	26.0	74.0
2015	**70,883**	30.8	69.2
2020	**61,392**	35.8	64.2

*丸太の供給量と，輸入した製材品，合板，パルプ・チップなどの製品を丸太材積に換算した供給量とを合計したもの。
木材需給表'20

❽日本の素材（丸太）供給量

木材統計'20ほか

年次	総供給量（千m³）	国産材（%）	外材（%）			
			南洋材	米材①	北洋材②	その他
1960	**55,189**	87.9	9.1	③－	1.9	1.1
1970	**88,632**	51.2	20.9	15.3	7.8	4.7
1980	**77,943**	43.7	22.1	20.5	8.0	5.7
1990	**65,398**	44.8	14.1	26.6	7.1	7.4
1995	**51,039**	44.9	13.4	26.6	10.1	5.0
2000	**37,498**	48.0	8.2	21.7	15.4	6.7
2005	**29,041**	55.7	4.8	18.4	16.7	4.5
2010	**23,724**	72.5	2.2	16.9	4.1	4.3
2020	**23,550**	84.4	0.4	12.1	1.1	2.0

①アメリカおよびカナダの地域から輸入されるもので，主要樹種は米つが，米まつ，米すぎ，米ひのきなど　②ロシアから輸入されるもので，主要樹種は北洋からまつ，北洋えぞまつ，北洋とどまつなど　③その他に含まれる

❾日本の木材*輸入（2021年）

国名	億円	%
総計	**4,067**	**100**
カナダ	1,212	29.8
アメリカ合衆国	690	17.0
ロシア	534	13.1
スウェーデン	373	9.2
フィンランド	324	8.0
中国	175	4.3
オーストリア	119	2.9
ニュージーランド	80	2.0
インドネシア	79	1.9
チリ	76	1.9

*丸太，製材の合計　財務省貿易統計

❶都道府県別林業（2020年）

赤字は各項目の上位1位，太字は2～5位 　　　木材需給報告書'20ほか

都道府県名	林野面積①（千ha）	森林面積 計（千ha）	国有林（%）	公有林②（%）	私有林（%）	森林率③（%）	林家数（千戸）	素材生産量（千m³）	製材用	木材チップ用	林業産出額（千万円） 木材	薪炭	栽培きのこ類	林野副産物④
1960年	25,609	24,403	30.0	11.6	58.4	…	2,705	48,515	33,817	…	…	…	…	…
1970年	25,285	24,483	30.2	11.8	58.0	64.9	2,566	45,351	27,362	8,280	71)98,913	71)1,587	71)4,415	71)607
1980年	25,198	24,728	29.9	13.1	57.0	65.5	2,531	34,051	20,953	9,139	96,739	650	17,615	818
1990年	25,026	24,621	29.7	14.3	56.0	65.2	2,509	29,300	18,023	8,768	72,814	826	22,943	1,132
2000年	24,918	24,490	29.6	15.4	55.0	64.8	1,019	17,987	12,798	4,098	32,213	616	19,689	592
2010年	24,845	24,462	29.1	16.2	54.7	64.7	907	17,193	10,582	4,121	19,455	508	21,891	315
全国	**24,770**	**24,436**	**28.8**	**16.4**	**54.8**	**64.7**	**690**	**19,882**	**11,615**	**4,072**	**19,437**	**378**	**22,596**	**453**
北海道	**5,504**	**5,313**	**53.4**	20.5	26.0	63.7	25	**2,850**	**1,455**	**832**	**2,793**	**20**	**969**	**94**
青森	626	613	**61.1**	8.9	30.0	63.6	14	894	318	**249**	744	2	29	11
岩手	**1,152**	**1,140**	31.3	15.5	53.2	74.6	**32**	**1,355**	429	**378**	**1,307**	**45**	394	**36**
宮城	408	404	29.7	17.6	52.7	55.4	15	576	167	153	438	2	406	4
秋田	833	818	**45.4**	14.4	40.1	70.3	22	**1,123**	477	**196**	1,002	1	405	7
山形	645	644	**50.9**	9.0	40.1	69.0	17	266	189	8	245	4	396	15
福島	**942**	**938**	39.7	11.5	48.8	68.0	**34**	853	469	**334**	688	1	321	2
茨城	199	198	22.2	3.1	74.7	32.4	12	423	347	72	392	1	304	2
栃木	339	339	34.9	8.2	56.8	52.9	14	540	438	97	587	2	423	1
群馬	409	407	**43.5**	7.9	48.6	64.0	10	208	132	39	172	2	430	0
埼玉	119	119	10.0	20.7	69.4	31.4	6	63	30	33	45	0	100	0
千葉	161	155	4.9	6.6	**88.5**	30.1	11	58	21	35	41	0	198	3
東京	77	76	6.5	**31.5**	61.9	34.7	4	28	15	10	19	0	15	1
神奈川	94	93	10.0	**39.8**	50.2	38.7	3	11	9	2	11	0	37	0
新潟	803	799	27.9	10.8	61.3	63.5	23	99	53	19	103	1	**4,694**	12
富山	241	241	25.3	21.9	52.9	56.6	5	79	43	14	71	2	314	1
石川	278	278	9.4	15.3	75.3	66.3	10	138	58	32	132	1	110	6
福井	310	310	11.9	17.1	70.9	73.9	11	121	56	30	102	1	51	1
山梨	349	347	1.3	**60.3**	38.4	**77.8**	7	144	22	74	104	0	30	1
長野	**1,029**	**1,022**	31.6	**22.0**	46.4	75.3	26	466	171	93	463	2	**5,456**	**61**
岐阜	**841**	**839**	18.5	16.3	65.2	**79.0**	**30**	364	234	63	456	5	281	12
静岡	493	488	17.2	11.6	71.2	62.8	17	328	174	44	307	2	**845**	4
愛知	218	218	5.0	12.5	82.5	42.1	10	208	103	20	208	1	77	1
三重	371	371	6.0	12.0	82.0	64.2	12	274	168	43	320	5	135	5
滋賀	204	204	9.1	19.8	71.1	50.7	8	59	16	25	44	0	35	2
京都	342	342	2.0	12.9	**85.1**	74.2	10	141	48	54	116	1	109	6
大阪	57	57	1.9	8.3	**89.8**	29.9	4	9	3	6	5	x	24	x
兵庫	563	562	5.2	18.1	76.7	66.9	22	264	73	72	204	2	84	**32**
奈良	284	284	4.4	12.2	**83.3**	**76.9**	7	107	88	15	147	**18**	61	4
和歌山	360	360	4.6	9.0	**86.4**	76.2	9	166	102	39	140	**84**	158	4
鳥取	258	257	11.6	21.3	67.1	73.4	11	254	72	46	226	3	131	7
島根	528	524	6.0	16.4	77.6	**78.0**	**27**	429	86	114	397	10	175	7
岡山	489	485	7.5	18.1	74.4	68.1	26	339	283	25	446	1	144	**18**
広島	618	610	7.7	14.0	78.3	71.9	**36**	295	131	115	274	0	433	12
山口	440	437	2.5	18.9	78.5	71.4	23	228	123	74	230	6	88	4
徳島	313	313	5.3	12.2	82.5	75.4	11	267	152	x	281	2	748	6
香川	87	87	9.1	16.3	74.6	46.4	6	8	7	1	8	2	452	2
愛媛	401	400	9.6	10.9	79.5	70.5	19	523	**485**	x	550	4	116	5
高知	594	592	20.7	10.9	68.4	**83.3**	7	497	336	x	500	**88**	129	13
福岡	222	222	11.1	12.8	76.1	44.5	12	177	149	27	187	4	**1,257**	9
佐賀	111	111	13.7	14.2	72.1	45.3	9	113	91	21	125	x	11	x
長崎	246	242	9.6	18.7	71.6	58.5	11	106	56	50	100	1	530	8
熊本	466	458	13.4	16.4	70.2	61.8	18	964	**754**	79	**1,142**	16	187	3
大分	455	449	10.1	11.5	78.4	70.8	14	**1,014**	**818**	25	**1,038**	11	549	6
宮崎	586	584	30.1	13.2	56.7	75.5	13	**1,879**	**1,772**	67	**1,977**	16	547	9
鹿児島	589	585	25.4	14.2	60.4	63.7	17	572	391	150	548	8	140	8
沖縄	116	106	29.6	**43.6**	26.8	46.7	0.2	2	1	1	2	1	69	0

①森林以外の草生地を含む　②独立行政法人等所管林を含む　③総土地面積（国土面積）に対する森林面積の割合　④まつたけなど
xは数値が秘匿されている

林業

❶水域別漁獲量（千t）

FAOSTAT

水域・国名	1990	2000	2010	2020
太平洋北西部	**22,470**	**21,502**	**20,864**	**19,449**
中国	5,840	12,724	12,564	11,329
ロシア	4,534	2,377	2,558	3,596
日本	8,625	4,342	3,748	2,973
韓国	1,881	1,302	1,176	971
（台湾）	689	362	437	259
太平洋北東部	**3,332**	**2,494**	**2,437**	**2,863**
アメリカ合衆国	2,907	2,348	2,278	2,687
カナダ	300	143	153	171
太平洋中西部	**7,407**	**9,853**	**11,527**	**13,281**
インドネシア	1,704	2,621	3,750	4,751
ベトナム	653	1,420	2,067	3,273
フィリピン	1,614	1,765	2,315	1,767
タイ	1,921	2,041	1,051	1,050
マレーシア	445	770	700	637
太平洋中東部	**1,657**	**1,789**	**1,957**	**1,705**
メキシコ	955	963	1,210	1,125
アメリカ合衆国	252	285	325	172
太平洋南西部	**828**	**716**	**585**	**433**
ニュージーランド	351	548	422	363
オーストラリア	78	31	21	32
（台湾）	4	8	5	12
日本	233	43	12	11
太平洋南東部	**14,029**	**16,060**	**8,178**	**8,859**
ペルー	6,841	10,626	4,262	5,659
チリ	5,349	4,543	3,048	2,159
エクアドル	280	573	340	555
中国	－	2	208	344
パナマ	2	16	27	47
大西洋北西部	**3,310**	**2,165**	**2,130**	**1,555**
アメリカ合衆国	1,387	1,047	1,079	751
カナダ	1,341	849	796	547
（グリーンランド）	133	122	176	182
大西洋北東部	**8,828**	**11,355**	**8,958**	**8,566**
ノルウェー	1,767	2,886	2,716	2,356
アイスランド	1,521	1,991	1,081	1,035
ロシア	364	1,007	996	1,013
デンマーク	1,474	1,534	823	730
（フェロー諸島）	264	446	377	644

水域・国名	1990	2000	2010	2020
大西洋中西部	**1,709**	**1,778**	**1,200**	**1,249**
アメリカ合衆国	874	951	584	564
メキシコ	341	275	200	237
ベネズエラ	257	249	153	205
大西洋中東部	**4,137**	**3,733**	**4,516**	**4,971**
モロッコ	538	878	1,103	1,342
モーリタニア	60	104	261	663
ナイジェリア	217	309	324	429
セネガル	298	384	375	418
ガーナ	338	373	255	275
大西洋南西部	**1,886**	**2,341**	**1,764**	**1,702**
アルゼンチン	551	891	796	818
ブラジル	434	468	537	465
スペイン	67	86	121	118
（フォークランド）	6	75	100	66
大西洋南東部	**1,446**	**1,657**	**1,374**	**1,371**
南アフリカ共和国	543	661	638	600
アンゴラ	125	232	300	368
ナミビア	267	589	379	327
地中海・黒海	**1,389**	**1,519**	**1,428**	**1,188**
トルコ	342	461	446	331
イタリア	308	295	229	132
チュニジア	84	94	92	103
ジョージア	13	2	40	90
インド洋西部	**3,273**	**3,992**	**4,283**	**5,646**
インド	1,673	1,911	2,167	2,175
オマーン	120	120	164	793
イラン	199	261	369	699
パキスタン	351	422	340	345
モザンビーク	28	22	118	303
インド洋東部	**3,355**	**5,095**	**5,975**	**6,648**
インドネシア	647	1,219	1,296	1,744
インド	597	910	1,105	1,552
ミャンマー	599	897	1,176	1,010
マレーシア	510	520	731	748
バングラデシュ	253	334	607	671
南氷洋	**505**	**137**	**230**	**462**
ノルウェー	－	－	119	245
中国	－	－	2	114

☞ p.76「解説」

❷世界の魚種別漁獲量（2019年）

FAOSTAT

魚種	千t
魚種計	**92,498**
淡水魚	10,837
にしん・いわし類	16,616
たら類	9,254
まぐろ・かつお類	8,377
さけ・ます類	1,848
ひらめ・かれい類	948
さめ・ふか類	692
えび類	3,107
かに類	1,523
ほたて貝類	811
はまぐり・あさり	543
かき	134
いか・たこ類	3,736
その他	34,074

❸世界の養殖業収獲量*（2020年）

FAOSTAT

国名	万t	%
世界	**12,258**	**100**
中国	7,048	57.5
インドネシア	1,485	12.1
インド	864	7.0
ベトナム	461	3.8
バングラデシュ	258	2.1
韓国	233	1.9
フィリピン	232	1.9
エジプト	159	1.3
チリ	151	1.2
ノルウェー	149	1.2

日本100　＊魚介類と海藻類の計

❹世界の漁獲量（千t）

FAOSTAT

国名	1960	1980	2000	2020	%
世界	**37,862**	**77,738**	**94,781**	**91,421**	**100**
中国	2,215	3,147	14,824	13,446	14.7
インドネシア	681	1,653	4,159	6,989	7.6
ペルー	3,503	2,709	10,659	5,675	6.2
インド	1,117	2,080	3,726	5,523	6.0
ロシア	①3,066	①9,502	4,027	5,081	5.6
アメリカ合衆国	2,715	3,703	4,789	4,253	4.7
ベトナム	436	461	1,630	3,422	3.7
日本	5,926	10,062	5,192	3,215	3.5
ノルウェー	1,386	2,528	2,892	2,604	2.8
チリ	347	2,891	4,548	2,183	2.4

①ソ連　☞ p.76「解説」

❺世界の水産物輸出入（2019年）

FAOSTAT

輸出国	百万ドル	%	輸入国	百万ドル	%
世界	**161,859**	**100**	**世界**	**159,797**	**100**
中国	20,075	12.4	アメリカ合衆国	23,317	14.6
ノルウェー	11,995	7.4	中国	17,936	11.2
ベトナム	8,611	5.3	日本	15,128	9.5
インド	6,846	4.2	スペイン	8,073	5.1
チリ	6,557	4.1	フランス	6,644	4.2
タイ	5,838	3.6	イタリア	6,574	4.1
オランダ	5,677	3.5	ドイツ	5,827	3.6
カナダ	5,673	3.5	韓国	5,573	3.5
アメリカ合衆国	5,639	3.5	スウェーデン	5,266	3.3
エクアドル	5,518	3.4	イギリス	4,538	2.8

日本2,220（出）

❻200海里水域*の面積

海上保安庁資料ほか

国名	万km^2	国名	万km^2
アメリカ合衆国	762	日本	447
オーストラリア	701	ロシア①	…
インドネシア	541	ブラジル	317
ニュージーランド	483	メキシコ	285
カナダ	470	チリ	229

＊領海＋排他的経済水域（EEZ:Exclusive Economic Zone）（接続水域を含む）
1海里＝1.852km　200海里≒370km
①（参考値）ソ連 449
独立した共和国分の他，ロシアの実効支配を理由に日本の北方四島の周辺海域が含まれているため，日本より小さくなるとした。

❶日本の海面漁業の魚種別漁獲量（千t）　漁養統計'20

魚　　種	1960	1970	1985	2000	2020
総　　計	**5,818**	**8,598**	**10,877**	**5,022**	**3,213**
魚　　類	**4,462**	**7,245**	**9,483**	**3,573**	**2,602**
まぐろ類	390	291	391	286	177
かじき類	56	67	49	24	10
かつお類	94	232	339	369	196
さけ・ます類	147	118	203	179	63
にしん	15	97	9	2	14
いわし類	498	442	4,198	629	944
あじ類	596	269	225	282	111
さば類	351	1,302	773	346	390
さんま	287	93	246	216	30
ぶり類	41	55	33	77	101
ひらめ・かれい類	509	295	214	79	46
たら類	448	2,464	1,650	351	217
たい類	45	38	26	24	23
いか類	**542**	**519**	**531**	**624**	**82**
えび類	**62**	**56**	**53**	**29**	**12**
かに類	**64**	**90**	**100**	**42**	**21**
貝　　類	**296**	**321**	**355**	**405**	**382**
あさり類	102	142	133	36	4
ほたて貝	14	16	118	304	346
海藻類	**286**	**212**	**184**	**119**	**63**
こんぶ類	140	111	133	94	45
わかめ類	63	46	7	3	}①18
てんぐさ類	12	12	9	3	

①その他の海藻類を含む　赤字は各年次の最大値

❷日本の漁業種類別生産量の推移（千t）　漁養統計'20

漁業種類	1970	1975	1980	1990	2000	2020	%
合　　計	**9,315**	**10,545**	**11,122**	**11,052**	**6,384**	**4,234**	**100**
海面漁業	8,598	9,573	9,909	9,570	5,022	3,213	75.9
遠洋漁業	(3,429)	(3,187)	(2,167)	(1,496)	(855)	(298)	(7.0)
沖合漁業	(3,279)	(4,451)	(5,705)	(6,081)	(2,591)	(2,044)	(48.3)
沿岸漁業	(1,889)	(1,935)	(2,037)	(1,992)	(1,576)	(871)	(20.6)
海面養殖業	549	773	992	1,273	1,231	970	22.9
内水面漁業	119	127	128	112	71	22	0.5
内水面養殖業	48	72	94	97	61	29	0.7

☞ p.77「解説」　赤字は各年次の最大値

❸日本の養殖業の魚種別収獲量（t）　漁養統計'20

魚　　種	1970	2020	おもな生産県(%)
海面養殖業	**549,000**	**970,081**	広島 **10.2** 北海道 **9.7** 宮城 **8.6**
まだい	467	65,973	愛媛 58.0 熊本 13.4 高知 9.0
くるまえび	301	1,369	沖縄 31.1 熊本 19.6 鹿児島 19.4
ほたて貝	5,674	149,061	青森 53.8 北海道 41.1 宮城 4.1
こんぶ類	284	30,304	北海道 79.9 岩手 17.1 宮城 2.7
わかめ類	76,360	53,809	宮城 43.6 岩手 30.5 徳島 10.2
真珠	85	16	愛媛 42.8 長崎 36.0 三重 14.1
内水面養殖業	**48,000**	**29,087**	鹿児島 **24.5** 愛知 **19.5** 宮崎 **11.2**
ます類	9,278	5,884	長野 20.0 静岡 14.8 山梨 14.3
あゆ	2,951	4,044	愛知 29.4 岐阜 22.4 和歌山 15.6
こい	13,903	2,247	茨城 36.1 福島 33.1 長野 4.6
うなぎ	15,580	16,806	鹿児島 42.0 愛知 25.7 宮崎 17.0

ぶり，かき，のりについては次ページ参照　赤字は各年次の最大値　☞ p.77「解説」

❹日本の品目別水産物輸出入（2021年）

輸出品目	千t	輸入品目	千t
魚介類(生鮮)	**586.2**	**魚介類(生鮮・冷凍)**	**1,536.6**
甲殻類など*	133.2	さけ・ます	245.3
(かに)	(0.9)	まぐろ	175.0
かつお	39.7	えび	158.7
まぐろ	18.7	いか	104.4
たら	13.0	たこ	26.4
さけ	8.3	かに	22.0
たらのすり身	1.2	うに	10.7
		うなぎ	7.0
		かずのこ	4.1
魚介類の調製品	**28.4**	**魚介類の調製品**	**393.8**

＊甲殻類・軟体動物など(貝類を含む)
☞ p.69⑥
財務省貿易統計

❺日本の相手先別水産物輸出入（2021年）

輸出国・地域	億円	輸入国・地域	億円
魚介類(生鮮)	**2,028**	**魚介類(生鮮・冷凍)**	**11,939**
中国	526	チリ	1,393
アメリカ合衆国	279	ロシア	1,373
(ホンコン)	192	アメリカ合衆国	1,301
タイ	181	中国	1,165
ベトナム	170	ノルウェー	1,107
魚介類調製品	**651**	<地域別>	
(ホンコン)	287	アジア	4,155
アメリカ合衆国	111	中南米	1,863
(台湾)	89	西ヨーロッパ	1,857
中国	51	北アメリカ	1,784
シンガポール	24	中東欧・ロシア等	1,384

財務省貿易統計

❻おもな漁港別水揚量（千t）

漁　港	2000	2021
合　計*	**3,366**	**2,397**
銚子	201	280
釧路	182	204
焼津	248	148
石巻	129	96
境(境港市)	141	80
気仙沼	129	75
紋別	60	74
広尾	9	70
枕崎	62	62
松浦	79	59
長崎	57	52
網走	63	50
八戸	241	44
枝幸	42	44
女川	54	42

＊上場水揚量。205漁港(2000年)，147漁港(2021年)の計
☞ p.77「解説」
水産物流通調査ほか

❼世界の塩の生産（2018年）

国　名	万t	%
世　界	**29,000**	**100**
中国	6,364	21.9
アメリカ合衆国	4,400	15.2
インド	2,900	10.0
ドイツ	1,557	5.4
オーストラリア	1,289	4.4
カナダ	1,071	3.7
チリ	1,001	3.5
メキシコ	900	3.1
ブラジル	740	2.6
オランダ	674	2.3

日本0.1　ミネラルズ

❽日本の塩の生産と輸入（万t）　財務省資料

年　度	1960	1970	1980	1990	2000	2010	2020
生　産	83	95	127	138	137	112	87
輸　入	235	673	727	798	816	747	683
需　要	319	768	843	936	938	864	785

日本のおもな輸入先(2020年)：オーストラリア43.4%，メキシコ36.5%，インド16.4%

p.75 ❶❹：太平洋北西部と大西洋北東部は大消費地に近い伝統的な大漁場で，太平洋南東部は1950年以降に開発された漁場である。近年は太平洋中西部・インド洋東部海域の伸びも著しい。国別では，中国の急増(内水面養殖業も多い)と，ペルーの変動(エルニーニョ現象の影響によるアンチョビの不漁)に注意する。

❶都道府県別水産業（2020年）

赤字は各項目の上位1位，太字は2〜5位　　漁養統計'20ほか

都道府県名	海面漁業経営体数①（2018年） 総数	経営体数 個人	経営体数 会社	海面漁業就業者数（人）（2018年）	漁船数（2018年） 動力船（百隻）	無動力船②（百隻）	指定漁港数（2021年）	漁業生産量計③（百t）	漁獲量 海面漁業（百t）	漁獲量 内水面漁業（百t）	養殖収獲量 海面 ぶり類（t）	かき類④（t）	板のり（百万枚）	内水面（百t）
1960年	234,778	227,817	−	625,900	1,540	1,612	2,725	51,409	58,180	741	…	182,778	3,837	159
1970年	228,215	220,923	−	569,800	1,862	1,576	2,774	85,978	85,980	1,194	43,300	190,799	5,791	485
1980年	219,112	210,241	2,550	457,370	1,882	1,376	2,872	111,218	99,086	1,277	149,311	261,323	9,191	937
1990年	188,941	180,245	2,895	370,530	1,620	1,226	2,953	110,518	95,700	1,121	161,106	248,793	9,835	961
2000年	150,228	141,944	2,892	260,200	1,273	876	2,933	63,841	50,216	708	136,834	221,252	8,647	610
全国	**79,067**	**74,526**	**2,548**	**151,701**	**699**	**623**	**2,785**	**42,339**	**32,130**	**217**	**137,511**	**159,019**	**7,526**	**291**
北海道	**11,089**	**10,006**	**411**	**24,378**	**64**	**128**	**243**	**9,962**	**8,949**	**71**	−	4,109	−	1
青森	**3,702**	**3,567**	48	**8,395**	27	21	85	1,759	911	**33**	−	−	−	1
岩手	**3,406**	**3,317**	17	**6,327**	11	**46**	99	966	657	2	−	**6,159**	−	2
宮城	2,326	2,214	80	**6,224**	15	**38**	**143**	**2,493**	**1,652**	1	−	**18,432**	**407**	2
秋田	632	590	14	773	4	5	22	64	60	2	−	−	−	1
山形	284	271	5	368	2	2	15	49	44	4	−	−	−	1
福島	377	354	14	1,080	3	1	10	727	715	0.1	−	−	−	11
茨城	343	318	23	1,194	4	1	24	**•3,056**	**3,022**	**24**	−	−	−	9
栃木	−	−	−	−	−	−	−	11	−	4	−	−	−	7
群馬	−	−	−	−	−	−	−	3	−	0.01	−	−	−	3
埼玉	−	−	−	−	−	−	−	0.03	−	0.02	−	−	−	0.01
千葉	1,796	1,739	37	3,678	12	19	68	•1,034	991	0.5	−	x	101	1
東京	512	503	4	896	4	1	23	•456	455	1	−	−	−	0.3
神奈川	1,005	920	65	1,848	8	9	25	•318	306	3	−	x	x	0
新潟	1,338	1,307	18	1,954	6	13	64	286	267	4	−	654	−	2
富山	250	204	24	1,216	3	2	16	263	261	1	−	−	−	0
石川	1,255	1,176	65	2,409	10	9	69	546	532	0.2	−	1,287	−	0.2
福井	816	778	21	1,328	7	5	44	124	121	0.3	−	34	−	0.1
山梨	−	−	−	−	−	−	−	9	−	0	−	−	−	9
長野	−	−	−	−	−	−	−	14	−	1	−	−	−	**13**
岐阜	−	−	−	−	−	−	−	14	−	2	−	−	−	12
静岡	2,200	2,095	75	4,814	19	12	48	**•1,890**	**1,841**	x	205	185	1	**25**
愛知	1,924	1,849	15	3,373	13	19	34	•694	535	0.2	−	x	257	**57**
三重	3,178	3,054	60	6,108	30	**35**	72	•1,450	1,247	1	x	2,405	127	2
滋賀	−	−	−	−	−	−	20	11	−	**8**	−	−	−	3
京都	636	618	12	928	5	5	33	107	97	0.1	25	280	−	0.1
大阪	519	493	5	870	7	1	13	•154	149	−	x	x	2	x
兵庫	2,712	2,247	67	4,840	**39**	12	53	•1,180	415	0.1	x	**9,115**	**1,578**	0
奈良	−	−	−	−	−	−	−	0.1	−	0	−	−	−	0.1
和歌山	1,581	1,535	19	2,402	17	7	94	170	131	0.1	43	6	−	6
鳥取	586	538	42	1,125	4	3	18	•936	914	3	−	x	−	0
島根	1,576	1,487	54	2,519	13	10	83	939	894	**41**	−	115	−	0.1
岡山	872	843	13	1,306	12	6	26	244	26	3	−	**15,289**	158	1
広島	2,162	2,059	101	3,327	25	8	44	1,182	190	0.2	65	**95,992**	69	1
山口	2,858	2,790	45	3,923	29	10	97	238	228	0.2	26	22	5	0.3
徳島	1,321	1,276	34	2,046	13	11	29	215	94	0	4,877	48	25	4
香川	1,234	1,125	106	1,913	17	9	92	350	121	−	7,079	900	345	0.1
愛媛	**3,444**	**3,284**	**146**	6,186	**39**	22	**190**	1,483	812	1	**20,706**	553	33	1
高知	1,599	1,507	69	3,295	18	8	88	833	645	1	9,409	−	−	2
福岡	2,386	2,277	35	4,376	27	19	65	670	164	1	−	1,652	**1,453**	2
佐賀	1,609	1,554	10	3,669	19	30	46	832	65	0.1	1,021	241	**2,000**	0.1
長崎	**5,998**	**5,740**	**226**	**11,762**	**63**	**36**	**228**	**2,511**	**2,281**	−	**9,830**	1,306	8	0.1
熊本	2,829	2,734	78	5,392	26	22	103	662	129	0	5,726	79	**946**	3
大分	1,914	1,807	102	3,455	21	10	110	•593	355	1	**20,004**	105	x	2
宮崎	950	790	**149**	2,202	12	3	23	1,356	1,189	0.3	**11,915**	34	−	**33**
鹿児島	3,115	2,877	**210**	6,116	**33**	16	**139**	•1,100	538	x	**43,113**	x	2	**71**
沖縄	2,733	2,683	29	3,686	21	9	87	•386	129	−	−	−	−	x

•秘匿項目を含まない数値
①1960年，1970年には漁船非使用経営体数を含まない　②船外機付漁船を含む　③1960年，1970年は漁獲量計　④殻付き　xは数値が秘匿されている

p.76 ❷：1970年代は，各国の200海里水域（現在は排他的経済水域）設定による操業海域縮小と，石油危機による燃料費高騰で，それまで急増していた遠洋漁業が激減した。90年代は，遠洋漁業がさらに衰退（公海上での流し網漁の操業規制と北洋漁場での さけ・ます漁場からの撤退が主因），沖合漁業も縮小（マイワシの不漁が主因）して，総漁獲量が減少した。栽培漁業等による周辺水域の資源管理や養殖業の振興が今後の課題である。
p.76 ❸❻，p.77：大規模漁港のある道県は海面の漁獲量が多い。内水面は宍道湖・十三湖・霞ケ浦などでさかん。養殖では，愛媛・長崎で真珠，広島・宮城で かき，鹿児島・愛知で うなぎ等が多く獲れる。

❶世界の1次エネルギー生産量と供給量（石油換算，百万t）

IEA資料

区分	生産量 1971	%	1980	%	2000	%	2020	%	供給量 1971	%	1980	%	2000	%	2020	%
エネルギー合計	**5,644**	**100**	**7,301**	**100**	**10,027**	**100**	**14,155**	**100**	**5,523**	**100**	**7,205**	**100**	**10,057**	**100**	**13,963**	**100**
石炭	1,436	25.4	1,800	24.7	2,279	22.7	3,822	27.0	1,438	26.0	1,783	24.8	2,343	23.3	3,741	26.8
石油①	2,552	45.3	3,173	43.5	3,703	37.0	4,223	29.8	2,438	44.1	3,102	43.0	3,660	36.3	4,115	29.5
天然ガス	903	16.0	1,240	17.0	2,060	20.5	3,322	23.5	893	16.2	1,232	17.1	2,067	20.6	3,306	23.7
バイオ燃料②・廃棄物	617	10.9	741	10.1	1,024	10.2	1,361	9.6	617	11.2	741	10.3	1,025	10.2	1,374	9.8
電力③	137	2.4	347	4.7	961	9.6	1,426	10.1	137	2.5	347	4.8	961	9.6	1,427	10.2

①原油・石油製品　②木質燃料（薪・木材チップ・木炭など），液体バイオ燃料などを含む
③水力，原子力，地熱，太陽光，風力等，非燃料エネルギー源から生じる電力の1次エネルギー相当量

❷おもな国の1次エネルギー生産量と供給量（2020年）（石油換算，百万t）

IEA資料

国名	1次エネルギー生産量 計	石炭(%)	石油①(%)	天然ガス(%)	バイオ②(%)	電力③(%)	輸入	輸出	1次エネルギー供給量 計	石炭(%)	石油①(%)	天然ガス(%)	バイオ②(%)	電力③(%)	1人あたり(t)
世界	**14,155**	**27.0**	**29.8**	**23.5**	**9.6**	**10.1**	**5,376**	**5,468**	**13,963**	**26.8**	**29.5**	**23.7**	**9.8**	**10.2**	**1.80**
中国	2,796	71.1	7.0	5.8	4.8	11.3	883	79	3,499	60.7	18.9	7.6	3.8	9.0	2.48
アメリカ合衆国	2,160	11.9	33.4	36.5	4.7	13.5	474	555	2,038	10.9	34.5	35.2	4.9	14.5	6.17
インド	568	48.6	6.2	4.1	34.5	6.6	389	63	872	43.4	23.8	6.0	22.5	4.3	0.63
ロシア	1,430	16.2	36.3	41.5	0.7	5.3	24	690	758	15.1	19.8	53.9	1.4	9.8	5.26
日本	43	1.0	1.0	4.5	30.6	62.9	357	12	385	26.5	38.4	24.0	4.0	7.1	3.06
ブラジル	322	0.6	48.6	6.7	30.2	13.9	54	86	286	4.9	34.5	10.5	33.7	16.4	1.35
カナダ	518	4.6	51.0	29.9	2.5	12.0	76	305	284	3.2	32.4	39.8	4.4	20.2	7.46
ドイツ	97	24.2	3.2	4.2	32.2	36.2	214	32	278	16.0	33.9	26.8	11.3	12.0	3.35
韓国	53	0.9	1.8	0.3	12.4	84.6	296	62	276	26.9	36.8	17.9	2.3	16.1	5.33
サウジアラビア	609	−	86.7	13.3	−	0.01	18	395	230	−	64.9	35.1	0.003	0.02	6.60
フランス④	120	−	0.7	0.01	13.5	85.8	128	28	218	2.4	28.5	16.0	7.7	45.4	3.21
メキシコ	148	3.0	66.1	18.4	5.9	6.6	102	70	177	5.0	39.0	45.3	5.0	5.7	1.39
イギリス	117	0.9	43.6	29.0	8.3	18.2	113	70	154	3.6	32.0	40.2	9.3	14.9	2.30
イタリア⑤	35	−	16.6	9.3	35.9	38.2	131	25	137	3.7	31.5	42.4	10.6	11.8	2.31
オーストラリア	453	65.1	4.6	28.1	1.0	1.2	50	362	131	29.7	33.7	29.0	3.6	4.0	5.10

①原油・石油製品　②バイオ燃料・廃棄物。木質燃料（薪・木材チップ・木炭など），液体バイオ燃料などを含む　③水力，原子力，地熱，太陽光，風力等，非燃料エネルギー源から生じる電力の1次エネルギー相当量　④モナコを含む　⑤サンマリノ，バチカンを含む

❸日本の1次エネルギー供給量（10^{15}J）

資源エネルギー庁資料ほか

年	合計	石炭	%	石油	%	天然ガス	%	原子力	%	水力	%	再生可能*・未活用エネルギー 合計	%	自然	%	地熱	%	未活用	%	輸入エネルギー	輸入依存度(%)
1955	**2,684**	1,268	47.2	472	17.6	10	0.4	−	−	731	27.2	203	7.6	−	−	−	−	203	7.6	557	20.8
1960	**4,220**	1,738	41.2	1,588	37.6	39	0.9	−	−	661	15.7	194	4.6	−	−	−	−	194	4.6	1,831	43.4
1970	**13,383**	2,659	19.9	9,623	71.9	166	1.2	44	0.3	749	5.6	142	1.1	−	−	3	0.0	139	1.0	11,257	84.1
1980	**16,627**	2,818	16.9	10,986	66.1	1,011	6.1	778	4.7	857	5.2	177	1.1	15	0.1	12	0.1	150	0.9	14,146	85.1
1990	**20,357**	3,380	16.6	11,869	58.3	2,063	10.1	1,905	9.4	859	4.2	281	1.4	49	0.2	19	0.1	213	1.0	16,943	83.2
2000	**23,385**	4,195	17.9	12,107	51.8	3,072	13.1	2,898	12.4	806	3.4	307	1.3	34	0.1	40	0.2	233	1.0	19,175	82.0
2010	**23,123**	4,997	21.6	10,101	43.7	4,002	17.3	2,495	10.8	712	3.1	816	3.5	172	0.7	23	0.1	621	2.7	18,920	81.8
2020	**18,674**	4,514	24.2	7,161	38.3	4,269	22.9	328	1.8	666	3.6	1,736	9.2	1,170	6.3	25	0.1	541	2.8	15,906	85.2

10^{15}J＝ペタ・ジュール＝千兆ジュール　J＝ジュール（1J≒0.239cal）　＊水力を除く
①自然エネルギーには，太陽エネルギー，風力発電，バイオマスエネルギー，温度差エネルギー他が含まれる。
②未活用エネルギーには，廃棄物発電，黒液直接利用，廃材直接利用，廃タイヤ直接利用の「廃棄物エネルギー回収」，廃棄物ガス，再生油の「廃棄物燃料製品」，廃熱利用熱供給，産業蒸気回収，産業電力回収の「廃棄エネルギー直接活用」が含まれる。

p.78❶：エネルギー革命が進み，1960年代後半に石炭にかわり石油が主役となった。1970年ごろは石油の消費割合が最も高かった時期である。その後起こった石油危機に対応して，消費国では石炭への見直し，天然ガスや原子力など代替エネルギーの利用が進んだので，近年は石油の消費割合が下がってきている。
p.78❷：各国の供給構成では石油中心の国が多いが，中国，インド，オーストラリアなどの産炭国は石炭の割合が高い。先進国のうち，資源に恵まれない日本は石油中心だが，ドイツでは石炭，石油とも供給量が多い。ロシアは他国と比べて天然ガスの供給割合の高さがめだつ。フランス，カナダは電力供給の割合が高いが，これはそれぞれ原子力発電・水力発電が多いためである。
p.79❷❸：石炭の生産国は北半球に多く南半球には少ない。中国，インドなどは生産量が多いが，輸出余力はあまりない。輸出国では，インドネシアとオーストラリアがめだつ。
p.79❼：現在の日本の石炭輸入先では，オーストラリアの割合がとくに高い点に注意する。

❶石炭*の可採埋蔵量(2020年)

国名	億t	%
世界	**7,536**	**100**
アメリカ合衆国	2,189	29.1
中国	1,351	17.9
インド	1,060	14.1
オーストラリア	737	9.8
ロシア	717	9.5
ウクライナ	320	4.3
カザフスタン	256	3.4
インドネシア	231	3.1
ポーランド	225	3.0
南アフリカ共和国	99	1.3

日本3　＊無煙炭・瀝青炭の計　BP統計

❷石炭*の生産量(2019年)

国名	百万t	%
世界	**7,024.0**	**100**
中国①	3,846.3	54.8
インド	730.9	10.4
インドネシア	616.2	8.8
オーストラリア	434.0	6.2
ロシア	357.6	5.1
アメリカ合衆国	309.9	4.4
南アフリカ共和国	257.9	3.7
カザフスタン	98.6	1.4
コロンビア	84.3	1.2
ポーランド	62.1	0.9

＊無煙炭・瀝青炭の計　①褐炭・亜炭を含む　☞p.78「解説」　世エネ'19

❸石炭*の輸出入(2019年)

世エネ'19

輸出国	万t	%	輸入国	万t	%
世界	**141,535**	**100**	**世界**	**137,747**	**100**
インドネシア	45,914	32.4	中国①	29,977	21.8
オーストラリア	39,293	27.8	インド	24,854	18.0
ロシア	20,539	14.5	日本	18,689	13.6
アメリカ合衆国	7,917	5.6	韓国	12,738	9.2
南アフリカ共和国	7,845	5.5	ベトナム	4,377	3.2
コロンビア	7,470	5.3	ドイツ	4,099	3.0
カナダ	3,465	2.4	トルコ	3,814	2.8
モンゴル	3,219	2.3	マレーシア	3,305	2.4
カザフスタン	2,262	1.6	タイ	2,246	1.6
モザンビーク	1,092	0.8	ロシア	2,192	1.6

＊無煙炭・瀝青炭の計　①褐炭・亜炭を含む　☞p.78「解説」

❹褐炭・亜炭の可採埋蔵量・生産量

国名	埋蔵量(百万t)(2020年)	生産量(万t)(2019年)	%
世界	**320,469**	**109,629**	**100**
アメリカ合衆国	30,003	33,089	30.2
ドイツ	35,900	13,131	12.0
トルコ	10,975	8,588	7.8
ロシア	90,447	8,189	7.5
オーストラリア	76,508	6,979	6.4
ポーランド	5,865	5,033	4.6
インドネシア	11,728	14) 4,895	—
インド	5,073	4,210	3.8
セルビア	7,112	3,888	3.5
チェコ	2,514	3,749	3.4

世エネ'19ほか

❺コークスの生産(万t)

世エネ'19

国名	1990	2019*	%
世界	**36,367**	**71,063**	**100**
中国	7,328	47,296	66.6
ロシア	①7,765	4,600	6.5
インド	974	4,062	5.7
日本	4,737	3,346	4.7
韓国	841	1,676	2.4
アメリカ合衆国	2,505	1,168	1.6
ウクライナ	—	1,065	1.5
ポーランド	1,367	928	1.3
ブラジル	764	926	1.3
ドイツ	1,919	779	1.1

＊コールタールを含む　①ソ連

❻石炭*の供給(消費)量(2019年)

国名	万t	輸入率(%)①
世界	**686,763**	—
中国②	405,537	7.4
インド	100,215	24.8
アメリカ合衆国	21,406	2.0
日本	18,766	99.6
南アフリカ共和国	18,283	1.9
ロシア	16,719	13.1
インドネシア	16,003	4.2
韓国	12,762	99.8
ベトナム	8,908	49.1
カザフスタン	7,548	0.4

＊無煙炭・瀝青炭　①輸入量／供給量×100　②褐炭・亜炭を含む　世エネ'19

❼日本の石炭輸入先(万t)

財務省貿易統計ほか

第二次世界大戦前			第二次世界大戦後							
国・地域名	1935	%	国名	1960	1970	1980	1990	2000	2020	%
総計	**538**	**100**	**総計**	**860**	**5,095**	**7,271**	**10,358**	**14,944**	**17,373**	**100**
中国計	325	60.4	オーストラリア	151	1,577	3,058	5,414	9,051	10,349	59.6
満州	(269)	(50.0)	インドネシア	—	—	—	90	1,479	2,754	15.9
関東州	(0.2)	(0.0)	ロシア	①63	①269	①228	①833	546	2,168	12.5
その他	(56)	(10.4)	アメリカ合衆国	505	2,544	2,152	1,099	345	933	5.4
朝鮮	86	15.9	カナダ	61	469	1,177	1,892	1,342	909	5.2
南樺太	47	8.8	中国	1	24	224	456	1,840	79	0.5
仏領インドシナ	75	13.9	コロンビア	—	—	—	12	10	71	0.4
ソ連領東アジア	5	0.9	ニュージーランド	—	—	—	—	—	34	0.2

①ソ連　☞p.78「解説」

❽日本のおもな産業別石炭需要

2020年度	万t
輸入炭	**17,300**
原料炭	6,228
一般炭	10,525
無煙炭	547
国内販売量	—
鉄鋼	5,331
ガス	—
コークス	—
電力	10,767
セメント・窯業	954
紙・パルプ	544
その他	1,265

エネルギー・経済統計要覧2022

❾日本の地区別・炭田別埋蔵量・生産量・平均発熱量

石炭データブック'22ほか

地区・炭田名	埋蔵量(百万t)	生産量(千t)							発熱量②
	1966	1960	1970	1980	1990	1995	2000	2020	1992
全国計	**7,075**	**52,607**	**38,329**	**18,095**	**7,980**	**6,317**	**2,974**	**748**	**5,720**
北海道	2,923	19,043	19,039	10,736	4,632	2,843	2,149	748	5,430
石狩	…	(14,715)	(15,839)	(8,272)	…	…	…	…	(—)
釧路	…	(2,393)	(2,622)	(2,423)	(2,174)	(2,150)	…	…	(—)
留萌	…	(1,390)	(406)	(34)	…	…	…	…	(—)
天北	…	(378)	(172)	(7)	…	…	…	…	(—)
本州・九州	4,152	35,558	19,291	7,360	3,348	3,474	825	0	6,040
大嶺	…	(3,140)	(652)	(18)	…	…	…	…	(—)
三池	…	(1,207)	(6,573)	(5,338)	…	…	…	…	(—)
①松島・高島	…	(2,879)	(2,893)	(1,924)	…	…	…	…	(—)

①1960, 1970年は崎戸・高島炭田の生産量　②平均発熱量(kcal/kg)

❿日本の炭鉱の変化

年	稼働炭鉱数	常用労働者(人)
1960	622	231,294
1970	74	47,929
1980	25	18,285
1990	21	4,651
2000	13	1,356
2020	7	07) 247

石炭データブック'22ほか

❶原油の埋蔵量(2020年)

国名	億t	%
世界	**2,444**	**100**
ベネズエラ	480	19.6
サウジアラビア	409	16.7
カナダ	271	11.1
イラン	217	8.9
イラク	196	8.0
ロシア	148	6.1
クウェート	140	5.7
アラブ首長国連邦	130	5.3
アメリカ合衆国	82	3.4
リビア	63	2.6

☞p.81「解説」 BP統計

❷原油の生産量(2020年)

国名	万t	%
世界	**361,417**	**100**
アメリカ合衆国	55,805	15.4
ロシア	48,221	13.3
サウジアラビア	46,047	12.7
イラク	19,945	5.5
中国	19,477	5.4
カナダ	17,770	4.9
ブラジル	14,964	4.1
アラブ首長国連邦	13,881	3.8
クウェート	12,398	3.4
イラン	9,886	2.7

☞p.81「解説」 IEA資料

❸原油の輸出入(2020年)

IEA資料

輸出国	万t	%	輸入国	万t	%
世界	**206,265**	**100**	世界	**213,887**	**100**
サウジアラビア	33,280	16.1	中国	54,201	25.3
ロシア	23,472	11.4	アメリカ合衆国	29,114	13.6
イラク	16,888	8.2	インド	19,646	9.2
アメリカ合衆国	15,818	7.7	韓国	13,246	6.2
カナダ	15,621	7.6	日本	11,508	5.4
アラブ首長国連邦	12,074	5.9	ドイツ	8,272	3.9
クウェート	9,284	4.5	スペイン	5,486	2.6
ノルウェー	7,511	3.6	イタリア①	5,036	2.4
カザフスタン	7,058	3.4	オランダ	4,945	2.3
ナイジェリア	7,056	3.4	シンガポール	4,613	2.2

①サンマリノ，バチカンを含む ☞p.81「解説」

❹原油の供給(消費)量(2020年)

国名	万t	%
世界	**365,478**	**100**
中国	69,970	19.1
アメリカ合衆国	68,246	18.7
ロシア	24,769	6.8
インド	22,675	6.2
韓国	13,220	3.6
サウジアラビア	12,974	3.5
日本	11,835	3.2
ブラジル	8,941	2.4
ドイツ	8,415	2.3
イラン	7,878	2.2

IEA資料

❺世界のおもな油田(百万バーレル)

石油開発資料2002ほか

油田名	国名	発見年	可採原油埋蔵量	油田名	国名	発見年	可採原油埋蔵量
ガワール	サウジアラビア	1948	66,058	マジュヌーン	イラク	1977	12,000
ブルガン	クウェート	1938	59,000	ガチサラーン	イラン	1928	11,800
ルマイラ	イラク	1953	24,000	バブ	アラブ首長国連邦	1954	11,000
サファーニヤ	サウジアラビア	1951	21,145	ハシメサウド	アルジェリア	1956	10,335
東バグダッド	イラク	1976	18,000	アブカイク	サウジアラビア	1940	10,625
アカル	メキシコ	1977	17,466	カシャガン	カザフスタン	2000	10,000
マニファ	サウジアラビア	1957	16,820	サモトロール	ロシア(チュメニ)	1960	9,240
ズクーム	アラブ首長国連邦	1964	16,702	ベリ	サウジアラビア	1964	9,138
スアタブリンシパル	ベネズエラ	1938	14,874	クーライス	サウジアラビア	1957	8,481
ジャイバブ	サウジアラビア	1968	14,671	アブサファ	サウジアラビア	1963	8,150
アフワーズ	イラン	1958	13,350	ズベール	イラク	1949	7,700
マルン	イラン	1964	12,631	カティーフ	サウジアラビア	1945	7,206
ツルフ	サウジアラビア	1965	12,237	ウエストクルナ	イラク	1973	6,953

❻石油備蓄制度

石資2020ほか

国名・年	備蓄保有量(万t) 備蓄日数(日)①	
アメリカ合衆国	原油	16,293
	石油製品	7,322
オランダ	原油	529
	石油製品	1,309
フランス	原油	776
	石油製品	1,425
ドイツ	原油	2,093
	石油製品	1,641
日本 1986	127日(国家35，民間92)	
日本 1990	144日(国家55，民間89)	
日本 2020	229日(国家138，民間86，共同*6)	

①石油備蓄法に基づき，国内消費量をもとに算出　*産油国共同備蓄

❼原油価格の推移(ドル/バーレル)

年月	価格	年月	価格
1960.8	1.80	2000.3	26.82
1971.2	2.18	2002.5	25.54
1974.1	11.65	2004.3	31.50
1977.1	12.09	2006.7	67.93
1980.1	26.00	2008.6	121.73
1981.10	34.00	2010.6	79.63
1983.2	30.00	2012.5	124.54
1985.3	28.30	2013.5	106.58
1986.3	22.38	2014.5	109.18
1988.4	16.62	2015.5	59.38
1990.3	19.16	2016.5	40.75
1992.3	17.70	2017.5	53.91
1994.3	14.89	2018.3	66.79
1996.3	18.72	2019.3	*65.74
1998.3	13.86	2020.3	*62.47

通関統計によるCIF価格　*粗油含む　石資2020

❽シェールガス，シェールオイルの技術的回収可能資源量(2013～15年)

	国名	兆m³	%
シェールガス	世界	**214.4**	**100**
	中国	31.6	14.7
	アルゼンチン	22.7	10.6
	アルジェリア	20.0	9.3
	アメリカ合衆国	17.6	8.2
	カナダ	16.2	7.6
	国名	億kL	%
シェールオイル	世界	**666.1**	**100**
	アメリカ合衆国	124.3	18.7
	ロシア	118.6	17.8
	中国	51.2	7.7
	アルゼンチン	42.9	6.4
	リビア	41.5	6.2

EIA資料

❾おもな国際石油会社(千バーレル/日，2015年)

石資2017

会社名(本社所在)	エクソンモービル(米)	BP(英)	ロイヤル・ダッチ・シェル(蘭)	シェブロン(米)	トタル(仏)	5社計
原油生産量*	2,345	1,943	1,358	1,744	1,237	**8,627**
アメリカ合衆国	476	323	②310	501	②48	1,658
カナダ・南米	402	…	③38		③47	487
ヨーロッパ	204	①881	180		161	1,426
アジア・太平洋	734	…	593	1,243	④351	1,678
アフリカ	529	270	237		542	1,578
その他	―	469	―		88	1,800
原油供給量	2,345	1,945	1,509	1,744	1,237	**8,780**
原油処理量	4,432	1,705	2,805	1,702	1,938	**12,582**
製品販売量	5,754	5,605	6,432	2,735	4,005	**24,531**
純利益(百万ドル)	16,150	−6,482	1,939	4,587	5,642	―

*取引量含む　①ロシア，イギリス　②北米全体　③カナダを除く　④おもに中東

❿おもな国の原油処理能力(2020年)

国名	万バーレル/日
世界	**10,195**
アメリカ合衆国	1,814
中国	1,669
ロシア	674
インド	502
韓国	357
日本	329
サウジアラビア	291
イラン	248
ブラジル	229
ドイツ	209

BP統計

⓫おもな国の原油自給率(2016年)

国名	%
サウジアラビア	635.0
ロシア	409.2
カナダ	243.1
ブラジル	132.6
アメリカ合衆国	75.2
中国	40.4
インド	22.6
ドイツ	3.9
韓国	0.7
日本	0.3

消費量上位10か国
自給率＝産出量／最終消費量×100　IEA資料

❶OPEC諸国の原油輸出(2018年)

赤字は各項目の最大値　OPEC Annual Statistical Bulletin 2019ほか

OPEC加盟国	原油輸出額(億ドル) 1975	原油輸出額(億ドル) 2018	1人あたり原油輸出額(ドル)	輸出に占める原油の割合(%)	原油処理能力(千バーレル/日)	主要国の原油輸入量(万t) フランス	ドイツ	イタリア	イギリス	アメリカ合衆国	日本	中国
合計	**1,020**	**6,487**	**1,279**	**53.6**	**11,207**	**2,971**	**1,751**	**3,604**	**1,311**	**14,604**	**11,781**	**26,071**
サウジアラビア	295	1,944	5,817	66.0	2,856	770	144	712	114	4,935	5,741	5,673
アラブ首長国連邦	68	749	7,393	19.3	1,124	0	—	63	—	32	3,727	1,220
イラク	82	682	1,789	71.6	663	108	248	939	—	2,914	272	4,504
イラン	196	602	734	56.0	2,141	330	27	633	—	—	657	2,927
クウェート	86	584	12,635	81.2	736	25	—	81	—	452	1,168	2,321
ナイジェリア	77	545	269	86.5	446	607	440	232	548	1,122	—	46
アンゴラ	6	363	1,242	89.1	80	108	8	96	13	530	33	4,739
ベネズエラ	83	347	1,089	99.1	1,891	—	68	9	10	2,654	—	1,663
アルジェリア	43	261	613	59.1	657	545	79	153	475	469	16	66
リビア	68	171	2,611	69.1	380	478	726	621	151	310	—	857
赤道ギニア	—	54	4,074	97.5	—	—	11	36	—	99	—	248
コンゴ共和国	1	45	825	45.3	21	0	—	—	—	60	—	1,258
ガボン	9	42	2,145	64.8	24	0	—	29	—	38	—	362

2018年コンゴ共和国加盟。2019年1月カタール脱退。2020年1月エクアドル脱退

❷日本の油田別原油生産量(千kL)

油田名	県名	1984	2020	%
合計	—	**502**	**512**	**100**
南長岡	新潟	23	150	29.3
岩船沖	新潟	30	99	19.3
勇払	北海道	—	81	15.8
由利原	秋田	—	44	8.6
片貝	新潟	—	31	6.1
東新潟	新潟	66	19	3.7
申川	秋田	40	18	3.5
鮎川	秋田	—	17	3.3
南桑山	新潟	—	15	2.9
八橋	秋田	—	9	1.8

石油鉱業連盟資料ほか

❸おもな国の原油輸入先(2020年，百万t)

UN comtrade

国名	輸入量	おもな輸入相手国(%)					
中国	542	サウジアラビア	15.7	ロシア	15.4	イラク	11.1
アメリカ合衆国	332	カナダ	61.1	メキシコ	11.0	サウジアラビア	8.5
インド	197	イラク	24.0	サウジアラビア	19.1	アラブ首長国連邦	11.3
韓国	131	サウジアラビア	33.8	クウェート	13.7	アメリカ合衆国	10.2
日本	123	サウジアラビア	40.3	アラブ首長国連邦	31.1	クウェート	9.1
ドイツ	85	ロシア	31.0	アメリカ合衆国	12.0	オランダ	11.5
オランダ	69	ロシア	27.0	イギリス	17.0	アメリカ合衆国	14.2
タイ	52	アラブ首長国連邦	26.6	サウジアラビア	18.7	アメリカ合衆国	8.0
イタリア	50	アゼルバイジャン	20.1	イラク	17.3	サウジアラビア	13.1
シンガポール	42	アラブ首長国連邦	25.8	カタール	16.5	サウジアラビア	11.4
カナダ	26	アメリカ合衆国	77.4	サウジアラビア	11.8	ナイジェリア	5.4
ポーランド	25	ロシア	64.6	サウジアラビア	15.3	カザフスタン	10.9

❹日本の原油輸入先(万kL)

財務省貿易統計ほか

国・地域名	1980	1990	2000	2021	%	2021(万t)①
合計	**25,445**	**22,525**	**24,981**	**14,431**	**100**	**12,411**
〈国別〉						
サウジアラビア	8,987	4,599	6,286	5,730	39.7	4,928
アラブ首長国連邦	3,454	4,778	6,288	5,006	34.7	4,305
クウェート	1,011	788	2,104	1,207	8.4	1,038
カタール	766	1,313	2,293	1,090	7.6	937
ロシア	—	—	—	524	3.6	451
〈地域別〉						
中東	18,653	15,977	21,454	13,263	91.9	11,406
ロシア・中東欧・中央アジア	—	—	—	541	3.7	465
中南米	438	936	260	281	1.9	241
アジア	5,960	5,355	2,471	119	0.8	102
(ASEAN)	—	(3,509)	(1,861)	(119)	(0.8)	(102)
北アメリカ	0	10	122	106	0.7	91

①原油の比重0.86で換算

❺日本の産業別重油需要(千kL)

エネ需給2001

業種	1977	1982	2001	%
合計	**118,324**	**78,583**	**58,583**	**100**
公益事業(電力)	42,628	30,172	10,178	17.4
鉱工業	55,384	29,116	25,167	43.0
(化学)	(12,837)	(7,095)	(5,630)	(9.6)
(紙・パルプ)	(6,245)	(4,307)	(4,335)	(7.4)
(繊維)	(5,416)	(4,598)	(1,975)	(3.4)
(窯業)	(11,585)	(2,765)	(2,665)	(4.5)
(食料品)	(4,039)	(3,315)	(2,537)	(4.3)
(鉄鋼)	(8,611)	(2,284)	(1,828)	(3.1)
その他	20,312	19,295	23,239	39.7
(農林・水産)	(8,011)	(5,393)	(5,231)	(8.9)
(運輸・船舶)	(7,974)	(5,279)	(6,245)	(10.7)

❻日本のおもな製油所(2020年3月末現在)

石油連盟資料

会社名／製油所名	所在	処理能力(バーレル/日)
JXTGエネルギー①／水島製油所	岡山	320,200
JXTGエネルギー①／根岸製油所	神奈川	270,000
昭和四日市石油／四日市製油所	三重	255,000
JXTGエネルギー①／川崎製油所	神奈川	235,000
鹿島石油／鹿島製油所	茨城	197,100
出光興産②／千葉事業所	千葉	190,000
コスモ石油／千葉製油所	千葉	177,000
出光興産②／愛知製油所	愛知	160,000
出光興産②／北海道製油所	北海道	150,000
JXTGエネルギー①／仙台製油所	宮城	145,000
富士石油／袖ケ浦製油所	千葉	143,000

①2020年6月 ENEOSに商号変更　②2019年4月 出光昭和シェルグループ発足

p.80❶❷❸：原油の生産量ではアメリカ合衆国，ロシア，サウジアラビアの3か国が多い。埋蔵量は，西アジアの国々が多く，輸出でも中心となっている。中国やアメリカ合衆国は国内消費が多く，原油の輸入の上位1,2位である点に注意する。

p.81❹：日本の原油輸入先では，西アジアの4か国が重要である。サウジアラビアにとって，日本は重要な貿易相手国である。

❶ガソリンの生産(万t) 世エネ'19ほか

国名	1990	2019*	%
世界	**74,216**	**106,698**	**100**
アメリカ合衆国	29,881	40,330	37.8
中国	2,173	14,782	13.9
ロシア	①6,360	3,949	3.7
インド	354	3,862	3.6
日本	3,107	3,664	3.4
カナダ	2,636	3,361	3.1
ブラジル	855	2,618	2.5
サウジアラビア	1,071	2,277	2.1
ドイツ	2,582	2,143	2.0
韓国	282	1,972	1.8

＊バイオ燃料混合ガソリンを含む
①ソ連

❷軽油の生産(万t) 世エネ'19ほか

国名	1990	2019*	%
世界	**82,494**	**139,105**	**100**
アメリカ合衆国	14,765	24,961	17.9
中国	2,609	17,308	12.4
インド	1,712	11,184	8.0
ロシア	①11,208	8,156	5.9
サウジアラビア	2,236	5,336	3.8
韓国	1,308	5,007	3.6
日本	4,900	4,430	3.2
ドイツ	4,125	4,405	3.2
ブラジル	2,091	4,071	2.9
カナダ	2,305	3,333	2.4

＊バイオディーゼル燃料混合軽油を含む
①ソ連

❸灯油の生産(万t) 世エネ'19ほか

国名	1990	2019	%
世界	**11,111**	**5,238**	**100**
日本	1,882	1,078	20.6
スペイン	24	982	18.7
サウジアラビア	390	680	13.0
クウェート	170	397	7.6
インド	569	314	6.0
イラン	345	283	5.4
韓国	174	278	5.3
イギリス	231	206	3.9
中国	①393	182	3.5
タイ	16	162	3.1

①ケロシン系ジェット燃料を含む

❹ジェット燃料の生産(万t)

国名	1990	2019	%
世界	**15,828**	**33,772**	**100**
アメリカ合衆国	6,996	8,318	24.6
中国	－	5,250	15.5
韓国	211	2,154	6.4
インド	165	1,521	4.5
ロシア	－	1,318	3.9
日本	348	1,224	3.6
アラブ首長国連邦	110	1,183	3.5
シンガポール	637	1,135	3.4
オランダ	494	881	2.6
トルコ	62	596	1.8

世エネ'19ほか

❺重油の生産(万t) 世エネ'19ほか

国名	1990	2019	%
世界	**73,445**	**40,689**	**100**
ロシア	①16,904	5,842	14.4
中国	3,268	4,506	11.1
サウジアラビア	2,777	2,334	5.7
イラン	1,273	2,205	5.4
アメリカ合衆国	5,235	1,972	4.8
イラク	720	1,688	4.1
日本	4,102	1,432	3.5
ブラジル	－	1,163	2.9
エジプト	1,132	901	2.2
オランダ	1,267	891	2.2

①ソ連

❻ナフサの生産(万t) 世エネ'19ほか

国名	1990	2019	%
世界	**10,843**	**30,008**	**100**
中国	－	6,620	22.1
韓国	406	3,676	12.2
ロシア	－	2,578	8.6
インド	473	1,940	6.5
日本	800	1,255	4.2
オランダ	979	1,145	3.8
アラブ首長国連邦	90	1,129	3.8
タイ	－	945	3.1
アメリカ合衆国	1,924	824	2.7
アルジェリア	－	727	2.4

❼エチレンの生産(万t)

国名	2000	2017	%
世界	**6,900**	**15,191**	**100**
アメリカ合衆国	99)2,530	2,746	18.1
中国	470	①2,228	14.7
サウジアラビア	－	1,493	9.8
韓国	544	879	5.8
日本	761	653	4.3
カナダ	407	481	3.2
インド	151	475	3.1
タイ	－	425	2.8
(台湾)	－	401	2.6
シンガポール	－	400	2.6

①ホンコンを含む　経済産業省資料ほか

❽日本の石油製品の生産(千kL)

製品名	1990	2020	%
燃料油計	**184,395**	**138,819**	**100**
ガソリン	42,272	44,135	31.8
軽油	31,980	34,214	24.7
重油	71,722	25,805	18.6
ナフサ	10,860	13,378	9.6
灯油	23,119	13,252	9.5
ジェット燃料	4,441	8,034	5.8
液化石油ガス	＊4,450	＊3,042	－
アスファルト	＊6,185	＊2,387	－
原油処理量	**201,054**	**145,230**	－

＊単位：千t　資エネ'20ほか

❻❼：原油を蒸留・精製して得られるナフサは，石油化学工業の原料で，エチレンに加工されてから，さらにプラスチックや合成ゴムなどが作られる。
❾❿：天然ガスの生産国は，パイプラインや液化設備を有する国に限られる。西アジアの国は埋蔵量が多いが，生産量は少ない。

❾天然ガスの埋蔵量(2020年)

国名	兆m³	%
世界	**188.1**	**100**
ロシア	37.4	19.9
イラン	32.1	17.1
カタール	24.7	13.1
トルクメニスタン	13.6	7.2
アメリカ合衆国	12.6	6.7
中国	8.4	4.5
ベネズエラ	6.3	3.3
サウジアラビア	6.0	3.2
アラブ首長国連邦	5.9	3.1
ナイジェリア	5.5	2.9

BP統計

❿天然ガスの生産量(億m³)

国名	1990	2020	%
世界	**19,665**	**39,963**	**100**
アメリカ合衆国	5,043	9,485	23.7
ロシア	5,900	7,220	18.1
イラン	262	2,327	5.8
中国	158	1,925	4.8
カナダ	988	1,835	4.6
カタール	63	1,667	4.2
オーストラリア	197	1,565	3.9
ノルウェー	255	1,159	2.9
サウジアラビア	335	988	2.5
アルジェリア	494	848	2.1

IEA資料ほか

⓫天然ガスの消費量(2020年)

国名	億m³	%
世界	**39,077**	**100**
アメリカ合衆国	8,611	22.0
ロシア	4,813	12.3
中国	3,218	8.2
イラン	2,122	5.4
カナダ	1,289	3.3
日本	1,046	2.7
サウジアラビア	988	2.5
ドイツ	920	2.4
イギリス	738	1.9
イタリア①	713	1.8

①サンマリノ，バチカンを含む　IEA資料

❶天然ガスの輸出入(2020年)

IEA資料

輸出国	億m³	%	輸入国	億m³	%
世界	**12,234**	**100**	**世界**	**11,973**	**100**
ロシア	2,388	19.5	中国	1,297	10.8
アメリカ合衆国	1,496	12.2	日本	1,015	8.5
カタール	1,241	10.1	ドイツ	804	6.7
ノルウェー	1,109	9.1	アメリカ合衆国	722	6.0
オーストラリア	1,054	8.6	イタリア①	664	5.5
カナダ	709	5.8	メキシコ	635	5.3
トルクメニスタン	597	4.9	オランダ	598	5.0
オランダ	400	3.3	韓国	536	4.5
アルジェリア	395	3.2	トルコ	481	4.0
マレーシア	328	2.7	フランス②	463	3.9

①サンマリノ，バチカンを含む　②モナコを含む

❷日本の液化天然ガス*の輸入先(2021年)

財務省貿易統計

国名	千t	%
合計	**74,316**	**100**
オーストラリア	26,639	35.8
マレーシア	10,113	13.6
カタール	8,970	12.1
アメリカ合衆国	7,070	9.5
ロシア	6,567	8.8
ブルネイ	4,293	5.8
パプアニューギニア	3,500	4.7
オマーン	1,904	2.6
インドネシア	1,886	2.5
アラブ首長国連邦	1,325	1.8

＊LNG。天然ガスを冷却・加圧し液化したもの。メタンが主成分

❸日本の液化石油ガス*の輸入先(2021年)

財務省貿易統計

国名	千t	%
合計	**10,144**	**100**
アメリカ合衆国	6,992	68.9
カナダ	1,271	12.5
オーストラリア	858	8.5
クウェート	508	5.0
カタール	157	1.5
アラブ首長国連邦	138	1.4
東ティモール	102	1.0
サウジアラビア	91	0.9
韓国	25	0.3
インドネシア	1	0.0

＊LPG。石油精製の際の副産物であるプロパン・ブタン等の混合ガスを加圧・液化したもの

❹日本の液化石油ガスの需給(千t)

区分	2000	2020	%
供給計	**19,463**	**12,792**	**100**
石油精製	4,327	2,327	18.2
石油化学	285	305	2.4
輸入	14,851	10,160	79.4
需要計	**18,830**	**12,787**	**100**
家庭業務用	7,710	5,927	46.4
一般工業用	4,815	3,000	23.5
化学原料用	1,969	2,136	16.7
都市ガス用	2,121	1,097	8.6
自動車用	1,623	529	4.1
大口鉄鋼用	199	98	0.8
電力用	393	0	0.0

日本LPガス協会資料

❺日本のガス田別天然ガス生産量(2020年)

石油鉱業連盟資料

ガス田名	県名	百万m³	%
合計	――	**2,290**	**100**
南長岡	新潟	1,124	49.1
片貝	新潟	350	15.3
茂原*	千葉	164	7.2
合同千葉*	千葉	117	5.1
岩船沖	新潟	87	3.8
東新潟	新潟	76	3.3
勇払	北海道	74	3.2
吉井	新潟	48	2.1
大洋*	千葉	33	1.4
関*	千葉	32	1.4

＊水溶性天然ガス

p.83❻：同じ火力発電でも，日本は天然ガス，石炭を，中国は石炭をおもに使用するなど，国によって使用する燃料に違いがある。カナダ，ブラジル，ノルウェーなどは水力発電の割合が高い。原子力発電の割合はフランスが高い。
p.85❶：日本は，水主火従から火主水従に変化した。1970年ごろから原子力発電が増加したが，2011年の福島第一原発事故後，その割合は大幅に減少している。

❻おもな国の発電量(億kWh)

IEA資料ほか

国名	1990 総発電量	2020 総発電量	火力	%	水力	%	原子力	%	再生可能エネルギー* 風力	太陽光	地熱	バイオ燃料①	%	1人あたり消費量(kWh)
世界	**118,962**	**268,326**	**164,554**	**61.3**	**44,530**	**16.6**	**26,739**	**10.0**	**15,981**	**8,375**	**949**	**6,846**	**12.1**	**3,212**
中国	6,213	77,654	51,740	66.6	13,552	17.5	3,663	4.7	4,665	2,622	1	1,411	11.2	5,262
アメリカ合衆国	32,186	42,600	25,733	60.4	3,082	7.2	8,231	19.3	3,418	1,193	188	705	13.1	12,447
インド	2,895	15,333	11,655	76.0	1,609	10.5	430	2.8	674	613	－	351	10.7	928
ロシア	10,822	10,897	6,523	59.9	2,144	19.7	2,157	19.8	12	20	4	36	0.6	6,838
日本	8,707	10,178	7,377	72.5	875	8.6	388	3.8	90	791	30	459	15.1	7,728
カナダ	4,822	6,519	1,161	17.8	3,866	59.3	982	15.1	356	48	－	102	7.8	14,759
ブラジル	2,228	6,212	817	13.2	3,963	63.8	141	2.3	571	107	－	610	20.7	2,541
韓国	1,054	5,786	3,768	65.1	71	1.2	1,602	27.7	32	180	－	92	6.0	10,814
ドイツ	5,500	5,727	2,434	42.5	249	4.3	644	11.2	1,321	486	2	574	42.0	6,333
フランス②	4,208	5,318	459	8.6	665	12.5	3,538	66.5	398	134	1	112	12.4	6,629
サウジアラビア	692	3,951	3,943	99.8	－	－	－	－	－	8	－	－	0.2	10,311
イラン	591	3,248	3,021	93.0	159	4.9	58	1.8	6	5	－	0.2	0.3	3,413
メキシコ	1,158	3,145	2,433	77.3	268	8.5	81	2.6	197	91	53	22	11.6	2,218
イギリス	3,197	3,113	1,191	38.3	82	2.6	503	16.2	754	132	－	452	42.9	4,515
トルコ	575	3,067	1,771	57.7	781	25.5	－	－	248	110	100	45	16.8	3,319
インドネシア	327	2,918	2,368	81.2	243	8.3	－	－	5	2	156	145	10.5	980
イタリア③	2,166	2,805	1,588	56.6	495	17.6	－	－	188	249	60	220	25.8	4,969
オーストラリア	1,550	2,652	2,052	77.4	151	5.7	－	－	204	210	－	34	16.9	9,886
スペイン	1,519	2,634	866	32.9	340	12.9	583	22.1	564	207	－	72	32.1	5,090
ベトナム	87	2,401	1,550	64.6	729	30.4	－	－	10	96	－	17	5.0	2,321
南アフリカ共和国	1,672	2,395	2,121	88.5	62	2.6	99	4.1	59	50	－	4	4.8	3,538
エジプト	423	1,919	1,681	87.6	150	7.8	－	－	42	45	－	－	4.6	1,544
マレーシア	230	1,826	1,530	83.8	262	14.4	－	－	－	23	－	10	1.8	5,200
タイ	442	1,794	1,498	83.5	47	2.6	－	－	32	50	0.01	166	13.9	2,770
スウェーデン	1,465	1,638	9	0.5	724	44.2	492	30.0	275	11	－	127	25.3	12,576
ポーランド	1,363	1,580	1,284	81.2	29	1.9	－	－	158	20	－	88	16.9	4,206
ノルウェー	1,218	1,543	20	1.3	1,416	91.8	－	－	99	0.3	－	4	6.9	23,215
ウクライナ	2,988	1,484	545	36.7	76	5.1	762	51.3	33	60	－	8	6.9	2,958
アルゼンチン	510	1,437	957	66.6	243	16.9	107	7.5	94	13	－	23	9.0	2,814
アラブ首長国連邦	171	1,373	1,318	96.0	－	－	－	－	－	55	－	－	4.0	13,170
ニュージーランド	326	445	87	19.5	243	54.5	－	－	23	2	83	8	26.0	8,159
デンマーク	260	287	45	15.7	0	0.1	－	－	163	12	－	67	84.2	5,927
アイスランド	45	191	0.03	0.0	132	68.8	－	－	0.1	－	60	－	31.2	50,646

＊水力を除く　①バイオ燃料・廃棄物　②モナコを含む　③サンマリノ，バチカンを含む

❶世界のおもな発電所(2010年末現在)

海外電力調査会資料ほか

水力発電 発電所名	国名	所在地	設備容量(千kW)	火力発電 発電所名	国名	所在地	設備容量(千kW)
サンシヤ〔三峡〕	中国	フーペイ(湖北)省	18,300	ポリョン〔保寧〕	韓国	チュンチョンナムド(忠清南道)	5,800
イタイプ	ブラジル・パラグアイ	パラナ	12,600	タイジョン〔台中〕	(台湾)	タイジョン(台中)	5,500
グリ	ベネズエラ	シウダーボリバル	10,200	スルグート第2	ロシア	チュメニ	4,800
トゥクルイ	ブラジル	パラ	8,370	トクト〔托克托〕	中国	内モンゴル自治区	4,800
グランドクーリー	アメリカ合衆国	ワシントン州	6,809	クオホワチョーノン〔国華浙能〕	中国	チョーチヤン(浙江)省	4,540
サヤノシュシェンスコエ	ロシア	シベリア	6,400	ゾウシエン〔鄒県〕	中国	シャントン(山東)省	4,540
クラスノヤルスク	ロシア	シベリア	6,000	ベルハトフ	ポーランド	ロゴヴィエツ	4,340
ロバート・バウラサ	カナダ	ケベック州	5,616	シンダ〔興達〕	(台湾)	カオシュン(高雄)	4,326
チャーチルフォールズ	カナダ	ニューファンドランド	5,429	ケンダル	南アフリカ共和国	ビトバンク	4,116
ロンタン〔龍灘〕	中国	コワンシー(広西)壮族自治区	4,900	マジュバ	南アフリカ共和国	ノーザンプロヴィンス	4,110
ブラーツク	ロシア	シベリア	4,500	エキバストゥズ第1	カザフスタン	パヴロダール	4,000
ウスチ・イリムスク	ロシア	シベリア	3,840	パリッシュW.A.	アメリカ合衆国	テキサス州	3,953
アルペ・ゲラ	イタリア	ロンバルディア	3,500	ナンティコーク	カナダ	オンタリオ州	3,938
イリヤソルテーラ	ブラジル	サンパウロ	3,444	ドラックス	イギリス	セルビー	3,870
タルベラ	パキスタン	北西フロンティア	3,438	レフチンスク	ロシア	スヴェルドロフスク州	3,800

❷世界のおもな原子力発電所(2021年末現在)

発電所名	国名	最大出力(千kW)
ブルース	カナダ	6,944
ティエンワン〔田湾〕	中国	6,608
ヤンチヤン〔陽江〕	中国	6,516
ハヌル	韓国	6,226
ハンビット	韓国	6,216
ザポリッジャ	ウクライナ	6,000
グラブリーヌ	フランス	5,706
ホンヤンホー〔紅沿河〕	中国	5,595
パリュエル	フランス	5,528
フーチン〔福清〕	中国	5,506
カットノン	フランス	5,448
シンコリ〔新古里〕	韓国	5,074
チンシャン〔秦山〕	中国	4,406
レニングラード	ロシア	4,376
ニントー〔寧徳〕	中国	4,356

IAEA資料

❸おもな国の原子力発電設備状況(2022年1月1日現在)

日本原子力産業協会資料

国名	運転中		建設中		計画中		合計	
	万kW	基	万kW	基	万kW	基	万kW	基
世界	**40,689**	**431**	**6,687**	**62**	**7,970**	**70**	**55,347**	**563**
アメリカ合衆国	9,928	93	220	2	−	−	10,148	95
フランス	6,404	56	165	1	−	−	6,569	57
中国	5,328	51	1,850	19	2,606	24	9,784	94
日本	①3,308	①33	414	3	1,158	8	4,881	44
ロシア	2,951	34	281	3	1,300	11	4,532	48
韓国	2,342	24	560	4	−	−	2,902	28
カナダ	1,451	19	−	−	−	−	1,451	19
ウクライナ	1,382	15	210	2	−	−	1,592	17
イギリス	849	12	344	2	334	2	1,527	16
スペイン	740	7	−	−	−	−	740	7
スウェーデン	707	6	−	−	−	−	707	6
インド	678	22	740	9	470	4	1,888	35
ベルギー	623	7	−	−	−	−	623	7
ドイツ	429	3	−	−	−	−	429	3
チェコ	421	6	−	−	−	−	421	6

①運転可能炉の数値。2022年10月1日現在の日本の稼働炉は，995.6万kW，10基。

❹おもな国のウラン埋蔵量・生産量

世鉱統計'22ほか

国名	確認埋蔵量*(千tU) 2019	生産量(tU) 1998	生産量(tU) 2021	国名	確認埋蔵量*(千tU) 2019	生産量(tU) 1998	生産量(tU) 2021
世界	**4,723.7**	**34,986**	**40,795**	ロシア	256.6	2,530	2,760
カザフスタン	464.7	−	18,502	ニジェール	315.5	3,714	2,642
ナミビア	320.7	2,780	5,400	中国	122.6	590	1,885
ウズベキスタン	50.8	1,926	3,500	カナダ	652.2	10,922	1,558
オーストラリア	1,284.8	4,910	3,456	ウクライナ	122.1	1,000	400
				インド	188.0	−	400

日本6.6(確認埋蔵量)　*ウラン1kgあたり260米ドル以下で回収可能な可採埋蔵量　tU＝ウラン酸化物(U_3O_8)に含まれるウラン(U)の重量(t)

❺世界の再生可能エネルギー*発電(2020年)

国名	発電量(億kWh)	%	総発電量に占める割合(%)
世界	**75,939**	**100**	**28.3**
中国	22,166	29.2	28.5
アメリカ合衆国	8,485	11.2	19.9
ブラジル	5,229	6.9	84.2
カナダ	4,372	5.8	67.1
インド	3,236	4.3	21.1
ドイツ	2,567	3.4	44.8
ロシア	2,181	2.9	20.0
日本	2,066	2.7	20.3
ノルウェー	1,518	2.0	98.4
イギリス	1,362	1.8	43.8

*水力，地熱，太陽光，風力，潮力，バイオ燃料など
IEA資料

❻おもな国の太陽光発電量(2020年)

国名	億kWh	%
世界	**8,375**	**100**
中国	2,622	31.3
アメリカ合衆国	1,193	14.2
日本	791	9.4
インド	613	7.3
ドイツ	486	5.8
イタリア①	249	3.0
オーストラリア	210	2.5
スペイン	207	2.5
韓国	180	2.1
フランス②	134	1.6

①サンマリノ，バチカンを含む
②モナコを含む　IEA資料

❼おもな国の風力発電量(2020年)

国名	億kWh	%
世界	**15,981**	**100**
中国	4,665	29.2
アメリカ合衆国	3,418	21.4
ドイツ	1,321	8.3
イギリス	754	4.7
インド	674	4.2
ブラジル	571	3.6
スペイン	564	3.5
フランス①	398	2.5
カナダ	356	2.2
スウェーデン	275	1.7

日本90　①モナコを含む　IEA資料

❶日本の発電量の推移(百万kWh)

電力調査統計ほか

年度	総発電量	水力	%	火力	%	原子力	%	風力	%	太陽光	%	地熱	%
1930	15,773	13,431	85.2	2,342	14.8	–	–	–	–	–	–	–	–
1950	46,266	37,784	81.7	8,482	18.3	–	–	–	–	–	–	–	–
1960	115,498	58,481	50.6	57,017	49.4	–	–	–	–	–	–	–	–
1970	359,538	80,090	22.3	274,782	76.4	4,581	1.3	–	–	–	–	85	0.0
1980	577,521	92,092	15.9	401,967	69.6	82,591	14.3	–	–	–	–	871	0.2
1990	857,272	95,835	11.2	557,423	65.0	202,272	23.6	–	–	1	0.0	1,741	0.2
2000	1,091,500	96,817	8.9	669,177	61.3	322,050	29.5	109	0.0	–	–	3,348	0.3
2005	1,157,926	86,350	7.5	761,841	65.8	304,755	26.3	1,751	0.2	1	0.0	3,226	0.3
2010	1,156,888	90,681	7.8	771,306	66.7	288,230	24.9	4,016	0.3	22	0.0	2,632	0.2
2015	1,024,179	91,383	8.9	908,779	88.7	9,437	0.9	5,161	0.5	6,837	0.7	2,582	0.3
2020	948,979	86,310	9.1	789,725	83.2	37,011	3.9	8,326	0.9	24,992	2.6	2,114	0.2
2021	970,045	87,575	9.0	776,226	80.0	67,767	7.0	8,236	0.8	27,951	2.9	2,091	0.2

電気事業用と自家用の発電電力量の合計　☞p.83「解説」

❷都道府県別発電量(2021年)

電力調査統計

都道府県名	発電量(百万kWh)	%	都道府県名	発電量(百万kWh)	%
全国	**863,685**	**100**	新潟	37,309	4.3
千葉	84,805	9.8	北海道	32,632	3.8
神奈川	82,406	9.5	山口	23,391	2.7
愛知	67,037	7.8	長崎	22,426	2.6
福島	55,805	6.5	佐賀	18,993	2.2
福井	44,593	5.2	大阪	18,904	2.2
茨城	42,174	4.9	徳島	18,757	2.2
兵庫	38,447	4.5	三重	18,486	2.1

電気事業用の発電電力量。自家用の発電電力量は含まない

❸都道府県別電力需要量(2021年)

電力調査統計

都道府県名	電力需要量(百万kWh)	%	都道府県名	電力需要量(百万kWh)	%
全国	**837,379**	**100**	福岡	30,528	3.6
東京	76,346	9.1	北海道	28,528	3.4
愛知	58,086	6.9	静岡	28,452	3.4
大阪	54,222	6.5	茨城	24,170	2.9
神奈川	47,009	5.6	三重	20,010	2.4
埼玉	38,093	4.5	広島	19,358	2.3
兵庫	37,952	4.5	新潟	16,681	2.0
千葉	35,228	4.2	岡山	16,150	1.9

❹日本のおもな水力発電所(2021年3月末現在)

発電所名	水系名	県名	最大出力(千kW)	所属	運転開始年月
奥多々良木	市川,円山川	兵庫	1,932	関西電力	1974. 6
奥美濃	木曽川	岐阜	1,500	中部電力	1994. 7
新高瀬川	信濃川	長野	1,280	東京電力	1979. 6
大河内	市川	兵庫	1,280	関西電力	1992.10
奥吉野	新宮川	奈良	1,206	関西電力	1978. 6
玉原	利根川	群馬	1,200	東京電力	1982.12
俣野川	旭川,日野川	岡山,鳥取	1,200	中国電力	1986.10
小丸川	小丸川	宮崎	1,200	九州電力	2007. 7
葛野川	富士川,相模川	山梨	1,200	東京電力	1999.12
新豊根	天竜川	愛知	1,125	電源開発	1972.11

電気便覧'21ほか

❺日本のおもな地熱発電所(2021年3月末現在)

発電所名	所在地	最大出力(千kW)	所属	運転開始年月
八丁原1号	大分県九重町	55	九州電力	1977. 6
八丁原2号	大分県九重町	55	九州電力	1990. 6
葛根田1号	岩手県雫石町	50	東北電力	1978. 5
澄川	秋田県鹿角市	50	東北電力	1995. 3
山葵沢	秋田県湯沢市	46	湯沢地熱	2019. 5
葛根田2号	岩手県雫石町	30	東北電力	1996. 3
柳津西山	福島県柳津町	30	東北電力	1995. 5
大霧	鹿児島県霧島市	30	九州電力	1996. 3
山川	鹿児島県指宿市	30	九州電力	1995. 3
上の岱	秋田県湯沢市	29	東北電力	1994. 3

火力原子力発電技術協会資料

❻日本のおもな火力発電所(2021年3月末現在)

電気便覧'21ほか

発電所名	県名	最大出力(千kW)	所属	運転開始年月①
鹿島	茨城	5,660	JERA	1971. 3
富津	千葉	5,160	JERA	1985.12
東新潟	新潟	4,860	東北電力	1972.11
川越	三重	4,802	JERA	1989. 6
広野	福島	4,400	JERA	1980. 4
千葉	千葉	4,380	JERA	1998.12
碧南	愛知	4,100	JERA	1991.10
知多	愛知	3,966	JERA	1966. 2
姉崎	千葉	3,600	JERA	1967.12
袖ケ浦	千葉	3,600	JERA	1974. 8
横浜	神奈川	3,541	JERA	1964. 3
川崎	神奈川	3,420	JERA	2007. 6
新名古屋	愛知	3,058	JERA	1998. 8
姫路第二	兵庫	2,919	関西電力	2013. 8
西名古屋	愛知	2,376	JERA	2017. 9

JERA…東京電力・中部電力の火力発電事業を統合した電力事業者
①調査時点で運用中の発電設備が運転を開始した年月

❼日本の原子力発電所(2021年3月末現在)

電気便覧'21

発電所名	県名	最大出力(千kW)	基数	所属	運転開始年月①
柏崎刈羽	新潟	8,212	7	東京電力	1985. 9
浜岡	静岡	3,617	3	中部電力	1987. 8
高浜	福井	3,392	4	関西電力	1974.11
大飯	福井	2,360	2	関西電力	1991.12
玄海	佐賀	2,360	2	九州電力	1994. 3
泊	北海道	2,070	3	北海道電力	1989. 6
女川	宮城	1,650	2	東北電力	1995. 7
川内	鹿児島	1,780	2	九州電力	1984. 7
志賀	石川	1,746	2	北陸電力	1993. 7
敦賀	福井	1,160	1	日本原子力発電	1987. 2
東通	青森	1,100	1	東北電力	2005.12
東海第二	茨城	1,100	1	日本原子力発電	1978.11
伊方	愛媛	890	1	四国電力	1994.12
美浜	福井	826	1	関西電力	1976.12
島根	島根	820	1	中国電力	1989. 2

①調査時点で運用中の発電設備が運転を開始した年月

❶鉄鉱石の埋蔵量(含有量)

国名	2021(億t)
世界	**850**
オーストラリア	250
ブラジル	150
ロシア	140
中国	69
インド	34
カナダ	23
ウクライナ	23
イラン	15
ペルー	15
アメリカ合衆国	10

ミネラルズ

❷鉄鉱石の生産(含有量)(百万t)

国名	1990	2020	%
世界	**540.0**	**1,520.0**	**100**
オーストラリア	69.8	564.5	37.1
ブラジル	99.9	246.8	16.2
中国	50.5	225.0	14.8
インド	34.4	127.0	8.4
ロシア	①132.0	69.5	4.6
ウクライナ	—	49.3	3.2
カナダ	22.0	36.1	2.4
南アフリカ共和国	19.7	35.4	2.3
イラン	1.8	32.5	2.1
スウェーデン	—	25.4	1.7

①ソ連 ☞p.88「解説」 ミネラルズ

❸鉄鉱石の輸出入(2021年)

Steel Statistical Yearbook'22

輸出国	百万t	%	輸入国	百万t	%
世界	**1,659.4**	**100**	世界	**1,647.8**	**100**
オーストラリア	876.6	52.8	中国	1,125.6	68.3
ブラジル	359.1	21.6	日本	113.1	6.9
南アフリカ共和国	67.9	4.1	韓国	74.2	4.5
カナダ	53.8	3.2	ドイツ	40.2	2.4
ウクライナ	44.4	2.7	オランダ	27.4	1.7
インド	35.8	2.2	(台湾)	25.0	1.5
ロシア	25.4	1.5	マレーシア	22.3	1.4
スウェーデン	24.0	1.4	(ホンコン)	19.4	1.2
中国	23.3	1.4	ベトナム	17.6	1.1
マレーシア	22.1	1.3	フランス	13.9	0.8

☞p.88「解説」

❹おもな鉄鉱山別生産量(2018年，百万t)

鉱山名	国名	権益保有会社名	生産量
ハマーズリー①	オーストラリア	リオ・ティント	220.6
セーハ・ノルテ(カラジャス)	ブラジル	ヴァーレ	131.5
ニューマン	オーストラリア	BHPビリトン他	78.9
ヤンディ	オーストラリア	BHPビリトン他	75.4
ソロモン・ハブ	オーストラリア	フォーテスキュー・メタルズ・グループ	67.9
エリアC	オーストラリア	BHPビリトン他	60.6
セーハ・スル(カラジャス)	ブラジル	ヴァーレ	58.0
ロイヒル	オーストラリア	ハンコック・プロスペクティング他	②55.0
ホープダウンズ	オーストラリア	リオ・ティント他	45.4
イタビラ	ブラジル	ヴァーレ	41.7

①マウントトムプライスなど　②生産能力　JOGMEC資料

❺おもな国の鉄鉱石輸入先(2021年)

鉄要覧2022

国名	万t	おもな輸入先(%)
中国	112,563	豪(61.6) ブラジル(21.1) 南ア(3.6) インド(3.0)
日本	11,307	豪(58.8) ブラジル(26.6) カナダ(6.3) 南ア(3.3)
韓国	7,419	豪(74.5) ブラジル(11.4) 南ア(6.2) カナダ(5.3)
ドイツ	3,950	カナダ(14.4) スウェーデン(9.6) ブラジル(9.5) 南ア(8.2)
(台湾)	2,503	豪(73.5) ブラジル(17.8) カナダ(7.8) ソ連*(0.5)
フランス	1,392	カナダ(38.1) ブラジル(31.4) ソ連*(13.2) リベリア(11.1)
イギリス	19)766	カナダ(29.8) ブラジル(28.6) スウェーデン(19.2) 南ア(8.1)
イタリア	587	ブラジル(49.2) モーリタニア(19.0) 南ア(12.5) ソ連*(6.3)
アメリカ合衆国	374	ブラジル(56.4) カナダ(19.6) スウェーデン(9.4) チリ(5.0)

*旧ソ連構成国のうち，バルト3国を除く12か国

❻鉄鋼の生産量・消費量(万t)

Steel Statistical Yearbook'22ほか

国名	銑鉄生産量				粗鋼生産量				粗鋼消費量(2021)	
	1960	1990	2021	%	1960	1990	2021	%	(万t)	①(kg)
世界	**24,160**	**53,082**	**135,127**	**100**	**34,150**	**76,900**	**195,845**	**100**	**195,624**	**247**
中国	1,350	6,535	86,857	64.3	1,110	6,535	103,279	52.7	99,171	696
インド	—	1,200	7,763	5.7	—	1,496	11,820	6.0	11,307	80
日本	1,190	8,023	7,034	5.2	2,214	11,034	9,634	4.9	6,350	510
アメリカ合衆国	6,107	4,967	2,225	1.6	9,007	8,973	8,579	4.4	10,788	320
ロシア	②4,676	②11,017	5,378	4.0	②6,529	②15,441	7,702	3.9	4,638	320
韓国	—	1,534	4,644	3.4	—	2,313	7,042	3.6	5,838	1,126
トルコ	—	537	1,045	0.8	—	944	4,036	2.1	3,558	420
ドイツ	③2,574	3,140	2,569	1.9	③3,410	4,402	4,024	2.1	3,736	448
ブラジル	149	2,114	2,853	2.1	226	2,057	3,607	1.8	2,926	137
イラン	—	127	269	0.2	—	143	2,832	1.4	1,961	223

鉄鉱石の生産国が鉄鋼の生産国とはならない。①1人あたり　②ソ連　③西ドイツ

❼鉄鋼の輸出入(2021年)

	国名	万t
輸出	中国	7,433
	日本	3,440
	韓国	2,750
	ドイツ	2,613
	イタリア	1,807
輸入	アメリカ合衆国	4,400
	中国	3,865
	ドイツ	2,815
	イタリア	2,430
	韓国	1,588

日本755(入)　鉄鋼要覧2022

❽銅鉱石の埋蔵量(含有量)(2021年)

国名	万t
世界	**88,000**
チリ	20,000
オーストラリア	9,300
ペルー	7,700
ロシア	6,200
メキシコ	5,300
アメリカ合衆国	4,800
コンゴ民主	3,100
ポーランド	3,100
中国	2,600
インドネシア	2,400

☞p.88「解説」 ミネラルズ

❾銅鉱石の生産(含有量)(2018年)

国名	万t	%
世界	**2,040**	**100**
チリ	583	28.6
ペルー	244	11.9
中国	159	7.8
コンゴ民主	123	6.0
アメリカ合衆国	122	6.0
オーストラリア	92	4.5
ザンビア	85	4.2
ロシア	75	3.7
メキシコ	75	3.7
インドネシア	65	3.2

☞p.88「解説」 ミネラルズ

❿銅地金の生産と消費(2021年，万t)

国名	生産量	%	消費量
世界	**2,458**	**100**	**2,486**
中国	1,049	42.7	1,389
チリ	227	9.3	6
日本	152	6.2	91
ロシア	104	4.2	42
アメリカ合衆国	97	4.0	177
コンゴ民主	85	3.5	—
ドイツ	62	2.5	96
韓国	60	2.4	60
ポーランド	58	2.3	30
インド	49	2.0	50

世鉱統計'22

⓫おもな銅鉱山別生産量(2018年，万t)

鉱山名	国名	生産量(含有量)	操業開始年
エスコンディーダ	チリ	123.5	1991
コラフアシ	チリ	55.9	1998
グラスベルグ	インドネシア	55.7	1972
セロベルデ	ペルー	47.6	2006
エルテニエンテ	チリ	46.5	1906
アンタミナ	ペルー	44.6	2001
モレンシー	アメリカ合衆国	43.1	1937
ブエナビスタ	メキシコ	41.4	1899
KGHMポルスカ・ミエズ	ポーランド	40.1	—
ラスバンバス	ペルー	38.5	2015

メタルマイニング'19ほか

❶銅鉱・銅地金の輸出入（2019年）

	輸出国	万t	輸入国	万t
銅鉱	世界	**1,096.9**	世界	**1,034.8**
	チリ	351.6	中国	616.7
	ペルー	261.8	日本	114.2
	オーストラリア	56.9	韓国	52.0
	メキシコ	52.0	スペイン	44.8
	カナダ	41.1	ドイツ	30.6
銅地金	世界	**911.5**	世界	**954.6**
	チリ	219.1	中国	355.0
	ロシア	67.5	アメリカ合衆国	66.3
	コンゴ民主	55.5	ドイツ	59.7
	日本	53.7	イタリア	56.1
	カザフスタン	43.9	(台湾)	47.7

日本1.5(銅地金，入)　ICSG Statistical Yearbook '21

❷ボーキサイトの生産（万t）

国名	1990	2020	%
世界	**11,300**	**39,100**	**100**
オーストラリア	4,140	10,433	26.7
中国	240	9,270	23.7
ギニア	1,580	8,600	22.0
ブラジル	968	3,100	7.9
インドネシア	121	2,080	5.3
インド	485	2,020	5.2
ジャマイカ	1,090	755	1.9
ロシア	①925	557	1.4
カザフスタン	—	500	1.3
サウジアラビア	—	431	1.1

①ソ連　☞p.88「解説」　ミネラルズ

❸アルミニウムの輸出入（2021年）

	国名	万t	%
輸出	世界	**2,759**	**100**
	ロシア	348	12.6
	カナダ	278	10.1
	オランダ	269	9.8
	インド	267	9.7
	アラブ首長国連邦	264	9.6
輸入	世界	**2,796**	**100**
	アメリカ合衆国	398	14.2
	中国	273	9.8
	日本	254	9.1
	オランダ	250	9.0
	ドイツ	235	8.4

日本3(出)　世鉱統計'22

❹アルミニウム(地金)の生産と消費（万t）

国名	1989	2021	%	消費量 2021
世界	**1,798**	**6,738**	**100**	**6,832**
中国	83	3,850	57.1	4,098
インド	38	396	5.9	153
ロシア	①240	393	5.8	60
カナダ	156	314	4.7	52
アラブ首長国連邦	—	254	3.8	78
バーレーン	—	156	2.3	39
オーストラリア	124	156	2.3	25
ノルウェー	86	141	2.1	25
サウジアラビア	—	99	1.5	71
アメリカ合衆国	403	91	1.3	468

日本174(消)　①ソ連　☞p.88「解説」　世鉱統計'22ほか

❺ニッケル鉱の生産（含有量）（万t）

国名	1990	2019	%
世界	**97.4**	**261.0**	**100**
インドネシア	6.8	85.3	32.7
フィリピン	1.6	32.3	12.4
ロシア	①28.0	27.9	10.7
(ニューカレドニア)	8.5	20.8	8.0
カナダ	19.6	18.1	7.0
オーストラリア	6.7	15.9	6.1
中国	3.3	12.0	4.6
ブラジル	2.4	6.1	2.3
ドミニカ共和国	2.9	5.7	2.2
キューバ	4.1	4.9	1.9

①ソ連　ミネラルズ

❻ニッケル(地金)の生産と消費（万t）

国名	1990	2021	%	消費量 2021
世界	**90.2**	**278.5**	**100**	**293.5**
インドネシア	0.5	87.3	31.4	40.0
中国	2.8	81.4	29.2	165.1
日本	10.0	18.1	6.5	13.9
ロシア	①27.5	12.1	4.3	1.6
カナダ	13.5	11.9	4.3	0.6
オーストラリア	4.3	9.9	3.6	0.2
ノルウェー	5.8	9.1	3.3	0.03
ブラジル	1.3	6.1	2.2	1.8
(ニューカレドニア)	3.2	5.7	2.0	—
フィンランド	1.9	4.9	1.8	2.6

①ソ連　世鉱統計'22ほか

❼鉛鉱の生産（含有量）（万t）

国名	1990	2019	%
世界	**337.0**	**472.0**	**100**
中国	31.5	201.0	42.6
オーストラリア	57.0	50.9	10.8
ペルー	21.0	30.8	6.5
アメリカ合衆国	49.7	27.4	5.8
メキシコ	18.7	25.9	5.5
ロシア	①42.0	23.0	4.9
インド	2.3	20.0	4.2
ボリビア	2.0	8.8	1.9
トルコ	1.8	7.1	1.5
スウェーデン	9.8	6.9	1.5

①ソ連　ミネラルズ

❽鉛(地金)の生産と消費（万t）

国名	1990	2021	%	消費量 2021
世界	**595**	**1,234**	**100**	**1,227**
中国	30	520	42.2	508
アメリカ合衆国	133	98	7.9	157
インド	5	89	7.2	84
韓国	8	79	6.4	67
メキシコ	23	43	3.5	34
イギリス	33	33	2.7	22
ドイツ	41	31	2.5	34
ブラジル	—	27	2.1	34
日本	33	25	2.0	26
ロシア	①—	23	1.9	12

①ソ連　Lead and Zinc Statisticsほか

❾おもな鉛鉱山別生産量（2018年，万t）

鉱山名	国名	生産量*(含有量)	操業開始年
キャニントン	オーストラリア	19.0	1997
ジョージフィッシャー	オーストラリア	17.2	2000年代半ば
レッドドッグ	アメリカ合衆国	12.0	1990
ゴレフスキー	ロシア	10.0	—
ペニャスキート	メキシコ	9.5	2010
サンクリストバル	ボリビア	7.5	2007
ホイツォー	中国	7.0	1951
ブロークンヒル	オーストラリア	7.0	1885
ザーバドニ・ウスカツィン	カザフスタン	7.0	—
ブラックマウンテン	南アフリカ共和国	5.5	1980

*生産能力　メタルマイニング'19ほか

❿亜鉛鉱の生産（含有量）（万t）

国名	2020	%
世界	**1,200**	**100**
中国	406	33.8
ペルー	133	11.1
オーストラリア	131	10.9
アメリカ合衆国	72	6.0
インド	72	6.0
メキシコ	64	5.3
ボリビア	36	3.0
ロシア	28	2.3
スウェーデン	23	1.9
カザフスタン	22	1.9

ミネラルズ

⓫亜鉛(地金)の生産（万t）

国名	2021	%
世界	**1,383**	**100**
中国	641	46.3
韓国	84	6.1
インド	78	5.6
カナダ	64	4.6
日本	52	3.7
スペイン	51	3.7
オーストラリア	46	3.3
メキシコ	37	2.7
ペルー	34	2.5
カザフスタン	33	2.4

Lead and Zinc Statistics

⓬すずの生産（千t）

国名	2020	%
世界	**328.0**	**100**
中国	168.0	51.2
インドネシア	58.8	17.9
マレーシア	22.4	6.8
ペルー	19.6	6.0
ブラジル	11.8	3.6
タイ	11.3	3.4
ボリビア	10.4	3.2
アメリカ合衆国	10.3	3.1
ベルギー	9.0	2.7
ベトナム	4.6	1.4

日本1.6　ミネラルズ

⓭すず鉱の生産（含有量）（千t）

国名	2020	%
世界	**264.0**	**100**
中国	84.0	31.8
インドネシア	53.0	20.1
ミャンマー	29.0	11.0
ペルー	20.6	7.8
コンゴ民主	17.3	6.6
ブラジル	16.9	6.4
ボリビア	14.7	5.6
オーストラリア	8.1	3.1
ベトナム	5.4	2.0
ナイジェリア	5.0	1.9

ミネラルズ

❶マンガン鉱の生産(含有量)(万t)

国名	1990	2020	%
世界	**908**	**1,890**	**100**
南アフリカ共和国	191	650	34.4
オーストラリア	91	333	17.6
ガボン	112	331	17.5
中国	82	134	7.1
ガーナ	—	64	3.4

ミネラルズ

❷タングステン鉱の生産(含有量)(t)

国名	1990	2019	%
世界	**51,900**	**83,800**	**100**
中国	32,000	69,000	82.3
ベトナム	—	4,500	5.4
ロシア	①8,800	2,200	2.6
モンゴル	—	1,900	2.3
北朝鮮	—	1,130	1.3

①ソ連　ミネラルズ

❸りん鉱石の生産(含有量)(万t)

国名	1990	2020	%
世界	**5,050**	**6,730**	**100**
中国	640	2,640	39.2
モロッコ①	691	1,160	17.2
アメリカ合衆国	1,420	661	9.8
ロシア	②1,180	536	8.0
ヨルダン	201	286	4.2
サウジアラビア	—	260	3.9
ブラジル	62	210	3.1
ベトナム	—	140	2.1
エジプト	29	130	1.9
ペルー	2	98	1.5

①西サハラを含む　②ソ連　ミネラルズ

❹クロム鉱の生産(鉱石量)(万t)

国名	1990	2020	%
世界	**1,296**	**3,700**	**100**
南アフリカ共和国	462	1,324	35.8
トルコ	84	800	21.6
カザフスタン	—	700	18.9
インド	94	250	6.8
フィンランド	50	229	6.2

ミネラルズ

❺水銀の生産(t)　ミネラルズ

国名	1990	2019	%
世界	**4,100**	**3,900**	**100**
中国	1,000	3,600	92.3
タジキスタン	—	100	2.6
メキシコ	735	63	1.6
アルゼンチン	—	50	1.3
ペルー	—	40	1.0

❽金鉱の生産(含有量)(t)

国名	1990	2019	%
世界	**2,180**	**3,300**	**100**
中国	100	380	11.5
オーストラリア	244	325	9.9
ロシア	①302	305	9.2
アメリカ合衆国	294	200	6.1
カナダ	169	175	5.3
ガーナ	17	142	4.3
インドネシア	—	139	4.2
ペルー	9	128	3.9
メキシコ	10	111	3.4
カザフスタン	—	107	3.2

日本6　①ソ連　ミネラルズ

❻マグネシウム鉱の生産(万t)

国名	1990	2019	%
世界	**1,050**	**2,710**	**100**
中国	217	1,900	70.1
ブラジル	26	150	5.5
ロシア	①160	150	5.5
トルコ	85	150	5.5
オーストリア	118	78	2.9

①ソ連　ミネラルズ

❼天然硫黄の生産(万t)　ミネラルズ

国名	1990	2020	%
世界	**5,780**	**7,970**	**100**
中国	537	1,730	21.7
アメリカ合衆国	1,160	781	9.8
ロシア	①903	753	9.4
サウジアラビア	144	650	8.2
アラブ首長国連邦	—	600	7.5

日本304　①ソ連

❾銀鉱の生産(含有量)(t)

国名	1990	2019	%
世界	**16,600**	**26,600**	**100**
メキシコ	2,420	5,919	22.3
ペルー	1,930	3,860	14.5
中国	130	3,443	12.9
ロシア	①2,500	2,000	7.5
ポーランド	832	1,469	5.5
チリ	655	1,350	5.1
オーストラリア	1,170	1,334	5.0
ボリビア	311	1,158	4.4
アルゼンチン	83	1,080	4.1
アメリカ合衆国	2,120	981	3.7

日本3　①ソ連　ミネラルズ

❿プラチナ(白金)族*の生産(2020年, t)

国名	プラチナ	パラジウム	プラチナ族計	%
世界	**166.0**	**217.0**	**443.0**	**100**
南アフリカ共和国	112.0	73.5	239.0	54.0
ロシア	23.0	93.0	119.1	26.9
ジンバブエ	15.0	12.9	31.1	7.0
カナダ	7.0	20.0	28.0	6.3
アメリカ合衆国	4.2	14.6	18.8	4.2
中国	2.5	1.3	3.8	0.9
フィンランド	1.3	0.9	2.1	0.5

＊ルテニウム, ロジウム, パラジウム, オスミウム, イリジウム, プラチナ(白金)の総称
おもな用途(プラチナ, パラジウム)：貴金属, 自動車の排ガス浄化触媒　ミネラルズ

⓫ダイヤモンドの生産(2019年, 万カラット)

国名	装飾用	工業用	計	%
世界	**7,950**	**5,800**	**13,800**	**100**
ロシア	2,540	1,990	4,530	32.8
ボツワナ	1,660	711	2,371	17.2
カナダ	1,864	—	1,864	13.5
コンゴ民主	267	1,080	1,347	9.8
オーストラリア	26	1,270	1,296	9.4
アンゴラ	823	92	915	6.6
南アフリカ共和国	287	431	718	5.2
ジンバブエ	21	190	211	1.5
ナミビア	202	—	202	1.5
レソト	111	—	111	0.8

ミネラルズ

⓬セメントの生産(万t)　ミネラルズ

国名	1990	2020	%
世界	**116,000**	**419,000**	**100**
中国	21,000	238,000	56.8
インド	4,900	29,500	7.0
ベトナム	250	9,820	2.3
アメリカ合衆国①	7,140	8,900	2.1
トルコ	2,450	7,230	1.7
イラン	1,300	6,830	1.6
インドネシア	1,380	6,480	1.5
ブラジル	2,580	6,105	1.5
ロシア	②13,700	5,600	1.3
サウジアラビア	1,200	5,342	1.3
日本	8,440	5,091	1.2
韓国	3,360	4,800	1.1

①プエルトリコを含む　②ソ連

p.86 ❷❸：鉄鉱石は安定陸塊に多く埋蔵されている。生産国のうち，中国，イランは輸出余力がない。オーストラリア，ブラジルは大輸出国である。
p.86 ❽❾：銅鉱は火山地域に多く埋蔵され，ロッキー・アンデス山系とアフリカのカッパーベルトが生産の中心。チリが全体の3割近くを占める。
p.87 ❷❹：ボーキサイトは熱帯，とくにサバナ気候区に多く埋蔵されている。アルミニウムは，安価な電力を得やすい国での生産が多い。

❶アンチモン鉱の生産（含有量）（千t）

国名	1990	2019	%
世界	**94.4**	**162.0**	**100**
中国	54.8	89.0	54.9
ロシア	①18.0	30.0	18.5
タジキスタン	－	28.0	17.3
ミャンマー	－	6.0	3.7
ボリビア	8.5	3.0	1.9

①ソ連　ミネラルズ

❷コバルト鉱の生産（含有量）（千t）

国名	1990	2019	%
世界	**42.3**	**144.0**	**100**
コンゴ民主	19.0	100.0	69.4
ロシア	①5.5	6.3	4.4
オーストラリア	1.2	5.7	4.0
フィリピン	－	5.1	3.5
キューバ	1.5	3.8	2.6

①ソ連　ミネラルズ

❸カリ塩の生産（K_2O換算）（千t）

国名	1990	2021	%
世界	**27,500**	**46,300**	**100**
カナダ	6,990	14,239	30.8
ロシア	①9,000	9,101	19.7
ベラルーシ	－	7,630	16.5
中国	29	6,000	13.0
ドイツ	4,960	2,800	6.0

①ソ連　ミネラルズ

❹おもなレアメタル（希少金属）の生産（2020年，千t）と用途

ミネラルズほか

鉱種	生産量	おもな生産国（%）	おもな用途
リチウム	83	豪(48.1)チリ(26.1)中国(16.1)アルゼンチン(7.2)ブラジル(1.7)	リチウムイオン電池，陶器・ガラスの添加剤
レアアース（希土類）①	19)219	中国(60.3)米(12.8)ミャンマー(11.4)豪(9.1)マダガスカル(1.8)	高性能磁石，小型モーター，レーザー装置，LED
チタン	19)13,086	中国(35.9)豪(12.2)南ア(7.8)モザンビーク(7.6)ウクライナ(7.0)	軽量合金（建材，航空機機体等），光触媒
バナジウム	105	中国(66.7)ロシア(18.6)南ア(8.2)ブラジル(6.3)米(0.02)	超電導材料，高張力鋼，工具用鋼
ガリウム	327t	中国(96.9)ロシア(1.5)日本(0.9)韓国(0.6)	半導体，青色LED（窒化ガリウム）
ストロンチウム	350	スペイン(42.9)イラン(25.7)中国(22.9)メキシコ(9.6)アルゼンチン(0.2)	ブラウン管ガラス，コンデンサ，花火
ジルコニウム*	19)1,420	豪(33.1)南ア(26.1)中国(9.9)モザンビーク(7.0)米(7.0)	原子炉燃料被覆材，セラミック，耐食材
ニオブ	68	ブラジル(88.4)カナダ(9.6)コンゴ民主(0.8)ロシア(0.7)ルワンダ(0.2)	超電導材料，耐熱耐食合金
モリブデン	298	中国(40.3)チリ(19.9)米(17.1)ペルー(10.8)メキシコ(5.6)	特殊鋼，触媒，潤滑剤
インジウム*	957t	中国(56.4)韓国(21.9)日本(6.9)カナダ(6.9)フランス(4.0)	液晶パネル，LED，太陽電池
タンタル	2,100t	コンゴ民主(37.1)ブラジル(22.4)ナイジェリア(12.4)ルワンダ(12.1)中国(3.5)	電解コンデンサ，超硬工具，光学レンズ

＊鉱石量，その他は含有量　①17元素（スカンジウム，イットリウム，ランタノイド15元素）の総称

❺硫酸の生産（万t）

硫酸協会資料

国名	1990	2012	%
世界	**15,625**	**22,715**	**100**
中国	1,150	7,637	33.6
アメリカ合衆国	3,763	2,917	12.8
ロシア	①2,730	1,103	4.9
モロッコ	698	1,090	4.8
インド	432	995	4.4

日本667　①ソ連

❻炭酸ナトリウム（ソーダ灰）の生産（万t）

国名	1990	2019	%
世界	**3,200**	**5,680**	**100**
中国	375	2,700	47.5
アメリカ合衆国	916	1,170	20.6
トルコ	－	350	6.2
ロシア	①436	340	6.0
ドイツ	229	250	4.4
インド	140	250	4.4

日本22　①ソ連　ミネラルズ

❼水酸化ナトリウム（苛性ソーダ）の生産（万t）

国名	2000	2016
中国	03)945	－
日本	387	333
韓国	120	264
ドイツ	97)304	09)244
インド	164	07)206
トルコ	7	175

参考：アメリカ合衆国1,139万t（1994年）

世工

❽窒素肥料の生産と消費（千t）

国名	生産量（2020年）	%	消費量（2020年）
世界	**123,145**	**100**	**113,292**
中国	31,942	25.9	25,742
インド	13,745	11.2	20,404
アメリカ合衆国	13,262	10.8	11,621
ロシア	11,190	9.1	1,916
エジプト	4,500	3.7	1,245

日本525（生）　369（消）　FAOSTAT

❾りん酸肥料の生産と消費（千t）

国名	生産量（2020年）	%	消費量（2020年）
世界	**44,867**	**100**	**48,121**
中国	13,238	29.5	9,804
インド	4,737	10.6	8,978
アメリカ合衆国	4,600	10.3	3,974
ロシア	4,247	9.5	686
モロッコ	3,715	8.3	132

日本183（生）　338（消）　FAOSTAT

❿カリ肥料の生産と消費（千t）

国名	生産量（2020年）	%	消費量（2020年）
世界	**44,913**	**100**	**39,158**
カナダ	12,179	27.1	784
ロシア	9,477	21.1	478
ベラルーシ	7,562	16.8	460
中国	6,146	13.7	9,880
ドイツ	2,530	5.6	446

日本270（消）　FAOSTAT

⓫日本のおもな鉱物生産量

経産省生産動態統計年報'21ほか

鉱種	単位	1970	1980	1990	2000	2010	2021
金鉱	kg	7,937	3,183	7,303	8,400	8,223	6,225
銀鉱	kg	343,077	267,592	149,920	103,781	4,981	3,339
銅鉱	t	119,513	52,553	12,927	1,211	01)744	－
鉛鉱	t	64,407	44,746	18,727	8,835	06)777	－
亜鉛鉱	t	279,679	238,108	127,273	63,601	08)2,149	－
鉄鉱	t	862,053	476,658	34,092	523	01)258	－
すず鉱	t	793	549	87)86	－	－	－
マンガン鉱	t	270,431	79,579	88)80	－	－	－
クロム鉄鉱	t	32,980	13,610	8,075	－	－	－
タングステン鉱	t	1,211	1,894	422	93)109	－	－
石灰石	万t	11,623	18,478	19,822	18,557	13,397	13,183
ドロマイト	万t	2,575	621	537	354	344	293
けい石	万t	710	1,447	1,792	1,558	916	838
けい砂	万t	809	991	930	612	308	204

☞p.90「解説」

⓬日本のおもな鉱物の輸入先（%）

鉱種	おもな輸入先（2021年）
金	（台湾）(43.5)マレーシア(13.1)スイス(11.4)
銀	韓国(61.4)メキシコ(11.0)中国(10.7)
鉄鉱石	豪(58.8)ブラジル(26.6)カナダ(6.3)
すず及び同合金	インドネシア(40.1)マレーシア(19.2)タイ(12.0)
アンチモン20)	中国(50.0)ベトナム(28.6)韓国(14.6)
マンガン鉱	南ア(66.6)豪(25.4)ガボン(8.0)
クロム鉱	パキスタン(35.1)南ア(31.0)ジンバブエ(15.9)
タングステン鉱05)	カナダ(100.0)
モリブデン鉱	チリ(72.3)米(15.9)ベトナム(3.5)
ボーキサイト	中国(75.7)ガイアナ(23.3)
鉛鉱	米(35.9)豪(31.8)メキシコ(9.4)
亜鉛鉱	ボリビア(30.1)ペルー(23.5)豪(20.3)
銅鉱	チリ(38.3)豪(13.4)インドネシア(13.0)
ニッケル鉱	（ニューカレドニア）(53.8)フィリピン(46.2)

☞p.90「解説」

財務省貿易統計ほか

p.89⓫⓬：日本は金，銀など多くの種類の鉱物を産するが，どれも産出量が少なく大量に輸入しているため，ほとんどの鉱産資源が需要量の90～100%を輸入に頼っている。
p.90❷❸❹：ワインの生産はぶどうの生産国で多く，各地に輸出される。ビールの生産は消費国で多い。
p.90❻❼：天然繊維では綿の生産量がずば抜けて多く，化学繊維とともに繊維原料の中心となっている。綿糸・綿織物の生産上位国は，綿花の生産上位国と同じ国が多い。羊毛の生産は南半球でも多いが(p.60)，毛糸の生産は北半球の消費国が中心である。

❶マーガリンの生産（千t）

国名	2000	2020	%
世界	**9,778**	**9,377**	**100**
ロシア	455	1,365	14.6
パキスタン	1,500	915	9.8
ブラジル	480	810	8.6
インド	1,355	692	7.4
トルコ	485	640	6.8
アメリカ合衆国	1,045	460	4.9
中国	97	440	4.7
ドイツ	561	353	3.8
ポーランド	384	328	3.5
南アフリカ共和国	156	273	2.9

日本143　日本マーガリン工業会資料

❷ワインの生産（万t） FAOSTAT

国名	1990	2020	%
世界	**2,851**	**2,668**	**100**
イタリア	549	519	19.5
フランス	655	439	16.5
スペイン	397	407	15.3
中国	25	200	7.5
アメリカ合衆国	184	189	7.1
オーストラリア	44	111	4.1
アルゼンチン	140	108	4.0
南アフリカ共和国	77	104	3.9
チリ	40	103	3.9
ポルトガル	111	63	2.3

日本8　☞ p.58⑩

❸ワインの輸出入（千t） FAOSTAT

輸出国	1990	2020	%	輸入国	1990	2020	%
世界	**4,205**	**10,650**	**100**	**世界**	**4,138**	**10,739**	**100**
イタリア	1,207	2,062	19.4	イギリス	640	1,456	13.6
スペイン	443	2,046	19.2	ドイツ	1,008	1,432	13.3
フランス	1,231	1,418	13.3	アメリカ合衆国	242	1,231	11.5
チリ	43	849	8.0	フランス	450	632	5.9
オーストラリア	37	762	7.2	ロシア	①142	565	5.3
アルゼンチン	52	384	3.6	オランダ	209	457	4.3
アメリカ合衆国	95	364	3.4	カナダ	144	450	4.2
南アフリカ共和国	15	362	3.4	中国	0.1	430	4.0
ドイツ	278	359	3.4	ベルギー	②216	334	3.1
ポルトガル	156	316	3.0	ポルトガル	21	266	2.5

日本0.2(出) 256(入)　①ソ連　②ルクセンブルクを含む

❹ビールの生産（万t） FAOSTAT

国名	1990	2020	%
世界	**11,137**	**17,486**	**100**
中国	692	3,411	19.5
アメリカ合衆国	2,370	2,038	11.7
ブラジル	438	1,328	7.6
メキシコ	387	1,187	6.8
ドイツ	1,202	870	5.0
ロシア	①624	795	4.5
ベトナム	10	400	2.3
ポーランド	113	391	2.2
スペイン	279	347	2.0
イギリス	618	322	1.8

日本250　①ソ連

❺絹織物の生産（万m^2） 世工

国名	2000	2016
中国	512,761	－
ロシア	17,800	29,044
ベラルーシ	5,339	10)5,274
ベトナム	970	10)4,063
イタリア	－	1,843
フランス	－	921
日本	3,344	852
ルーマニア	3,087	797
ウズベキスタン	97)1,637	192
エジプト	96)131	152

❻綿糸・綿織物の生産（千t）

	国名	2014	%
綿糸*	**世界**	**50,438**	**100**
	中国	36,447	72.3
	インド	3,853	7.6
	パキスタン	3,156	6.3
	トルコ	1,680	3.3
	ブラジル	986	2.0
綿織物*	**世界**	**17,234**	**100**
	中国	5,603	32.5
	インド	5,058	29.3
	パキスタン	3,265	18.9
	インドネシア	780	4.5
	ブラジル	640	3.7

＊推計値　繊維ハンドブック'22ほか
日本(2020年)：21千t(綿糸)，88百万m^2(綿織物)

❼毛糸の生産（千t） 世工

国名	2000	2016
中国	6,570	07)20,682
トルコ	37	68
インド	03)30	05)52
イタリア	440	42
ニュージーランド	18	05)22
イギリス	94)18	14)16
日本	34	11
リトアニア	1	11
ルーマニア	19	08)9
アメリカ合衆国	29	10)6
ポーランド	10	6

❽毛糸の輸出入（万ドル）

	国名	2021	%
輸出	**世界**	**306,761**	**100**
	中国	92,804	30.3
	イタリア	59,232	19.3
	ドイツ	19,148	6.2
	(ホンコン)	17,513	5.7
	ルーマニア	12,828	4.2
輸入	**世界**	**237,801**	**100**
	イタリア	32,141	13.5
	(ホンコン)	26,601	11.2
	ドイツ	20,038	8.4
	中国	17,198	7.2
	イギリス	15,344	6.5

日本1,087(出) 5,078(入)　UN comtrade

❾毛織物の生産（万m^2） 世工

国名	2000	2016
トルコ	05)25,506	12)155,475
中国	45,920	－
日本	16,800	－
チェコ	1,430	08)1,401
アメリカ合衆国	5,674	10)1,232
イギリス	－	10)1,053
ロシア	5,460	913
ドイツ	5,718	635
ウクライナ	－	14)499
ポルトガル	998	328
リトアニア	1,516	280

❶化学繊維の生産（万t）

国・地域名	1990	2016	%
世界	**1,765**	**6,495**	**100**
中国	156	4,472	68.9
インド	65	558	8.6
アメリカ合衆国	312	198	3.1
インドネシア	32	192	3.0
（台湾）	177	190	2.9
韓国	129	165	2.5
（西ヨーロッパ）	−	140	2.2
タイ	20	102	1.6
トルコ	30	88	1.3
日本	170	57	0.9

繊維ハンドブック'19ほか

❷繊維製品*の輸出入（百万ドル）

	国名	2020	%
輸出	**世界**	**328,114**	**100**
	中国	154,146	47.0
	インド	15,042	4.6
	ドイツ	13,804	4.2
	トルコ	11,697	3.6
	アメリカ合衆国	11,377	3.5
輸入	**世界**	**360,925**	**100**
	アメリカ合衆国	45,165	12.5
	ドイツ	19,339	5.4
	ベトナム	15,476	4.3
	中国	14,131	3.9
	フランス	12,804	3.5

*糸・布地・織物など　日本5,645（出）　11,806（入）
WTO資料

❸衣類の輸出入（百万ドル）

	国名	2020	%
輸出	**世界**	**448,961**	**100**
	中国	141,587	31.5
	ベトナム	28,065	6.3
	バングラデシュ	27,471	6.1
	ドイツ	23,491	5.2
	イタリア	22,350	5.0
輸入	**世界**	**489,418**	**100**
	アメリカ合衆国	82,417	16.8
	ドイツ	38,426	7.9
	イギリス	26,318	5.4
	日本	26,265	5.4
	フランス	23,171	4.7

日本698（出）　WTO資料

❹繊維素材の生産（%）

種類	1980	1990	2010	2017
合計（百万t）	**29**	**38**	**73**	**95**
合成繊維	35	39	59	66
ナイロン	(11)	(10)	(5)	(6)
アクリル	(7)	(6)	(3)	(2)
ポリエステル	(17)	(33)	(50)	(57)
レーヨン・アセテート	11	5	4	6
綿	48	43	35	27
羊毛・絹	6	4	2	1

繊維は天然繊維と化学繊維に分類され，化学繊維は①おもに石油を原料として化学的に合成した**合成繊維**，②天然繊維を化学的に抽出・再生したレーヨン等の**再生繊維**，③天然繊維を化学的に溶解・加工したアセテート等の**半合成繊維**，④炭素繊維やガラス繊維等の**無機繊維**に大別される。　日本化学繊維協会資料

❺合成ゴムの生産（千t）

国名	1990	2019	%
世界	**9,910**	**15,133**	**100**
中国	316	3,178	21.0
アメリカ合衆国	2,115	2,232	14.7
韓国	227	1,565	10.3
ロシア	−	1,529	10.1
日本	1,426	1,526	10.1
ドイツ	①525	789	5.2
（台湾）	175	772	5.1
フランス	522	474	3.1
インド	−	395	2.6
シンガポール	−	358	2.4

①西ドイツ　世図会2020/21ほか

❻ゴムの消費（2019年，千t）

国名	天然ゴム	合成ゴム	計	%
世界	**13,721**	**15,280**	**29,001**	**100**
中国	5,497	4,425	9,922	34.2
アメリカ合衆国	1,008	1,884	2,892	10.0
インド	1,132	660	1,792	6.2
日本	707	840	1,547	5.3
タイ	800	653	1,453	5.0
マレーシア	501	572	1,073	3.7
インドネシア	625	364	989	3.4
ブラジル	415	458	873	3.0
ドイツ	206	561	767	2.6
ロシア	127	633	760	2.6

☞ p.60⑧　世図会2020/21

❽❾：アメリカ合衆国は，中国・日本とともに上位の自動車生産国であるが，世界最大の自動車輸入国であることに注意する。
◎世界の主要自動車工業都市
アメリカ合衆国－デトロイト（GM，フォード，FCA）。**ドイツ**－ヴォルフスブルク（フォルクスワーゲン），シュツットガルト（ベンツ），インゴルシュタット（アウディ），ミュンヘン（BMW）。**フランス**－パリ（ルノー），ベルフォール（プジョー）。**イタリア**－トリノ（フィアット）。**スウェーデン**－イェーテボリ（ボルボ）。
　自動車工業は系列化・外国の資本参加が進み，たとえば，日産とルノーの資本提携が行われた。また，日本企業の海外進出もみられる。（p.104の「世界の大企業・自動車工業」参照）

❼自動車用タイヤの生産（万本）

国名	2000	2016
中国①	12,160	07)55,649
アメリカ合衆国	27,677	07)18,600
日本	16,622	14,163
韓国	7,018	07)8,585
ドイツ	6,314	6,048
ロシア	2,782	4,775
ブラジル	3,739	15)4,713
インドネシア	−	08)3,681
ポーランド	①2,049	3,558
インド	1,563	07)3,370

①自動車用以外のタイヤを含む　世工

❽自動車の生産（千台）

国名	1990	2021	%
世界	**48,885**	**80,146**	**100**
中国	474	26,082	32.5
アメリカ合衆国	9,780	9,167	11.4
日本	13,487	7,847	9.8
インド	364	4,399	5.5
韓国	1,322	3,462	4.3
ドイツ	①4,977	3,309	4.1
メキシコ	821	3,146	3.9
ブラジル	915	2,248	2.8
スペイン	2,053	2,098	2.6
タイ	−	1,686	2.1

①西ドイツ　国際自動車工業連合会資料ほか

❾自動車の輸出入（2017年）

世界自動車統計年報'19ほか

輸出国	輸出台数（千台）	うち乗用車割合（%）	輸出額①（百万ドル）	輸入国	輸入台数（千台）	うち乗用車割合（%）	輸入額①（百万ドル）
世界	−	−	**746,256**	世界	−	−	**754,697**
フランス	②6,365	89.5	④22,209	アメリカ合衆国	8,627	86.9	179,597
日本	4,706	89.6	93,373	ドイツ	3,043	92.3	58,487
ドイツ	③4,589	95.4	157,403	イギリス	08)2,117	87.0	44,212
メキシコ	3,254	44.4	41,529	イタリア	1,791	91.9	31,187
アメリカ合衆国	2,839	78.2	53,489	カナダ	02)1,545	83.6	28,629
韓国	2,530	95.5	38,831	中国	1,247	98.5	49,946
カナダ	02)2,373	81.1	46,491	フランス	10)1,192	86.0	④34,817
スペイン	2,318	80.5	35,776	スペイン	1,049	88.4	20,157
イギリス	1,383	96.5	41,989	ベルギー	08)614	87.3	36,408
中国	891	71.7	7,177	オランダ	05)546	85.3	9,923

日本358千台（入）　①乗用自動車　②フランス国外からのフランスメーカーの出荷台数を含む　③6t以上のトラック，バスを含まない　④モナコを含む　乗用車割合＝乗用車台数／総台数×100

鉱・工業

❶船舶の生産（千総トン）

UNCTADSTATほか

国名	1960	1970	1980	1990	2000	2010	2021	%
	船舶*の竣工量							
世界	**8,382**	**20,980**	**13,101**	**16,054**	**31,696**	**96,433**	**60,780**	**100**
中国	−	−	81)30	404	1,647	36,437	26,863	44.2
韓国	−	2	522	3,441	12,228	31,698	19,687	32.4
日本	1,839	10,100	6,094	6,663	12,020	20,218	10,726	17.6
フィリピン	−	71)0.03	2	2	144	1,161	643	1.1
イタリア	447	546	248	392	569	634	499	0.8
ドイツ	①1,124	①1,317	①376	874	974	932	383	0.6
ベトナム	−	−	−	92)3	1	560	372	0.6
フィンランド	111	241	200	256	223	225	221	0.4
（台湾）	−	90	240	685	603	580	180	0.3
フランス	430	859	283	64	202	258	177	0.3

＊100総トン以上の鋼船　①西ドイツ

❷船舶の輸出入（2016年）

	国名	百万ドル	%
輸出国	**世界**	**117,445**	**100**
	韓国	33,144	28.2
	中国	22,515	19.2
	日本	12,895	11.0
	ドイツ	5,642	4.8
	イタリア	4,721	4.0
輸入国	**世界**	**50,077**	**100**
	インド	5,481	10.9
	ノルウェー	2,904	5.8
	ドイツ	2,774	5.5
	イギリス	2,197	4.4
	ギリシャ	2,147	4.3

☞ p.36③　UN comtrade

❸おもな工業製品の生産（千台）

世工

製品	国名	2000	2015
家庭用冷蔵庫	中国	12,790	14)87,961
	インド	2,009	07)7,393
	ブラジル	4,350	6,910
	トルコ	2,405	6,865
	ドイツ	02)2,354	1,989

製品	国名	2000	2015
電気掃除機	中国	10,103	14)87,998
	ドイツ	6,087	14)5,129
	トルコ	802	3,694
	日本	5,771	14)3,626
	ハンガリー	98)332	3,253

製品	国名	2000	2015
家庭用洗濯機	中国	14,430	14)71,144
	アメリカ合衆国	8,043	10)16,010
	ポーランド	99)448	8,955
	トルコ	1,346	8,737
	ブラジル	3,216	8,209

製品	国名	2000	2015
自転車	中国	29,068	14)79,101
	インド	14,975	07)11,397
	ブラジル	2,967	5,178
	ポルトガル	294	2,917
	ドイツ	2,973	10)1,518

製品	国名	2000	2015
自動二輪車	中国	9,602	14)26,917
	インド	3,756	07)8,010
	ベトナム	463	3,422
	タイ	928	08)2,165
	パキスタン	95	1,777

製品	国名	2000	2015
コンバイン(台)	日本	45,113	14)28,413
	ドイツ	6,565	08)13,221
	アメリカ合衆国	03)8,283	08)9,654
	ロシア	5,201	4,412
	メキシコ	1,196	3,888

❹日本のIC輸出入（億円）

財務省貿易統計

輸出	2000	2020	%
世界	**29,338**	**29,054**	**100**
中国	1,441	7,538	25.9
（台湾）	2,384	7,205	24.8
（ホンコン）	3,836	4,320	14.9
韓国	2,679	2,171	7.5
ベトナム	127	1,908	6.6
輸入	**2000**	**2020**	**%**
世界	**19,185**	**19,905**	**100**
（台湾）	3,351	11,454	57.5
アメリカ合衆国	5,578	2,105	10.6
中国	383	1,865	9.4
韓国	2,878	1,062	5.3
シンガポール	1,314	692	3.5

❺世界の半導体市場（百万ドル）

地域・国名	2021	%
世界	**555,893**	**100**
日本	43,687	7.9
ヨーロッパ	47,757	8.6
南北アメリカ	121,481	21.9
アジア・太平洋地域	342,967	61.6

WSTS資料

❻日本とアメリカ合衆国のコンピュータ輸出先*（百万ドル）

	輸出先	金額		輸出先	金額
日本(2021)	**総額**	**2,996**	アメリカ合衆国(2003)	**総額**	**15,468**
	アメリカ合衆国	886		カナダ	2,707
	ドイツ	611		メキシコ	1,480
	オランダ	293		日本	1,419
	中国	277		イギリス	1,236
	（台湾）	126		オランダ	1,100
	メキシコ	94		ドイツ	854
	（ホンコン）	87		中国	588

＊周辺機器を含む　　財務省貿易統計ほか

❼おもな国の産業用ロボット稼働台数（千台）

国名	1985	1990	2000	2005	2010	2020
合計	**138**	**451**	**751**	**918**	**1,059**	**3,015**
中国	−	−	1	12	52	943
日本	93	274	389	373	308	374
韓国	−	3	38	62	101	343
アメリカ合衆国	20	34	90	85	150	314
ドイツ	9	27	91	126	148	231
イタリア	4	12	39	56	62	78
（台湾）	0.2	1	7	15	27	76
フランス	4	8	21	30	34	45
スペイン	1	2	13	24	29	38
タイ	−	−	−	2	10	35
インド	−	−	0.1	1	5	29
イギリス	3	6	12	15	14	23

日本ロボット工業会資料

❽世界のおもなコンピュータ，ソフト企業（2021年）

順位*	企業名	国名	総収入①（百万ドル）	従業員数（人）
7	アップル	アメリカ合衆国	365,817	154,000
33	マイクロソフト	アメリカ合衆国	168,088	181,000
86	デル・テクノロジーズ	アメリカ合衆国	106,995	133,000
171	レノボ・グループ	（ホンコン）	71,618	75,000
202	HP	アメリカ合衆国	63,487	51,000
317	コンパルエレクトロニクス	（台湾）	44,243	109,709
348	オラクル	アメリカ合衆国	40,479	132,000
349	クアンタ・コンピュータ	（台湾）	40,440	91,313
433	SAP	ドイツ	32,919	107,415
444	キヤノン	日本	32,005	184,034
462	ウィストロン	（台湾）	30,867	80,000

＊世界の全産業の総収入順　①コンピュータ以外も含む

2022 Fortune Global 500

❶おもな電子機器の生産（千台）

主要電子機器の世界生産状況'15～17ほか

国・地域名	薄型テレビ①			パソコン			デジタルカメラ		
	2005	2015	%	2005	2015	%	2005	2015	%
日本	6,044	1,140	0.5	4,012	3,714	1.3	29,950	5,220	13.5
中国	6,840	105,129	46.3	163,245	270,389	98.2	46,040	20,540	53.2
韓国	2,090	3,434	1.5	4,155	1,300	0.5	2,500	200	0.5
（台湾）	965	150	0.1	9,546	41	0.0	0	4,040	10.5
マレーシア	510	9,023	4.0	3,509	0	－	3,100	180	0.5
タイ	515	6,749	3.0	－	0	－	1,060	5,640	14.6
インドネシア	122	5,035	2.2	－	－	－	3,500	2,110	5.5
北アメリカ	2,975	26,747	11.8	2,500	0	－	0	0	－
南アメリカ	10	19,100	8.4	250	0	－	0	0	－
ヨーロッパ	6,015	43,601	19.2	5,160	0	－	0	0	－
世界計	**26,086**	**227,222**	**100**	**194,333**	**275,444**	**100**	**87,050**	**38,620**	**100**
（うち日系企業）	12,871	37,806	16.6	7,894	5,074	1.8	57,450	28,350	73.4

国・地域名	携帯電話②			カーナビゲーション③			タブレットデバイス④		
	2005	2015	%	2005	2015	%	2010	2015	%
日本	47,100	6,850	0.4	5,250	4,120	34.2	0	956	0.6
中国	314,370	1,395,690	78.6	120	2,160	17.9	16,000	123,050	79.6
韓国	169,600	64,150	3.6	100	400	3.3	2,000	1,907	1.2
（台湾）	45,600	31,520	1.8	－	0	－	0	1,492	1.0
マレーシア	22,360	5,480	0.3	0	1,350	11.2	－	0	－
タイ	－	－	－	0	970	8.0	－	0	－
インドネシア	－	－	－	－	0	－	－	－	－
ベトナム	－	190,750	10.7	－	－	－	－	27,187	17.6
インド	500	48,980	2.8	－	－	－	－	－	－
北アメリカ	28,000	2,270	0.1	250	640	5.3	0	0	－
南アメリカ	39,500	26,920	1.5	0	0	－	0	0	－
ヨーロッパ	107,900	2,260	0.1	1,970	2,420	20.1	0	0	－
世界計	**791,700**	**1,774,870**	**100**	**7,690**	**12,060**	**100**	**18,000**	**154,593**	**100**
（うち日系企業）	73,370	44,930	2.5	5,380	8,100	67.2	0	849	0.5

①10インチ以上の液晶テレビとプラズマテレビ　②スマートフォンを含む　③ポータブル型を除く　④6.5インチ以上

❷おもな国の宇宙開発

世界の航空宇宙工業'22ほか

国名	宇宙開発関係予算（億円）					人工衛星打上げ数②	国名	宇宙開発関係予算（億円）					人工衛星打上げ数②
	1970	1980	1991	2020	GDP比（%）①			1970	1980	1991	2020	GDP比（%）①	
日本	148	1,020	1,777	3,355	0.063	254	ドイツ	④312	④832	④1,328	1,460	0.036	92
アメリカ合衆国	13,120	10,980	19,513	56,084	0.251	3,953	イギリス	157	320	377	128	0.004	193
フランス	524	1,023	2,462	1,582	0.056	82	ESA③	220	2,285	4,019	6,315	－	126

①GDPに対する割合　②2020年12月末現在の合計。他国に打上げを依頼した数を含む。㊫ロシア3,422　③欧州宇宙機関　④西ドイツ　☞p.38②

オーストラリア

❸おもな鉱産資源の生産量と輸出

ミネラルズほか

鉱産資源	単位	1990	2000	2010	2020	鉱産物輸出の割合（%）①
金属						**36.9**
ボーキサイト	（千t）	41,400	53,802	68,414	104,328	0.6②
銅	（千t）	327	832	870	18)920	1.3
鉄鉱石	（万t）	6,980	10,656	27,100	56,452	32.7
鉛	（千t）	570	739	625	19)509	0.2
亜鉛	（千t）	940	1,420	1,479	1,312	0.5
金	（t）	244	296	261	19)325	7.2
ウラン	（t）	3,530	7,579	6,309	6,111	－
非金属						－
塩	（千t）	7,230	8,798	11,540	18)12,894	－
燃料用鉱物						**13.9**
石炭	（万t）	14,179	21,617	33,814	42,534	12.3
石油	（万t）	2,547	2,387	2,203	1,656	1.6③

①オーストラリアの鉱産物の総輸出額における割合（2020年）
②アルミナ　③原油および石油製品の計

❹オーストラリアの輸出額の割合とおもな鉱物の輸出先

UN comtradeほか

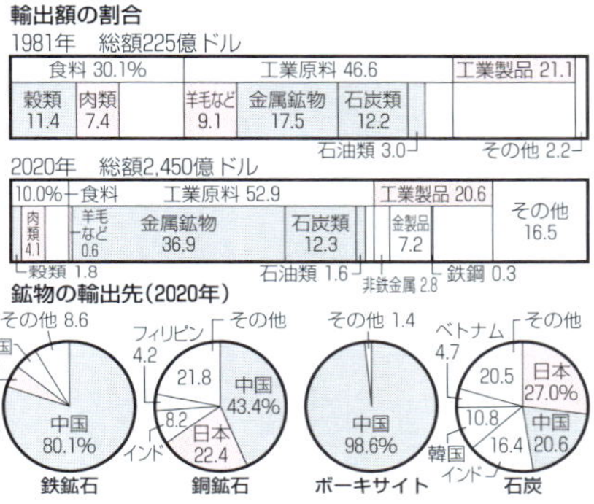

EU諸国

❶工業生産額*とその内訳（2018年，%）　赤字は各国の最大割合

EUROSTAT

	EU28か国計	ドイツ	イタリア	フランス17)	イギリス①	スペイン	オランダ	ポーランド	ベルギー	アイルランド17)	オーストリア	スウェーデン	チェコ	フィンランド
総額(億ドル)	**89,086**	**23,868**	**11,543**	**10,082**	**7,382**	**6,127**	**4,025**	**3,726**	**2,984**	**2,341**	**2,314**	**2,288**	**2,135**	**1,320**
食品	12.8	10.1	14.2	21.2	14.2	23.1	20.9	21.2	17.1	11.8	11.8	8.2	7.1	8.1
(肉·肉製品)	(2.9)	(2.2)	(2.3)	(3.6)	(3.5)	(5.2)	(3.3)	(5.6)	(2.2)	(2.8)	(2.1)	(1.9)	(1.4)	(1.9)
(酪製品)	(2.1)	(1.4)	(2.0)	(3.7)	(1.5)	(1.8)	(3.9)	(2.5)	(1.8)	(1.8)	(1.4)	(1.2)	(0.9)	(2.0)
(飲料)	(−)	(1.2)	(2.3)	(4.5)	(−)	(3.8)	(1.4)	(2.4)	(2.3)	(−)	(3.2)	(1.0)	(1.5)	(−)
繊維	1.9	0.9	5.4	1.3	1.4	2.0	1.0	1.8	1.5	0.2	1.1	0.6	1.5	0.4
皮革·同製品	0.7	0.2	3.1	0.6	0.2	0.9	0.1	0.4	0.0	0.0	0.5	0.1	0.1	−
木材·家具	3.2	2.3	3.7	2.0	3.2	2.6	2.1	6.7	2.0	0.6	6.2	6.7	2.9	7.9
製紙·出版	3.5	2.9	3.5	3.0	4.0	3.8	3.2	4.5	2.4	0.8	4.6	8.3	2.7	12.7
化学	20.9	18.0	18.4	15.6	21.8	14.6	29.0	18.6	44.4	0.9	16.9	12.1	13.2	11.0
(石油)	(5.8)	(−)	(−)	(0.0)	(9.3)	(−)	(−)	(5.4)	(16.1)	(−)	(3.9)	(−)	(−)	(−)
(化学品)	(6.6)	(6.8)	(7.0)	(7.5)	(5.3)	(7.9)	(16.9)	(4.9)	(13.3)	(−)	(7.1)	(4.6)	(6.0)	(6.4)
(医薬品)	(4.2)	(3.0)	(2.7)	(4.6)	(3.1)	(2.7)	(1.6)	(0.9)	(12.0)	(−)	(2.3)	(4.8)	(0.8)	(1.9)
(ゴム·プラスチック)	(4.2)	(4.4)	(4.6)	(3.6)	(4.2)	(4.0)	(2.7)	(7.2)	(3.0)	(0.9)	(3.6)	(2.7)	(6.3)	(2.7)
窯業	2.9	2.3	3.1	3.1	2.9	3.8	1.9	4.6	3.0	1.1	3.8	2.1	3.2	3.0
金属	12.2	12.8	15.7	9.2	9.9	13.3	8.9	13.4	13.4	2.1	16.7	14.7	13.1	14.4
(鉄鋼)	(2.2)	(2.0)	(3.0)	(1.4)	(1.5)	(2.6)	(−)	(2.4)	(4.1)	(0.1)	(4.6)	(3.6)	(2.4)	(4.2)
一般機械	9.5	14.1	13.0	5.6	7.6	4.1	9.7	4.2	4.5	−	12.6	11.3	8.0	13.7
電気機械	7.7	9.7	5.9	6.6	5.9	4.3	12.4	7.8	3.0	0.8	10.8	4.8	14.6	12.1
(コンピュータ)	(1.3)	(0.2)	(0.1)	(0.1)	(0.3)	(0.0)	(−)	(0.2)	(0.1)	(−)	(0.2)	(0.2)	(3.9)	(0.0)
(通信機器)	(0.5)	(0.3)	(0.3)	(0.5)	(0.5)	(0.2)	(0.1)	(0.5)	(0.1)	(−)	(0.2)	(0.2)	(0.3)	(5.2)
輸送機械	16.9	22.3	9.9	22.8	19.9	16.1	6.7	13.4	6.1	0.4	10.8	21.8	29.2	3.6
(自動車)	(13.0)	(19.9)	(6.7)	(10.6)	(12.2)	(13.0)	(4.5)	(11.6)	(5.2)	(0.3)	(9.1)	(19.2)	(27.7)	(1.9)
(船舶)	(0.6)	(−)	(1.0)	(0.8)	(1.0)	(0.4)	(1.5)	(−)	(0.0)	(0.0)	(0.0)	(0.3)	(0.0)	(1.6)

＊工業生産額には秘匿を含む　①2020年1月，EUを離脱

❷イギリスの鉱工業の推移

マクミラン歴史統計ほか

	1861	1877	1913	1940	1969	1976	1980	1990	2000	2010	2019
綿紡錘数（万）	3,039	4,421	5,565	3,632	364	−	−	−	−	−	−
石炭生産（万t）	8,498	13,633	29,204	22,789	15,279	12,382	13,010	9,103	3,060	1,782	217
石油生産（万t）	−	−	−	1.7	7.7	1,206	7,892	8,799	11,788	5,805	4,874
鉄鋼(粗鋼)生産（千t）	−	901	934	13,183	26,846	22,274	10,904	17,896	15,155	9,708	18)7,268

❸ドイツの石炭生産の推移（千t）

UNdataほか

地域	1969	1980	1985	1991	1995	2000	2005	2010	2015	2018
合計	**111,600**	**94,492**	**88,849**	**72,744**	**58,858**	**37,376**	**28,018**	**14,108**	**6,649**	**2,761**
ルール炭田	100,400	83,792	77,580	62,968	−	−	−	−	−	−
ザール炭田	11,200	10,700	11,269	9,775	−	−	−	−	−	−

❹フランスの鉄鉱石産出量と輸入量の推移（万t）

EUROSTATほか

地域・相手国	1970	1975	1980	1981	1982	1985	1989	2000	2010	2020
総産出量	**5,681**	**4,965**	**2,899**	**2,160**	**1,940**	**1,445**	**939**	−	−	−
ロレーヌ地方	5,435	4,758	2,767	2,044	1,825	−	−	−	−	−
（メス地区）	(2,714)	(2,321)	(1,431)	(1,195)	(1,142)	−	−	−	−	−
（ナンシー地区）	(2,721)	(2,437)	(1,336)	(849)	(683)	−	−	−	−	−
西部（ノルマンディー地方）	241	200	122	105	104	−	−	−	−	−
ピレネー地方	5	7	10	11	11	−	−	−	−	−
総輸入量	**964**	**1,317**	**1,844**	**1,638**	**1,490**	**1,629**	**1,991**	**1,979**	**1,527**	**1,119**
ブラジルより	220	349	443	408	384	405	559	762	772	258
オーストラリアより	−	−	208	223	179	180	404	553	61	−
モーリタニアより	195	216	293	251	219	231	285	390	186	23
カナダより	−	−	−	−	−	−	−	4	409	522

❺ロッテルダム港の貿易量（千TEU*，2020年）

ロッテルダム港資料

総合計	出積コンテナ			空コンテナ			荷重量①（千t，2010年）		
	合計	輸出	輸入	合計	輸出	輸入	合計	輸出	輸入
14,349	**11,979**	5,596	6,384	**2,370**	1,323	1,047	**85,929**	44,537	41,392

＊TEU（Twenty-foot Equivalent Unit）：20フィートのコンテナに換算したコンテナ数の単位　①容器の重さを含む

西ヨーロッパ諸国

❶イギリス・ドイツ・フランス・イタリアの産業別就業者数・生産額(付加価値額)(2010年)

EUROSTAT

国名・地域名	中心都市	就業者数(千人)	付加価値額(億ドル)	農林水産業 人数(%)	農林水産業 額(%)	鉱工業(建設業を除く) 人数(%)	鉱工業(建設業を除く) 額(%)	建設業 人数(%)	建設業 額(%)	サービス業ほか 人数(%)	サービス業ほか 額(%)
イギリス総計		**28,672**	**20,210**	**1.2**	**0.6**	**11.6**	**16.1**	**7.6**	**6.4**	**79.6**	**76.9**
スコットランド	グラスゴー	2,463	1,638	1.8	0.7	11.3	19.2	7.7	7.1	79.2	73.0
北東地域	ミドルズブラ	1,130	633	0.7	0.6	13.5	19.6	8.1	7.3	77.7	72.5
北西地域	マンチェスター	3,113	1,877	0.8	0.6	13.1	18.3	7.2	6.7	78.9	74.4
ヨークシャー	シェフィールド	2,392	1,380	1.3	0.9	13.7	18.8	7.5	6.6	77.5	73.7
ミッドランド東部	コヴェントリ	2,085	1,234	1.4	1.2	16.9	20.9	7.1	7.1	74.6	70.8
ミッドランド西部	バーミンガム	2,364	1,450	1.5	0.9	14.8	18.2	7.6	6.8	76.1	74.1
南東地域	ロンドン	7,822	7,161	0.5	0.2	7.2	7.7	7.4	5.5	84.9	86.6
ウェールズ	カーディフ	1,284	715	2.2	0.3	12.4	20.8	8.1	7.1	77.3	71.8
ドイツ総計		**40,553**	**29,362**	**1.6**	**0.8**	**18.6**	**24.7**	**5.9**	**4.3**	**73.9**	**70.2**
シュレースヴィヒ・ホルシュタイン	キール	1,287	848	2.7	1.6	13.4	18.0	6.1	4.5	77.8	75.9
ハンブルク	ハンブルク	1,125	1,093	0.3	0.1	9.7	12.9	3.3	2.6	86.7	84.4
ニーダーザクセン	ハノーファー	3,705	2,548	2.7	1.5	17.6	25.3	6.2	4.9	73.5	68.3
ノルトライン・ヴェストファーレン	デュッセルドルフ	8,689	6,502	0.9	0.4	18.1	24.9	5.1	3.7	75.9	71.0
ヘッセン	フランクフルト	3,136	2,616	1.0	0.5	16.4	19.6	5.2	3.3	77.4	76.6
バーデン・ヴュルテンベルク	シュツットガルト	5,643	4,259	1.3	0.6	25.8	32.4	5.4	4.3	67.5	62.7
ラインラント・プファルツ	コブレンツ	1,885	1,288	2.3	1.5	19.5	28.7	6.4	4.8	71.8	65.0
バイエルン	ミュンヘン	6,704	5,118	2.3	1.0	21.5	26.9	6.0	4.6	70.2	67.5
ベルリン	ベルリン	1,682	1,171	0.03	0.01	7.9	13.1	4.6	3.4	87.5	83.5
ブレーメン	ブレーメン	404	317	0.2	0.04	15.4	22.7	3.8	3.0	80.6	74.3
ザールラント	ザールブリュッケン	509	345	0.5	0.2	22.3	29.3	5.6	4.3	71.6	66.2
フランス総計		**26,742**	**23,066**	**—**	**1.8**	**—**	**12.8**	**—**	**6.1**	**—**	**79.3**
イル・ド・フランス	パリ	5,973	7,010	0.2	0.1	8.2	7.9	4.9	4.5	86.7	87.5
オート・ノルマンディー	ルアーヴル	711	569	1.8	1.8	17.8	21.2	7.5	6.6	72.9	70.4
ノール・パ・ド・カレー	リール	1,514	1,158	1.5	1.4	14.8	15.7	6.3	6.2	77.4	76.7
ロレーヌ	メス, ナンシー	851	642	2.0	1.7	16.2	17.2	6.7	6.4	75.1	74.7
ペイ・ド・ラ・ロアール	ナント	1,487	1,123	4.1	2.8	17.3	16.2	7.6	7.4	71.0	73.6
ブルターニュ	レンヌ	1,289	931	4.6	3.4	14.2	13.3	7.2	7.4	74.0	75.9
アキテーヌ	ボルドー	1,307	1,011	4.7	3.4	11.8	12.3	7.4	7.1	76.1	77.2
ローヌ・アルプ	リヨン	2,664	2,217	1.7	1.1	16.4	17.5	7.0	6.9	74.9	74.5
プロヴァンス・コートダジュール	マルセイユ	1,983	1,652	1.6	1.4	8.4	9.5	7.1	6.7	82.9	82.4
イタリア総計		**24,661**	**18,435**	**4.0**	**1.9**	**19.4**	**19.0**	**7.8**	**6.1**	**68.8**	**73.0**
北部		**12,848**	**10,153**	**2.8**	**1.5**	**24.1**	**23.6**	**7.3**	**5.9**	**65.8**	**69.0**
ピエモンテ	トリノ	2,002	1,462	4.1	1.4	22.4	22.6	6.6	5.8	66.9	70.2
リグリア	ジェノヴァ	664	515	2.7	1.3	11.9	12.7	7.8	6.1	77.6	79.9
ロンバルディア	ミラノ	4,600	3,929	1.6	1.0	25.3	24.9	7.4	5.6	65.7	68.5
中部		**5,320**	**3,974**	**2.5**	**1.4**	**15.9**	**14.4**	**8.4**	**6.2**	**73.2**	**78.0**
トスカーナ	フィレンツェ	1,676	1,231	2.8	1.9	19.7	18.1	8.1	5.9	69.4	74.1
ラツィオ	ローマ	2,530	2,008	1.9	1.0	8.7	9.2	8.8	6.2	80.6	83.6
南部		**6,485**	**4,278**	**7.4**	**3.3**	**13.0**	**12.0**	**8.3**	**6.4**	**71.3**	**78.3**
カンパーニャ	ナポリ	1,692	1,122	4.7	2.7	12.3	10.8	8.0	5.6	75.0	80.9
シチリア	パレルモ	1,479	1,007	7.2	3.7	9.9	9.4	7.3	5.4	75.6	81.5

❷スイスの時計*の輸出

UN comtradeほか

1970年	個数(万)	2012年	個数(万)
総数	**5,237**	**総数**	**2,929**
アメリカ合衆国	1,354	(ホンコン)	342
イギリス	552	中国	327
オストアラブ①	335	アメリカ合衆国	303
スペイン	238	フランス	202
西ドイツ	214	イタリア	174
イタリア	212	ドイツ	166
アルゼンチン	150	サウジアラビア	134
ブラジル	138	アラブ首長国連邦	104

*懐中時計・腕時計　①アラブ首長国連邦の一地方(独立前)

❸スウェーデンの鉄鉱石の輸出

1970年	輸出量(万t)	2012年	輸出量(万t)
総数	**2,873**	**総数**	**2,287**
西ドイツ	1,163	ドイツ	558
ベルギー①	797	フィンランド	289
イギリス	353	オランダ	262
オランダ	138	サウジアラビア	239
フランス	107	中国	167
ポーランド	51	イギリス	152
チェコ・スロバキア	47	カタール	148
ノルウェー	15	ベルギー	139

①ルクセンブルクを含む　EUROSTAT

❹スペインの鉱産物の輸出(2012年)

鉱産物名	輸出量(千t)	おもな輸出先(%)
鉄鉱石	184.1	EU域内(0.03), EU域外(99.97) 中国(95.3), チュニジア(4.5)
銅鉱	538.9	EU域内(79.3), EU域外(20.7) ブルガリア(79.3), 中国(13.7)
アルミニウム	428.6	EU域内(62.7), EU域外(37.3) オランダ(39.6), ノルウェー(25.0)
鉛鉱	50.2	EU域内(13.9), EU域外(86.1) 中国(47.4), カナダ(38.7)
亜鉛鉱	133.9	EU域内(47.4), EU域外(52.6) ドイツ(23.2), 中国(21.2)

EUROSTAT

❺その他のヨーロッパ諸国の鉱工業生産指数(2005年＝100)

統計月報

年次	オーストリア 総合	オーストリア 鉱業	オーストリア 製造業	フィンランド 総合	フィンランド 鉱業	フィンランド 製造業	ノルウェー 総合	ノルウェー 鉱業	ノルウェー 製造業	スウェーデン 総合	スウェーデン 鉱業	スウェーデン 製造業	スイス 総合	スイス 鉱業	スイス 製造業
1994	52.7	79.7	50.7	59.8	79.2	57.6	89.5	87.5	96.0	71.2	88.0	69.4	①79.6	—	78.5
1999	77.9	101.8	77.7	82.1	100.2	80.7	101.9	98.9	105.3	87.0	86.7	85.7	91.2	102.4	90.4
2004	96.1	102.0	96.2	99.9	82.2	98.9	100.0	103.3	97.6	97.6	95.0	97.9	97.4	105.5	96.9
2009	102.8	110.3	100.7	94.6	90.2	93.4	93.3	87.9	107.7	85.2	91.3	84.3	115.6	106.5	116.7
2012	118.5	121.0	115.0	99.6	79.1	99.8	85.2	73.9	114.6	96.6	124.4	93.9	130.3	113.7	132.1

①鉱業を含む

アメリカ合衆国

❶州別鉱業生産と工業出荷額（2021年）

赤字は各項目最大の生産量・生産額・出荷額　2018-2020 Annual Survey of Manufacturesほか

州・地域名	石炭（百万t）*	石油①（百万バーレル）	天然ガス②（億m³）	非燃料鉱物（百万ドル）	製造品出荷額（億ドル）③	食品（%）[20]	繊維（%）[20]	材・家具（%）[20]	製紙（%）[20]	化学（%）[20]	窯業（%）[20]	金属（%）[20]	機械（%）[20]
アメリカ合衆国計	**577**	**4,108**	**10,570**	**90,400**	**52,213**	**18.8**	**1.1**	**3.6**	**3.5**	**24.8**	**2.5**	**10.5**	**31.0**
ニューイングランド	–	–	–	**792**	**2,028**	**11.3**	**1.4**	**2.3**	**3.8**	**13.5**	**1.7**	**12.7**	**45.5**
メーン	–	–	–	127	157	20.9	2.6	9.4	18.2	10.1	2.2	7.8	25.3
ニューハンプシャー	–	–	–	95	205	10.1	1.6	2.9	1.3	10.4	2.8	18.3	45.9
ヴァーモント	–	–	–	112	91	34.4	1.0	5.9	2.2	5.5	3.4	5.7	32.3
マサチューセッツ	–	–	–	209	867	11.6	1.5	1.5	3.2	18.4	1.6	10.1	43.7
ロードアイランド	–	–	–	66	121	5.4	2.9	2.5	1.9	29.2	0.9	29.4	15.6
コネティカット	–	–	–	183	588	6.6	0.6	0.9	2.3	6.5	1.3	13.6	61.5
中部大西洋沿岸	**42**	**6**	**2,162**	**3,916**	**4,486**	**18.0**	**1.1**	**3.0**	**4.9**	**28.3**	**2.7**	**13.6**	**21.9**
ニューヨーク	–	0.1	3	1,570	1,504	16.5	1.4	2.4	4.6	27.1	2.8	12.1	26.3
ニュージャージー	–	–	–	396	931	16.5	1.1	1.5	2.9	43.1	2.8	7.5	15.4
ペンシルヴェニア	42	6	2,160	1,950	2,051	19.8	0.9	4.1	5.9	22.5	2.6	17.5	21.5
北東中央（五大湖沿岸）	**59**	**32**	**668**	**7,529**	**11,619**	**15.9**	**0.3**	**3.0**	**3.4**	**19.2**	**2.3**	**13.9**	**38.2**
オハイオ	3	19	646	1,380	2,863	13.1	0.4	1.8	2.9	22.4	2.7	16.0	37.5
インディアナ	19	2	1	1,160	2,345	11.5	0.3	4.1	2.3	16.0	2.0	18.1	41.5
イリノイ	37	7	1	992	2,335	20.9	0.4	1.6	2.8	28.6	2.0	12.7	27.0
ミシガン	–	4	20	3,000	2,346	8.7	0.2	3.5	2.3	14.5	2.7	10.2	55.0
ウィスコンシン	–	–	–	997	1,731	29.2	0.5	4.7	7.8	11.9	1.9	11.7	27.7
北西中央	**27**	**436**	**326**	**10,259**	**5,163**	**32.0**	**0.5**	**2.8**	**2.5**	**18.4**	**2.3**	**7.7**	**28.7**
ミネソタ	–	–	–	4,010	1,195	24.7	0.5	4.8	3.8	16.2	2.2	10.4	27.6
アイオワ	–	–	–	959	1,113	35.2	0.2	3.0	2.1	21.3	2.2	8.3	26.0
ミズーリ	0.04	0.1	0.0	3,300	1,199	24.1	0.9	2.1	3.5	15.4	2.6	8.1	39.6
ノースダコタ	27	405	283	65	136	31.0	0.4	4.1	–	10.1	2.8	3.5	36.2
サウスダコタ	–	1	0.05	495	175	33.7	0.7	4.5	2.0	14.5	2.8	6.2	20.7
ネブラスカ	–	2	0.1	220	570	57.1	0.2	1.3	0.9	15.4	1.9	4.9	13.4
カンザス	–	28	43	1,210	775	31.9	0.2	1.3	0.9	26.9	2.2	5.2	28.9
南部	**147**	**1,962**	**5,493**	**21,779**	**19,732**	**16.8**	**1.8**	**4.0**	**3.9**	**30.1**	**2.8**	**9.4**	**28.1**
デラウェア	–	–	–	22	167	25.1	–	1.5	–	37.6	1.3	2.7	8.0
メリーランド	1	–	0.001	461	413	23.3	1.7	4.6	1.1	25.4	4.4	4.5	28.7
ワシントンD.C.	–	–	–	–	4	4.7	–	–	–	–	53.7	2.8	–
ヴァージニア	11	0.01	27	1,550	1,010	36.4	1.4	5.3	3.9	14.8	3.3	7.5	24.5
ウェストヴァージニア	79	18	782	360	226	4.0	–	6.7	–	43.8	3.4	18.2	20.7
ノースカロライナ	–	–	–	1,460	1,938	25.7	4.4	5.5	4.2	25.3	2.3	7.5	22.6
サウスカロライナ	–	–	–	953	1,183	6.4	4.0	3.8	5.9	20.7	2.2	8.7	46.4
ジョージア	–	–	–	2,040	1,699	21.1	6.8	4.6	6.4	16.8	3.2	7.1	30.9
フロリダ	–	1	0.3	2,400	1,096	18.2	1.0	5.8	3.9	17.7	5.9	9.7	28.1
ケンタッキー	26	2	21	586	1,233	16.4	–	2.7	3.8	12.2	2.2	11.6	45.4
テネシー	–	0.2	1	1,550	1,486	20.7	1.2	3.7	3.6	18.0	2.6	10.2	35.5
アラバマ	9	4	30	1,860	1,282	10.0	1.2	5.8	6.2	14.9	4.3	16.4	39.8
ミシシッピ	3	13	8	200	584	12.1	1.0	9.9	4.1	28.8	1.8	10.7	30.5
アーカンソー	–	4	127	1,000	620	28.3	0.7	5.5	7.8	15.9	1.4	17.0	21.2
ルイジアナ	0.3	35	972	661	1,308	7.1	0.1	2.1	4.3	76.2	0.9	4.4	4.1
オクラホマ	0.001	143	728	916	548	14.4	0.3	1.7	5.5	30.9	3.7	15.4	26.2
テキサス	17	1,740	2,796	5,760	4,936	12.5	0.5	2.3	1.6	45.9	2.6	8.5	24.1
山岳	**301**	**751**	**1,559**	**31,442**	**2,421**	**22.8**	**0.5**	**4.6**	**2.2**	**17.7**	**3.6**	**9.8**	**27.2**
モンタナ	29	19	11	2,010	112	9.9	0.5	7.8	–	39.0	2.9	3.9	4.5
アイダホ	–	0.03	0.4	722	245	53.1	0.4	10.5	3.0	6.6	1.2	6.8	16.9
ワイオミング	239	85	314	2,750	77	4.2	–	1.5	–	74.4	5.1	5.0	6.3
コロラド	12	153	532	1,610	505	24.5	0.5	4.1	1.1	18.1	5.0	9.1	25.4
ニューメキシコ	9	457	634	1,290	135	31.6	0.0	1.4	2.3	8.4	3.8	5.8	19.4
アリゾナ	–	0.01	0.1	9,960	619	15.7	0.7	3.6	2.2	9.1	3.2	11.5	45.8
ユタ	12	35	68	3,750	545	21.2	0.4	4.7	3.3	21.4	2.5	12.5	23.9
ネヴァダ	–	0.2	0.001	9,350	183	16.3	0.6	3.0	2.7	19.2	7.6	10.8	21.8
太平洋沿岸	**1**	**294**	**140**	**10,621**	**6,764**	**20.7**	**1.0**	**4.3**	**2.5**	**25.1**	**2.2**	**7.0**	**31.8**
ワシントン	–	–	–	732	923	19.4	0.5	6.6	4.8	21.2	2.4	7.3	35.2
オレゴン	–	–	0.1	595	666	19.9	0.6	14.7	3.8	7.7	2.2	9.5	38.0
カリフォルニア	–	135	40	5,270	5,075	20.6	1.2	2.6	2.0	28.3	2.2	6.7	30.9
アラスカ	1	160	100	3,890	51	59.1	–	1.8	–	27.5	1.8	3.9	0.6
ハワイ	–	–	–	134	49	23.0	0.5	2.3	–	4.5	7.7	2.1	5.5

＊short ton（907.185kg）　①海底油田の生産量627　②メキシコ湾221　③工業製品の出荷額（2020年）

❷工業生産額（付加価値額＊）の変化

2018-2020 Annual Survey of Manufacturesほか

1960年 1,636億ドル

1970年 2,983億ドル

2020年 23,771億ドル

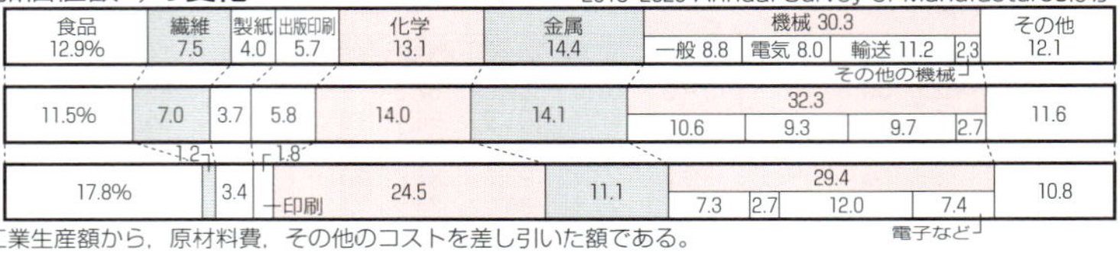

＊付加価値額とは工業生産額から，原材料費，その他のコストを差し引いた額である。

アメリカ合衆国

❶ボストンの工業生産額① EC'07

2007年	(百万ドル)	(%)
総計	**35,901**	**100**
食品工業	2,454	6.8
繊維工業	365	1.0
化学工業	7,797	21.7
(化学製品)	(6,762)	(18.8)
(プラスチック・ゴム製品)	(1,035)	(2.9)
金属工業	2,292	6.4
機械工業	15,332	42.8
(一般機械)	(2,426)	(6.8)
(電気機械)	(1,065)	(3.0)
(コンピュータ・電子)	(11,840)	(33.0)

①工業生産額は付加価値額を示す

❷ニューヨークの工業生産額 EC'07

2007年	(百万ドル)	(%)
総計	**80,411**	**100**
食品工業	02)5,123	02)6.7
繊維工業	02)4,894	02)6.4
印刷工業	02)4,774	02)5.5
化学工業	36,584	45.5
(化学製品②)	(34,086)	(42.4)
(プラスチック・ゴム製品)	(2,498)	(3.1)
金属工業	4,729	5.9
機械工業	7,384	9.2
(一般機械)	(2,245)	(2.8)
(コンピュータ・電子)	(5,139)	(6.4)

②おもに医薬品

❸ピッツバーグの工業生産額 EC'02

2002年	(百万ドル)	(%)
総計	**11,857**	**100**
食品工業	727	6.1
製紙工業	261	2.2
印刷工業	372	3.1
化学工業	1,667	14.1
窯業	816	6.9
金属工業	4,163	35.1
(鉄鋼)	(2,382)	(20.1)
機械工業	3,287	27.7
(一般機械)	(990)	(8.4)
(電気機械)	(612)	(5.2)
(コンピュータ・電子)	(1,184)	(10.0)

❹ヒューストンの工業生産額 EC'02

2002年	(百万ドル)	(%)
総計	**33,908**	**100**
食品工業	2,774	8.2
印刷工業	511	1.5
化学工業	19,719	58.2
(化学製品)	(14,967)	(44.1)
(石油・石炭製品)	(3,859)	(11.4)
(プラスチック・ゴム製品)	(892)	(2.6)
金属工業	3,487	10.3
機械工業	5,185	15.3
(一般機械)	(2,697)	(8.0)
(電気機械)	(489)	(1.4)
(コンピュータ・電子)	(1,652)	(4.9)

❺ロサンゼルスの工業生産額 EC'07

2007年	(百万ドル)	(%)
総計	**99,894**	**100**
食品工業	9,954	10.0
化学工業	12,922	12.9
(化学製品)	(9,399)	(9.4)
(プラスチック・ゴム製品)	(3,523)	(3.5)
金属工業	10,041	10.1
機械工業	35,025	35.1
(一般機械)	(3,969)	(4.0)
(電気機械)	(2,725)	(2.7)
(輸送機械)	(10,654)	(10.7)
(コンピュータ・電子)	(17,677)	(17.7)

❻世界のおもな多国籍企業(2021年)

＊全産業の総収入順　2022 Fortune Global 500ほか

順位*	企業名	本社所在地	業種	総収入(百万ドル)	日本とのおもな関係企業
1	ウォルマート	ベントンヴィル(アメリカ合衆国)	小売	572,754	西友
2	アマゾン	シアトル(アメリカ合衆国)	インターネットサービス・小売	469,822	アマゾンジャパン
7	アップル	クパチーノ(アメリカ合衆国)	コンピュータ	365,817	アップルジャパン
18	サムスン電子	スウォン(韓国)	電気・電子機器	244,335	日本サムスン
20	鴻海精密工業(Foxconn)	シンペイ〔新北〕(台湾)	電気・電子機器	214,619	シャープ
33	マイクロソフト	レドモンド(アメリカ合衆国)	コンピュータ・ソフトウェア	168,088	日本マイクロソフト
38	メルセデス・ベンツ グループ	シュツットガルト(ドイツ)	自動車	158,306	三菱ふそうトラック・バス
107	ジョンソン・エンド・ジョンソン	ニューブランズウィック(アメリカ合衆国)	家庭用品・医薬品	93,775	ジョンソン・エンド・ジョンソン
143	ペプシコ	パーチェス(アメリカ合衆国)	飲料	79,474	サントリーフーズ，カルビー
154	プロクター・アンド・ギャンブル(P&G)	シンシナティ(アメリカ合衆国)	家庭用品	76,118	プロクター・アンド・ギャンブル・ジャパン
183	ウォルト・ディズニー・カンパニー	バーバンク(アメリカ合衆国)	エンターテインメント	67,418	オリエンタルランド
205	ユニリーバ	ロンドン(イギリス)	家庭用品	62,006	ユニリーバ・ジャパン

カナダ

❼おもな州の資源と工業の生産(2012年)

Statistics Canada

州名	鉄鉱石06)(千t)	銅06)(千t)	石油11)(千m³)	木材伐採量(千m³)	工業生産額(千万ドル)
総計	**33,543**	**586**	**175,813**	**56,020**	**59,433**
ニューファンドランド・ラブラドル	19,796	27	15,465	—	708
ニューブランズウィック	—	10	—	2,594	1,977
ケベック	13,649	19	—	12,170	14,052
オンタリオ	—	188	78	—	27,244
マニトバ	—	55	2,335	—	1,562
サスカチュワン	—	1	25,132	—	1,420
アルバータ	—	—	129,851	7,995	7,356
ブリティッシュコロンビア	98	288	1,959	29,043	3,932

❽カナダの工業生産額(2012年)

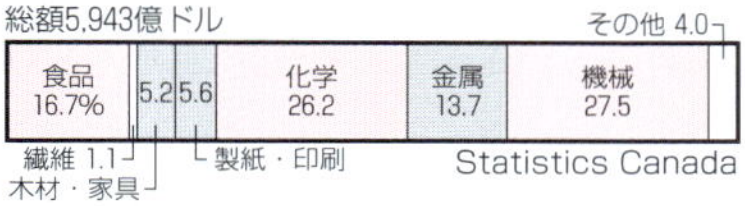

Statistics Canada

旧ソ連諸国・東ヨーロッパ諸国

❾旧ソ連諸国の貿易相手国(2020年，%)

＊旧ソ連諸国との輸出入割合　①EU加盟国　UN comtrade

国名	輸出＊	輸出相手国	輸入＊	輸入相手国
ロシア19)	15.7	中国(13.4) オランダ(10.5) ドイツ(6.6)	12.1	中国(21.9) ドイツ(10.2) ベラルーシ(5.5)
アゼルバイジャン	12.9	イタリア(30.4) トルコ(18.9) ロシア(5.2)	27.1	ロシア(18.3) トルコ(14.6) 中国(13.2)
アルメニア	31.0	ロシア(26.0) スイス(18.5) 中国(11.5)	39.0	ロシア(32.6) 中国(14.8) イラン(6.9)
ウクライナ	14.4	中国(14.5) ポーランド(6.7) ロシア(5.5)	18.1	中国(15.4) ドイツ(9.9) ロシア(8.5)
ウズベキスタン	29.5	ロシア(13.1) 中国(9.1) トルコ(7.1)	41.5	中国(22.2) ロシア(20.4) カザフスタン(10.5)
カザフスタン19)	18.4	イタリア(14.5) 中国(13.6) ロシア(9.7)	43.0	ロシア(36.7) 中国(17.1) 韓国(8.9)
キルギス18)	49.7	イギリス(36.5) ロシア(19.4) カザフスタン(14.7)	46.0	中国(36.7) ロシア(28.5) カザフスタン(11.4)
ジョージア	46.7	中国(14.3) アゼルバイジャン(13.2) ロシア(13.2)	30.6	トルコ(17.5) ロシア(11.1) 中国(8.8)
タジキスタン	43.4	トルコ(28.3) カザフスタン(21.2) ウズベキスタン(11.5)	65.8	ロシア(29.7) カザフスタン(24.1) 中国(14.0)
トルクメニスタン00)	52.6	ロシア(41.1) イタリア(16.0) イラン(9.7)	40.0	ロシア(14.3) トルコ(14.2) ウクライナ(12.0)
ベラルーシ	65.3	ロシア(44.6) ウクライナ(10.8) ポーランド(4.3)	57.0	ロシア(49.6) 中国(11.1) ドイツ(5.1)
モルドバ	16.9	ルーマニア(28.4) ドイツ(9.1) ロシア(8.7)	25.0	中国(11.9) ルーマニア(11.7) ロシア(11.1)
エストニア①	25.5	フィンランド(15.1) スウェーデン(10.0) ラトビア(8.7)	22.1	ドイツ(9.8) 中国(9.3) ロシア(9.1)
ラトビア①	40.9	リトアニア(16.4) エストニア(11.7) ロシア(8.4)	36.0	リトアニア(17.9) ドイツ(10.4) ポーランド(10.2)
リトアニア①	36.5	ロシア(13.4) ラトビア(9.2) ドイツ(8.1)	26.3	ポーランド(13.0) ドイツ(12.9) ロシア(8.8)

❿東ヨーロッパ諸国の鉱工業生産指数(2005年＝100)

統計月報

	クロアチア			ハンガリー			ポーランド			ルーマニア			スロバキア		
	総合	鉱業	製造業	総合	鉱業	製造業	総合	鉱業	製造業	総合	鉱業	製造業	総合	鉱業	製造業
1994	68.8	87.0	71.4	43.0	156.7	37.6	48.9	135.5	43.3	88.0	124.9	79.7	62.5	108.9	55.6
1999	77.6	85.7	75.1	64.1	102.2	61.2	71.6	112.1	68.7	74.8	94.4	70.0	71.5	112.5	64.9
2004	95.6	103.1	94.5	93.7	103.8	92.9	96.1	102.9	95.6	103.2	102.1	103.7	102.3	116.8	102.9
2009	100.4	99.4	99.4	97.6	115.4	97.5	121.0	85.7	126.2	116.9	88.7	121.6	117.7	100.8	122.6
2012	92.4	72.6	92.0	111.9	106.6	113.7	145.2	86.1	155.1	135.7	93.8	142.2	144.8	96.2	160.5

中国

❶おもな鉱産資源の生産推移

種別	単位	1965	1975	1985	1995	2005	2020
原油	百万t	11	77	125	149	181	195
石炭	百万t	232	482	872	1,361	2,365	3,902
天然ガス	億m^3	11	89	129	179	493	19)1,762
鉄鉱石①	百万t	38	64	79	249	420	19)219
水銀	t	896	896	700	780	1,100	19)3,600
タングステン鉱①	百t	150	90	150	274	788	19)690

①含有量　　中統2021ほか

❷おもな石炭産地の生産量（2020年）

省・自治区	生産量(百万t)	おもな炭田
中国計	**3,902**	－
山西省	1,079	大同，陽泉
内モンゴル	1,026	包頭
陝西省	680	神府
新疆ウイグル	270	－
貴州省	121	－
安徽省	111	淮北，淮南

中統2021ほか

❸おもな油田の生産量（'06）

油田名	生産量(千バーレル/日)	%
中国計	**3,684**	**100**
大慶	929	25.2
勝利	536	14.5
遼河	257	7.0
その他陸上油田	1,443	39.2
海上油田	519	14.1

石油・天然ガス開発資料2008

❹工業生産の内訳（億ドル）

中工統2013ほか

	1952	1957	1965	1975	1980	1990	2000	2012③ 億ドル	2012③ %
工業総生産額①	**172**	**392**	**697**	**1,309**	**3,263**	**3,579**	**10,349**	**144,131**	**100**
食品工業	41	69	88	157	371	414	1,011	13,996	9.7
繊維工業	47	72	110	161	569	518	899	7,759	5.4
皮革工業	…	…	…	…	33	38	162	1,766	1.2
木材工業	11	20	20	25	57	35	124	2,524	1.8
製紙・文教用品工業②	4	8	12	17	115	162	341	4,304	3.0
化学工業	8	24	90	148	407	528	1,387	18,105	12.6
石油工業	1	4	23	73	165	178	913	8,052	5.6
石炭工業	4	10	18	34	81	101	154	4,791	3.3
建築材料工業	5	11	20	41	119	188	489	7,656	5.3
金属工業	10	30	75	117	462	473	1,142	23,555	16.3
鉄化合物工業	…	…	…	…	(195)	(256)	835	18,965	13.2
金属製品	…	…	…	…	(181)	(100)	307	4,590	3.2
機械工業	20	60	155	362	832	743	2,882	41,618	28.9
一般機械	…	…	…	…	…	…	738	10,493	7.3
電気機械	…	…	…	…	(139)	(265)	584	8,586	6.0
電子・通信機械	…	…	…	…	…	…	912	12,056	8.4
輸送機械	…	…	…	…	(151)	(137)	648	10,483	7.3

工業分類の変更等により，データに継続性はない
①鉱業，電力生産を含む　②文教用品に出版・印刷を含む　③販売額

❺企業形態別工業生産

中工統2013ほか

年	工業総生産額(億ドル)	所有形態別(%) 国有	集団	その他	郷鎮企業の生産割合(%)
1950	96	32.7	0.8	66.5	－
1960	825	90.6	9.4	－	－
1970	984	87.6	12.4	－	－
1975	1,309	81.1	18.9	－	－
1980	3,263	76.0	23.5	0.5	－
1990	4,582	54.6	35.6	9.8	78.1
1995	11,045	34.0	21.7	44.3	72.2
2000	10,347	47.3	13.9	38.8	－
2012*	144,131	8.0	1.2	90.8	－

1998年より企業形態の区分が変更　＊販売額

❻企業規模および重・軽工業の生産比

年	企業規模の生産比(%) 大・中企業	小企業	重・軽工業の生産比(%) 重工業	軽工業
1950	…	…	29.8	70.2
1960	…	…	66.7	33.3
1970	54.8	45.2	56.6	43.4
1975	51.0	49.0	56.7	43.3
1980	43.2	56.8	53.1	46.9
1990	54.6	45.4	53.0	47.0
2000	56.8	43.2	60.2	39.8
2012*	64.4	35.6	71.3	28.7

＊販売額　　中工統2013ほか

❼省別工業生産（2021年）

赤字は各項目の上位３地域

地域	省・自治区 直轄市	工業生産額(億ドル)①	石炭(万t)	原油(万t)②	発電量(億kWh)	農業用化学肥料(万t)	粗鋼(万t)	セメント(万t)	化学繊維(万t)	自動車(万台)	カラーテレビ(万台)	パソコン(万台)	携帯電話(万台)
	全国	**173,369**	**412,600**	**19,477**	**85,342**	**5,544**	**103,524**	**237,724**	**6,708**	**2,626**	**18,497**	**46,692**	**166,152**
東北部	黒竜江省	1,671	6,016	3,001	1,201	74	961	2,182	2	8	－	－	－
東北部	吉林省	3,524	905	404	1,026	29	1,539	2,125	45	229	－	－	－
東北部	遼寧省	3,166	3,088	1,049	2,258	37	7,502	4,939	23	81	－	72	16
華北	北京市	2,685	－	－	473	－	－	258	0.3	135	410	647	11,625
華北	天津市	4,012	－	**3,242**	800	56	1,825	632	9	74	－	0.2	5
華北	内モンゴル	2,993	106,990	14	6,120	395	3,118	3,668	1	5	184	0.02	－
華北	河北省	7,059	4,643	544	3,513	202	**22,496**	11,355	90	110	－	－	119
華北	山東省	22,405	9,312	2,219	6,210	404	7,649	16,580	77	107	1,987	2	532
華北	山西省	1,920	**120,346**	－	3,926	383	6,741	5,689	1	12	－	22	2,733
華北	河南省	11,950	9,372	240	3,039	359	3,316	11,402	79	53	34	6	15,945
華中	上海市	4,674	－	52	1,003	1	1,577	444	32	283	154	3,093	2,892
華中	重慶市	3,536	－	－	991	162	899	6,238	21	200	－	**10,730**	11,158
華中	江蘇省	**23,451**	934	152	5,969	179	11,925	15,402	1,625	78	754	5,472	4,045
華中	浙江省	10,028	－	－	4,222	81	1,456	13,638	**3,210**	99	－	191	3,214
華中	安徽省	6,371	11,274	－	3,083	210	3,892	15,001	60	149	1,225	3,695	97
華中	江西省	4,956	237	－	1,563	99	2,711	10,404	108	43	6	1,807	12,323
華中	湖北省	7,118	30	54	3,292	**582**	3,656	11,862	39	210	174	2,057	5,622
華中	湖南省	5,918	727	－	1,742	66	2,613	10,467	5	28	－	301	2,352
華中	貴州省	1,738	13,232	－	2,368	337	462	9,333	1	7	240	10	2,123
華中	四川省	6,337	1,953	7	4,530	343	2,788	14,171	77	70	1,287	9,751	13,137
華南	福建省	6,518	548	－	2,951	67	2,536	10,131	1,030	32	1,383	1,370	2,276
華南	広東省	19,541	－	1,613	**6,306**	8	3,178	**17,084**	85	**338**	**9,811**	5,935	**66,965**
華南	広西壮族	3,523	352	49	2,082	41	3,661	11,432	－	190	807	224	2,338
華南	雲南省	1,517	6,099	－	3,770	248	2,361	11,512	4	2	22	1,305	1,484
華南	海南省	266	－	31	391	67	－	1,938	－	1	－	－	－
西部	陝西省	3,279	70,192	2,694	2,740	166	1,521	6,699	4	80	20	－	4,917
西部	寧夏回族	587	8,670	－	2,083	63	596	1,870	2	－	－	－	－
西部	甘粛省	982	4,407	969	1,897	27	1,059	4,478	0.1	0.03	－	－	－
西部	青海省	401	1,109	229	996	494	187	1,107	0.3	－	－	－	－
西部	新疆ウイグル	1,220	32,148	2,915	4,684	365	1,300	4,693	78	2	－	－	234
西部	チベット	25	－	－	113	－	－	992	－	－	－	－	－

①2016年販売額。鉱業，電力生産を含む　②2020年　　中統2022ほか

東南アジア諸国

❶ASEAN諸国の輸出品構成（2021年，%）

UN comtrade

品目	シンガポール20)	マレーシア	ベトナム20)	インドネシア	タイ20)	フィリピン	カンボジア20)	ミャンマー	ブルネイ20)	ラオス20)
輸出額（億ドル）	**3,737**	**2,992**	**2,814**	**2,315**	**2,314**	**746**	**177**	**151**	**66**	**51**
食品	3.4	3.3	8.7	7.9	14.1	6.8	4.3	28.7	0.2	27.9
鉱物燃料・鉱物	8.3	13.2	1.2	23.6	3.1	5.1	0.2	21.6	81.6	28.1
化学	13.6	7.6	2.4	5.8	9.3	2.5	0.4	0.1	16.7	4.9
繊維	0.5	5.5	13.5	5.5	3.3	1.4	44.2	26.2	0.1	3.9
金属	1.7	7.3	4.4	12.4	4.4	4.6	0.7	5.9	0.2	4.4
電気機械	30.5	29.5	11.7	3.3	11.4	46.5	3.8	0.6	0.1	1.1
輸送機械	2.4	1.3	1.6	3.8	11.3	2.9	3.2	1.2	0.3	0.1

食品：食料品・飲料。たばこを含む。 鉱物燃料・鉱物：石炭・原油・石油製品・天然ガス等の鉱物燃料，鉄鉱石・銅鉱石等の鉱物。
化学：化学品の他，有機化合物，無機化合物，医薬品，プラスチック類など。繊維：繊維品，衣類。履物は含まない。金属：鉄鋼・金属

❷GDPに占める製造業の割合（%）

UNSD資料

国名	1970～79	1980～89	1990～99	2000～09	2010～17
インドネシア	9.6	15.2	23.8	24.6	21.5
マレーシア	18.8	20.7	27.3	27.2	23.1
フィリピン	27.5	26.9	24.8	23.4	20.8
シンガポール	22.4	23.7	23.5	23.6	18.5
タイ	19.5	23.4	26.8	29.8	28.7
ベトナム	16.0	16.0	15.7	19.0	13.2
日本	30.3	27.6	24.2	21.3	19.9
韓国	20.6	24.8	24.6	25.3	28.0

❸マレーシアのすず・原油の生産

年	すず鉱（含有量）		原油
	t	世界比（%）	百万t
1970	73,795	31.8	0.9
1980	61,404	25.1	13.2
1990	28,500	12.9	29.5
2000	6,307	2.3	33.6
2010	2,668	1.0	33.1
2019	3,611	1.2	28.6

ミネラルズほか

❹日本の進出企業数と賃金

ジェトロ資料ほか

国名	日本の進出企業数①		月額賃金（ドル）②		指標とする都市
	2000	2020	2000	2020	
タイ	1,114	2,721	147	447	バンコク
シンガポール	800	1,549	442～594	1,907	シンガポール
インドネシア	513	1,390	30～214	421	ジャカルタ
ベトナム	141	1,358	78～108	241	ハノイ
マレーシア	639	1,043	341	431	クアラルンプール
フィリピン	333	658	114～244	272	マニラ
ミャンマー	8	167	23～40	181	ヤンゴン
カンボジア	4	118	07) 100	222	プノンペン
ラオス	3	28	07) 69	210	ビエンチャン

＊ASEAN10か国のうちブルネイを除く ①日本企業の出資比率合計10%以上の現地法人，海外支店・事務所 ②指標とする都市の日系企業の製造業ワーカー（一般工職）賃金 日本（横浜）3,288ドル（00年），3,040ドル（20年）

❺インドネシアの原油・天然ガス・石炭の生産

IEA資料ほか

年	原油（百万t）	天然ガス（億m³）	石炭＊（百万t）
1970	43.1	12.8	0.2
1980	79.0	187.9	0.3
1990	74.4	445.4	7.3
2000	71.8	706.8	76.8
2010	48.6	870.0	319.2
2020	34.6	586.6	19) 616.2

＊無煙炭・瀝青炭の計

南アジア諸国

❻インドの鉄鋼生産

年	銑鉄		粗鋼	
	万t	世界比%	万t	世界比%
1990	1,200	2.3	1,496	1.9
1995	1,903	3.6	2,200	2.9
2000	2,132	3.7	2,692	3.2
2005	2,713	3.4	4,578	4.0
2010	3,956	3.8	6,898	4.8
2015	5,839	5.0	8,903	5.5
2021	7,763	5.7	11,820	6.0

Steel Statistical Yearbook '22 ほか

❼インドの州別工業生産額（2017年）

州名	億ドル	おもな都市
インド総計	**12,395**	－
グジャラート	2,088	アーメダーバード
マハーラーシュトラ	1,842	ムンバイ
タミルナドゥ	1,326	チェンナイ
カルナータカ	812	ベンガルール
ウッタル・プラデシュ	790	ラクナウ
ハリヤーナ	773	チャンディガル
ウェストベンガル	490	コルカタ
アンドラ・プラデシュ	478	ヴィシャーカパトナム
ラージャスターン	457	ジャイプル
マッディヤ・プラデシュ	395	ボパール

上位10州　　インド政府統計局資料

❽インドの自動車生産台数

年	生産台数（千台）
1980	113
1990	364
2000	888
2010	3,554
2019	4,524

☞p.91⑧　国際自動車工業連合会資料ほか

❾南アジアの繊維輸出（億ドル）

WTO資料

年	インド		パキスタン		バングラデシュ	
	繊維品	衣類	繊維品	衣類	繊維品	衣類
1990	21.8	25.3	26.6	10.1	3.4	6.4
2000	55.9	59.7	45.3	21.4	3.9	50.7
2010	128.3	112.3	78.5	39.3	12.6	148.6
2020	150.4	129.7	71.1	61.8	16.8	274.7

繊維品は糸・布地・織物など，衣類は縫製したもの ☞p.91②③

アフリカ諸国

❶南アフリカ共和国の鉱産資源の生産（%は世界生産に対する割合）

ミネラルズほか

年	石炭		鉄鉱石		ニッケル鉱*		すず鉱*		マンガン鉱		クロム鉱		金鉱*		ダイヤモンド		銅鉱石*	
	万t	%	千t	%	千t	%	t	%	千t	%	千t	%	t	%	千カラット	%	千t	%
1940	1,749	1.5	396	0.5	0.49	0.4	603	0.3	175	13.4	73	14.4	44	38.9	1,239	10.7	14	0.6
1950	2,647	2.2	717	0.8	0.84	0.7	653	0.4	332	19.5	225	24.2	36	48.3	1,732	11.3	33	1.5
1960	3,817	1.9	1,965	0.9	3.0	1.1	1,286	0.8	438	7.9	341	25.1	67	63.5	3,140	11.5	46	1.2
1965	4,846	2.4	3,745	1.1	3.0	0.7	1,694	1.1	725	10.7	421	20.4	95	74.2	5,026	13.7	60	1.2
1970	4,561	2.1	5,869	1.4	11.6	1.7	1,986	1.1	1,178	15.9	643	22.6	100	78.2	6,112	17.1	148	2.4
1980	11,659	4.3	16,574	3.3	28.3	3.4	2,913	1.2	6,278	21.6	1,571	35.1	674	55.3	8,522	20.7	201	2.6
1990	17,574	5.0	30,291	3.1	29.0	3.0	1,140	0.5	4,402	17.4	4,618	35.6	605	28.4	8,710	7.8	179	2.0
2000	22,529	6.6	33,707	3.1	36.6	2.9	—	—	3,635	13.9	6,621	45.7	428	16.6	10,780	9.1	137	1.0
2010	25,452	4.3	*36,900	3.2	40.0	2.4	—	—	*2,900	19.7	11,340	45.0	189	7.3	8,863	6.9	103	0.6
2018	25,564	3.8	19) *41,200	2.7	43.2	1.8	—	—	20) *6,500	34.4	19) 16,395	36.6	117	3.5	9,909	6.7	48	0.2

＊含有量

❷アフリカ諸国の原油・石油製品の生産（千t）

製品はガソリン・灯油の計

年	アルジェリア		エジプト		ガボン		ナイジェリア		南アフリカ共和国①		モロッコ		リビア	
	原油	製品	原油	製品	原油	製品	原油	製品	原油	製品	原油	製品	原油	製品
1940	0.24	—	929	38) 113	—	—	—	—	—	38) 18	4.5	—	—	—
1950	3.41	—	2,349	351	—	—	—	—	—	26	39.3	6	—	—
1955	58	—	1,819	512	—	—	—	—	—	386	102	43	—	—
1960	8,632	—	3,319	703	800	—	849	—	—	656	92	85	—	—
1965	26,025	617	6,481	1,747	1,264	—	13,538	62	—	1,551	103	315	109,045	—
1970	47,281	717	16,410	1,011	5,423	—	54,203	307	—	2,743	46	384	161,708	—
1980	47,412	1,209	29,400	3,627	8,895	—	104,190	3,200	—	4,150	14	433	88,324	—
1990	13,021	2,020	47,053	5,910	13,493	—	86,538	4,400	—	4,775	15	437	67,162	—
2000	42,315	2,386	34,807	5,910	15,470	79	108,541	1,711	8,223	9,472	13	481	65,318	2,356
2005	62,545	2,070	32,675	3,495	10,736	89	125,542	680	1,370	8,476	7	374	80,247	2,347
2011	71,675	2,568	34,599	4,489	12,683	125	118,150	1,951	07) 1,027	6,604	07) 14	415	22,492	338

①2007年以前は南部アフリカ関税同盟：南アフリカ共和国，ボツワナ，レソト，ナミビア，スワジランド（現エスワティニ）　世エネ'11ほか

ラテンアメリカ諸国

❸ラテンアメリカ諸国の鉱産資源生産量

赤字は各項目の最大値

国名	原油（万t）		鉄鉱石（万t）		銅鉱（千t）		マンガン鉱（千t）		ボーキサイト（千t）		鉛鉱（千t）		銀鉱（t）		すず鉱（t）	
	1990	2019	1990	2019	1990	2018	1990	2020	1990	2019	1990	2018	1990	2018	1990	2019
ジャマイカ	—	—	—	—	—	—	—	—	10,900	9,022	—	—	—	—	—	—
メキシコ	13,866	8,839	711	714	294	751	166	198	—	—	187	240	2,420	6,049	5	—
ホンジュラス	—	—	—	—	1	—	—	—	—	—	6	10	31	31	—	—
アルゼンチン	2,492	2,627	68	2	0.4	17	—	—	—	—	23	27	83	1,024	123	—
エクアドル	1,492	2,771	—	—	0.1	8	—	—	—	—	0.2	—	—	1	—	—
ガイアナ	—	6	—	—	—	—	—	—	1,420	1,900	—	—	—	—	—	—
コロンビア	2,262	4,653	28	39	0.3	10	—	—	—	—	0.3	—	7	16	—	—
スリナム	—	83	—	—	—	—	—	—	3,280	15) 1,600	—	—	—	—	—	—
チリ	85	17	504	843	1,590	5,832	12	—	—	—	1	1	655	1,370	—	—
ベネズエラ	11,131	5,280	1,310	68	—	—	—	—	771	—	—	—	—	—	—	—
ブラジル	3,194	14,147	9,990	25,800	36	386	897	494	9,680	34,000	9	7	171	40	39,100	13,993
ペルー	638	262	215	1,012	339	2,437	—	—	—	—	210	289	1,930	4,160	5,130	19,853
ボリビア	110	174	8	—	0.2	3	—	—	—	—	20	112	311	1,191	17,200	17,000

ミネラルズほか

❹ブラジルの鉄鋼生産の推移

Steel Statistical Yearbook '21ほか

	1960	1970	1980	1990	2000	2010	2020
銑鉄生産量（千t）	1,783	4,296	13,379	21,141	27,723	30,955	24,628
粗鋼生産量（千t）	2,260	5,390	10,232	20,567	27,865	32,948	31,415
粗鋼消費量（千t）	2,668	6,088	16,241	10,189	17,500	29,004	23,832

❺ラテンアメリカ諸国の鉱工業生産指数（2005年＝100）

	鉱業	工業総合	電気・ガス
1992	51.9	68.0	46.3
1997	72.0	82.5	68.1
2003	95.1	91.5	95.4
2013	179.9	122.1	138.7

統計月報

❶日本の輸出製品にみる産業構造の変化

財務省貿易統計ほか

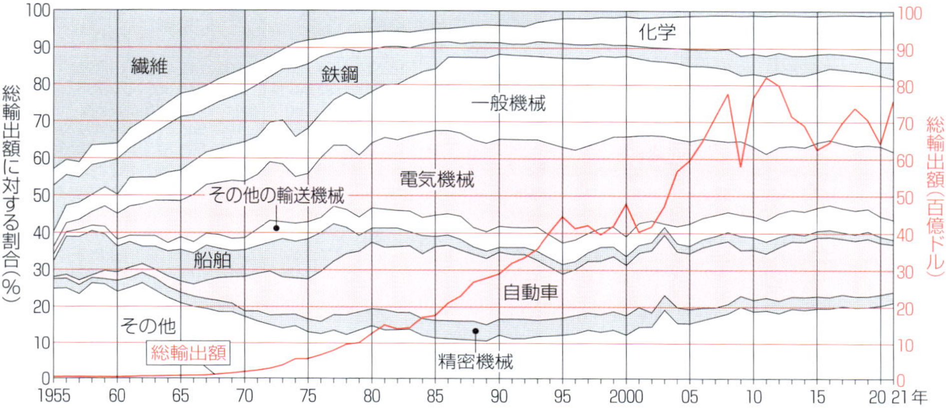

❷日本の海外進出企業（2013年） 上段：2000年　下段：2013年

海外進出企業総覧2014ほか

	おもな進出国別現地法人数（企業数）									現地法人の地域別構成比（%）					
	世界計	韓国	中国	（台湾）	ベトナム	タイ	インドネシア	インド	アメリカ合衆国	アジア	ヨーロッパ	北米	中南米	アフリカ	オセアニア
全産業	**18,579**	482	2,498	870	172	1,306	667	166	3,569	52.9	17.5	20.8	4.8	0.6	3.4
	26,060	855	6,276	995	679	1,956	944	641	3,394	63.0	15.0	14.2	4.7	0.6	2.5
製造業	7,969	304	1,807	469	119	793	473	123	1,259	67.8	9.7	17.0	3.8	0.3	1.4
	10,604	353	3,567	411	399	1,030	558	302	1,184	73.5	9.4	11.8	3.8	0.5	1.0
（繊維）	556	12	296	14	15	47	52	3	25	87.6	3.1	4.7	3.4	0.5	0.7
	441	9	240	9	19	36	37	3	17	88.6	4.1	3.8	3.0	—	0.5
（化学）	975	60	173	74	16	76	66	14	169	65.5	11.9	18.3	3.0	0.1	1.2
	1,635	87	528	91	45	153	92	43	182	76.1	9.1	11.6	2.1	0.2	0.9
（電気機器）	1,657	64	382	103	16	121	96	22	212	71.0	10.8	13.2	4.1	0.4	0.5
	1,990	60	717	88	83	146	82	38	161	77.6	9.3	8.4	3.7	0.4	0.6
（輸送機器）	1,237	38	161	66	17	160	76	55	278	57.0	10.8	24.7	5.8	0.4	1.3
	1,743	41	468	42	47	203	120	102	261	64.6	9.8	16.5	7.6	0.9	0.6
商業	5,616	103	300	284	6	259	41	12	1,060	41.2	28.0	21.2	4.7	0.6	4.3
	10,912	393	2,017	482	185	655	249	277	1,323	57.9	20.0	13.7	5.0	0.8	2.6
金融・サービス	4,285	66	326	95	30	189	97	23	1,171	39.1	20.3	28.7	6.3	0.9	4.7
	3,815	101	618	85	66	202	94	45	815	49.6	17.7	22.3	5.3	0.6	4.5

＊日本企業の出資率比率合計10%以上の現地法人，および海外支店・事務所を対象とする。

❸日本の地域別工業製品出荷額

赤字は各項目の最大値　　経済センサス'21ほか

地域名	製造品出荷額に占める割合（%）					2020年工業製品別出荷額（10億円）							
	1957	1970	1980	2000	2020＊	総額	食品	繊維	化学	金属	電気機械	輸送機械	その他の機械
全国計	**100**	**100**	**100**	**100**	**100**	**303,555**	**39,046**	**3,535**	**55,564**	**39,775**	**38,911**	**60,231**	**37,607**
①中京	12.6	12.7	13.2	15.8	⑲18.0	54,630	2,909	390	•6,246	5,268	•6,350	26,006	4,859
②京浜	26.3	29.6	26.6	21.9	⑳11.9	36,072	5,055	194	7,355	3,613	4,571	6,192	4,763
③阪神	22.4	19.1	15.3	11.5	㉑10.7	32,451	3,779	409	6,565	6,151	3,481	3,780	5,612
④北関東	3.1	5.1	6.9	8.8	9.4	28,407	4,756	169	5,262	4,021	•3,538	4,399	3,842
⑤瀬戸内	8.0	8.8	9.7	8.0	9.2	27,991	2,444	610	•7,207	•5,081	•1,519	5,328	•2,824
⑥東北	3.6	4.0	4.4	6.0	5.8	17,527	2,705	193	•2,435	•1,873	•4,015	•1,736	•2,339
⑦東海	3.3	3.1	4.1	5.5	5.4	16,515	2,257	117	2,934	1,259	•2,931	3,982	1,331
⑧京/滋/奈	3.3	3.7	3.8	4.9	4.8	14,657	1,979	356	•2,678	•1,142	•2,131	•1,507	2,666
⑨九州	3.0	2.3	3.5	4.3	4.8	14,474	3,521	186	•1,863	•2,085	•2,252	•1,623	•1,422
⑩北陸	4.1	3.9	4.0	4.2	4.4	13,253	1,335	474	•2,496	2,224	•2,306	•654	•2,271
⑪京葉	—	—	—	—	3.9	11,977	1,997	26	5,134	2,472	501	80	859
⑫北九州	4.6	2.7	2.7	2.4	3.0	8,995	1,531	50	1,124	1,473	510	2,797	664
⑬山梨/長野	1.4	1.7	2.0	3.2	2.8	8,614	1,130	52	•543	661	2,646	456	2,425
⑭岐阜	—	—	—	—	1.9	5,671	485	138	•856	788	•615	1,087	792
⑮北海道	2.9	2.2	2.4	2.0	1.9	5,649	2,381	24	807	694	•227	448	161
⑯和歌山	—	—	—	—	0.8	2,402	238	63	•939	529	•42	22	•393
⑰徳島/高知	0.7	0.6	0.7	0.8	0.8	2,355	282	40	•703	•171	•442	56	•203
⑱山陰	0.7	0.5	0.7	0.7	0.6	1,915	263	43	•120	•245	•716	•77	•156

①愛知・岐阜・三重②東京・千葉・神奈川・埼玉③大阪・兵庫・和歌山④茨城・栃木・群馬⑤岡山・広島・山口・愛媛・香川⑥青森・秋田・岩手・宮城・山形・福島⑦静岡⑧京都・滋賀・奈良⑨佐賀・長崎・大分・熊本・宮崎・鹿児島・沖縄⑩新潟・富山・石川・福井⑪千葉⑫福岡⑱鳥取・島根⑲愛知・三重⑳東京・神奈川・埼玉㉑大阪・兵庫　＊工業地域区分変更のため，2020年とそれ以前とでは一部地域の区分が異なっている　•は秘匿項目を含まない数値　食品＝食料品・飲料・たばこ・飼料，化学＝化学・石油・石炭・ゴム・プラスチック製品，金属＝鉄鋼・非鉄金属・金属製品，電気機械＝電気機械器具・情報通信機械器具・電子部品・デバイス，その他の機械＝はん用機械器具・生産用機械器具・業務用機械器具

❶都道府県別・業種別工業製品出荷額（2020年，億円）

赤字は各項目の上位1位，**太字**は2～5位　経済センサス'21ほか

都道府県名	製造品出荷額①	食料品・飲料・たばこ・飼料	繊維	パルプ・紙・紙加工品	化学②	窯業・土石製品	鉄鋼	非鉄金属	金属製品	電気機械③	輸送機械	その他の機械④
1960年	155,786	19,266	19,227	6,007	20,695	5,375	16,517	6,704	6,102	12,942	13,293	12,143
1970年	690,348	71,506	53,466	22,696	80,982	24,697	65,648	30,547	37,277	73,305	72,758	68,028
1980年	2,146,998	225,126	111,320	67,993	356,644	83,645	178,956	81,186	106,465	222,346	249,536	175,998
1990年	3,270,931	334,230	129,081	88,732	461,526	108,577	183,131	78,526	191,197	546,668	469,497	337,110
2000年	3,035,824	351,146	68,364	79,858	470,007	89,787	119,630	62,189	155,868	595,817	444,474	304,132
2010年	2,908,209	339,171	39,296	71,430	552,801	71,779	181,776	89,294	125,392	444,107	542,608	308,831
全　国	**3,035,547**	**390,460**	**35,353**	**71,245**	**555,642**	**76,418**	**151,183**	**94,527**	**152,036**	**389,109**	**602,308**	**376,066**
北海道	56,493	**23,807**	240	3,039	8,071	2,386	3,602	219	3,122	•2,267	4,479	1,614
青　森	16,872	5,083	211	946	648	473	803	2,518	477	3,149	501	•1,557
岩　手	25,033	4,265	241	368	•1,584	981	833	•249	1,115	3,128	5,823	•4,853
宮　城	43,853	8,852	174	1,754	6,824	1,292	1,426	•748	1,887	•7,891	5,433	5,699
秋　田	13,171	1,176	377	•288	•1,042	446	232	728	742	4,536	•516	2,064
山　形	28,441	3,693	426	213	•3,783	1,135	233	566	1,035	•10,540	1,064	3,047
福　島	47,903	3,983	502	1,965	10,465	2,578	824	1,745	2,567	•10,904	4,020	6,170
茨　城	122,108	20,847	752	2,701	25,683	**3,320**	6,550	**6,535**	**8,336**	13,766	7,748	**19,954**
栃　木	82,639	14,829	521	2,925	14,227	1,633	2,264	3,859	4,599	•13,593	10,251	11,171
群　馬	79,328	11,884	415	948	12,713	1,060	2,333	1,344	4,388	8,024	25,992	7,293
埼　玉	**129,533**	**22,450**	769	**4,932**	24,443	2,606	2,983	**5,513**	**7,457**	12,136	20,263	13,627
千　葉	119,770	19,966	262	1,385	**51,344**	2,956	**13,946**	3,976	6,800	5,006	799	8,594
東　京	72,029	8,850	684	1,498	6,056	1,750	1,484	1,695	2,712	14,943	10,718	10,145
神奈川	**159,161**	19,251	492	1,904	**43,056**	2,561	5,935	3,484	4,862	18,631	**30,939**	**23,855**
新　潟	47,784	8,876	645	1,779	8,524	1,150	2,150	816	5,286	•7,416	2,066	7,248
富　山	36,649	2,197	496	1,307	•10,215	873	1,465	3,564	4,044	3,542	1,300	•5,643
石　川	26,498	1,549	**1,604**	199	•2,346	518	496	377	1,266	•6,285	1,285	8,718
福　井	21,594	731	**1,999**	761	3,871	659	246	1,434	1,093	5,822	•1,893	•1,097
山　梨	25,409	4,228	302	249	•1,714	830	79	469	952	4,654	956	9,905
長　野	60,729	7,069	216	758	•3,711	1,594	365	1,154	3,589	**21,805**	3,601	14,348
岐　阜	56,708	4,850	1,384	2,154	•8,558	**3,875**	2,076	1,045	4,754	•6,154	10,872	7,924
静　岡	165,147	**22,571**	1,169	**8,199**	**29,344**	1,828	1,864	4,776	5,949	**•29,307**	**39,821**	13,313
愛　知	**441,162**	**22,731**	**3,319**	**3,785**	**37,690**	**7,384**	**21,514**	5,046	**16,604**	**39,413**	**233,704**	**40,789**
三　重	105,138	6,356	583	866	•24,767	2,501	1,102	4,718	3,698	**•24,085**	26,357	7,800
滋　賀	76,155	4,510	**1,993**	1,231	•18,915	**3,301**	909	•1,315	3,674	13,628	9,826	14,722
京　都	53,048	12,921	967	1,249	•4,394	1,823	636	892	2,009	•7,361	3,384	8,911
大　阪	**171,202**	16,027	2,855	**3,185**	**37,672**	2,352	**12,155**	**6,870**	**14,741**	13,965	22,321	**29,289**
兵　庫	**153,303**	**21,767**	1,232	3,100	27,980	3,207	**16,805**	2,466	**8,471**	**20,844**	15,477	**26,834**
奈　良	17,367	2,358	601	566	•3,472	315	345	•171	1,471	•321	•1,863	3,025
和歌山	24,021	2,380	629	349	•9,393	479	4,293	156	844	•420	219	•3,931
鳥　取	7,437	1,682	158	•904	•553	76	156	x	404	•2,568	•137	352
島　根	11,711	947	269	292	•642	421	1,535	x	357	4,589	637	•1,211
岡　山	70,881	7,542	**2,008**	1,136	•25,433	2,132	7,882	848	2,528	4,594	8,585	5,444
広　島	89,103	6,565	1,377	904	10,542	1,516	**9,980**	2,491	3,334	•6,246	**29,219**	13,280
山　口	56,275	2,677	477	•941	•26,964	2,398	5,206	•978	1,999	•943	9,657	•2,962
徳　島	18,020	1,770	210	1,215	•6,764	246	369	•13	764	•4,319	144	•1,046
香　川	25,444	4,109	380	1,293	•4,077	753	468	•4,288	1,842	•2,059	2,040	2,342
愛　媛	38,203	3,542	1,862	**5,405**	•5,052	479	1,090	**7,055**	822	•1,347	3,784	4,217
高　知	5,532	1,050	188	653	262	601	356	x	209	•104	412	•981
福　岡	89,950	15,307	505	994	11,235	**4,076**	7,710	1,300	5,720	5,095	**27,973**	6,641
佐　賀	20,334	5,112	215	•741	•2,664	495	•393	1,370	1,014	•3,964	1,890	•1,048
長　崎	16,301	3,008	234	44	398	504	215	20	700	•3,753	3,309	•3,800
熊　本	28,311	5,406	281	900	•3,822	824	463	287	1,662	•4,793	3,606	5,129
大　分	38,579	2,664	207	316	•8,118	1,204	•4,885	**6,633**	667	•4,201	6,550	2,432
宮　崎	16,463	5,496	747	356	•2,914	393	•206	33	376	•2,317	•685	•962
鹿児島	20,027	11,016	140	484	•484	1,832	63	•507	510	3,446	156	768
沖　縄	4,730	2,510	32	•63	•232	601	258	—	587	•49	•32	•78

①その他を含む　②化学工業，石油製品・石炭製品，ゴム製品，プラスチック製品の計（1980年以前はプラスチック製品を含まず）　③電気機械器具，情報通信機械器具，電子部品・デバイス・電子回路の計　④はん用機械器具，生産用機械器具，業務用機械器具の計（2000年以前は一般機械器具の数値）　Xは数値が秘匿されている　•は秘匿項目を含まない数値

p.101❶：第二次世界大戦以前の日本の工業は，繊維と軍需が中心だったが，戦後の高度経済成長期には重化学工業（鉄鋼・石油化学など）が主役となった。しかし，これらは1973年の石油危機を契機に停滞し，企業はエレクトロニクスなど知識集約型の先端技術産業に活路を求めた。輸出品もこれに対応し，繊維が後退して鉄鋼・造船が増加，さらに1975年以降は電気機械・自動車など付加価値の高い製品の割合が高まった。

❶工業製品別出荷額の多い都道府県（2020年）

製品	全国計（億円）	出荷額の上位3都道府県*（%）
バター	928	北海道（86.5）岩手（1.5）
チーズ	2,519	北海道（21.2）兵庫（20.1）神奈川（14.9）
味噌	1,388	長野（52.0）群馬（9.9）愛知（6.9）
しょうゆ	1,396	千葉（29.2）兵庫（14.8）愛知（7.6）
小麦粉	4,053	千葉（17.5）兵庫（14.7）愛知（11.5）
ビール	8,129	茨城（13.3）愛知（9.1）神奈川（9.1）
清酒	3,526	兵庫（19.4）京都（13.5）新潟（10.8）
ワイシャツ	107	熊本（9.7）長野（8.6）岡山（7.1）
ソックス	260	奈良（53.2）兵庫（16.3）長野（5.7）
タオル	442	愛媛（58.1）大阪（24.0）和歌山（4.1）
机・いす	1,468	岐阜（14.7）愛知（13.1）広島（6.6）
洗濯用合成洗剤	1,720	神奈川（27.4）大阪（17.5）千葉（14.0）
ガソリン	41,638	千葉（25.6）神奈川（19.0）山口（8.3）
ほうこ丁	218	岐阜（54.9）新潟（29.6）大阪（8.7）
印刷機械	1,274	茨城（28.1）広島（17.4）山形（9.2）
光学レンズ	1,032	長野（20.4）岩手（16.7）東京（13.2）
発光ダイオード（LED）	2,880	徳島（81.0）
パーソナルコンピュータ	7,090	神奈川（15.0）長野（12.2）兵庫（9.4）
印刷装置	1,535	長野（27.0）福島（14.5）静岡（12.0）
自転車・自転車部品	2,358	大阪（•63.8）埼玉（•9.2）岐阜（1.0）
貴金属製装身具	804	山梨（29.8）埼玉（17.2）東京（15.4）
真珠装身具	126	兵庫（48.5）三重（43.7）山梨（4.0）
野球用具	104	大阪（18.0）兵庫（10.9）埼玉（3.9）
眼鏡枠	353	福井（93.8）東京（1.2）
産業用ロボット	9,571	山梨（44.5）愛知（19.5）福岡（9.4）
半導体	8,582	兵庫（16.8）熊本（9.9）山梨（9.8）
集積回路	33,223	山形（6.9）大分（6.7）熊本（5.9）

＊秘匿の都道府県を除く　•は秘匿項目を含まない数値　経済センサス'21

❷工業製品出荷額の多い市（2020年）

都市名	都府県名	出荷額（10億円）	主要製品*の占める割合（%）
豊田	愛知	14,698	輸送（93.3）電気（1.2）プラスチック（1.1）
市原	千葉	3,969	石油（57.8）化学（31.7）金属（3.1）
堺	大阪	3,550	石油（33.5）鉄鋼（10.4）生産用（8.5）
大阪	大阪	3,531	化学（14.2）金属（11.1）鉄鋼（10.7）
横浜	神奈川	3,516	石油（22.8）食品（19.6）電子（11.3）
倉敷	岡山	3,474	石油（31.8）鉄鋼（20.8）化学（19.9）
神戸	兵庫	3,409	食品（26.8）はん用（14.7）輸送（13.3）
川崎	神奈川	3,400	化学（26.5）石油（24.1）鉄鋼（11.9）
東京23区	東京	2,999	印刷（20.2）食品（11.4）化学（10.2）
名古屋	愛知	2,993	電気（14.3）輸送（12.7）食品（12.6）
四日市	三重	2,870	電子（39.0）化学（24.8）石油（16.7）
広島	広島	2,805	輸送（57.6）生産用（14.9）食品（7.7）
大分	大分	2,341	非鉄（27.7）鉄鋼（20.6）化学（20.4）
太田	群馬	2,269	輸送（70.3）プラスチック（5.3）金属（4.7）
京都	京都	2,143	食品（33.1）業務用（10.9）電気（10.7）
北九州	福岡	2,108	鉄鋼（30.7）金属（12.1）化学（10.5）
静岡	静岡	2,057	電気（41.3）食品（14.6）化学（8.8）
姫路	兵庫	1,991	鉄鋼（23.3）電気（22.0）化学（14.7）
安城	愛知	1,932	電気（53.6）輸送（20.3）食品（6.7）
宇都宮	栃木	1,840	食品（41.6）化学（16.0）生産用（7.9）
岡崎	愛知	1,830	輸送（38.9）生産用（31.9）電気（7.4）
浜松	静岡	1,824	輸送（39.8）生産用（9.4）電子（9.4）
いなべ	三重	1,663	輸送（84.9）非鉄（7.5）窯業（2.4）
湖西	静岡	1,649	輸送（65.1）電気（28.1）プラスチック（1.6）
刈谷	愛知	1,582	輸送（62.8）はん用（13.7）生産用（7.1）
西尾	愛知	1,567	輸送（78.3）生産用（6.7）プラスチック（2.7）
池田	大阪	1,542	輸送（98.2）食品（•0.8）
福山	広島	1,496	鉄鋼（43.3）食品（7.2）生産用（7.1）
神栖	茨城	1,476	化学（63.2）食品（23.6）鉄鋼（2.1）
磐田	静岡	1,414	輸送（48.0）食品（22.2）電子（4.5）

＊食品：食料品・飲料・たばこ・飼料　印刷：印刷・同関連業　化学：化学工業　石油：石油製品・石炭製品　プラスチック：プラスチック製品　鉄鋼：鉄鋼業　非鉄：非鉄金属　金属：金属製品　はん用：はん用機械器具　生産用：生産用機械器具　業務用：業務用機械器具　電子：電子部品・デバイス・電子回路・情報通信機械器具　電気：電気機械器具　輸送：輸送用機械器具　•は秘匿項目を含まない数値　経済センサス'21

製品別国内シェア

❸製品別国内シェア（2015年）

日経産業新聞ほか

ビール系飲料

会社名	%	おもな工場所在地
アサヒビール	38.2	福島，茨城
キリンビール	33.4	北海道，神奈川
サントリービール	15.7	群馬，東京，京都
サッポロビール	11.8	北海道，宮城
オリオンビール	0.9	沖縄

化粧品

会社名	%	おもな工場所在地
資生堂	21.0	静岡，埼玉，大阪
カネボウ化粧品	15.0	神奈川
コーセー	14.0	埼玉，群馬
ポーラ・オルビスホールディングス	11.0	静岡
花王	7.0	東京，神奈川

冷凍食品

会社名	%	おもな工場所在地
マルハニチロ	22.2	北海道，宮城，山口
ニチレイ	21.8	北海道，山形
テーブルマーク	11.8	香川，新潟
味の素冷凍食品	11.0	群馬，香川
日本水産	8.3	東京，愛知，茨城

即席めん

会社名	%	おもな工場所在地
日清食品	43.3	茨城，静岡，滋賀
東洋水産	24.6	北海道，兵庫
サンヨー食品	15.0	群馬，奈良，福岡
明星食品	8.0	埼玉，兵庫
エースコック	8.0	東京，兵庫

デジタルカメラ

会社名	%	おもな工場所在地
キヤノン	33.3	長崎，大分，宮崎
ニコン	22.2	宮城，栃木
ソニー	11.2	岐阜，愛知
カシオ	9.7	山形，東京
オリンパス	9.2	東京，長野

薄型テレビ（2012年）

会社名	%	おもな工場所在地
シャープ	35.2	三重，大阪
パナソニック	20.6	栃木，兵庫
東芝	19.5	埼玉，兵庫
ソニー	11.6	愛知
オリオン電機	3.2	福井

携帯電話端末

会社名	%	おもな工場所在地
アップル	41.9	－
ソニーモバイルコミュニケーションズ	13.3	－
シャープ	10.9	三重，奈良，広島
京セラ	9.6	北海道，福島，大阪
富士通	8.9	栃木，兵庫

パソコン

会社名	%	おもな工場所在地
NECレノボ・ジャパングループ	26.3	山形
富士通	16.7	栃木，兵庫，島根
東芝	12.3	－
ヒューレット・パッカード	10.9	－
デル	10.1	－

自動車（万台）（2012年）

会社名	生産（乗用）	%	輸出台数	%	おもな工場所在地
総計	**855**	**100**	**480**	**100**	――
トヨタ自動車	317	37.1	195	40.5	愛知県豊田市・みよし市・田原市・碧南市
日産自動車	104	12.1	67	14.1	栃木県上三川町，神奈川県横須賀市，福岡県苅田町
本田技研工業	100	11.7	21	4.5	埼玉県狭山市，静岡県浜松市，三重県鈴鹿市
スズキ	89	10.4	20	4.1	静岡県浜松市・湖西市・磐田市
マツダ	83	9.7	67	14.0	広島県府中町，山口県防府市
ダイハツ工業	63	7.4	1	0.2	大阪府池田市，滋賀県竜王町，京都府大山崎町
富士重工業	55	6.5	38	7.9	栃木県宇都宮市，群馬県太田市・大泉町
三菱自動車	45	5.2	37	7.6	愛知県岡崎市，岡山県倉敷市
いすゞ自動車	－	－	18	3.7	栃木県栃木市，神奈川県藤沢市
日野自動車工業	－	－	10	2.0	群馬県太田市，東京都日野市・羽村市

世界の大企業

2022 Fortune Global 500ほか

❶世界の大企業(2021年)

総収入順位	企業名	国名(本社所在)	業種	総収入(億ドル)
1	ウォルマート	アメリカ合衆国	小売	5,728
2	アマゾン	アメリカ合衆国	インターネットサービス・小売	4,698
3	国家電網(ステートグリッド)	中国	電力配送	4,606
4	中国石油天然気集団	中国	石油精製	4,117
5	中国石油化工集団(シノペック)	中国	石油精製	4,013
6	サウジアラムコ	サウジアラビア	石油精製	4,004
7	アップル	アメリカ合衆国	コンピュータ	3,658
8	フォルクスワーゲン	ドイツ	自動車	2,958
9	中国建築工程	中国	建設	2,937
10	CVSヘルス	アメリカ合衆国	食品・ドラッグストア	2,921
11	ユナイテッドヘルス・グループ	アメリカ合衆国	ヘルスケア・保険	2,876
12	エクソンモービル	アメリカ合衆国	石油精製	2,856
13	トヨタ自動車	日本	自動車	2,793
14	バークシャー・ハサウェイ	アメリカ合衆国	保険・持株会社	2,761
15	ロイヤル・ダッチ・シェル	オランダ	石油精製	2,727
16	マクケッソン	アメリカ合衆国	ヘルスケア	2,640
17	アルファベット	アメリカ合衆国	インターネットサービス・小売	2,576
18	サムスン電子	韓国	電気・電子機器	2,443
19	トラフィグラ・グループ	シンガポール	商品取引・物流	2,313
20	鴻海精密工業(Foxconn)	(台湾)	電気・電子機器	2,146
21	アメリソースバーゲン	アメリカ合衆国	ヘルスケア	2,140
22	中国工商銀行	中国	銀行	2,090
23	グレンコア	スイス	鉱物生産・商品取引	2,038
24	中国建設銀行	中国	銀行	2,004
25	中国平安保険	中国	保険	1,996
26	コストコ	アメリカ合衆国	小売	1,959
27	トタル	フランス	石油精製	1,846
28	中国農業銀行	中国	銀行	1,814
29	ステランティス	オランダ	自動車	1,767
30	シグナ	アメリカ合衆国	ヘルスケア	1,741
31	中国中化集団(シノケム)	中国	化学	1,723
32	AT&T	アメリカ合衆国	通信	1,689
33	マイクロソフト	アメリカ合衆国	コンピュータ	1,681
34	中国中鉄	中国	建設	1,665
35	BP	イギリス	石油精製	1,642
36	カーディナル・ヘルス	アメリカ合衆国	ヘルスケア	1,625
37	シェブロン	アメリカ合衆国	石油精製	1,625
38	メルセデス・ベンツ グループ	ドイツ	自動車	1,583
39	中国鉄建	中国	建設	1,582
40	中国人寿保険	中国	保険	1,571
41	三菱商事	日本	商品取引・物流	1,537
42	中国銀行	中国	銀行	1,524
43	ホーム・デポ	アメリカ合衆国	小売	1,512
44	宝武鋼鉄集団	中国	鉄鋼	1,507
45	ウォルグリーン・ブーツ・アライアンス	アメリカ合衆国	食品・ドラッグストア	1,486
46	京東商城(JD.com)	中国	インターネットサービス・小売	1,475
47	アリアンツ	ドイツ	保険	1,445
48	アクサ	フランス	保険	1,444
49	マラソン・ペトロリアム	アメリカ合衆国	石油精製	1,410
50	エレバンス・ヘルス	アメリカ合衆国	保険	1,386

☞石油企業についてはp.80，コンピュータ，ソフト企業についてはp.92，多国籍企業についてはp.97を参照

❷食品工業(2021年)

※穀物メジャーなどを除く

企業名	国名(本社所在)	総収入(億ドル)	主要商品
ネスレ	スイス	953	インスタント飲料，乳製品
ペプシコ	アメリカ合衆国	795	各種飲料，菓子
JBS	ブラジル	650	食品加工，冷凍食品
アンハイザー・ブッシュ・インベブ	ベルギー	543	ビール，清涼飲料水
タイソン・フーズ	アメリカ合衆国	470	食品加工，冷凍食品
コカコーラ	アメリカ合衆国	387	飲料
ブリティッシュ・アメリカン・タバコ	イギリス	353	たばこ
フィリップモリス	アメリカ合衆国	314	たばこ
CJ第一製糖	韓国	301	製糖，食品加工
モンデリーズ・インターナショナル	アメリカ合衆国	287	各種飲料，菓子
ダノン	フランス	287	乳製品，食品

❸化学工業(2021年)

企業名	国名(本社所在)	総収入(億ドル)
中国中化集団(シノケム)	中国	1,723
BASF	ドイツ	929
浙江栄盛集団	中国	695
ダウ	アメリカ合衆国	550
盛虹集団	中国	539
浙江恒逸集団	中国	510
ライオンデルバセルインダストリーズ	オランダ	462
LG化学	韓国	378
三菱ケミカル	日本	354
3M	アメリカ合衆国	354

❹電気・電子・通信・事務機器工業(2021年)

企業名	国名(本社所在)	総収入*(億ドル)
アップル	アメリカ合衆国	3,658
サムスン電子	韓国	2,443
鴻海精密工業(Foxconn)	(台湾)	2,146
デル・テクノロジーズ	アメリカ合衆国	1,070
華為技術(Huawei)	中国	987
日立製作所	日本	914
ソニー	日本	883
レノボ・グループ	(ホンコン)	716
LG電子	韓国	669
パナソニック	日本	658

*電気関係以外も含む

❺鉄鋼業(2021年)

企業名	国名(本社所在)	生産量*(百万t)	総収入(億ドル)
宝武鋼鉄集団	中国	120.0	1,507
アルセロール・ミタル	ルクセンブルク	79.3	766
ポスコ	韓国	43.0	664
河鋼集団	中国	41.6	661
日本製鉄	日本	49.5	606
鞍鋼集団	中国	55.7	594
青山控股集団	中国	12.4	546
江蘇沙鋼集団	中国	44.2	471
首鋼集団	中国	35.4	421
山東鋼鉄集団	中国	28.3	413

*粗鋼生産量

❻半導体(2021年)

企業名	国名(本社所在)	売上高(億ドル)
サムスン電子	韓国	732
インテル	アメリカ合衆国	725
SKハイニックス	韓国	364
マイクロン・テクノロジー	アメリカ合衆国	286
クアルコム	アメリカ合衆国	271
ブロードコム	アメリカ合衆国	188
メディアテック	(台湾)	176
テキサス・インスツルメンツ	アメリカ合衆国	173
エヌビディア	アメリカ合衆国	168
AMD	アメリカ合衆国	163

ガートナー(2022年4月)

❼自動車工業(2021年)

企業名	国名(本社所在)	総収入(億ドル)
フォルクスワーゲン	ドイツ	2,958
トヨタ自動車	日本	2,793
ステランティス	オランダ	1,767
メルセデス・ベンツ グループ	ドイツ	1,583
フォード・モーター	アメリカ合衆国	1,363
BMW	ドイツ	1,315
本田技研工業	日本	1,295
ゼネラルモーターズ	アメリカ合衆国	1,270
上海汽車	中国	1,209
第一汽車	中国	1,094

❽金融業(2021年)

企業名	国名(本社所在)	総収入(億ドル)
バークシャー・ハサウェイ	アメリカ合衆国	2,761
中国工商銀行	中国	2,090
中国建設銀行	中国	2,004
中国平安保険	中国	1,996
中国農業銀行	中国	1,814
中国人寿保険	中国	1,571
中国銀行	中国	1,524
アリアンツ	ドイツ	1,445
アクサ	フランス	1,444
JPモルガン・チェース	アメリカ合衆国	1,272

※銀行・保険・投資会社など

❶おもな国の教育・文化(%, 2014年)

世図会2016/17ほか

国名	初等教育就学率①	中等教育就学率①	高等教育就学率①②	教師1人あたり児童数(人)③	識字率(2015年)④ ①	男	女	公的教育 年	支出⑤	日刊新聞成人千人あたり部数	固定電話百人あたり契約数'15	固定ブロードバンド百人あたり契約数'15
日本	13)102	13)102	13)62	13)17	…	…	…	'14	3.8	410	50.2	30.5
バングラデシュ	11)112	13)58	13	11)40	61.5	64.6	58.5	'13	2.0	…	…	2.4
中国	104	94	39	16	96.4	98.2	94.5	'14	…	…	16.5	18.6
インド	13)111	13)69	13)24	13)32	72.1	80.9	62.8	'12	3.8	293	2.0	1.3
イラン	109	88	66	26	86.8	91.2	82.5	'14	3.0	…	38.3	10.9
韓国	13)99	13)98	13)95	13)17	…	…	…	'12	4.6	…	58.1	40.2
タイ	104	13)86	53	15	96.7	96.6	96.7	'13	4.1	…	7.9	9.2
アルジェリア	119	11)100	35	24	80.2	87.2	73.1	'14	…	…	8.0	5.6
エジプト	104	86	32	23	75.2	83.2	67.3	'14	…	…	7.4	4.5
エチオピア	100	12)36	8	64	49.1	57.2	41.1	'13	4.5	…	…	…
ケニア	111	12)68	…	12)57	78.0	81.1	74.9	'10	5.5	…	…	…
南アフリカ共和国	100	94	13)20	32	94.3	95.5	93.1	'14	6.1	35	7.7	5.3
モロッコ	116	12)69	25	26	72.4	82.7	62.5	'14	…	…	6.5	3.4
フランス	105	111	64	13)18	…	…	…	'12	5.5	117	59.9	41.3
ドイツ	103	102	65	12	…	…	…	'12	4.9	232	54.9	37.2
イタリア	13)102	13)102	13)63	13)12	99.2	99.4	99.0	'11	4.1	61	33.1	23.8
ポーランド	13)101	13)109	13)71	13)10	99.8	99.9	99.7	'12	4.8	61	11.1	19.5
スウェーデン	121	133	62	12)10	…	…	…	'13	7.7	303	36.7	36.1
イギリス	108	128	56	17	…	…	…	'13	5.7	185	52.6	37.7
ロシア	99	101	79	20	99.7	99.7	99.7	'12	4.2	…	25.7	18.8
カナダ	13)101	13)110	…	…	…	…	…	'11	5.3	136	44.3	36.4
キューバ	98	100	41	9	99.7	99.7	99.8	'10	12.8	…	11.5	…
メキシコ	103	91	30	27	94.4	95.6	93.3	'11	5.2	…	15.9	11.6
アメリカ合衆国	100	98	87	15	…	…	…	'11	5.2	157	37.5	31.5
アルゼンチン	13)111	13)106	13)80	…	98.1	98.0	98.1	'13	5.3	29	24.0	16.1
ブラジル	13)110	13)102	13)46	13)21	92.6	92.2	92.9	'12	5.9	55	21.4	12.2
チリ	101	100	87	13)20	97.3	97.4	97.2	'13	4.6	…	19.2	15.2
オーストラリア	13)107	13)138	13)87	…	…	…	…	'13	5.3	106	38.0	27.9
ニュージーランド	99	117	87	14	…	…	…	'14	6.4	144	40.2	31.5

①男女平均 ②ほぼ大学進学年に相当する年齢で集計 ③初等教育 ④15歳以上 ⑤国内総生産に対する割合

❷おもな国の保健状況(2013年)

World Development Indicators 2015

国名	医療費 対GDP比(%)	医療費 公的支出(%)	医療費 自己負担分(%)	医療費 1人あたり支出(ドル)	人口千人あたり医師数①	人口千人あたり看護師・助産師数①	人口千人あたり病床数②
日本	10.3	82.1	14.4	3,966	2.3	11.5	13.7
中国	5.6	55.8	33.9	367	1.9	1.9	3.8
インド	4.0	32.2	58.2	61	0.7	1.7	0.7
ケニア	4.5	41.7	44.6	45	0.2	0.9	1.4
南アフリカ共和国	8.9	48.4	7.1	593	0.8	5.1	―
イギリス	9.1	83.5	9.3	3,598	2.8	8.8	2.9
デンマーク	10.6	85.4	12.8	6,270	3.5	16.8	3.5
ポーランド	6.7	69.6	22.8	895	2.2	6.2	6.5
ロシア	6.5	48.1	48.0	957	4.3	8.5	―
アメリカ合衆国	17.1	47.1	11.8	9,146	2.5	9.8	2.9
ブラジル	9.7	48.2	29.9	1,085	1.9	7.6	2.3
オーストラリア	9.4	66.6	19.1	6,110	3.3	10.6	3.9

①2008～14年 ②2007年12月

教育・文化の諸指標や保健の状況は，先進国で高く途上国で低い。識字率では，先進国がほぼ100%であるのに対し，発展途上国は60～70%にとどまり，男女差も大きいことに注意する。これらは貧富の差を反映し，出生率の大小に影響する。発展途上国の低所得者層の多産の背景には，教育費をかけないこと，労働力や跡継ぎとして老後の保障を期待できること，識字率が低いので家族計画が普及しないことなどがあげられる。

❸おもな国の物価の比較(円換算，2016年)

赤字は各項目の最大値

国際金融情報センター資料

品名	日本	中国15)(ペキン)	インド15)	モロッコ15)	ベルギー	ロシア15)	アメリカ合衆国(ワシントンD.C.)	ブラジル15)	オーストラリア
米 (1kg)	396	51	74	214	462	234	396	120	229
牛乳 (1L)	224	248	129	118	172	148	116	98	167
牛肉 (1kg)	2,830	1,543	―	1,355	2,195	724	1,567	1,090	2,449
じゃがいも (1kg)	336	48	31	62	186	267	169	83	245
ビール (350mL)	188	42	369	―	124	96	131	67	327
バス (普通運賃)	210	38	―	75	312	―	197	92	―
タクシー (初乗り)	730	248	―	20	300	―	338	139	294
液晶テレビ (1台)	55,354	24,757	26,005	37,280	70,758	―	22,552	33,761	―
乗用車(1.5～2.0L車，千円)	3,194	990	―	―	2,496	―	1,951	2,141	―
ガソリン (1L)	111	114	113	132	155	67	56	89	88

❶ 卸売業年間販売額（2015年）

市　名	10億円	%
全　国	**406,820**	**100**
東京23区	163,140	40.1
大阪市	36,986	9.1
名古屋市	23,884	5.9
福岡市	11,603	2.9
札幌市	7,666	1.9
仙台市	7,633	1.9
横浜市	6,688	1.6
広島市	6,381	1.6
さいたま市	3,840	0.9
神戸市	3,780	0.9

経済センサス'16　産業編市区町村表

❷ 小売業年間販売額（2015年）

市　名	10億円	%
全　国	**138,016**	**100**
東京23区	15,077	10.9
大阪市	4,578	3.3
横浜市	4,012	2.9
名古屋市	3,476	2.5
札幌市	2,290	1.7
福岡市	2,140	1.6
神戸市	1,869	1.4
京都市	1,830	1.3
仙台市	1,491	1.1
広島市	1,463	1.1

経済センサス'16　産業編市区町村表

❸ 卸売業1事業所*あたりの年間販売額（2015年）

県　名	百万円
全　国	**1,197**
東　京	3,313
愛　知	1,391
大　阪	1,378
宮　城	1,070
福　岡	969
広　島	955
群　馬	952
神奈川	860
北海道	804
兵　庫	796

＊事業所数（2016年）
経済センサス'16　産業編都道府県表

❹ 小売業1事業所*あたりの年間販売額（2015年）

県　名	百万円
全　国	**147**
東　京	213
神奈川	184
千　葉	176
愛　知	170
埼　玉	169
大　阪	163
北海道	161
宮　城	157
茨　城	140
福　岡	140

＊事業所数（2016年）
経済センサス'16　産業編都道府県表

❺ 業態別事業所数の推移

商業統計表'14ほか

	1982	1991	1997	2002	2007	2014
小売業*	**1,721,465**	**1,605,583**	**1,419,696**	**1,300,057**	**1,137,859**	**1,024,881**
コンビニエンスストア	23,235	23,837	36,631	41,770	43,684	35,096
専門スーパー	5,495	20,827	32,209	37,035	35,512	32,074
総合スーパー	1,293	1,683	1,888	1,668	1,585	1,413
百貨店	461	478	476	362	271	195
専門店・中心店	1,093,601	1,470,307	1,225,717	1,137,317	986,650	620,931

＊産業分類不能な事業所などを含む

❻ コンビニエンスストア（2014年）

商業統計表'14ほか

a. 店舗数

県　名	店舗数	%
全　国	**35,096**	**100**
東　京	4,319	12.3
神奈川	2,373	6.8
愛　知	2,204	6.3
北海道	2,194	6.3
大　阪	1,877	5.3
千　葉	1,694	4.8
埼　玉	1,670	4.8
福　岡	1,380	3.9
兵　庫	1,189	3.4
静　岡	1,111	3.2

b. 人口10万人あたりの店舗数

県　名	店舗数
全　国	**27.3**
北海道	40.2
宮　城	33.4
東　京	32.7
山　梨	32.5
岩　手	30.4
栃　木	30.2
茨　城	30.0
群　馬	30.0
山　形	29.9
青　森	29.6

c. 可住地面積100km²あたりの店舗数

県　名	店舗数
全　国	**28.7**
東　京	309.7
神奈川	161.8
大　阪	141.8
愛　知	73.9
埼　玉	64.9
京　都	55.4
福　岡	49.6
千　葉	48.0
兵　庫	42.8
静　岡	40.4

d. 1店舗あたりの販売額*

県　名	百万円
全　国	**184.6**
福　島	218.0
香　川	208.5
東　京	207.2
栃　木	205.5
山　口	202.4
千　葉	199.8
神奈川	198.4
埼　玉	196.2
静　岡	193.9
宮　城	192.4

＊年間販売額（2013年）

❼ おもなサービス業の産業分類別事業所数・従事者数・売上高（2012年）

おもなサービス業種	事業所数	事業従事者数（人）	売上高（億円）	1事業所あたり売上高（万円）	1事業従事者あたり売上高（万円）
サービス業（合計）	**2,797,083**	**25,112,306**	**2,782,969**	**9,950**	**1,108**
飲食店	719,747	3,864,616	152,946	2,125	396
洗濯・理容・美容・浴場業	397,844	1,213,027	49,314	1,240	407
不動産賃貸業・管理業	253,041	668,583	107,401	4,244	1,606
医療業	233,142	3,851,024	341,245	14,637	886
学校教育以外の教育，学習支援業	169,385	917,530	34,939	2,063	381
社会保険・社会福祉・介護事業	113,479	2,575,032	101,091	8,908	393
道路貨物運送業	65,340	1,559,167	190,416	29,142	1,221
娯楽業	65,029	945,855	222,876	34,273	2,356
宿泊業	62,970	767,811	56,813	9,022	740
道路旅客運送業	33,109	556,382	30,124	9,098	541
情報サービス業	29,216	993,423	161,783	55,374	1,629
広告業	11,769	137,116	73,091	62,103	5,331
通信業	9,922	196,051	130,879	131,904	6,676
鉄道業	4,553	211,957	49,278	108,223	2,325
水運業	3,882	56,925	43,169	111,191	7,583
放送業	1,667	76,765	35,559	213,375	4,632

赤数字は各項目の最大値　　　サービス産業動向調査

❶業種別繁忙日

サービス業基本調査 1999年11月15日調査

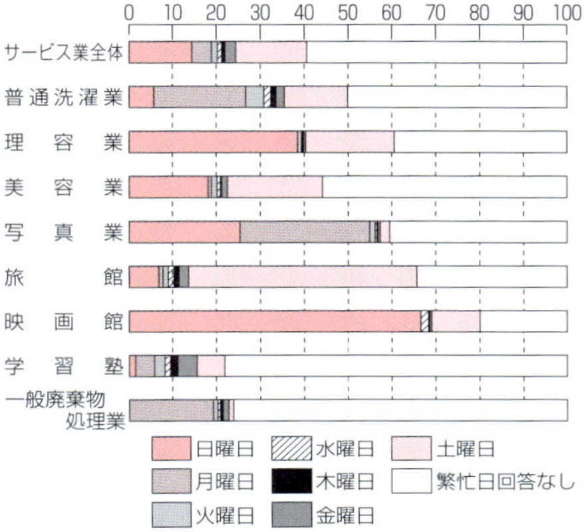

❷労働時間と休暇日数(2014年)

厚生労働省資料ほか

	日本	アメリカ合衆国	イギリス	ドイツ	フランス	イタリア
総実労働時間①	**1,729**	**1,789**	**1,677**	**1,371**	**1,473**	**1,734**
週あたり労働時間②	37.7	42.0	41.4	40.0	37.8	36.3
年間休日等の日数	**137.4**	(06)**127.2**	**137.1**	**145.0**	**145.0**	**140.0**
週休日	104.0	104.0	104.0	104.0	104.0	104.0
週休以外の休日	15.0	10.0	8.0	11.0	11.0	11.0
年次有給休暇	③18.4	13.2	25.1	30.0	30.0	25.0

①1人あたり平均年間総実労働時間(就業者)
②製造業の雇用者を対象とした数値。イタリアは全産業就業者
③日本は平均付与日数。取得日数の平均は8.8日

❸月別国内宿泊観光・レクリエーション(2009～2013年の1人あたり平均)

国土交通省資料

	1月	2月	3月	4月	5月	6月	7月	8月	9月	10月	11月	12月	年平均
旅行回数(回)	0.090	0.083	0.118	0.086	0.133	0.101	0.112	0.200	0.126	0.110	0.106	0.104	**1.364**
年に占める割合(%)	6.6	6.1	8.6	6.3	9.7	7.4	8.2	14.6	9.2	8.0	7.7	7.6	**100**
平均宿泊数(泊)	1.59	1.45	1.57	1.56	1.62	1.53	1.58	1.82	1.68	1.58	1.52	1.48	**1.60**

❹観光レクリエーション施設数

数字でみる観光'16ほか

a. スキー場(2016年)

県名	施設数
全国	**330**
長野	79
新潟	60
北海道	30
群馬	22
岐阜	18
福島	16
兵庫	13
岩手	11
山形	9
青森	8
富山	8

b. 海水浴場(2016年)

県名	施設数
全国	**1,111**
長崎	66
千葉	65
新潟	61
福井	57
山口	56
鹿児島	55
静岡	54
北海道	48
兵庫	40
沖縄	37

c. 温泉地*(2014年)

県名	温泉地数
全国	**3,088**
北海道	246
長野	221
新潟	151
福島	134
青森	132
秋田	125
静岡	119
群馬	103
鹿児島	100
千葉	94

*宿泊施設のある場所

d. ゴルフ場(2016年)

県名	施設数
全国	**2,264**
兵庫	159
千葉	158
北海道	153
栃木	132
茨城	119
静岡	90
岐阜	88
埼玉	83
群馬	78
長野	76
三重	76

e. 映画館(2015年)

県名	スクリーン数
全国	**3,437**
東京	358
愛知	258
大阪	224
埼玉	209
神奈川	208
千葉	199
福岡	178
兵庫	126
北海道	113
静岡	96

❺おもなテーマパークの入場者数(2014年度)

テーマパークなど	所在地	入場者数(千人)*
東京ディズニーランド・東京ディズニーシー	千葉県浦安市	31,377
ナガシマリゾート①	三重県桑名市	15,050
ユニバーサル・スタジオ・ジャパン	大阪府大阪市	12,700
東京ドームシティアトラクションズ	東京都文京区	5,287
海洋博公園②	沖縄県本部町	4,345
阿蘇ファームランド	熊本県南阿蘇村	4,017
横浜・八景島シーパラダイス	神奈川県横浜市	3,925
ラグーナテンボス	愛知県蒲郡市	3,260
ハウステンボス	長崎県佐世保市	2,794
首里城公園③	沖縄県那覇市	2,522

*集計期間は施設によって異なる　①ジャズドリーム長島を含む　②沖縄美ら海水族館を含む　③首里城を含む
数字でみる観光'16

p.106 ❺小売業の総数は減少しており，近年，とくに小規模な専門店の減少が著しい。かわって増加したのが，スーパーなど大型店と長時間・小規模ながら品ぞろえの多さを売り物にしたコンビニエンスストアである。大型店の増加は1992年の「大店法」改正による規制緩和の影響が大きく，モータリゼーションに対応し大規模な駐車場を備え，郊外に立地するものが多い。

p.106 ❻コンビニエンスストアは単身世帯の増加や女性の社会進出，夜型の生活パターンの増加など多様化する都市型の生活行動に対応し，大都市およびその周辺地域に多く立地する。

p.107 ❶❸サービス業は，所得水準の向上や余暇時間の増大に対応してきたが，年・週・日などを単位にみると余暇時間は時間的 かたより が大きいため，サービス業も繁忙期と閑散期の かたより が大きい。週単位でみると映画館や理容業のように土日に集中するものと，写真業・廃棄物処理業・洗濯業など休日明けの月曜日に集中するものがある。観光・レクリエーションはゴールデンウィークと夏休み期間に集中する傾向がある。

❶地域別国際観光客到着数・国際観光収入

地域	1990	2000	2010	2019	%
世界計	**435**	**680**	**956**	**1,466**	**100**
	2,702	**4,816**	**9,796**	**14,657**	**100**
アジア・太平洋地域	56	110	208	360	24.6
	465	902	2,543	4,414	30.1
中東	10	22	56	70	4.8
	51	176	522	905	6.2
アフリカ	15	26	50	70	4.8
	64	105	304	388	2.6
ヨーロッパ	262	393	491	746	50.8
	1,429	2,325	4,275	5,720	39.1
南北アメリカ	93	128	150	219	15.0
	693	1,308	2,152	3,230	22.0

上段：国際観光客数(百万人)
下段：国際観光収入(億ドル)
UNWTO資料

❷おもな国・地域の国際観光客到着数・国際観光収支(2019年)

国・地域名	国際観光客数(万人)	国際観光収支(億ドル) 収支	収入	支出
フランス	18)8,932	121	637	516
スペイン	8,351	517	796	279
アメリカ合衆国	7,926	587	1,933	1,346
中国	6,573	−2,188	358	2,546
イタリア	6,451	192	495	303
トルコ	5,119	257	298	41
メキシコ	4,502	147	246	99
タイ	3,992	463	605	142
ドイツ	3,956	−501	416	917
イギリス	3,942	−190	525	715
オーストリア	3,188	115	230	115
日本	3,188	248	461	213
ギリシャ	3,135	172	203	31
マレーシア	2,610	74	198	124
ロシア	2,442	−252	110	362
(ホンコン)	2,375	−5	264	269

UNWTO資料

❸おもな国の国別国際観光客数(2019年，万人)

UNWTO資料

出発国＼受入国	日本	中国	トルコ	フランス	スペイン	イタリア	オーストリア	ドイツ	イギリス	アメリカ合衆国	カナダ	オーストラリア
国際観光客数	**3,188**	**6,573**	**5,119**	18)**8,932**	**8,351**	**6,451**	**3,188**	**3,956**	**3,942**	**7,926**	**2,215**	**947**
日本	−	18)269	18)8	18)54	68	37	26	61	39	375	18)25	18)47
中国	959	−	18)39	18)218	70	41	103	155	88	283	18)74	18)143
韓国	558	18)419	18)16	18)−	63	5	32	34	30	230	18)25	18)29
フランス	34	18)50	18)73	−	1,115	798	57	192	357	184	18)60	18)14
スペイン	13	18)17	18)18	18)673	−	323	44	139	233	94	18)9	18)5
イタリア	16	18)28	18)28	18)696	453	−	111	185	220	109	18)12	18)8
スイス	5	18)7	18)27	18)677	181	320	145	340	93	47	18)12	18)6
オーストリア	3	18)7	18)35	18)55	120	431	−	212	34	20	18)4	18)2
ドイツ	24	18)64	18)451	18)1,227	1,116	1,395	1,438	−	323	206	18)41	18)21
オランダ	8	18)20	18)101	18)473	368	213	207	482	199	73	18)14	18)6
イギリス	50	18)61	18)225	18)547	1,801	601	97	255	−	478	18)79	18)73
ロシア	12	18)241	18)596	18)59	131	98	36	85	20	26	18)2	18)2
アメリカ合衆国	172	18)248	18)45	18)449	332	395	86	306	450	−	18)1,444	18)79
カナダ	38	18)85	18)11	18)119	45	104	13	32	87	2,072	−	18)18
オーストラリア	62	18)75	18)10	18)44	41	82	15	35	106	132	18)35	−

❹おもな東アジア・東南アジア・オセアニア諸国・地域の国際観光客数(万人)

受入国	1990	2000	2019
中国	1,048	3,123	6,573
タイ	530	958	3,992
日本	324	476	3,188
マレーシア	745	1,022	2,610
(ホンコン)	658	881	2,375
(マカオ)	251	520	1,863
ベトナム	…	214	1,801
韓国	296	532	1,750
インドネシア	218	506	1,546
シンガポール	464	606	1,512
(台湾)	193	262	1,186
(ハワイ)	672	695	1,024
オーストラリア	222	493	947
フィリピン	103	199	826
ニュージーランド	98	178	370
(グアム)	78	129	167
フィジー	28	29	89

UNWTO資料ほか

❺地域・国別訪日外国人旅行者数(2019年)

地域・国名	旅行者数(千人)	%
合計	**31,882**	**100**
アジア	26,819	84.1
北アメリカ	2,188	6.9
ヨーロッパ	1,987	6.2
オセアニア	722	2.3
南アメリカ	111	0.3
アフリカ	55	0.2
中国	9,594	30.1
韓国	5,585	17.5
(台湾)	4,891	15.3
(ホンコン)	2,291	7.2
アメリカ合衆国	1,724	5.4
タイ	1,319	4.1
オーストラリア	622	2.0
フィリピン	613	1.9
マレーシア	502	1.6
ベトナム	495	1.6
シンガポール	492	1.5
イギリス	424	1.3
インドネシア	413	1.3

日本政府観光局(JNTO)資料

❻日本人の海外渡航先(2019年)

日本政府観光局(JNTO)資料

出国先	日本人出国者数(千人)
アメリカ合衆国	3,753
(ハワイ州)	(1,576)
(グアム)	(688)
韓国	3,272
中国	18)2,690
(台湾)	2,168
タイ	18)1,656
ベトナム	952
シンガポール	884
フィリピン	683
スペイン	678
(ホンコン)	661
ドイツ	615
フランス	18)540
インドネシア	520
オーストラリア	499
マレーシア	425
イギリス	389
イタリア	373
オーストリア	256

総出国者数は20,081千人(2019年)

❶おもな国の国際収支(2020年，百万ドル)

赤字は各項目の上位3か国

国名	経常収支	貿易・サービス収支	第一次所得収支	第二次所得収支	資本移転等収支	金融収支	外貨準備
日本	164,497	-6,200	194,643	-23,946	-1,721	141,821	8,603
中国	273,980	369,673	-105,173	9,480	-77	—	—
韓国	75,276	65,755	12,050	-2,530	-339	77,116	17,392
シンガポール	59,786	108,518	-41,558	-7,175	—	60,443	74,831
マレーシア	14,342	21,810	-6,825	-644	-102	23,221	5,171
タイ	17,597	25,769	-14,049	5,877	43	23,822	18,356
インドネシア	-4,452	18,527	-28,911	5,932	37	-5,221	2,596
フィリピン	12,979	-18,759	4,357	27,382	63	11,415	16,022
ベトナム	12,487	18,648	-15,617	9,456	—	8,419	16,634
インド	32,730	-8,342	-32,045	73,117	-1,056	34,086	103,853
パキスタン	245	-23,779	-5,069	29,093	219	-247	1,256
バングラデシュ	1,082	-18,479	-2,778	22,339	214	766	9,890
サウジアラビア	-19,647	4,309	15,434	-39,389	-1,277	-22,058	-46,408
トルコ	-37,303	-28,727	-8,695	119	-39	-39,622	-31,846
エジプト	-14,236	-32,381	-11,016	29,160	-233	-23,528	-7,533
南アフリカ共和国	6,711	15,156	-5,806	-2,639	14	8,031	-3,406
スイス	28,094	69,002	-25,529	-15,379	-198	4,595	122,439
デンマーク	29,319	22,861	12,470	-6,012	-100	19,005	-457
スウェーデン	30,979	25,326	16,918	-11,265	282	18,305	354
オランダ	63,655	95,325	-16,267	-15,403	-216	64,643	-90
フィンランド	2,342	1,226	4,374	-3,257	224	-3,765	991
オーストリア	10,781	14,939	-361	-3,797	-658	5,877	1,740
ベルギー	4,324	7,260	5,532	-8,469	-165	1,722	1,029
ドイツ	268,526	221,505	106,189	-59,166	-5,648	268,018	-67
フランス	-49,060	-48,562	49,379	-49,877	2,300	-58,847	4,538
イギリス	-95,421	-10,819	-48,445	-36,157	-2,359	-124,163	-4,224
イタリア	69,735	71,912	19,814	-21,990	-400	58,227	4,631
スペイン	9,044	19,209	6,320	-16,489	5,810	19,438	-263
ギリシャ	-12,618	-12,737	-552	671	3,189	-8,844	1,772
ポルトガル	-2,425	-4,015	-3,499	5,088	2,566	596	-545
ポーランド	20,549	41,096	-18,686	-1,861	14,478	25,052	18,737
ロシア	36,113	76,690	-34,896	-5,681	-519	39,340	-13,754
アメリカ合衆国	-616,087	-676,679	188,463	-127,871	-5,487	-652,992	8,968
カナダ	-29,722	-33,663	7,362	-3,421	-36	-27,441	-699
メキシコ	26,122	22,924	-36,876	40,074	-13	18,573	11,997
アルゼンチン	3,313	12,391	-10,197	1,119	177	4,482	-6,913
ブラジル	-25,924	11,428	-39,696	2,344	4,141	-18,633	-14,215
ベネズエラ16)	-3,870	2,874	-6,918	174	-	-6,666	-6,348
コロンビア	-9,927	-13,371	-5,343	8,788	-	-8,338	4,311
チリ	3,370	13,371	-10,964	963	1	1,019	-2,870
ペルー19)	-3,531	3,500	-10,749	3,718	5	-2,347	8,088
オーストラリア	34,373	50,873	-15,430	-1,070	-726	29,761	-16,214

世界の統計2022

❷国内総生産(GDP)の上位10か国と割合(2021年)

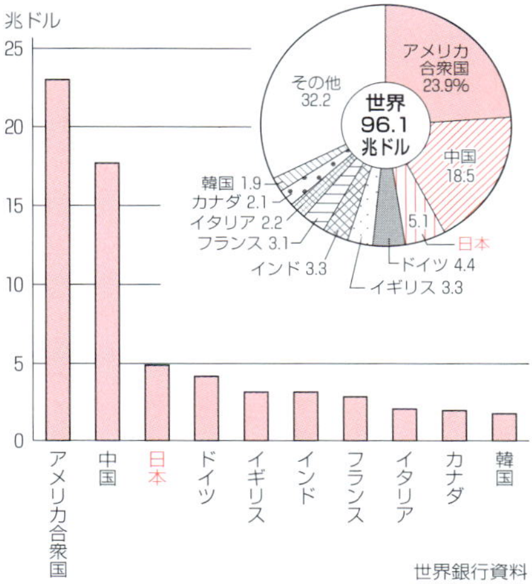

世界銀行資料

❸おもな国の実質経済成長率の推移

世界銀行資料

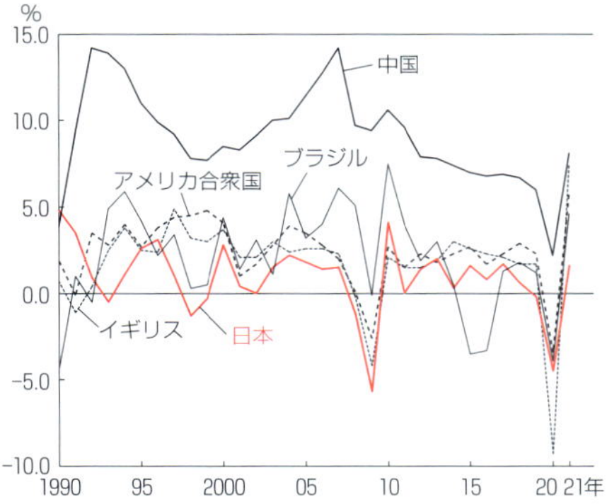

❶**経常収支**：国の国際収支を表す基準で，貿易･サービス収支,第一次所得収支,第二次所得収支の合計。
貿易・サービス収支：海外とのモノやサービスの取引に伴う金のやりとりの差額。貿易収支は輸入と輸出の差額。サービス収支は海外旅行や特許権，著作権等の使用料の受取・支払いなどが中心。
第一次所得収支：海外に保有する預金資産からの利子・株式配当や海外進出企業の収益。
第二次所得収支：対外援助や国際機関分担金，労働者送金など。
金融収支：海外の資産と負債の増減で，直接投資と証券投資が中心。
外貨準備：保有する外貨の額で，経常収支が大幅な黒字の国は金額が多い。

❷国内総生産(GDP)の上位3か国(米・中・日)で世界のGDP総額の半分近くを占め，さらに上位10か国合計では，GDP総額の3分の2にのぼる。

❸実質経済成長率は，2008年のリーマン･ショック(世界金融危機)では中国以外の各国が大きく下がった。中国は1990年代以降高い経済成長率を維持しているが，近年は10%を下まわっている。新型コロナウイルスの影響により，2020年は中国以外の各国で大きく下がった。

❶世界の1人あたり国民総所得（2021年，ドル）と人口増加率（2015～20年の平均，%）

世界銀行資料ほか

	高所得国①	高中所得国②	低中所得国③	低所得国④
人口増加率3.0%以上	バーレーン [20]19,930（4.3） オマーン [20]15,030（3.6）	モルディブ 8,400（3.4） 赤道ギニア 5,810（3.7）	アンゴラ 1,770（3.3） タンザニア 1,140（3.0）	マリ 870（3.0） ウガンダ 840（3.6） チャド 650（3.0） ニジェール 590（3.8） コンゴ民主 580（3.2） ブルンジ 240（3.1）
人口増加率2.0～3.0%	ルクセンブルク [20]81,110（2.0） カタール 57,120（2.3） クウェート [19]36,200（2.1）	ガボン 7,100（2.7） ボツワナ 6,940（2.1） イラク 5,040（2.5）	アルジェリア 3,660（2.0） エジプト 3,510（2.0） バヌアツ 3,140（2.5） パプアニューギニア 2,790（2.0） コートジボワール 2,450（2.5） ガーナ 2,360（2.2） ソロモン諸島 2,300（2.6） ナイジェリア 2,100（2.6） ケニア 2,010（2.3） モーリタニア 1,730（2.8） コンゴ共和国 1,630（2.6） カメルーン 1,590（2.6） セネガル 1,540（2.8） パキスタン 1,500（2.0） コモロ 1,460（2.2） ベナン 1,370（2.7） タジキスタン 1,150（2.4）	ザンビア 1,040（2.9） ギニア 1,010（2.8） トーゴ 980（2.5） エチオピア 960（2.6） ブルキナファソ 860（2.9） ルワンダ 850（2.6） ガンビア 800（2.9） ギニアビサウ 780（2.5） スーダン 670（2.4） イエメン [20]670（2.4） マラウイ 630（2.7） リベリア 620（2.5） シエラレオネ 510（2.1） マダガスカル 500（2.7） アフガニスタン [20]500（2.5） モザンビーク 480（2.9） ソマリア 450（2.8）
人口増加率1.0～2.0%	アイルランド 74,520（1.2） オーストラリア 56,760（1.3） イスラエル 49,560（1.6） アラブ首長国連邦 [20]39,410（1.3） ブルネイ [20]31,510（1.1） バハマ 27,220（1.0） サウジアラビア [20]22,270（1.9） チリ 15,000（1.2） パナマ 14,010（1.7）	コスタリカ 12,310（1.0） マレーシア 10,930（1.3） アルゼンチン 10,050（1.0） トルコ 9,830（1.4） メキシコ 9,380（1.1） カザフスタン 8,720（1.3） リビア 8,430（1.4） ドミニカ共和国 8,220（1.1） トルクメニスタン [19]7,220（1.6） ツバル 6,760（1.2） ペルー 6,520（1.6） 南アフリカ共和国 6,440（1.4） コロンビア 6,160（1.4） エクアドル 5,930（1.7） パラグアイ 5,340（1.3） トンガ [20]5,190（1.0） グアテマラ 4,940（1.9） アゼルバイジャン 4,880（1.0） ナミビア 4,550（1.9） ヨルダン 4,480（1.9） スリナム 4,440（1.0） ベリーズ 4,290（1.9）	インドネシア 4,140（1.1） ミクロネシア連邦 3,880（1.1） モンゴル 3,760（1.8） エスワティニ 3,680（1.0） フィリピン 3,640（1.4） チュニジア 3,630（1.1） ベトナム 3,560（1.0） イラン [20]3,370（1.4） ボリビア 3,360（1.4） モロッコ 3,350（1.3） カーボベルデ 3,330（1.2） ジブチ 3,300（1.6） キリバス [20]2,910（1.5） ブータン [20]2,840（1.2） バングラデシュ 2,620（1.1） ホンジュラス 2,540（1.7） ラオス 2,520（1.5） サントメ・プリンシペ 2,280（1.9） インド 2,170（1.0） ニカラグア 2,010（1.3） ウズベキスタン 1,960（1.6） 東ティモール 1,940（1.9） カンボジア 1,550（1.5） ハイチ 1,420（1.3） ジンバブエ 1,400（1.5） ネパール 1,230（1.5） キルギス 1,180（1.8）	エリトリア [11]600（1.2） 中央アフリカ 530（1.4）
人口増加率0.0～1.0%	モナコ [08]186,080（0.8） リヒテンシュタイン [09]116,440（0.4） スイス 90,360（0.8） ノルウェー 84,090（0.8） アメリカ合衆国 70,430（0.6） デンマーク 68,110（0.4） アイスランド 64,410（0.7） シンガポール 64,010（0.9） スウェーデン 58,890（0.7） オランダ 56,370（0.2） フィンランド 53,660（0.2） オーストリア 52,210（0.7） サンマリノ [08]51,810（0.4） ドイツ 51,040（0.5） ベルギー 50,510（0.5） カナダ 48,310（0.9） イギリス 45,380（0.6） ニュージーランド 45,340（0.9） フランス 43,880（0.3） 韓国 34,980（0.2） マルタ 30,560（0.4） スペイン 29,740（0.0） スロベニア 28,240（0.1） キプロス 28,130（0.8） エストニア 25,970（0.2） チェコ 24,070（0.2） スロバキア 20,250（0.1） ナウル 19,470（0.8） セントクリストファー・ネービス 18,560（0.8） バルバドス 16,720（0.1） ウルグアイ 15,800（0.4） トリニダード・トバゴ 15,070（0.4） アンティグア・バーブーダ 14,900（0.9） パラオ [20]14,390（0.5） セーシェル 13,260（0.7）	中国 11,890（0.5） ロシア 11,600（0.1） モーリシャス 10,860（0.2） セントルシア 9,680（0.5） グレナダ 9,630（0.5） ガイアナ 9,380（0.5） モンテネグロ 9,300（0.0） キューバ [18]8,630（0.0） セントビンセント 8,100（0.3） ドミニカ国 7,760（0.2） ブラジル 7,720（0.8） タイ 7,260（0.3） ベラルーシ 6,950（0.0） 北マケドニア 6,130（0.0） マーシャル諸島 5,050（0.6） フィジー 4,860（0.6） ジャマイカ 4,800（0.5） アルメニア 4,560（0.3）	エルサルバドル 4,140（0.5） サモア 3,860（0.5） スリランカ 3,820（0.5） レバノン 3,450（0.9） レソト 1,270（0.8） ミャンマー 1,140（0.6） 南スーダン [15]1,090（0.9）	北朝鮮 －（0.5）
人口減少国	アンドラ [19]46,040（－0.2） 日本 42,620（－0.2） イタリア 35,710（－0.04） ポルトガル 23,730（－0.3） リトアニア 21,610（－1.5） ギリシャ 20,140（－0.4） ラトビア 19,370（－1.1） ハンガリー 17,740（－0.2） クロアチア 17,150（－0.6） ポーランド 16,670（－0.1） ルーマニア 14,170（－0.7）	ベネズエラ [14]13,080（－1.1） ブルガリア 10,720（－0.7） セルビア 8,440（⑤－0.3） ボスニア・ヘルツェゴビナ 6,770（－0.9） アルバニア 6,110（－0.1） モルドバ 5,460（－0.2） ジョージア 4,740（－0.2）	ウクライナ 4,120（－0.5）	シリア [18]930（－0.6）

①1人あたりGNI13,205ドル以上　②1人あたりGNI4,256～13,204ドル　③1人あたりGNI1,086～4,255ドル　④1人あたりGNI1,085ドル以下　⑤コソボを含む

一般に人口増加率は低所得国で高く，高所得国で低い。例外は産油国で，所得水準は高いが人口増加率は他の途上国と同水準である。また，内戦を抱えた発展途上国は所得水準も人口増加率も低い。

❶世界の国・地域の貿易関係（2010年，%）

（先進国・地域）　統計月報

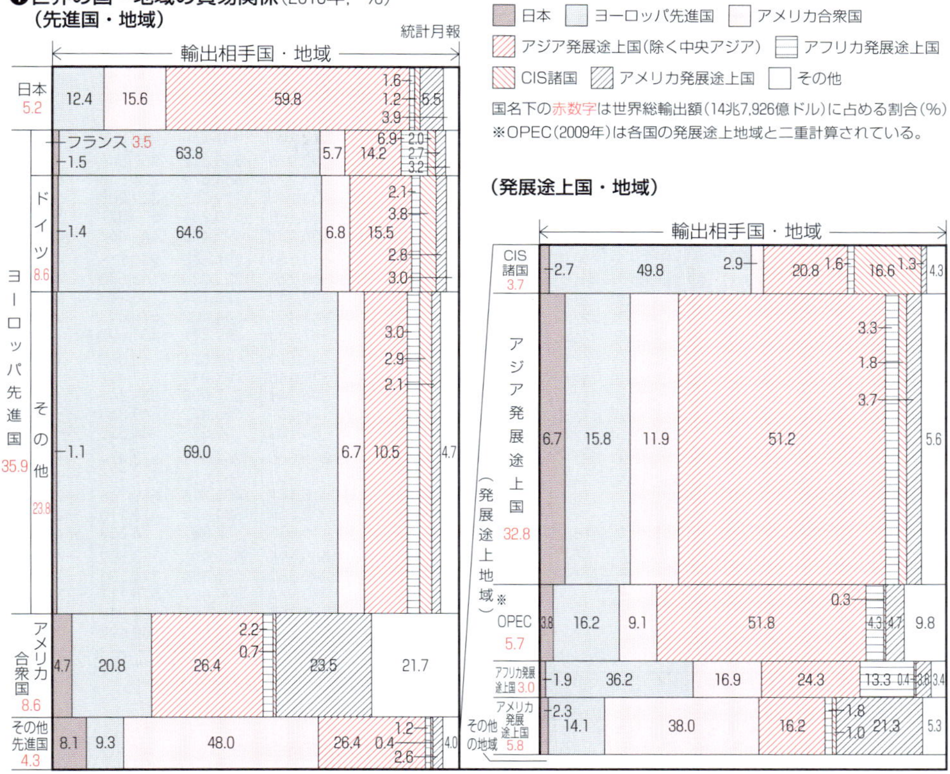

国名下の赤数字は世界総輸出額（14兆7,926億ドル）に占める割合（%）

※OPEC（2009年）は各国の発展途上地域と二重計算されている。

水平貿易：先進国間の貿易（とくに工業製品の取引）。世界の貿易総額の半分以上を占め，しばしば貿易摩擦が発生する。垂直貿易の対語。

垂直貿易：先進国と発展途上国との貿易（南北貿易）。とくに先進国が原燃料・食料品を輸入し，工業製品を輸出する形態。OPEC諸国は工業製品を輸入し原油を輸出。

保護貿易：自国の産業を保護・発展させることを目的として，輸入品の関税を高くしたり，数量を制限することで，輸入品の増加を防ぐ形態。

中継貿易：二国間貿易に第三国が仲立ちする貿易。第三国は貿易品通過で運賃や荷役などの収入を得る。

貿易依存度：貿易額÷国民総生産（GDP）×100で算出される値（%）。シンガポール，オランダなどの中継貿易国やASEAN諸国で値が大きい。

貿易摩擦：ある国や地域との間で，輸出と輸入に極端なかたよりが生じた場合や，自国からの輸出が相手国で差別的な扱いを受け，不利益が生じた場合に起こる国家間の対立。

❷おもな国の主要資源の世界市場における輸入シェア（2012年，%）

FAOSTATほか

品目	日本	イギリス	ドイツ	フランス	アメリカ合衆国	イタリア
小麦	4.1	1.2	2.0	0.2	1.6	3.9
とうもろこし	13.2	1.1	2.3	0.7	2.4	2.1
大豆	3.2	0.8	3.5	0.7	0.6	1.1
綿花	0.7	0.0	0.5	0.2	0.0	0.6
羊毛①	6.7	8.3	3.7	0.7	1.6	7.8
木材②13)	4.7	2.3	5.1	1.5	8.3	3.3
鉄鉱石13)	10.8	1.1	3.3	1.2	0.3	0.9
銅地金	0.4	0.4	8.3	2.5	7.4	6.8
石炭13)	18.7	3.6	4.3	1.9	0.6	1.8
原油13)	9.1	2.5	4.6	2.8	17.0	2.9
天然ゴム	3.1	3.6	2.6	1.0	2.8	1.9

＊金額ベースで算出。ただし，木材，銅地金は量で算出
①洗浄羊毛　②原木・製材の合計

❸貿易の増大と地域構成の変化

世貿ほか　－輸出と輸入の合計－

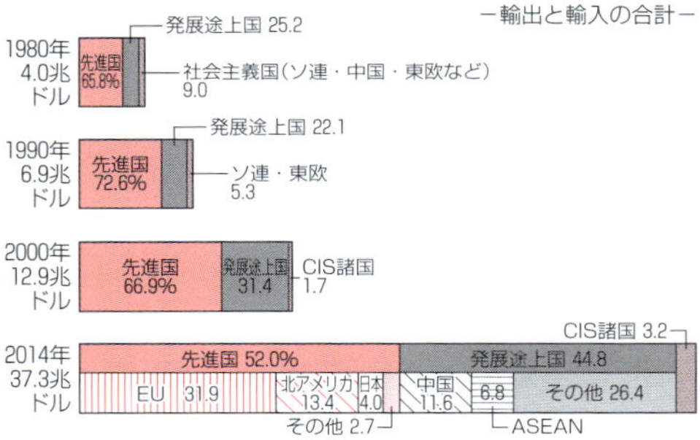

❶おもな国の貿易依存度

UN TRADE STATISTICSほか

国名	輸出依存度(%)			輸入依存度(%)		
	1980	2000	2021	1980	2000	2021
日本	12.2	9.9	15.3	13.3	7.8	15.6
インド	5.0	9.3	12.4	8.6	11.3	18.2
シンガポール	165.2	149.4	124.8	204.7	145.8	111.2
(ホンコン)	69.4	124.1	182.5	78.9	130.8	193.9
マレーシア	52.8	109.5	80.2	44.0	91.7	64.2
中国	6.1	23.1	19.0	6.7	19.1	15.1
(台湾)	47.8	47.2	57.6	47.7	44.5	49.2
韓国	28.0	37.7	35.8	35.6	35.1	34.2
タイ	20.1	56.5	51.9	28.5	50.7	54.0
ベルギー	①52.6	82.2	90.9	①58.4	76.5	85.1
オランダ	50.1	57.3	82.2	52.2	54.2	74.4
フランス	17.4	23.1	19.9	20.2	23.3	24.3
イタリア	21.5	22.2	29.1	27.8	22.0	26.2
ドイツ	②23.7	29.3	34.6	②23.1	26.6	29.6
イギリス	20.4	19.9	14.3	21.5	23.6	20.7
スウェーデン	24.8	38.2	30.6	26.8	32.0	29.9
スイス	29.2	31.2	44.9	35.8	31.7	36.5
ロシア	−	41.0	28.5	−	13.5	16.7
アメリカ合衆国	8.3	7.9	7.6	9.5	12.8	12.4
カナダ	26.2	40.2	25.1	24.2	34.7	24.2
メキシコ	8.0	[01]25.7	38.3	10.0	[01]27.2	40.2
アルゼンチン	10.4	9.3	15.8	13.7	8.9	12.8
ブラジル	8.6	9.3	17.5	10.6	9.8	14.5
オーストラリア	14.6	16.6	23.6	14.9	18.3	16.1
ニュージーランド	24.1	26.6	15.8	24.3	27.9	17.8

①ルクセンブルクを含む　②西ドイツ
貿易依存度＝輸出(入)額／国内総生産×100

❷おもな国の貿易バランス(2021年，百万ドル)

国名	貿易総額	輸出額	輸入額	貿易収支
中国	6,047,089	3,368,232	2,678,857	689,375
ロシア	804,120	506,788	297,333	209,455
ドイツ	2,710,809	1,460,058	1,250,750	209,308
サウジアラビア	437,732	289,821	147,911	141,910
オーストラリア	612,164	363,336	248,829	114,507
オランダ	1,593,978	836,312	757,666	78,646
スイス	661,227	364,679	296,548	68,131
マレーシア	538,246	299,038	239,208	59,829
イタリア	1,160,855	610,284	550,571	59,714
シンガポール	936,937	495,473	441,464	54,009
ブラジル	514,364	281,645	232,718	48,927
インドネシア	418,719	232,036	186,683	45,353
南アフリカ共和国	222,342	126,144	96,197	29,947
韓国	1,259,494	644,400	615,093	29,307
カナダ	981,588	499,891	481,697	18,193
アルゼンチン	140,612	77,551	63,060	14,491
スウェーデン	379,346	191,889	187,457	4,432
ポーランド	676,249	337,908	338,341	−432
ウクライナ	136,231	66,372	69,858	−3,486
ニュージーランド	84,100	39,575	44,525	−4,950
タイ	536,066	262,592	273,474	−10,882
日本	1,524,902	756,166	768,736	−12,569
メキシコ	1,015,144	495,378	519,766	−24,388
スペイン	802,669	384,459	418,210	−33,751
エジプト	116,335	37,982	78,353	−40,371
(ホンコン)	1,385,794	671,993	713,802	−41,809
フランス	1,299,339	585,036	714,303	−129,267
インド	970,934	394,822	576,111	−181,289
イギリス	1,116,806	456,856	659,950	−203,094
アメリカ合衆国	4,599,008	1,758,586	2,840,422	−1,081,836

UN TRADE STATISTICS

❸おもな国の貿易品目構成(2018年，%)

UNcomtrade

品目	日本	イギリス	ドイツ	フランス②	オーストラリア③	アメリカ合衆国	中国
総額(億ドル)	**7,382** **7,482**	**4,871** **6,696**	**15,625** **12,928**	**5,685** **6,594**	**2,302** **2,355**	**16,653** **26,114**	**24,942** **21,350**
食料品	0.9 8.8	6.2 9.2	5.1 7.1	11.8 8.9	13.2 6.2	7.0 5.6	2.8 3.4
原料品	1.4 6.4	2.0 2.4	1.7 3.6	2.4 2.5	33.3 1.6	4.8 1.8	0.7 13.1
鉱物性燃料	1.8 23.3	9.0 10.0	2.1 8.8	3.3 11.2	30.2 13.3	11.6 9.2	1.9 16.3
化学製品	10.7 10.3	14.4 11.3	15.6 14.0	18.4 13.2	2.9 9.4	13.3 10.1	6.7 10.4
機械機器	66.6 40.9	48.8 50.1	59.4 48.6	52.0 51.5	7.2 54.0	42.6 57.9	71.2 46.0
その他製品①	11.4 8.7	8.6 11.0	12.1 12.7	10.7 12.5	5.0 10.3	8.8 11.1	16.4 7.2
その他	7.2 1.6	11.0 6.0	4.0 5.2	1.4 0.2	8.2 5.2	11.9 4.3	0.3 3.6

上段…輸出，下段…輸入　①繊維品，鉄鋼，紙製品等　②モナコを含む　③輸出2017年

❹日本のおもな港別貿易額(2020年，億円)

輸出港	輸出額	上位３輸出品(%)
名古屋	104,137	自動車(24.6)自動車部品(16.6)原動機(4.3)
成田空港	101,588	半導体等製造装置(8.4)電子部品(7.3)科学光学機器(5.5)
横浜	58,200	自動車(15.9)原動機(5.3)プラスチック(4.7)
東京	52,331	事務用機器(6.7)自動車部品(5.8)半導体等製造装置(5.2)
関西空港	49,899	電子部品(28.6)電気回路等機器(6.2)科学光学機器(6.2)
神戸	49,010	プラスチック(7.4)建設用・鉱山用機械(5.0)原動機(4.8)
大阪	38,087	電子部品(14.3)コンデンサー(8.6)プラスチック(5.3)
博多	28,109	自動車(28.7)電子部品(27.9)半導体等製造装置(3.5)
三河	20,580	自動車(95.1)鉄鋼(1.2)その他の化学製品*(1.0)
清水	16,685	原動機(11.1)自動車部品(8.8)科学光学機器(7.4)

輸入港	輸入額	上位３輸入品(%)
成田空港	128,030	通信機(14.1)医薬品(13.5)事務用機器(10.8)
東京	109,947	衣類(8.3)事務用機器(7.8)肉類(4.5)
大阪	45,168	肉類(6.7)衣類(6.6)繊維製品(6.0)
名古屋	43,160	天然ガス類(6.9)衣類(6.9)原油・粗油(4.0)
横浜	40,545	原油・粗油(5.5)非鉄金属(5.2)有機化合物(3.4)
関西空港	37,464	医薬品(24.2)通信機(12.5)電子部品(10.0)
神戸	30,015	たばこ(9.1)衣類(6.8)無機化合物(3.7)
千葉	24,782	原油・粗油(38.9)天然ガス類(13.7)石油製品(12.8)
川崎	18,215	天然ガス類(26.3)肉類(18.0)原油・粗油(14.4)
四日市	10,774	原油・粗油(47.1)天然ガス類(19.8)石油製品(4.5)

*化粧品類，肥料，プラスチックなどを除いた化学製品　税関資料ほか

❺おもな国の主要資源の海外依存度*(2013年，%)

品目	日本	イギリス	ドイツ	フランス	アメリカ合衆国
小麦[11]	94.3	−12.3	−33.9	−57.9	−45.9
とうもろこし[11]	97.5	99.7	5.5	−89.4	−9.0
大豆[11]	97.4	100.0	95.1	84.0	−67.5
綿花[11]	100.0	100.0	100.0	100.0	−431.6
羊毛(洗上)[11]	99.9	5.6	26.0	0.4	8.8
木材[14]	24.7	28.8	3.5	−3.3	0.4
鉄鉱石	100.0	100.0	100.0	100.0	7.2
銅鉱石[12]	100.0	100.0	100.0	100.0	−33.3
石炭[12]	100.0	73.1	80.8	100.0	−28.5
原油	99.7	88.4	96.7	99.7	51.1
天然ガス	96.0	50.0	87.9	99.3	7.0

*海外依存度＝(輸入量−輸出量)/(消費量)×100　FAOSTATほか

貿易

EU*の貿易

＊2020年1月，イギリスがEUを離脱。2019年までのEUの数値にはイギリスを含む

（輸出）❶小麦の貿易（輸入）FAOSTAT

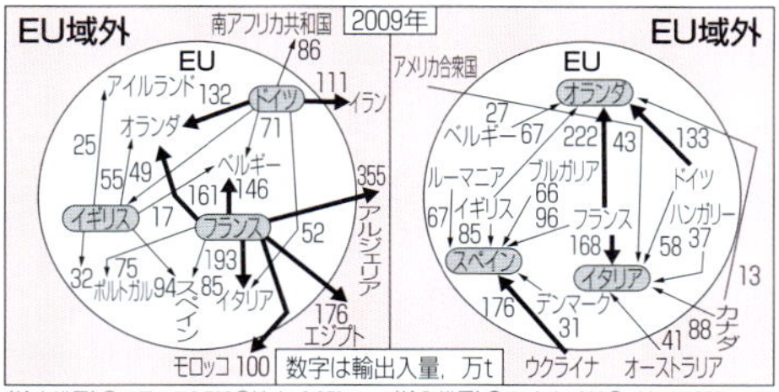

（輸出総量）①フランス1,796②ドイツ1,051③イギリス279

（輸入総量）①スペイン686②イタリア652③オランダ554

（輸出）❷石炭の貿易（輸入）EUROSTAT

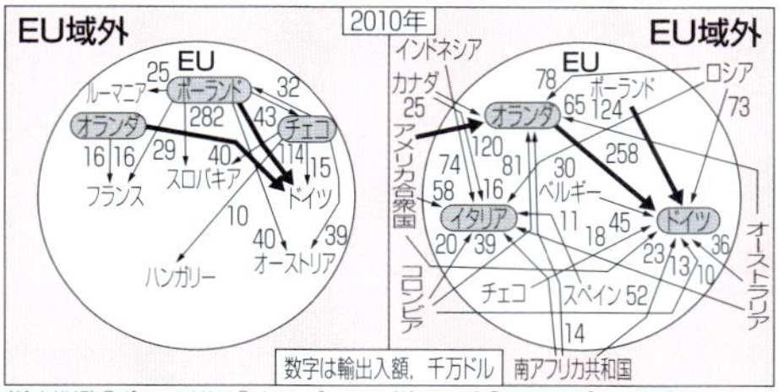

（輸出総額）①ポーランド368②オランダ344③チェコ153

（輸入総額）①ドイツ670②オランダ499③イタリア332

（輸出）❸ワインの貿易（輸入）FAOSTAT

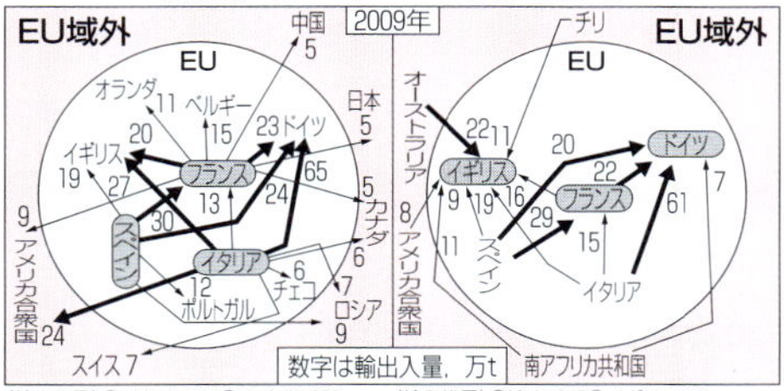

（輸出総量）①イタリア207②スペイン156③フランス123

（輸入総量）①ドイツ145②イギリス112③フランス61

（輸出）❹自動車の貿易（輸入）世界自動車統計'11

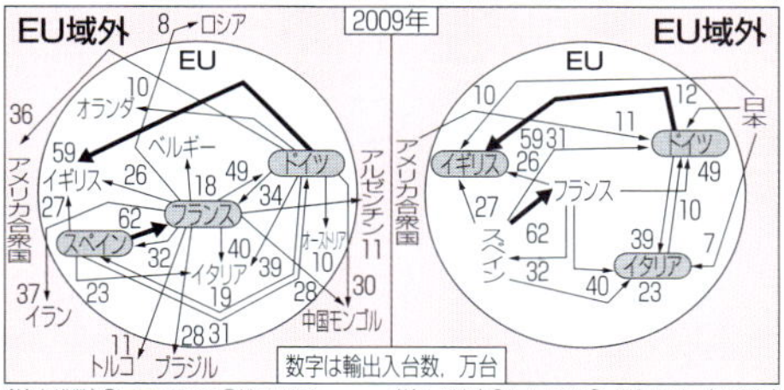

（輸出総数）①フランス388②ドイツ358③スペイン188

（輸入総数）①ドイツ246②イギリス212（2008年）③イタリア154

枠囲み国は，それぞれEU域内の輸出量・輸入量の上位３か国を示す。オランダは，ライン川河口に大規模な港湾ユーロポートがあり，EU域外からの石炭の輸入やEU域外への小麦の輸出の拠点になっているため，国内生産は少ないにもかかわらず貿易の上位に登場する。

❺EUの域外貿易（2010年，％）　EUROSTAT

品目	EU計（27か国）	EFTA	スイス	ノルウェー	アメリカ	日本	ロシア	中国	ブラジル	サウジアラビア	OPEC	NAFTA
輸出総額（億ドル）	**17,875.6**	**1,984.9**	**1,393.6**	**554.9**	**3,209.6**	**580.9**	**1,140.8**	**1,500.3**	**415.8**	**307.2**	**1,560.7**	**3,845.0**
食品	5.7	5.6	5.1	6.4	4.4	8.9	9.5	2.0	2.8	8.8	7.8	4.6
原料品	2.8	2.1	1.7	3.0	1.1	3.5	1.6	6.8	1.6	2.9	1.9	1.2
鉱物燃料	5.6	5.7	5.0	7.2	6.5	0.6	0.8	0.7	2.8	1.5	6.6	6.9
化学品	17.4	16.9	19.9	9.9	25.0	27.1	18.1	11.2	22.1	16.0	12.2	24.0
機械計	42.3	30.9	27.0	40.8	38.4	31.5	44.6	61.4	48.7	44.9	46.5	38.7
通信機器	2.7	2.7	2.3	3.7	2.1	1.4	4.3	1.5	1.6	3.5	3.6	2.0
電気機械	7.9	7.6	6.9	9.3	6.5	5.9	9.2	10.4	6.4	7.3	8.0	6.4
輸送機械	14.0	10.9	9.1	15.9	14.2	12.6	12.7	21.0	17.1	14.8	13.2	14.0
その他の製品	26.2	38.8	41.3	32.7	24.6	28.4	25.4	17.9	22.0	25.9	25.0	24.6
輸入総額（億ドル）	**19,988.0**	**2,203.2**	**1,101.8**	**1,052.1**	**2,256.8**	**871.3**	**2,120.0**	**3,742.1**	**431.0**	**215.9**	**1,719.5**	**2,699.0**
食品	5.3	5.0	3.8	5.2	3.4	0.3	0.4	1.4	29.2	0.1	2.2	3.9
原料品	4.7	1.8	1.7	1.9	4.5	1.1	2.5	1.0	34.7	1.3	1.0	6.2
鉱物燃料	25.4	27.8	1.2	57.0	5.9	0.7	74.9	0.1	6.8	77.1	88.1	6.8
化学品	9.1	19.7	35.6	3.8	22.8	9.9	2.9	3.9	6.5	17.6	4.0	20.7
機械計	29.5	13.0	20.4	5.3	39.1	67.4	0.8	51.3	10.4	2.5	1.4	38.3
通信機器	5.0	0.5	0.5	0.5	2.5	6.5	0.0	13.3	0.3	0.3	0.1	3.4
電気機械	11.8	3.7	6.2	1.1	9.1	21.6	0.2	28.4	0.7	0.5	0.3	8.7
輸送機械	6.7	2.2	2.4	1.9	10.4	20.7	0.2	4.2	5.1	0.6	0.3	10.5
その他の製品	26.0	32.7	37.3	26.8	24.3	20.6	18.5	42.3	12.4	1.4	3.3	24.1

❻EUのルート別域外貿易量（2010年，％）　EUROSTAT

ルート	EU計（27か国）	ベルギー	デンマーク	ドイツ	ギリシャ	スペイン	フランス	アイルランド	イタリア	オランダ	ポルトガル	イギリス
輸出総額（億ドル）	**17,875.6**	**1,101.6**	**332.2**	**5,016.1**	**80.9**	**796.1**	**2,045.7**	**487.9**	**1,906.7**	**1,307.8**	**121.7**	**1,870.3**
海路	47.4	42.0	47.8	50.2	97.4	69.3	42.5	24.3	55.8	46.7	78.3	52.3
陸路（車）	20.6	17.9	20.9	21.2	0.0	11.4	16.7	7.8	22.9	21.5	6.4	0.7
陸路（鉄道）	1.5	0.7	0.0	1.6	0.0	0.4	0.3	0.0	0.9	0.2	0.0	0.3
河川路	0.3	0.8	0.0	0.2	－	0.0	0.2	－	0.0	1.7	－	0.0
航空路	26.8	38.5	28.3	22.9	2.6	16.9	27.8	67.1	19.2	28.8	15.0	45.4
固定路①	0.3	0.0	0.7	0.3	0.0	0.2	0.6	0.0	0.1	0.2	－	－
輸入総額（億ドル）	**19,988.0**	**1,206.8**	**250.1**	**3,877.3**	**312.1**	**1,339.2**	**1,931.6**	**196.7**	**2,199.0**	**2,756.3**	**183.4**	**2,718.8**
海路	53.8	57.1	55.0	47.7	71.9	78.3	60.1	41.7	70.2	47.5	84.8	54.5
陸路（車）	13.9	16.4	25.8	15.1	7.8	6.6	14.0	0.9	9.5	18.6	4.8	0.0
陸路（鉄道）	1.1	0.0	0.0	0.3	0.3	0.0	0.1	0.0	0.2	0.0	0.0	0.0
河川路	0.2	0.7	－	0.2	0.0	0.0	0.1	0.0	0.0	0.3	－	－
航空路	19.4	22.5	13.0	22.6	8.3	9.0	19.7	51.8	10.4	18.1	9.3	30.8
固定路①	5.8	2.6	0.4	9.5	2.9	2.6	0.2	0.0	9.3	1.6	－	1.5

①ルートが決まっているもの（ルートは混合されている）

❶日本の輸出入額の推移（億円）

財務省貿易統計ほか

年	輸出額	輸入額	貿易収支	年	輸出額	輸入額	貿易収支
1932～34平均	18	19	－1	1980	293,825	319,953	－26,128
1942～44平均	16	19	－3	1985	419,557	310,849	108,708
1946	23	41	－18	1990	414,569	338,552	76,017
1950	2,980	3,482	－502	2000	516,542	409,384	107,158
1960	14,596	16,168	－1,572	2010	673,996	607,650	66,346
1970	69,544	67,972	1,572	2021	830,914	848,750	－17,836

❷日本のおもな品目別輸出額の推移（億円）

財務省貿易統計ほか

年	食料品	繊維原料	織　物	化学品	金属品	一般機械	電気機械	輸送機械	精密機械
1960	965	－	1,264	608	2,020	799	986	1,559	346
1970	2,333	720	4,061	4,442	13,698	7,222	10,314	12,395	2,254
1980	3,592	1,592	7,540	15,445	48,446	40,909	51,354	77,717	14,139
1990	2,372	1,214	5,581	22,950	28,246	91,757	95,269	103,667	20,013
2000	2,268	1,117	4,684	38,047	28,516	110,964	136,702	108,282	27,726
2010	4,061	1,266	3,119	69,253	59,925	133,166	126,505	152,581	21,051
2021	9,924	968	2,737	105,524	71,402	163,823	153,094	161,922	24,165

❸日本のおもな品目別輸入額の推移（億円）

財務省貿易統計ほか

年	食料品	繊維原料	金属原料	その他の原料品	鉱物性燃料	一般機械	電気機械	繊維製品	鉄　鋼
1960	1,969	2,844	2,423	－	2,498	1,015	122	－	317
1970	9,266	3,467	9,706	10,865	14,058	4,543	1,721	1,130	994
1980	33,264	5,473	19,252	29,597	159,324	8,639	6,364	7,237	2,038
1990	45,724	3,851	13,210	24,282	80,832	20,237	18,509	18,542	6,623
2000	49,664	1,035	9,323	16,062	83,166	45,006	58,249	26,422	3,943
2010	51,994	505	31,934	15,220	173,980	48,257	81,010	29,517	7,618
2021	73,825	601	49,617	19,146	170,071	76,819	136,478	38,388	10,645

❹日本のおもな商品の輸出額および相手先（2021年，億円）

財務省貿易統計

輸出商品	輸出額	おもな輸出相手国・地域および総額に対する割合（%）
織物用糸	1,118	中国（25.2）タイ（9.0）アメリカ合衆国（8.6）韓国（7.8）インド（6.6）
綿織物	349	中国（30.9）ベトナム（14.4）アメリカ合衆国（13.5）バングラデシュ（8.8）イタリア（5.4）
合成繊維織物	1,238	中国（29.9）ベトナム（26.4）アラブ首長国連邦（8.0）サウジアラビア（4.7）インドネシア（3.0）
セメント	420	シンガポール（21.1）オーストラリア（17.0）中国（16.4）ホンコン（12.9）ニュージーランド（8.0）
タイヤ・チューブ	5,625	アメリカ合衆国（25.7）オーストラリア（10.7）ロシア（7.1）アラブ首長国連邦（4.2）インドネシア（3.8）
プラスチック	29,765	中国（36.6）韓国（11.5）台湾（10.4）アメリカ合衆国（7.0）タイ（4.3）
鉄鋼	38,143	中国（16.5）タイ（14.9）韓国（13.2）台湾（6.3）メキシコ（5.8）
工作機械	7,126	中国（33.1）アメリカ合衆国（19.6）台湾（6.2）韓国（5.7）インド（4.0）
映像記録・再生機器	2,924	アメリカ合衆国（33.1）中国（21.7）オランダ（14.3）シンガポール（4.0）ドイツ（3.3）
IC（集積回路）	33,461	台湾（28.1）中国（25.5）ホンコン（11.3）韓国（8.6）ベトナム（6.6）
乗用車	93,860	アメリカ合衆国（37.3）中国（10.0）オーストラリア（8.3）カナダ（3.9）ロシア（3.3）
バス・トラック	12,919	オーストラリア（16.0）アメリカ合衆国（6.2）フィリピン（5.3）アラブ首長国連邦（5.3）台湾（4.6）
二輪自動車類	3,876	アメリカ合衆国（24.5）フランス（10.1）オランダ（9.2）イタリア（8.9）ベルギー（3.7）
貨物船	7,697	パナマ（50.8）リベリア（23.5）マーシャル諸島（9.8）シンガポール（8.8）フィリピン（1.9）

❺日本のおもな商品の輸入額および相手先（2021年，億円）

財務省貿易統計

輸入商品	輸入額	おもな輸入相手国・地域および総額に対する割合（%）
原油及び粗油	69,291	サウジアラビア（40.0）アラブ首長国連邦（34.8）クウェート（8.5）カタール（7.4）ロシア（3.7）
鉄鉱石	19,586	オーストラリア（55.3）ブラジル（28.3）カナダ（7.0）南アフリカ共和国（3.7）アメリカ合衆国（1.4）
合金鉄（フェロアロイ）①	3,196	カザフスタン（21.4）中国（14.2）ロシア（12.4）ブラジル（10.8）南アフリカ共和国（10.5）
DVDレコーダー等	660	中国（61.2）マレーシア（16.7）フィリピン（9.3）韓国（5.6）タイ（2.4）
カラーテレビ	2,844	中国（68.4）マレーシア（22.4）タイ（4.3）インドネシア（2.7）フィリピン（1.0）
乗用車	12,719	ドイツ（34.8）タイ（8.1）アメリカ合衆国（8.1）イギリス（7.9）イタリア（7.2）
IC（集積回路）	27,452	台湾（56.3）中国（9.7）アメリカ合衆国（9.5）韓国（7.7）マレーシア（3.6）
時計	2,783	スイス（78.8）中国（14.6）タイ（2.3）マレーシア（1.0）
パルプ	1,392	アメリカ合衆国（35.0）カナダ（20.6）ブラジル（16.3）チリ（7.1）ロシア（4.0）
綿織物	217	中国（39.2）インドネシア（17.5）パキスタン（14.0）タイ（8.2）イタリア（6.0）
チーズ・同原料	1,409	オーストラリア（19.1）ニュージーランド（18.8）アメリカ合衆国（15.2）オランダ（9.8）ドイツ（7.3）
豚肉	4,882	アメリカ合衆国（27.1）カナダ（25.7）スペイン（13.4）メキシコ（12.4）デンマーク（8.9）
牛肉	4,075	アメリカ合衆国（42.2）オーストラリア（40.5）カナダ（6.9）ニュージーランド（4.8）メキシコ（2.9）
魚介類・同調製品	15,158	中国（18.0）チリ（9.2）ロシア（9.1）アメリカ合衆国（8.6）ノルウェー（7.3）
小麦及びメスリン	1,958	アメリカ合衆国（45.1）カナダ（35.5）オーストラリア（19.2）
大豆	2,277	アメリカ合衆国（74.8）ブラジル（14.1）カナダ（9.9）中国（1.1）
金（非貨幣用）	328	台湾（45.9）マレーシア（14.7）スイス（12.1）韓国（11.7）アメリカ合衆国（5.3）

①鉄に数種類の金属を加えた合金。製鋼用の脱硫剤・脱酸剤などとして使用される。

貿易

❶おもなDAC諸国の開発援助(百万ドル)

世界の統計2015

国名	経済協力総額 1985～86	1991	2012	対GNI比(%)	ODA② 総額	対GNI比(%)	2国間計	多国間	その他政府資金	民間	民間贈与③
DAC①計	**55,624**	**94,662**	**474,415**	**1.07**	**126,881**	**0.29**	**88,550**	**38,331**	**9,792**	**307,990**	**29,753**
アメリカ合衆国	10,023	20,756	162,440	0.98	30,687	0.19	25,471	5,216	2,462	107,194	22,097
日本	12,860	24,490	48,977	0.80	10,605	0.17	6,402	4,202	5,393	32,494	487
ドイツ	6,819	13,098	34,876	1.00	12,939	0.37	8,584	4,355	−846	21,383	1,399
イギリス	4,574	5,623	63,461	2.57	13,892	0.56	8,709	5,182	36	48,508	1,025
フランス	7,770	6,478	29,578	1.11	12,028	0.45	7,928	4,100	−528	18,078	−
カナダ	1,623	4,009	18,515	1.04	5,650	0.32	4,053	1,598	1,626	9,194	2,045
イタリア	2,380	7,514	11,186	0.56	2,737	0.14	624	2,113	196	8,161	91
オランダ	2,722	4,415	19,943	2.56	5,523	0.71	3,858	1,665	−	13,891	528
スペイン	104	1,348	1,977	0.15	2,037	0.16	985	1,052	2	−63	−
スウェーデン	1,558	1,824	14,156	2.63	5,240	0.97	3,638	1,602	−48	8,946	19

①OECD開発援助委員会　②政府開発援助　③民間非営利団体による贈与

❷2国間ODA受取地域・国(百万ドル)

地域・国	1990	2000	2014	%
総計	**38,469**	**36,221**	**94,662**	**100**
西アジア・アフリカ	18,023	11,713	36,547	38.6
アジア	9,124	9,764	17,579	18.6
南北アメリカ	4,188	3,862	6,504	6.9
ヨーロッパ	775	2,093	3,222	3.4
オセアニア	1,215	712	1,567	1.7
アフガニスタン	100	88	3,908	4.1
ベトナム	108	1,263	2,427	2.6
エチオピア	510	380	1,915	2.0
インド	752	651	1,892	2.0
パキスタン	654	475	1,762	1.9

OECD資料

❸DAC諸国の技術協力(百万ドル)

ODA白書2014ほか

国名	1986	1990	2000	2012	%
DAC計	**9,157**	**11,727**	**12,767**	**18,333**	**100**
ドイツ	1,510	1,835	1,640	4,997	27.3
日本	748	1,463	2,430	2,843	15.5
フランス	2,334	2,029	1,283	2,086	11.4
オーストラリア	306	238	407	2,048	11.2
イギリス	570	753	685	1,148	6.3
カナダ	313	352	352	1,014	5.5
アメリカ合衆国	1,675	2,818	4,316	921	5.0
スウェーデン	−	−	70	610	3.3
スペイン	−	−	107	411	2.2
オランダ	451	795	579	385	2.1

❹日本の資金援助の推移(百万ドル)

ODA白書2014ほか

年	総計	政府資金計	政府開発援助	ODAのGNI比(%)	2国間計	うち贈与	対国際機関	その他政府資金	民間資金	民間贈与
1983	7,896	5,715	3,761	①0.32	2,425	993	1,336	1,954	2,151	30
1985	11,619	3,495	3,797	①0.29	2,557	1,185	1,240	302	8,022	101
1990	18,731	12,436	9,069	①0.31	6,785	3,014	2,282	3,367	6,192	103
1995	42,295	20,033	14,489	①0.28	10,419	6,298	4,071	5,544	22,046	216
2000	15,053	8,564	13,419	①0.28	9,640	5,813	3,779	−4,855	6,259	231
2010	41,051	16,869	11,112	0.20	7,428	6,954	3,684	5,757	23,490	692
2013	70,841	13,627	11,494	0.23	8,524	9,841	2,970	2,133	56,756	458

①2000年まではGNP比

❺日本の2国間ODA受取国(2013年，百万ドル)

ODA白書2014

援助国	2国間ODA計	贈与	政府貸付等	援助国	2国間ODA計	贈与	政府貸付等	援助国	2国間ODA計	贈与	政府貸付等
合計	**8,524**	**9,841**	**−1,317**	バングラデシュ	327	64	264	カンボジア	141	121	21
ミャンマー	2,528	3,287	−759	ケニア	270	113	157	スリランカ	105	52	53
ベトナム	1,307	129	1,178	タンザニア	197	284	−87	コンゴ民主	104	104	−
アフガニスタン	831	831	−	パキスタン	173	55	118	モザンビーク	98	129	−31
イラク	700	24	676	モンゴル	165	56	109	南スーダン	80	80	−
インド	662	42	620	エチオピア	150	150	−	モロッコ	77	16	61

❻日本の地域別技術協力(2010年度までの累計)

ODA白書2011

地域	経費総額(億円)	経費総額(%)	研修員受入(人)	専門家派遣(人)	調査団派遣(人)	協力隊派遣(人)	移住者事業等(人)	その他(人)
合計	**40,495**	**100**	**461,939**	**107,732**	**226,555**	**36,298**	**73,437**	**5,319**
アジア	17,246	42.6	250,299	67,104	124,673	10,513	0	1,666
北米・中南米	7,538	18.6	60,641	16,882	34,645	7,946	73,011	2,217
アフリカ	6,040	14.9	88,915	10,005	31,064	11,535	0	210
中東	2,782	6.9	33,998	7,308	17,167	2,477	0	552
オセアニア	1,141	2.8	10,694	2,074	5,714	3,070	426	485
ヨーロッパ	1,078	2.7	12,068	2,612	7,497	617	0	51
国際機関	300	0.7	5,323	1,623	0	140	0	138
区分不能	4,370	10.8	1	124	5,795	0	0	0

❶おもな国の輸出入品目および相手国（2021年，年次の異なる統計は国名の下に記載）（Ⅰ）　UN comtradeほか

国名	輸出総額(百万ドル) / 輸出品目(%) / 輸出相手国・地域(%)	食料品(%)	原・燃料(%)	製品(%)	輸入総額(百万ドル) / 輸入品目(%) / 輸入相手国・地域(%)	食料品(%)	原・燃料(%)	製品(%)
日本	640,621①	1.2	2.5	88.7	636,984①	9.8	23.4	64.9
2020年	一般機械19.2 電気機械18.9 自動車(部品を除く)14.0 自動車部品4.3 鉄鋼3.8				電気機械16.7 一般機械10.4 原油及び粗油6.8 液化天然ガス4.7 医薬品4.7			
	中国22.1 アメリカ合衆国18.4 韓国7.0 (台湾)6.9 (ホンコン)5.0				中国25.7 アメリカ合衆国11.0 オーストラリア5.6 (台湾)4.2 韓国4.2			
アゼルバイジャン	22,207	3.5	89.7	5.9	10,730	15.8	6.4	72.9
輸入2020年	原油59.5 天然ガス24.9 石油製品2.9 プラスチック類2.0 果実1.8				機械類23.8 自動車7.4 鉄鋼6.2 金属製品4.1 医薬品3.5			
	イタリア41.6 トルコ12.7 ロシア4.1 イスラエル4.0 クロアチア3.4				ロシア18.3 トルコ14.6 中国13.2 アメリカ合衆国5.9 ドイツ5.4			
アラブ首長国連邦	•335,297	3.8	52.8	34.7	•246,961	6.4	19.0	59.5
2020年	原油31.4 石油製品14.2 機械類13.5 金(非貨幣用)8.7 液化石油ガス6.1				機械類24.4 金(非貨幣用)15.1 原油8.7 石油製品6.5 自動車6.2			
	サウジアラビア6.5 イラク3.9 インド3.4 スイス2.9 オマーン2.9				中国16.0 アメリカ合衆国6.7 インド6.7 日本3.8 ドイツ3.5			
イスラエル	•60,157	3.4	2.0	90.8	•92,148	8.7	11.9	77.5
	機械類27.1 ダイヤモンド14.6 精密機械10.2 化学品5.4 航空機及び部品3.9				機械類24.5 自動車8.2 原油7.0 ダイヤモンド6.7 医薬品4.0			
	アメリカ合衆国27.1 中国7.3 インド4.5 オランダ3.7 イギリス3.4				中国18.1 アメリカ合衆国10.2 ドイツ6.2 トルコ6.1 イタリア3.8			
イラン	96,618	6.2	70.7	23.1	41,236	19.5	10.9	63.0
2018年	原油52.6 石油製品9.3 プラスチック類4.8 鉄鋼4.3 有機化合物4.2				機械類28.2 とうもろこし5.1 医薬品4.5 米3.9 自動車3.7			
	中国9.5 イラク9.3 アラブ首長国連邦6.2 アフガニスタン3.0 韓国2.7				中国24.9 アラブ首長国連邦13.8 インド6.4 トルコ6.3 ドイツ5.9			
インド	394,814	10.5	18.4	71.1	570,402	1.7	38.1	50.2
	石油製品13.7 機械類11.4 ダイヤモンド6.3 鉄鋼6.0 繊維品5.6				原油18.7 機械類18.6 金(非貨幣用)9.8 石炭4.7 ダイヤモンド4.6			
	アメリカ合衆国18.1 アラブ首長国連邦6.4 中国5.8 バングラデシュ3.6 (ホンコン)2.9				中国15.3 アラブ首長国連邦7.6 アメリカ合衆国7.3 スイス5.2 サウジアラビア4.9			
インドネシア	231,522	7.9	43.9	47.5	196,190	10.4	20.6	67.4
	石炭13.6 パーム油11.5 鉄鋼9.2 機械類7.9 自動車3.7				機械類24.7 石油製品7.1 鉄鋼6.3 プラスチック類4.5 繊維品3.6			
	中国23.2 アメリカ合衆国11.2 日本7.7 インド5.7 マレーシア5.2				中国28.7 シンガポール7.9 日本7.5 アメリカ合衆国5.8 マレーシア4.8			
カザフスタン	46,949	5.8	67.9	26.3	38,081	9.8	6.4	81.9
2020年	原油50.5 鉄鋼6.8 銅5.9 天然ガス4.0 天然ウラン3.6				機械類34.0 自動車5.8 金属製品5.1 鉄鋼4.9 医薬品4.2			
	中国19.2 イタリア14.2 ロシア10.4 オランダ6.7 ウズベキスタン4.5				ロシア34.9 中国16.7 韓国12.8 ドイツ4.7 アメリカ合衆国3.0			
韓国	512,710	1.6	6.2	91.9	467,498	6.2	25.0	68.6
2020年	機械類44.7 自動車10.4 プラスチック類5.4 石油製品4.5 鉄鋼4.3				機械類32.6 原油9.5 精密機械4.2 自動車3.9 液化天然ガス3.4			
	中国25.9 アメリカ合衆国14.5 ベトナム9.5 (ホンコン)6.0 日本4.9				中国23.3 アメリカ合衆国12.4 日本9.8 ドイツ4.4 ベトナム4.4			
サウジアラビア	•294,536	1.6	79.5	18.4	131,313	14.7	5.6	73.8
輸出品目2016年 輸出総額・国2018年 輸入2020年	原油65.6 石油製品11.4 プラスチック類6.8 有機化合物3.7 機械類1.3				機械類21.8 自動車10.6 鉄鋼4.5 医薬品4.4 石油製品2.9			
	中国3.3 アラブ首長国連邦2.8 シンガポール1.4 インド1.2 ベルギー0.8				中国20.2 アメリカ合衆国10.7 アラブ首長国連邦6.8 ドイツ5.2 インド4.8			
シンガポール	373,684	3.4	8.8	77.9	328,624	3.5	16.1	74.1
2020年	機械類50.5 石油製品7.3 精密機械5.1 金(非貨幣用)4.4 プラスチック類3.2				機械類49.2 石油製品9.5 金(非貨幣用)5.4 原油4.4 精密機械4.1			
	中国13.7 (ホンコン)12.4 アメリカ合衆国10.8 マレーシア8.9 インドネシア5.7				中国14.4 マレーシア12.7 アメリカ合衆国10.7 日本5.5 韓国4.7			
スリランカ	13,331	24.3	6.4	69.3	21,502	11.8	20.2	68.0
	衣類43.1 茶10.4 ゴム製品5.5 機械類4.4 繊維品3.8				機械類17.1 繊維品15.0 石油製品9.9 鉄鋼5.4 医薬品4.1			
	アメリカ合衆国24.7 イギリス7.5 インド6.7 ドイツ6.1 イタリア4.7				中国23.7 インド22.0 アラブ首長国連邦6.6 マレーシア3.8 シンガポール3.6			
タイ	231,388	14.1	7.2	72.9	207,696	6.6	16.9	74.1
2020年	機械類31.4 自動車9.9 金(非貨幣用)5.8 プラスチック類4.1 金属製品2.5				機械類32.1 原油8.5 鉄鋼4.8 自動車3.8 金属製品3.6			
	アメリカ合衆国14.9 中国12.9 日本9.9 (ホンコン)4.9 ベトナム4.8				中国24.0 日本13.3 アメリカ合衆国7.3 マレーシア4.9 韓国3.7			
(台湾)	446,379	1.2	3.7	94.5	381,494	3.4	17.1	77.8
	機械類59.5 プラスチック類5.0 精密機械4.6 金属製品3.4 鉄鋼3.1				機械類46.1 原油5.2 精密機械4.7 鉄鋼3.1 非鉄金属3.1			
	中国28.2 アメリカ合衆国14.7 (ホンコン)14.1 日本6.5 シンガポール5.8				中国21.6 日本14.7 アメリカ合衆国10.3 韓国8.0 オーストラリア3.9			
中国	3,362,302	2.2	1.9	94.7	2,684,363	4.9	31.5	61.3
	機械類43.1 衣類5.2 繊維品4.3 金属製品4.3 自動車4.2				機械類33.7 原油9.6 鉄鉱石6.8 精密機械4.0 自動車3.2			
	アメリカ合衆国17.2 (ホンコン)10.4 日本4.9 韓国4.4 ベトナム4.1				韓国8.0 日本7.7 アメリカ合衆国6.7 オーストラリア6.1 ドイツ4.5			
トルコ	225,219	9.9	7.5	80.1	•271,423	4.6	16.4	64.6
	機械類14.5 自動車10.8 鉄鋼8.4 衣類8.3 繊維品6.7				機械類19.0 鉄鋼6.4 プラスチック類6.0 自動車5.6 鉄くず4.1			
	ドイツ8.6 アメリカ合衆国6.5 イギリス6.1 イタリア5.1 イラク4.9				中国11.9 ロシア10.7 ドイツ8.0 アメリカ合衆国4.8 イタリア4.3			
パキスタン	28,795	16.1	5.1	78.8	72,892	5.3	42.8	51.8
	繊維品31.9 衣類29.4 米7.5 銅2.7 果実1.7				機械類16.4 石油製品11.0 原油5.8 医薬品5.6 液化天然ガス5.5			
	アメリカ合衆国21.1 中国10.5 イギリス7.3 ドイツ5.4 オランダ4.9				中国28.3 アラブ首長国連邦10.1 インドネシア5.8 アメリカ合衆国5.3 サウジアラビア5.2			
バーレーン	•14,167	4.3	52.4	40.7	18,588	9.5	42.0	47.3
2019年	石油製品42.1 アルミニウム13.4 鉄鉱石9.6 機械類3.8 金属製品3.6				原油28.7 機械類16.0 自動車6.5 鉄鉱石5.4 アルミナ4.9			
	サウジアラビア14.3 アラブ首長国連邦10.1 アメリカ合衆国5.6 オマーン3.1 エジプト2.7				サウジアラビア33.7 中国11.1 オーストラリア5.0 アラブ首長国連邦5.0 ブラジル4.6			
バングラデシュ	31,734	2.6	1.5	95.9	48,059	9.6	25.6	64.8
2015年	衣類84.2 繊維品5.1 履物2.2 冷凍エビ1.2 皮革製品1.1				繊維品17.2 機械類15.0 石油製品9.1 植物性油脂5.7 鉄鋼4.7			
	アメリカ合衆国19.3 ドイツ14.7 イギリス11.0 スペイン5.8 フランス5.5				中国21.5 インド12.2 シンガポール9.2 (ホンコン)5.5 インドネシア4.6			

•貿易相手上位5か国に秘匿を含む　①2020年平均為替レート(1ドル＝106.77円)で換算

❶おもな国の輸出入品目および相手国(2021年，年次の異なる統計は国名の下に記載)(Ⅱ)　UN comtradeほか

国名	輸出総額(百万ドル) 輸出品目(%) 輸出相手国・地域(%)	食料品(%)	原・燃料(%)	製品(%)	輸入総額(百万ドル) 輸入品目(%) 輸入相手国・地域(%)	食料品(%)	原・燃料(%)	製品(%)
フィリピン	74,620	6.8	8.5	83.3	124,390	11.7	15.7	72.5
	機械類63.7 銅3.2 精密機械2.9 ニッケル鉱2.6 果実2.5				機械類34.4 石油製品7.5 自動車5.6 鉄鋼4.5 医薬品3.1			
	アメリカ合衆国15.9 中国15.5 日本14.4 (ホンコン)13.3 シンガポール5.6				中国22.7 日本9.5 韓国7.7 インドネシア7.3 アメリカ合衆国6.7			
ベトナム 2020年	281,441	8.7	3.2	87.1	261,309	7.0	9.7	82.4
	機械類46.0 衣類10.0 履物6.1 家具4.0 鉄鋼2.2				機械類44.9 繊維品5.9 プラスチック類4.7 鉄鋼3.5 精密機械3.1			
	アメリカ合衆国27.4 中国17.4 日本6.8 韓国6.8 (ホンコン)3.7				中国32.2 韓国17.9 日本7.8 アメリカ合衆国5.3 タイ4.2			
(ホンコン)	670,926	1.4	0.6	93.0	713,173	3.7	2.0	89.8
	機械類73.0 金(非貨幣用)4.9 精密機械4.0 ダイヤモンド2.1 貴金属1.5				機械類68.2 金(非貨幣用)4.3 精密機械3.9 貴金属2.6 ダイヤモンド2.2			
	中国59.9 アメリカ合衆国6.0 インド2.6 日本2.3 ベトナム2.0				中国44.3 シンガポール7.6 韓国5.9 日本5.2 アメリカ合衆国4.2			
マレーシア	299,230	3.3	22.2	74.2	238,250	6.7	20.3	70.6
	機械類42.7 石油製品6.9 衣類4.9 パーム油4.7 精密機械3.8				機械類39.2 石油製品8.4 プラスチック類3.4 鉄鋼2.9 精密機械2.7			
	中国15.5 シンガポール14.0 アメリカ合衆国11.5 (ホンコン)6.2 日本6.1				中国23.2 シンガポール9.5 アメリカ合衆国7.6 日本7.5 インドネシア5.7			
アルジェリア 2017年	35,191	1.0	96.4	2.6	46,053	18.0	7.8	74.1
	原油36.1 天然ガス20.3 石油製品18.3 液化天然ガス10.4 液化石油ガス9.0				機械類26.4 鉄鋼8.1 自動車7.3 金属製品4.8 医薬品4.4			
	イタリア16.0 フランス12.6 スペイン11.7 アメリカ合衆国9.9 ブラジル6.0				中国19.3 フランス10.0 イタリア8.7 ドイツ7.5 スペイン7.3			
エジプト	•40,702	12.9	36.1	48.3	•73,781	14.8	25.9	58.2
	石油製品14.8 液化天然ガス9.6 原油7.2 機械類6.8 プラスチック類5.8				機械類15.2 自動車6.7 石油製品5.2 プラスチック類5.1 医薬品5.1			
	トルコ6.5 イタリア6.3 インド5.7 アメリカ合衆国5.3 サウジアラビア4.9				中国13.6 サウジアラビア8.5 アメリカ合衆国6.9 ドイツ4.5 トルコ4.2			
エチオピア 2020年	2,533	60.3	26.7	13.0	14,090	12.1	19.1	68.8
	コーヒー豆31.4 野菜21.4 ごま14.3 切花7.5 衣類5.5				機械類21.0 石油製品11.2 自動車7.1 鉄鋼5.9 医薬品4.2			
	ソマリア11.6 アメリカ合衆国10.2 オランダ7.5 サウジアラビア7.4 アラブ首長国連邦6.7				中国29.5 インド10.5 トルコ5.7 アメリカ合衆国5.1 イギリス4.8			
ケニア	6,751	41.8	25.7	32.3	19,594	10.3	25.8	63.9
	茶17.7 切花10.8 衣類5.8 野菜4.5 果実4.2				石油製品15.6 機械類14.7 鉄鋼7.2 自動車6.6 パーム油5.1			
	ウガンダ12.3 オランダ8.3 アメリカ合衆国8.0 パキスタン7.2 イギリス6.7				中国20.5 インド10.8 アラブ首長国連邦8.3 サウジアラビア5.3 日本4.6			
コートジボワール 2019年	12,718	50.8	30.8	9.9	10,483	20.7	23.0	56.3
	カカオ豆28.1 金(非貨幣用)8.5 石油製品8.5 天然ゴム7.1 原油7.1				機械類16.0 原油14.2 自動車6.0 米5.8 魚介類5.0			
	オランダ10.7 アメリカ合衆国6.0 フランス5.9 マレーシア5.0 ベトナム4.9				中国17.2 ナイジェリア13.5 フランス10.7 アメリカ合衆国5.0 インド4.3			
タンザニア	6,391	26.7	11.6	15.8	10,873	5.9	25.2	68.9
	金(非貨幣用)45.9 米4.7 野菜4.5 魚介類2.6 カシューナッツ2.6				石油製品19.4 機械類17.4 自動車8.5 鉄鋼7.0 プラスチック類5.6			
	アラブ首長国連邦16.5 インド15.8 南アフリカ共和国14.3 スイス8.2 ケニア6.2				中国24.8 アラブ首長国連邦12.5 インド11.1 サウジアラビア6.2 日本4.3			
チュニジア 2019年	•14,944	7.1	10.7	82.2	21,574	8.3	21.3	70.3
	機械類30.4 衣類15.2 原油4.1 精密機械4.1 自動車3.5				機械類23.3 石油製品9.1 繊維品7.4 石油ガス5.8 自動車5.3			
	フランス29.1 イタリア16.2 ドイツ12.8 スペイン3.8 リビア3.6				イタリア15.4 フランス14.2 中国9.5 ドイツ6.8 アルジェリア6.6			
ナイジェリア	47,232	2.6	90.3	7.1	52,068	13.1	33.2	53.7
	原油76.2 液化天然ガス10.4 船舶3.0 化学肥料2.0 ガス状炭化水素1.3				石油製品30.2 機械類20.3 自動車6.4 小麦5.2 プラスチック類4.7			
	インド16.4 スペイン11.8 フランス6.3 オランダ6.0 カナダ4.5				中国24.7 オランダ10.3 インド8.8 ベルギー7.3 アメリカ合衆国6.1			
マダガスカル 2020年	1,960	44.4	12.8	39.1	3,228	15.4	20.9	63.4
	バニラ26.1 衣類20.2 ニッケル7.3 魚介類7.1 希少金属鉱5.9				機械類13.0 繊維品11.4 石油製品11.4 自動車5.9 米5.6			
	フランス23.1 アメリカ合衆国22.5 ドイツ8.3 中国6.0 オランダ4.4				中国25.4 インド8.6 フランス7.2 アラブ首長国連邦6.6 南アフリカ共和国4.2			
南アフリカ共和国 2020年	•85,227	11.4	26.5	53.9	68,943	7.2	17.3	67.4
	プラチナ12.6 自動車9.8 金(非貨幣用)7.9 機械類7.6 鉄鉱石7.2				機械類23.8 原油7.4 自動車6.1 石油製品5.2 医薬品3.7			
	中国11.5 アメリカ合衆国8.4 ドイツ7.5 イギリス5.0 日本4.5				中国20.8 ドイツ9.1 アメリカ合衆国6.4 インド5.2 サウジアラビア3.9			
モロッコ 2020年	27,703	22.2	6.8	70.8	44,526	13.1	16.4	70.1
	機械類18.3 自動車13.0 化学肥料12.2 衣類9.2 魚介類7.5				機械類21.9 自動車8.9 石油製品6.9 繊維品5.9 プラスチック類3.4			
	スペイン23.9 フランス22.0 イタリア4.4 インド4.3 ブラジル4.1				スペイン15.4 中国12.2 フランス12.0 アメリカ合衆国6.3 トルコ5.5			
リビア 2018年	30,041	0.2	96.1	0.9	13,473	24.8	19.1	55.7
	原油84.2 液化天然ガス3.9 石油製品3.6 金(非貨幣用)2.7 液化石油ガス1.0				機械類17.6 石油製品16.2 自動車5.9 医薬品4.0 衣類3.6			
	イタリア33.6 中国16.6 スペイン10.1 フランス9.6 アラブ首長国連邦3.4				トルコ11.1 アラブ首長国連邦10.7 中国10.6 イタリア10.6 スペイン5.3			
アイスランド	5,974	44.2	4.4	50.9	7,838	10.6	17.7	71.7
	魚介類40.0 アルミニウム38.9 鉄鋼3.2 機械類2.9 飼料2.2				機械類22.4 自動車9.9 アルミナ7.6 石油製品6.8 金属製品3.3			
	オランダ27.2 スペイン11.8 イギリス9.6 フランス8.0 アメリカ合衆国7.8				ノルウェー9.7 中国8.9 ドイツ8.5 アメリカ合衆国8.2 デンマーク7.6			
イギリス	467,783	6.0	10.3	68.6	688,251	8.8	13.5	68.0
	機械類20.9 金(非貨幣用)8.9 自動車8.3 医薬品5.9 精密機械3.8				機械類20.7 自動車8.8 金(非貨幣用)8.0 医薬品4.0 原油3.5			
	アメリカ合衆国12.8 ドイツ8.7 スイス8.5 オランダ7.5 アイルランド6.2				中国13.2 ドイツ11.0 アメリカ合衆国8.7 オランダ6.0 ノルウェー5.2			

❶おもな国の輸出入品目および相手国（2021年，年次の異なる統計は国名の下に記載）（Ⅲ）　UN comtradeほか

国名	輸出総額（百万ドル） 輸出品目（%） 輸出相手国・地域（%）	食料品(%)	原・燃料(%)	製品(%)	輸入総額（百万ドル） 輸入品目（%） 輸入相手国・地域（%）	食料品(%)	原・燃料(%)	製品(%)
イタリア	601,663	9.3	4.9	83.3	557,228	8.4	18.1	71.1
	機械類24.4 自動車7.1 医薬品6.4 衣類4.6 鉄鋼4.4				機械類17.9 自動車7.7 医薬品5.8 原油5.4 鉄鋼4.8			
	ドイツ13.1 フランス10.3 アメリカ合衆国9.5 スイス5.4 スペイン5.0				ドイツ16.1 フランス8.3 中国8.2 オランダ5.9 スペイン5.1			
ウクライナ	65,870	26.8	28.9	43.8	69,963	9.4	21.0	69.0
	鉄鋼20.8 鉄鉱石10.3 ひまわり油9.6 とうもろこし8.9 機械類8.0				機械類21.2 自動車9.2 石油製品7.8 医薬品4.4 石炭3.9			
	中国12.1 ポーランド7.6 トルコ6.1 ロシア5.1 イタリア4.9				中国15.2 ドイツ8.7 ロシア8.4 ポーランド7.0 ベラルーシ6.7			
オーストリア	201,647	7.8	5.2	82.2	218,972	6.7	10.2	78.2
	機械類26.6 自動車8.8 医薬品7.2 金属製品5.5 鉄鋼4.8				機械類24.0 自動車9.2 医薬品5.0 金属製品4.5 衣類3.4			
	ドイツ29.5 イタリア6.6 アメリカ合衆国6.1 スイス5.1 ポーランド4.0				ドイツ39.7 イタリア6.2 スイス5.1 チェコ4.7 オランダ4.4			
オランダ	•693,800	13.2	14.9	67.8	•623,247	9.7	17.9	68.7
	機械類23.7 石油製品7.5 医薬品5.5 精密機械3.9 自動車3.7				機械類24.8 原油5.6 自動車4.9 石油製品4.5 医薬品4.2			
	ドイツ22.7 ベルギー10.7 フランス8.1 アメリカ合衆国4.8 イタリア4.3				ドイツ17.4 中国10.2 ベルギー9.9 アメリカ合衆国7.6 フランス3.6			
ギリシャ	47,206	16.7	34.6	45.8	75,984	10.7	29.7	56.8
	石油製品25.6 機械類8.6 医薬品7.2 アルミニウム4.9 プラスチック類3.0				原油15.5 機械類14.0 石油製品6.1 医薬品5.8 自動車4.1			
	イタリア9.8 ドイツ7.2 キプロス5.9 トルコ5.2 ブルガリア4.7				ドイツ10.6 イタリア8.0 中国7.8 ロシア6.7 イラク6.4			
クロアチア	22,674	12.8	23.5	63.2	33,646	12.1	16.4	71.3
	機械類15.8 医薬品5.3 電力5.2 石油製品4.5 金属製品4.0				機械類17.3 自動車6.4 医薬品5.5 衣類4.4 石油製品3.7			
	スロベニア12.7 イタリア12.5 ドイツ11.8 ハンガリー9.1 ボスニア・ヘルツェゴビナ8.5				ドイツ14.8 イタリア12.6 スロベニア11.0 ハンガリー7.3 オーストリア6.4			
スイス	379,457	2.8	1.7	72.4	321,934	4.3	4.3	62.4
	医薬品27.1 金(非貨幣用)22.9 機械類10.1 有機化合物7.3 時計6.4				金(非貨幣用)29.0 医薬品13.3 機械類12.0 自動車4.9 精密機械3.2			
	アメリカ合衆国16.5 ドイツ14.5 中国8.7 インド8.3 イタリア5.3				ドイツ19.3 イギリス11.2 アメリカ合衆国7.5 イタリア7.4 中国6.1			
スウェーデン	189,845	6.0	15.7	74.0	187,116	9.2	13.1	72.9
	機械類23.4 自動車12.3 医薬品5.9 紙・同製品5.0 石油製品4.9				機械類25.6 自動車10.2 原油5.1 鉄鋼3.5 医薬品3.2			
	ノルウェー10.7 ドイツ10.3 アメリカ合衆国8.1 デンマーク7.7 フィンランド7.1				ドイツ17.0 ノルウェー10.2 オランダ10.0 デンマーク6.9 中国6.8			
スペイン	391,559	15.6	10.2	67.6	426,060	9.3	18.4	66.9
	自動車13.7 機械類11.5 医薬品5.3 衣類4.1 石油製品4.0				機械類17.0 自動車8.9 原油6.9 医薬品6.0 衣類4.7			
	フランス15.2 ドイツ9.8 イタリア8.0 ポルトガル7.5 イギリス5.5				ドイツ10.6 中国9.7 フランス9.5 イタリア6.3 アメリカ合衆国4.7			
デンマーク	•125,015	16.5	8.8	72.9	121,784	11.6	12.0	75.0
	機械類21.1 医薬品15.8 衣類4.4 肉類4.0 魚介類3.3				機械類21.8 自動車7.8 医薬品5.5 衣類4.9 金属製品3.6			
	ドイツ12.9 スウェーデン9.3 ノルウェー5.7 イギリス5.0 アメリカ合衆国4.7				ドイツ20.6 スウェーデン12.6 オランダ8.2 中国8.0 ポーランド4.4			
ドイツ	1,630,918	5.2	4.8	86.0	1,422,819	6.9	13.1	74.5
	機械類27.8 自動車14.5 医薬品7.4 精密機械4.3 金属製品3.2				機械類24.4 自動車9.0 医薬品5.8 衣類3.3 天然ガス3.2			
	アメリカ合衆国8.9 中国7.6 フランス7.4 オランダ6.6 ポーランド5.6				中国11.9 オランダ7.6 アメリカ合衆国6.1 ポーランド5.7 イタリア5.4			
ノルウェー	161,687	9.1	68.5	19.2	99,193	8.5	13.6	76.9
	天然ガス34.2 原油25.7 魚介類8.3 機械類4.7 石油製品3.9				機械類22.2 自動車12.5 金属製品4.6 衣類3.0 医薬品3.0			
	イギリス20.5 ドイツ19.1 オランダ7.9 スウェーデン7.8 フランス7.2				中国13.2 スウェーデン11.3 ドイツ11.1 アメリカ合衆国6.3 イギリス4.6			
ハンガリー	141,257	7.1	5.8	86.6	138,905	5.2	11.3	81.9
	機械類39.2 自動車15.4 医薬品5.1 プラスチック類3.0 精密機械2.8				機械類36.4 自動車8.8 医薬品4.2 金属製品3.5 プラスチック類3.3			
	ドイツ26.7 イタリア5.9 ルーマニア5.3 スロバキア5.1 オーストリア4.5				ドイツ23.8 中国7.1 オーストリア6.1 スロバキア5.9 ポーランド5.7			
フィンランド	81,327	2.5	18.8	69.8	85,993	6.5	20.6	63.4
	機械類22.1 紙・同製品9.4 自動車6.1 鉄鋼9.4 石油製品5.4				機械類22.6 自動車8.7 原油5.0 石油製品3.6 金属製品3.2			
	ドイツ13.2 スウェーデン10.2 アメリカ合衆国6.6 オランダ6.1 ロシア5.4				ドイツ14.5 ロシア11.7 スウェーデン11.5 中国9.0 オランダ4.5			
フランス	585,148	12.9	6.2	77.4	714,842	9.1	12.8	76.3
	機械類18.8 自動車8.3 医薬品6.8 航空機5.3 芳香油，香水・芳香剤原料3.7				機械類21.1 自動車10.2 医薬品5.1 衣類3.8 石油製品3.5			
	ドイツ14.0 イタリア7.9 ベルギー7.6 スペイン7.4 アメリカ合衆国7.0				ドイツ16.8 ベルギー10.7 オランダ8.9 イタリア8.3 スペイン7.8			
ベラルーシ 2020年	•29,179	17.7	18.3	58.4	32,767	9.8	26.0	61.2
	機械類10.9 石油製品9.4 塩化カリウム8.3 自動車5.6 チーズ3.6				機械類17.9 原油11.9 天然ガス7.5 自動車5.5 鉄鋼4.3			
	ロシア44.6 ウクライナ10.8 ポーランド4.3 リトアニア3.5 ドイツ3.1				ロシア49.6 中国11.1 ドイツ5.1 ウクライナ4.2 ポーランド3.8			
ベルギー	336,468	9.6	12.5	77.0	344,685	7.9	19.8	72.0
	医薬品19.2 機械類9.8 自動車9.5 プラスチック類5.3 石油製品5.1				医薬品13.2 機械類13.1 自動車9.8 有機化合物7.8 原油4.4			
	ドイツ17.1 フランス13.4 オランダ12.1 アメリカ合衆国7.1 イギリス6.3				オランダ21.0 ドイツ15.9 フランス10.2 アイルランド5.5 アメリカ合衆国4.8			
ポーランド	317,832	12.9	4.7	82.2	335,451	7.5	9.8	80.3
	機械類25.1 自動車8.6 金属製品5.0 家具5.0 衣類3.7				機械類25.6 自動車7.9 鉄鋼5.1 プラスチック類4.8 衣類4.1			
	ドイツ28.6 チェコ6.0 フランス5.7 イギリス5.1 イタリア4.4				ドイツ21.1 中国14.8 ロシア6.0 イタリア5.0 オランダ4.1			

•貿易相手上位5か国に秘匿を含む　①輸出の天然ガスが特殊取扱品に分類されるようになり，原資料では詳細不明。ロシア連邦税関庁の統計によると，2019年の天然ガスの輸出額は41,633百万ドル（対総額9.8%）

❶おもな国の輸出入品目および相手国(2021年，年次の異なる統計は国名の下に記載)(Ⅳ)

UN comtradeほか

国名	輸出総額(百万ドル) 輸出品目(%) 輸出相手国・地域(%)	食料品(%)	原・燃料(%)	製品(%)	輸入総額(百万ドル) 輸入品目(%) 輸入相手国・地域(%)	食料品(%)	原・燃料(%)	製品(%)
ポルトガル	75,196	11.2	12.1	76.4	97,857	12.2	16.2	71.5
	機械類14.2 自動車12.6 衣類5.1 石油製品4.6 金属製品4.2				機械類18.7 自動車9.4 原油4.9 鉄鋼4.1 医薬品4.1			
	スペイン26.7 フランス13.1 ドイツ11.0 アメリカ合衆国5.6 イギリス5.2				スペイン32.8 ドイツ12.4 フランス6.7 オランダ5.4 イタリア5.1			
ルーマニア	88,390	10.3	8.6	80.5	116,402	9.1	10.8	79.5
	機械類28.9 自動車14.6 鉄鋼4.9 ゴム製品3.2 精密機械3.1				機械類26.4 自動車8.5 鉄鋼4.6 医薬品4.2 金属製品4.1			
	ドイツ20.5 イタリア10.4 フランス6.4 ハンガリー5.7 ポーランド4.0				ドイツ20.2 イタリア8.9 ハンガリー6.9 ポーランド6.2 中国5.5			
ロシア ①	337,104	6.7	48.4	27.7	231,664	10.8	5.3	80.0
	原油21.5 石油製品13.5 金(非貨幣用)5.5 鉄鋼5.0 石炭4.0				機械類32.3 自動車7.8 医薬品4.9 金属製品3.5 衣類3.3			
	中国14.6 オランダ7.4 イギリス6.9 ドイツ5.5 ベラルーシ4.7				中国23.7 ドイツ10.1 アメリカ合衆国5.7 ベラルーシ5.4 イタリア4.4			
アメリカ合衆国	1,753,137	7.8	19.4	63.6	2,932,976	6.2	9.8	79.4
	機械類23.2 自動車6.7 石油製品4.8 医薬品4.6 精密機械4.3				機械類29.3 自動車9.5 医薬品5.3 原油4.7 衣類3.6			
	カナダ17.5 メキシコ15.8 中国8.6 日本4.3 韓国3.8				中国18.5 メキシコ13.2 カナダ12.4 日本4.8 ドイツ4.7			
カナダ	501,201	10.3	35.4	46.9	489,490	8.3	9.0	78.3
	原油16.3 機械類9.2 自動車8.7 金(非貨幣用)3.1 木材2.9				機械類24.3 自動車13.3 医薬品4.0 金属製品3.0 鉄鋼2.8			
	アメリカ合衆国75.5 中国4.5 イギリス2.6 日本2.3 メキシコ1.3				アメリカ合衆国48.5 中国14.0 メキシコ5.5 ドイツ3.1 日本2.5			
キューバ 2006年	2,980	10.5	2.1	24.6	10,174	10.7	2.1	50.5
	医薬品9.6 たばこ7.4 機械類3.7 精密機械3.2 魚介類2.0				機械類23.8 精密機械2.9 金属製品2.9 自動車2.7 肉類2.0			
	ベネズエラ12.8 スペイン4.1 ロシア3.2 ボリビア1.6 フランス1.5				中国13.4 スペイン7.7 ドイツ5.7 アメリカ合衆国4.5 イタリア3.8			
ジャマイカ 2020年	1,218	30.2	63.1	6.3	4,698	20.9	21.1	58.0
	アルミナ35.0 石油製品19.4 アルコール飲料9.0 ボーキサイト7.3 野菜3.8				機械類14.4 自動車8.7 原油8.1 石油製品7.5 医薬品3.6			
	アメリカ合衆国46.6 カナダ9.7 オランダ8.1 アイスランド6.9 ロシア5.5				アメリカ合衆国39.7 中国8.3 ブラジル6.5 日本4.4 コロンビア2.9			
メキシコ	•494,596	8.5	8.0	77.5	506,565	5.4	11.1	76.2
	機械類34.6 自動車22.6 原油4.8 精密機械3.5 金属製品2.2				機械類35.4 自動車7.4 石油製品4.9 プラスチック類4.1 精密機械3.8			
	アメリカ合衆国78.1 カナダ2.6 中国1.8 ドイツ1.5 日本0.8				アメリカ合衆国43.7 中国19.9 韓国3.7 ドイツ3.4 日本3.4			
アルゼンチン	77,934	42.2	15.2	13.6	63,184	3.2	16.8	78.9
	とうもろこし10.8 大豆飼料9.4 大豆油6.9 自動車5.9 牛肉3.5				機械類26.0 自動車10.1 医薬品5.5 有機化合物5.1 石油製品4.5			
	ブラジル15.1 中国7.9 アメリカ合衆国6.4 インド5.5 チリ5.4				中国21.4 ブラジル19.6 アメリカ合衆国9.4 パラグアイ4.6 ドイツ4.0			
ウルグアイ 2020年	•6,853	54.8	28.1	17.1	7,564	14.7	14.6	70.7
	肉類26.8 木材11.8 大豆11.0 乳製品・鶏卵9.3 米6.7				機械類18.5 原油9.0 自動車8.6 化学品3.9 プラスチック類3.9			
	中国20.3 ブラジル15.4 アメリカ合衆国7.7 アルゼンチン4.4 アルジェリア3.1				ブラジル21.1 中国19.0 アルゼンチン13.0 アメリカ合衆国11.4 アンゴラ2.8			
エクアドル	26,699	47.5	43.6	6.6	25,687	11.4	21.5	65.9
	原油27.3 魚介類26.4 バナナ13.1 石油製品4.9 切花3.5				機械類17.8 石油製品9.6 自動車7.8 鉱物性タール6.2 医薬品6.0			
	アメリカ合衆国24.0 中国15.3 パナマ14.9 チリ4.2 ロシア3.7				中国23.5 アメリカ合衆国22.1 コロンビア7.0 ブラジル3.9 韓国3.6			
コロンビア	41,390	16.6	54.0	21.8	61,099	12.0	9.2	77.8
	原油27.1 石炭13.7 金(非貨幣用)7.6 コーヒー豆7.5 石油製品5.2				機械類21.0 自動車7.8 医薬品6.7 石油製品5.8 鉄鋼5.1			
	アメリカ合衆国28.1 中国8.8 パナマ5.8 インド5.4 ブラジル5.0				中国24.2 アメリカ合衆国23.2 メキシコ6.2 ブラジル5.7 ドイツ3.4			
チリ	94,705	19.7	42.9	36.5	91,837	10.4	17.6	72.0
	銅鉱石31.6 銅25.2 魚介類6.6 果実3.8 パルプ2.9				機械類23.8 自動車11.2 石油製品5.7 原油4.6 衣類3.5			
	中国38.8 アメリカ合衆国15.8 日本7.7 韓国5.1 ブラジル4.8				中国29.9 アメリカ合衆国17.4 ブラジル8.4 アルゼンチン5.3 ドイツ3.2			
ブラジル	280,815	20.0	52.2	25.9	234,690	4.5	16.7	78.8
	鉄鉱石15.9 大豆13.8 原油10.9 肉類7.0 機械類5.3				機械類26.4 化学肥料7.1 自動車6.4 石油製品5.9 有機化合物5.7			
	中国31.3 アメリカ合衆国11.2 アルゼンチン4.2 オランダ3.3 チリ2.5				中国22.8 アメリカ合衆国17.7 アルゼンチン5.3 ドイツ5.1 インド3.1			
ペルー 2020年	38,757	24.7	40.7	18.0	36,064	12.1	13.0	74.8
	銅鉱石23.7 金(非貨幣用)16.6 果実9.2 銅5.7 魚介類3.3				機械類24.4 自動車7.4 石油製品6.3 プラスチック類4.3 鉄鋼4.2			
	中国28.3 アメリカ合衆国16.1 カナダ6.2 韓国5.8 日本4.4				中国28.6 アメリカ合衆国18.5 ブラジル5.5 アルゼンチン4.6 メキシコ4.2			
ボリビア	11,080	11.6	54.0	11.3	9,618	7.4	24.9	67.7
	金(非貨幣用)23.0 天然ガス20.3 亜鉛鉱12.5 銀鉱7.9 大豆飼料6.4				石油製品23.3 機械類17.3 自動車9.0 鉄鋼6.7 プラスチック類4.2			
	インド16.7 ブラジル13.1 アルゼンチン9.4 日本8.3 コロンビア6.4				中国20.5 ブラジル17.7 アルゼンチン13.2 ペルー8.4 チリ6.6			
オーストラリア	•342,036	10.2	71.3	10.9	261,586	6.1	11.9	78.7
	鉄鉱石33.9 石炭13.6 液化天然ガス10.9 金(非貨幣用)5.1 肉類3.3				機械類26.2 自動車12.8 石油製品7.6 医薬品4.3 衣類3.3			
	中国34.2 日本8.9 韓国6.6 インド4.0 アメリカ合衆国3.2				中国27.9 アメリカ合衆国10.2 日本6.0 タイ4.4 ドイツ4.3			
ニュージーランド	73,366	62.7	13.8	20.3	49,882	10.8	10.5	77.1
	ミルク・クリーム19.1 木材7.7 羊・ヤギ肉6.5 牛肉6.3 果実5.2				機械類23.6 自動車14.0 原油3.9 石油製品3.7 衣類3.0			
	中国31.1 オーストラリア12.8 アメリカ合衆国10.8 日本5.5 韓国3.1				中国23.7 オーストラリア11.3 アメリカ合衆国8.5 日本6.4 ドイツ4.8			

❶日本のおもな貿易相手国別輸出入額および品目(Ⅰ)(2020年)(上段：日本からの輸入 下段：日本への輸出)

財務省貿易統計

貿易相手国	輸入額 輸出額 (百万円)	食料品(%)	原・燃料(%)	製品(%)	おもな輸出入品，および総額に対する割合(%) 1位	2位	3位	4位	5位
世界	**68,399,121**	**1.2**	**2.5**	**88.7**	**一般機械(19.2)**	**電気機械(18.9)**	**自動車(部品を除く)(14.0)**	**自動車部品(4.3)**	**鉄鋼(3.8)**
	68,010,832	**9.8**	**23.4**	**64.9**	**電気機械(16.7)**	**一般機械(10.4)**	**原油及び粗油(6.8)**	**液化天然ガス(4.7)**	**医薬品(4.7)**
ASEAN	9,842,963	1.4	4.7	84.0	電気機械(23.3)	一般機械(17.2)	鉄鋼(7.3)	自動車部品(4.1)	自動車(部品を除く)(3.7)
	10,677,797	8.8	16.6	71.6	電気機械(23.0)	一般機械(8.3)	衣類・同付属品(8.3)	液化天然ガス(6.5)	木製品及びコルク製品(2.8)
EU①	6,460,307	0.5	1.2	91.0	一般機械(22.0)	電気機械(18.4)	自動車(部品を除く)(14.6)	自動車部品(6.1)	有機化合物(4.0)
	7,831,652	12.4	3.4	83.4	医薬品(19.9)	一般機械(10.2)	自動車(部品を除く)(9.7)	電気機械(8.8)	有機化合物(6.4)
USMCA②	14,278,289	0.8	1.0	92.6	自動車(部品を除く)(27.2)	一般機械(21.8)	電気機械(14.4)	自動車部品(6.7)	科学光学機器(2.3)
	9,204,306	19.0	21.2	58.3	一般機械(12.1)	電気機械(11.8)	医薬品(7.6)	肉類・同加工品(6.9)	科学光学機器(4.9)
MERCOSUR③	393,910	0.2	1.5	94.9	一般機械(22.5)	自動車部品(21.1)	電気機械(14.9)	有機化合物(8.8)	自動車(部品を除く)(5.1)
	896,707	37.7	43.2	18.8	鉄鉱石(34.2)	とうもろこし(13.5)	鶏肉(8.8)	有機化合物(6.0)	コーヒー豆・同製品(4.2)
アラブ首長国連邦	593,255	0.6	0.7	91.8	自動車(部品を除く)(47.4)	一般機械(17.5)	自動車部品(5.7)	電気機械(4.9)	鉄鋼(4.8)
	1,750,218	0.0	96.6	3.3	原油及び粗油(83.7)	揮発油(8.0)	アルミニウム・同合金(3.0)	液化天然ガス(2.6)	液化石油ガス(1.1)
イスラエル	161,554	0.2	0.3	93.9	自動車(部品を除く)(42.4)	一般機械(27.9)	電気機械(7.0)	写真・映画用材料(2.6)	プラスチック(1.8)
	131,745	6.5	1.1	90.7	電気機械(36.8)	科学光学機器(13.1)	一般機械(13.1)	果実(5.8)	金属製品(5.4)
イラン	8,561	0.0	7.8	70.2	電気機械(33.5)	一般機械(11.9)	写真・映画用材料(11.3)	繊維原料(7.2)	科学光学機器(5.5)
	3,618	35.2	1.1	63.5	敷物類(62.5)	香辛料(17.0)	果実(15.6)	いか(1.5)	キャビア(0.9)
インド	970,960	0.1	3.8	93.2	一般機械(21.9)	電気機械(14.3)	銅・同合金(9.9)	プラスチック(8.6)	無機化合物(7.6)
	505,020	12.3	23.2	63.4	有機化合物(16.4)	揮発油(13.1)	魚介類(8.0)	一般機械(6.0)	ダイヤモンド(5.2)
インドネシア	980,916	0.6	3.4	92.1	一般機械(24.3)	電気機械(12.8)	鉄鋼(12.5)	自動車部品(8.3)	プラスチック(4.0)
	1,656,435	7.4	43.0	48.6	石炭(13.7)	電気機械(9.9)	貴金属くず(6.6)	液化天然ガス(5.9)	衣類・同付属品(5.8)
オマーン	137,807	0.3	0.9	97.8	自動車(部品を除く)(63.9)	鉄鋼(9.0)	一般機械(9.0)	自動車部品(7.6)	電気機械(2.6)
	156,639	1.1	97.3	1.5	液化天然ガス(72.5)	原油及び粗油(22.2)	天然石膏(1.8)	アルミニウム・同合金(1.1)	魚粉飼料，ミール及びペレット(0.6)
カタール	108,602	0.3	0.5	97.4	自動車(部品を除く)(46.1)	鉄道車両(14.9)	一般機械(11.9)	鉄鋼(10.4)	電気機械(3.4)
	980,736	0.0	98.3	1.5	原油及び粗油(40.6)	液化天然ガス(36.8)	揮発油(19.0)	液化石油ガス(1.3)	アルミニウム・同合金(0.9)
韓国	4,766,546	0.7	6.9	86.8	一般機械(22.1)	電気機械(17.6)	鉄鋼(6.8)	プラスチック(6.2)	有機化合物(4.9)
	2,841,607	9.3	13.3	71.2	電気機械(14.3)	一般機械(11.9)	石油製品(10.9)	鉄鋼(9.3)	プラスチック(4.1)
クウェート	150,438	0.2	0.1	98.9	自動車(部品を除く)(74.2)	鉄鋼(10.1)	一般機械(5.5)	タイヤ・チューブ(1.8)	自動車部品(1.7)
	487,032	0.0	99.9	0.0	原油及び粗油(85.1)	揮発油(12.0)	液化石油ガス(2.8)	合金鉄(0.0)	アルミニウム・同合金(0.0)
サウジアラビア	452,596	0.4	0.4	98.0	自動車(部品を除く)(57.5)	一般機械(11.6)	鉄鋼(8.6)	自動車部品(4.2)	タイヤ・チューブ(3.3)
	1,969,649	0.0	97.1	2.7	原油及び粗油(93.2)	揮発油(2.1)	有機化合物(1.2)	アルミニウム・同合金(0.9)	銅鉱(0.6)
シンガポール	1,887,604	1.4	4.4	68.9	電気機械(21.3)	一般機械(14.2)	金(8.7)	船舶類(8.0)	石油製品(4.2)
	915,384	5.5	4.5	83.4	一般機械(21.7)	医薬品(14.8)	電気機械(14.3)	科学光学機器(8.4)	有機化合物(8.3)
タイ	2,722,588	1.2	2.3	90.5	電気機械(21.0)	一般機械(20.7)	鉄鋼(10.7)	自動車部品(7.9)	プラスチック(3.7)
	2,540,056	16.9	3.3	77.3	電気機械(25.9)	一般機械(12.6)	肉類・同加工品(8.2)	自動車(部品を除く)(4.1)	科学光学機器(3.6)
(台湾)	4,739,146	1.9	1.7	90.7	電気機械(27.1)	一般機械(18.1)	プラスチック(5.7)	自動車(部品を除く)(5.7)	鉄鋼(3.5)
	2,862,922	2.4	3.2	85.4	電気機械(49.5)	一般機械(8.5)	プラスチック(3.9)	鉄鋼(2.5)	金属製品(2.5)
中国	15,082,039	0.9	2.2	91.0	一般機械(22.6)	電気機械(21.7)	自動車(部品を除く)(6.0)	プラスチック(5.9)	科学光学機器(4.5)
	17,507,743	4.7	1.7	92.7	電気機械(29.1)	一般機械(19.5)	衣類・同付属品(8.4)	繊維製品(4.9)	金属製品(3.5)
パキスタン	124,324	0.0	2.6	94.6	自動車(部品を除く)(25.1)	鉄鋼(20.1)	一般機械(18.2)	自動車部品(9.4)	電気機械(6.6)
	24,169	9.3	21.0	69.0	繊維製品(25.4)	衣類・同付属品(22.5)	揮発油(8.1)	有機化合物(7.5)	魚介類(7.1)
フィリピン	939,601	0.8	1.5	88.9	電気機械(28.3)	一般機械(16.2)	自動車(部品を除く)(8.6)	鉄鋼(5.5)	プラスチック(3.9)
	1,000,683	11.7	12.0	69.3	電気機械(36.4)	一般機械(8.5)	木製品及びコルク製品(8.3)	バナナ(8.1)	銅鉱(2.7)
ベトナム	1,825,831	2.5	7.5	84.8	電気機械(28.1)	一般機械(15.1)	鉄鋼(7.6)	プラスチック(5.2)	鉄鋼くず(5.1)
	2,355,139	7.1	2.8	89.0	電気機械(26.1)	衣類・同付属品(18.5)	一般機械(6.2)	履き物(5.0)	魚介類・同加工品(4.6)
(ホンコン)	3,414,559	5.6	0.7	69.8	電気機械(37.9)	金(7.2)	一般機械(5.8)	化粧品類(3.8)	プラスチック(3.1)
	85,874	9.7	8.4	34.0	うなぎの稚魚(7.0)	電気機械(6.2)	ダイヤモンド(3.7)	一般機械(3.4)	科学光学機器(2.8)
マレーシア	1,343,461	0.8	9.7	81.3	電気機械(30.1)	一般機械(12.1)	自動車(部品を除く)(6.2)	鉄鋼(5.4)	プラスチック(4.8)
	1,701,636	2.5	33.1	59.1	電気機械(29.4)	液化天然ガス(24.8)	一般機械(4.0)	衣類・同付属品(3.9)	木製品及びコルク製品(3.2)
エジプト	103,884	2.5	0.1	94.0	自動車(部品を除く)(31.7)	一般機械(28.3)	電気機械(8.6)	鉄鋼(7.5)	自動車部品(4.8)
	33,212	8.2	81.1	7.8	揮発油(68.8)	液化天然ガス(8.9)	果実(4.0)	繊維製品(2.6)	ごま(2.3)

①イギリス(2020年1月離脱)を含む　②2020年7月，NAFTAから移行　③ボリビア(加盟各国の批准手続き中)，ベネズエラ(加盟資格停止中)を含む

❶日本のおもな貿易相手国別輸出入額および品目（Ⅱ）

貿易相手国	輸入額／輸出額（百万円）	食料品(%)	原·燃料(%)	製品(%)	おもな輸出入品，および総額に対する割合(%) 1位	2位	3位	4位	5位
南アフリカ共和国	178,252	0.6	2.4	94.7	自動車(部品を除く)(39.0)	一般機械(16.4)	自動車部品(11.8)	電気機械(8.1)	鉄鋼(3.1)
	615,192	2.8	10.6	86.4	ロジウム(28.7)	パラジウム(25.7)	プラチナ(12.5)	鉄鉱石(6.0)	自動車(部品を除く)(5.8)
モロッコ	23,899	0.0	0.4	97.8	自動車(部品を除く)(29.8)	船舶類(20.6)	電気機械(15.6)	一般機械(12.7)	繊維製品(2.5)
	31,958	61.5	6.5	31.8	たこ(30.7)	まぐろ(18.4)	衣類·同付属品(15.0)	電気機械(7.0)	コバルト·同合金(5.9)
アイルランド	95,060	0.2	0.1	91.7	一般機械(25.7)	有機化合物(17.7)	自動車(部品を除く)(13.5)	電気機械(6.2)	医薬品(5.9)
	703,105	3.3	0.1	96.5	医薬品(45.7)	科学光学機器(21.8)	有機化合物(13.2)	電気機械(8.2)	香料·化粧品類(3.7)
イギリス	1,145,273	0.4	1.8	72.0	自動車(部品を除く)(19.3)	一般機械(17.2)	金(16.1)	電気機械(11.7)	医薬品(4.0)
	685,058	7.2	0.9	90.0	一般機械(16.9)	医薬品(16.6)	自動車(部品を除く)(14.7)	電気機械(10.8)	アルコール飲料(4.5)
イタリア	403,243	0.5	1.2	92.5	自動車(部品を除く)(23.1)	一般機械(20.5)	電気機械(8.2)	有機化合物(7.3)	二輪自動車(6.2)
	1,119,894	25.5	1.8	72.4	たばこ(17.3)	一般機械(9.2)	ハンドバッグ類(9.0)	医薬品(8.9)	衣類·同付属品(7.6)
オーストリア	113,248	0.4	1.5	94.7	一般機械(29.4)	自動車(部品を除く)(20.5)	電気機械(11.0)	有機化合物(8.2)	鉄鋼(3.3)
	210,765	4.1	4.9	90.5	自動車(部品を除く)(29.9)	一般機械(15.1)	電気機械(9.1)	医薬品(7.8)	木製品及びコルク製品(5.2)
オランダ	1,163,870	0.9	2.1	90.7	一般機械(34.0)	電気機械(19.5)	自動車部品(7.0)	科学光学機器(4.6)	自動車(部品を除く)(3.8)
	329,727	20.5	5.9	71.1	一般機械(25.1)	医薬品(13.7)	電気機械(10.0)	豚肉(5.1)	チーズ·同原料(3.7)
スイス	513,970	0.2	0.2	54.0	金(25.6)	医薬品(23.8)	パラジウム(7.1)	自動車(部品を除く)(6.5)	一般機械(3.1)
	807,095	6.5	0.2	92.3	医薬品(39.8)	時計(22.4)	科学光学機器(7.4)	一般機械(7.0)	有機化合物(5.1)
スウェーデン	133,464	0.5	0.2	91.7	自動車(部品を除く)(32.7)	電気機械(21.1)	一般機械(19.2)	タイヤ·チューブ(3.3)	チタン·同合金(2.1)
	302,383	1.0	9.1	89.3	医薬品(39.5)	一般機械(10.5)	自動車(部品を除く)(10.0)	木材(7.7)	電気機械(6.4)
スペイン	230,970	0.5	0.8	93.6	自動車(部品を除く)(37.8)	一般機械(16.4)	電気機械(10.5)	二輪自動車(4.1)	自動車部品(3.8)
	338,250	28.5	11.9	59.2	豚肉(16.7)	自動車(部品を除く)(12.0)	医薬品(10.7)	有機化合物(7.3)	植物性油脂(5.2)
デンマーク	48,784	0.8	2.3	90.3	自動車(部品を除く)(31.3)	一般機械(18.3)	電気機械(10.1)	科学光学機器(7.7)	金属製品(3.0)
	248,328	24.5	2.2	73.0	医薬品(43.2)	豚肉(16.2)	電気機械(6.6)	一般機械(6.4)	科学光学機器(3.8)
ドイツ	1,875,242	0.3	0.9	90.2	電気機械(27.4)	一般機械(18.3)	自動車(部品を除く)(10.6)	有機化合物(5.6)	科学光学機器(4.7)
	2,276,259	2.6	0.6	95.8	医薬品(21.5)	自動車(部品を除く)(16.2)	一般機械(14.3)	電気機械(13.2)	有機化合物(6.4)
ノルウェー	107,919	0.8	0.0	97.7	自動車(部品を除く)(40.6)	鉄鋼(27.5)	タンカー(10.9)	一般機械(7.9)	電気機械(2.8)
	156,987	61.3	6.3	32.0	魚介類(59.0)	一般機械(6.6)	医薬品(5.5)	揮発油(5.4)	ニッケル·同合金(4.0)
フィンランド	41,747	0.3	3.0	93.2	自動車(部品を除く)(36.0)	一般機械(18.3)	電気機械(14.1)	タイヤ·チューブ(3.1)	合成ゴム(2.7)
	171,299	1.4	23.4	75.0	木材(13.8)	コバルト·同合金(10.9)	木製品及びコルク製品(10.5)	紙·同製品(9.9)	電気機械(7.7)
フランス	602,600	1.1	0.3	91.7	一般機械(22.7)	電気機械(16.2)	自動車(部品を除く)(14.8)	二輪自動車(4.7)	自動車部品(4.5)
	987,001	18.2	1.5	79.5	医薬品(15.7)	ワイン(9.3)	航空機·同部品(8.1)	一般機械(7.3)	香料·化粧品類(6.9)
ベルギー	699,176	0.3	1.6	95.7	自動車部品(26.1)	自動車(部品を除く)(21.0)	一般機械(14.0)	電気機械(5.8)	科学光学機器(5.4)
	348,392	7.0	1.4	90.7	医薬品(31.1)	有機化合物(28.6)	自動車(部品を除く)(8.5)	ロジウム(2.9)	電気機械(2.2)
ロシア	627,817	1.1	0.8	95.7	自動車(部品を除く)(41.9)	一般機械(18.5)	自動車部品(11.0)	電気機械(8.2)	タイヤ·チューブ(4.8)
	1,144,783	9.3	64.9	25.6	液化天然ガス(21.9)	石炭(17.0)	原油及び粗油(16.8)	パラジウム(14.0)	魚介類(9.0)
アメリカ合衆国	12,610,824	0.8	1.1	92.4	自動車(部品を除く)(27.5)	一般機械(22.5)	電気機械(14.3)	自動車部品(5.5)	科学光学機器(2.4)
	7,453,557	17.6	17.8	62.8	一般機械(13.7)	電気機械(12.1)	医薬品(7.6)	肉類·同加工品(5.5)	科学光学機器(5.3)
カナダ	772,712	1.2	0.2	90.9	自動車(部品を除く)(38.2)	自動車部品(14.0)	一般機械(12.9)	電気機械(12.0)	金(3.9)
	1,169,328	26.4	48.4	24.9	肉類·同加工品(13.2)	医薬品(10.5)	採油用種子類(10.5)	石炭(9.7)	銅鉱(8.7)
パナマ	491,850	0.0	0.0	99.6	貨物船(68.8)	タンカー(23.6)	一般機械(4.0)	自動車(部品を除く)(1.1)	電気機械(0.5)
	54,264	1.0	34.1	4.5	銅鉱(32.4)	船舶類(4.4)	ホホバ油(0.6)	魚介類(0.4)	コーヒー生豆(0.4)
メキシコ	894,752	0.1	0.7	96.0	一般機械(19.9)	電気機械(17.5)	自動車部品(16.6)	自動車(部品を除く)(13.7)	鉄鋼(13.0)
	581,421	22.7	9.9	66.8	電気機械(27.0)	一般機械(10.4)	豚肉(9.4)	果実(6.8)	科学光学機器(6.6)
チリ	107,997	0.0	14.2	84.1	自動車(部品を除く)(38.6)	タイヤ·チューブ(11.2)	軽油(11.1)	一般機械(11.0)	鉄鋼(7.4)
	747,943	26.9	64.6	8.5	銅鉱(56.7)	魚介類(18.6)	ウッドチップ(4.4)	モリブデン鉱(4.0)	ワイン(2.6)
ブラジル	315,411	0.2	1.8	94.8	一般機械(22.8)	自動車部品(20.9)	電気機械(14.8)	有機化合物(9.8)	鉄鋼(5.1)
	801,151	36.3	44.6	18.8	鉄鉱石(38.2)	とうもろこし(15.0)	鶏肉(9.9)	有機化合物(6.3)	コーヒー生豆(4.1)
オーストラリア	1,295,449	1.2	7.7	87.4	自動車(部品を除く)(55.6)	一般機械(12.4)	石油製品(7.4)	タイヤ·チューブ(3.9)	電気機械(3.3)
	3,831,259	10.3	84.0	5.3	液化天然ガス(33.7)	石炭(26.8)	鉄鉱石(14.1)	銅鉱(5.5)	牛肉(4.2)
ニュージーランド	196,583	1.2	4.4	87.4	自動車(部品を除く)(59.1)	一般機械(13.1)	石油製品(4.2)	電気機械(3.0)	鉄鋼(1.5)
	267,098	59.2	8.1	32.6	キウイフルーツ(17.5)	アルミニウム·同合金(13.3)	酪農品(13.1)	肉類·同加工品(9.2)	木製品及びコルク製品(7.0)

❶おもな国際機関(Ⅰ)(2022年11月現在)

各機関資料ほか

機関名・欧文名(略称)	加盟国・地域	本部所在地	設立年
国際連合 United Nations (UN)	193か国	ニューヨーク	1945
[国連専門機関]			
国連食糧農業機関 Food and Agriculture Organization of the United Nations (FAO)	194か国, EU, 2準加盟地域	ローマ	1945
国際復興開発銀行 International Bank for Reconstruction and Development (IBRD)	189か国	ワシントンD.C.	1945
国際民間航空機関 International Civil Aviation Organization (ICAO)	193か国	モントリオール	1947
国際開発協会 The International Development Association (IDA)	174か国	ワシントンD.C.	1960
国際農業開発基金 The International Fund for Agricultural Development (IFAD)	177か国	ローマ	1977
国際金融公社 International Finance Corporation (IFC)	186か国	ワシントンD.C.	1956
国際労働機関 International Labour Organization (ILO)	187か国	ジュネーヴ	1919
国際通貨基金 International Monetary Fund (IMF)	190か国	ワシントンD.C.	1945
国際海事機関 International Maritime Organization (IMO)	175か国, 3準加盟地域	ロンドン	1958
国際電気通信連合 International Telecommunication Union (ITU)	193か国	ジュネーヴ	1865
国連教育科学文化機関 United Nations Educational,Scientific and Cultural Organization (UNESCO)	192か国とPLO, 12準加盟地域	パリ	1946
国連工業開発機関 United Nations Industrial Development Organization (UNIDO)	169か国とPLO	ウィーン	1966
万国郵便連合 Universal Postal Union (UPU)	190か国と2地域	ベルン	1874
世界保健機関 World Health Organization (WHO)	194か国, 2準加盟地域	ジュネーヴ	1948
世界知的所有権機関 World Intellectual Property Organization (WIPO)	193か国	ジュネーヴ	1967
世界気象機関 World Meteorological Organization (WMO)	187か国と6地域	ジュネーヴ	1950
[国連関連・常設機関]			
国際原子力機関 International Atomic Energy Agency (IAEA)	175か国	ウィーン	1957
国際穀物理事会 International Grains Council (IGC)	29か国とEU	ロンドン	1949
国際ゴム研究会 International Rubber Study Group (IRSG)	7か国とEU	シンガポール	1944
国際砂糖機関 International Sugar Organization (ISO)	61か国とEU	ロンドン	1968
国際捕鯨委員会 International Whaling Commission (IWC)	88か国①	ケンブリッジ	1948
国連児童基金 United Nations Children's Fund (UNICEF)	195か国と1地域②	ニューヨーク	1946
国連貿易開発会議 United Nations Conference on Trade and Development (UNCTAD)	194か国と1地域	ジュネーヴ	1964
世界貿易機関 World Trade Organization (WTO)	160か国と3地域・EU, 25準加盟	ジュネーヴ	1995
[その他のおもな国際機構・国際会議]			
国際コーヒー機関 International Coffee Organization (ICO)	輸出42か国と輸入6か国・EU	ロンドン	1963
アジア開発銀行 Asian Development Bank (ADB)	66か国と2地域	マニラ	1966
アフリカ開発銀行 African Development Bank Group (AfDB)	81か国	アビジャン	1964
アジアインフラ投資銀行 Asian Infrastructure Investment Bank (AIIB)	91か国と1地域	ペキン(北京)	2015
アラブ連盟 League of Arab States (LAS/Arab League)	21か国とPLO	カイロ	1945
(アラブ首長国連邦, イエメン, イラク, オマーン, カタール, クウェート, サウジアラビア, シリア③, バーレーン, ヨルダン, レバノン, アルジェリア, ジブチ, スーダン, ソマリア, チュニジア, モーリタニア, モロッコ, リビア, エジプト, コモロ, PLO)	(アラブ諸国の独立とその主権を擁護するために, 加盟国間の統合を強化し, 経済, 社会, 文化等の諸問題に関して協力する。)		
ラテンアメリカ統合連合 Asociación Latinoamericana de Integración (ALADI)	13か国, 18か国・10機関準加盟	モンテビデオ	1981
(アルゼンチン, ブラジル, チリ, パナマ, パラグアイ, ペルー, ウルグアイ, メキシコ, コロンビア, エクアドル, ベネズエラ, ボリビア, キューバ)	(加盟国の経済開発を促進し, 国民生活水準の向上を図るため, 2国間の関税譲許を発展段階に応じて実施する。)		
アジア太平洋経済協力 Asia-Pacific Economic Cooperation (APEC)	19か国と2地域	シンガポール*	1989
(アメリカ合衆国, インドネシア, オーストラリア, カナダ, 韓国, シンガポール, タイ, (台湾), 中国, 日本, ニュージーランド, パプアニューギニア, フィリピン, ブルネイ, (ホンコン), マレーシア, メキシコ, チリ, ロシア, ベトナム, ペルー)	(環太平洋地域の多国間経済協力について討議する。)		
東南アジア諸国連合 Association of South East Asian Nations (ASEAN)	10か国	ジャカルタ*	1967
(インドネシア, シンガポール, タイ, フィリピン, ブルネイ, マレーシア, ベトナム, ミャンマー, ラオス, カンボジア)	(自助の精神に基づき, 東南アジア地域の平和と安定を図る。)		
アフリカ連合 African Union (AU)	54か国と西サハラ	アディスアベバ	2002
欧州評議会 Council of Europe (CoE)	46か国, 6オブザーバー	ストラスブール	1949
(キプロス, トルコ, アイスランド, アイルランド, イギリス, イタリア, オーストリア, オランダ, ギリシャ, スイス, スウェーデン, スペイン, デンマーク, ドイツ, ノルウェー, フランス, ベルギー, ポルトガル, マルタ, リヒテンシュタイン, ルクセンブルク, サンマリノ, フィンランド, ハンガリー, チェコ, スロバキア, ブルガリア, ポーランド, ボスニア・ヘルツェゴビナ, エストニア, スロベニア, リトアニア, ルーマニア, ラトビア, アンドラ, アルバニア, 北マケドニア, モルドバ, ウクライナ, クロアチア, アゼルバイジャン, アルメニア, ジョージア, セルビア, モナコ, モンテネグロ)	(ヨーロッパの経済的, 社会的進歩を促進するため, 加盟国の統合により共通の理想と原則を擁護し, ヨーロッパの漸進的統合を図る。)		

*事務局 ①2019年6月末, 日本脱退 ②「子どもの権利条約」締結国・地域の数 ③アサド政権に対する加盟資格停止中。反体制派「シリア国民連合」にシリア代表資格を与えるとする決議がなされたが, 一部加盟国の反対により空席のままとなっている。

❶おもな国際機関(Ⅱ)(2022年11月現在)

各機関資料ほか

機関名・欧文名(略称)	加盟国・地域	本部所在地	設立年
ヨーロッパ連合 European Union (EU) 〔アイルランド, イタリア, オランダ, ギリシャ, クロアチア, スペイン, デンマーク, ドイツ, フランス, ベルギー, ポルトガル, ルクセンブルク, スウェーデン, フィンランド, オーストリア, キプロス, スロベニア, スロバキア, チェコ, ハンガリー, ポーランド, マルタ, エストニア, ラトビア, リトアニア, ブルガリア, ルーマニア	27か国 (1967年に発足したヨーロッパ共同体(EC)が1993年に発展的に改組した。加盟国の政治, 経済・通貨統合を図る。)	ブリュッセル	1993
ヨーロッパ自由貿易連合 European Free Trade Association (EFTA) 〔アイスランド, スイス, ノルウェー, リヒテンシュタイン	4か国 (EU諸国を含む西欧全体の経済協力等で経済活動の拡大, 生活の向上等を図る。)	ジュネーヴ	1960
湾岸協力会議 Gulf Cooperation Council (GCC) 〔アラブ首長国連邦, オマーン, カタール, クウェート, サウジアラビア, バーレーン	6か国 (加盟国の軍事, 経済, 文化, 情報, 社会等の分野で共通の制度を設置する。)	リヤド	1981
国際エネルギー機関 International Energy Agency (IEA) 〔韓国, トルコ, 日本, アイルランド, イギリス, イタリア, オーストリア, オランダ, ギリシャ, スイス, スウェーデン, スペイン, デンマーク, ドイツ, ノルウェー, ベルギー, ポルトガル, ルクセンブルク, アメリカ合衆国, カナダ, オーストラリア, ニュージーランド, フィンランド, フランス, ハンガリー, チェコ, スロバキア, ポーランド, エストニア, メキシコ, リトアニア	31か国とEU(オブザーバー) (石油禁輸など緊急事態が生じた場合, 消費規制, 石油融通などを行うとともに, エネルギーの長期政策を検討する。)	パリ	1974
国際赤十字 International Red Cross (IRC)	191か国と1地域	ジュネーヴ	1863
米国・メキシコ・カナダ協定 United States-Mexico-Canada Agreement (USMCA) 〔アメリカ合衆国, メキシコ, カナダ	3か国 (北米自由貿易協定(NAFTA)に代わる3か国間の協定として発効。)	−	2020
北大西洋条約機構 North Atlantic Treaty Organization (NATO) 〔トルコ, アイスランド, イギリス, イタリア, オランダ, ギリシャ, スペイン, デンマーク, ドイツ, ノルウェー, フランス, ベルギー, ポルトガル, ルクセンブルク, アメリカ合衆国, カナダ, ハンガリー, ポーランド, チェコ, スロバキア, スロベニア, ブルガリア, ルーマニア, エストニア, ラトビア, リトアニア, アルバニア, クロアチア, モンテネグロ, 北マケドニア	30か国 (東西冷戦の激化に伴い, ソ連の脅威に対抗するための共同防衛組織として発足した。)	ブリュッセル	1949
アラブ石油輸出国機構 Organization of Arab Petroleum Exporting Countries (OAPEC) 〔アラブ首長国連邦, イラク, カタール, クウェート, サウジアラビア, シリア, バーレーン, アルジェリア, エジプト, リビア, チュニジア④	11か国 (加盟国の利益を守り, 石油産業における経済活動での協力方法を決定する。)	クウェート	1968
米州機構 Organization of American States (OAS) 〔アメリカ合衆国, アンティグア・バーブーダ, エルサルバドル, カナダ, キューバ, グアテマラ, グレナダ, コスタリカ, ジャマイカ, セントクリストファー・ネービス, セントビンセント, セントルシア, ドミニカ国, ドミニカ共和国, トリニダード・トバゴ, ニカラグア, ハイチ, パナマ, バハマ, バルバドス, ベリーズ, ホンジュラス, メキシコ, アルゼンチン, ウルグアイ, エクアドル, コロンビア, スリナム, チリ, パラグアイ, ブラジル, ベネズエラ, ペルー, ボリビア, ガイアナ	35か国, 70準加盟・EU (南北アメリカ大陸(米州)での平和と安全保障の強化, 紛争の平和的解決, 域内諸国間の相互理解の促進と経済, 社会, 文化的発展を図る。キューバは1962年の対キューバ制裁決議により, 形式的な加盟国の地位のみ保有。)	ワシントンD.C.	1951
経済協力開発機構 Organisation for Economic Co-operation and Development (OECD) 〔トルコ, 日本, アイスランド, アイルランド, イギリス, イタリア, オーストリア, オランダ, ギリシャ, スイス, スウェーデン, スペイン, デンマーク, ドイツ, ノルウェー, フィンランド, フランス, ベルギー, ポルトガル, ルクセンブルク, アメリカ合衆国, カナダ, オーストラリア, ニュージーランド, メキシコ, チェコ, ハンガリー, ポーランド, 韓国, スロバキア, チリ, スロベニア, イスラエル, エストニア, ラトビア, リトアニア, コロンビア, コスタリカ	38か国 (経済成長, 雇用, 生活水準の向上を達成し, 世界経済の発展に貢献する。非加盟国を含む発展途上国の健全な経済拡大に寄与する。世界貿易に貢献する。)	パリ	1961
石油輸出国機構 Organization of the Petroleum Exporting Countries (OPEC) 〔アラブ首長国連邦, イラク, イラン, クウェート, サウジアラビア, アルジェリア, ナイジェリア, リビア, アンゴラ, ベネズエラ, ガボン, 赤道ギニア, コンゴ共和国	13か国 (原油価格の安定維持のため, 生産制限の検討など産油国の共通政策を立案, 実施し, 安定供給を図る。)	ウィーン	1960
独立国家共同体 Commonwealth of Independent States (CIS) 〔アゼルバイジャン, アルメニア, ベラルーシ, カザフスタン, キルギス, モルドバ, ロシア, タジキスタン, ウズベキスタン	9か国, 1準加盟1参加 (ソ連を構成していた共和国のうち11か国によるゆるやかな国家共同体)	ミンスク	1991
太平洋諸島フォーラム Pacific Islands Forum (PIF) 〔オーストラリア, キリバス, ソロモン諸島, ツバル, トンガ, ナウル, サモア, ニュージーランド, バヌアツ, パプアニューギニア, フィジー, ミクロネシア連邦, マーシャル諸島, パラオ, クック諸島, ニウエ	16か国と2地域, 1準加盟地域 (南太平洋地域の新興独立国が, 旧宗主国の影響から解放された機構として結成した。)	スバ*	1971
アンデス共同体 Comunidad Andina (CAN) 〔エクアドル, コロンビア, ペルー, ボリビア	4か国, 5準加盟, 3オブザーバー (アンデス地域の統括的経済統合の枠組。加盟国民は身分証の提示のみで域内移動が可能。)	リマ	1996
ラテンアメリカ経済機構 Sistema Económico Latinoamericano y del caribe (SELA) 〔キューバ, グアテマラ, ドミニカ共和国, トリニダード・トバゴ, ニカラグア, ハイチ, パナマ, バルバドス, ホンジュラス, メキシコ, アルゼンチン, ウルグアイ, エクアドル, ガイアナ, コロンビア, スリナム, チリ, パラグアイ, ブラジル, ベネズエラ, ペルー, ボリビア, ベリーズ, バハマ, エルサルバドル	25か国 (企業育成による地域内経済, 社会発展のため協議, 協力を図る。)	カラカス	1975
南米南部共同市場 Mercado Común del Sur (MERCOSUR) 〔ブラジル, アルゼンチン, ウルグアイ, パラグアイ, ベネズエラ⑤, ボリビア⑥	6か国, 6準加盟 (1995年から一部例外を除き域内関税を撤廃。)	モンテビデオ*	1991

④チュニジアは1987年に脱退したと主張しているが, 機構側は未払分担金を清算しないと脱退を認めないという姿勢で対立　⑤加盟資格停止中　⑥加盟各国の批准手続き中

国際機関

世界の国々(Ⅰ)

ステーツマン2021, World Population Prospects 2019, 世人口'21, 世界の国一覧表2007, 世界銀行資料ほか

番号	正式国名 英文国名	面積(千km²) 人口(万人) 2021年	人口密度(人/km²)2021年 人口増加率(%)2015~20年平均	首都名 首都人口(千人)	独立·国連 加盟年月	旧宗主国名 政体	GNI(億ドル) 1人あたりGNI(ドル)2021年	通貨単位 1ドルあたり為替レート 2021年末
	アジア							47か国
1	アゼルバイジャン共和国 *Republic of Azerbaijan*	86.6 1,011	117 1.0	バクー 20) 2,293	1991.8 1992.3	– 共和制	495 4,880	アゼルバイジャン・マナト 1.70
2	アフガニスタン・イスラム共和国 *Islamic Republic of Afghanistan*	652.9 3,206	49 2.5	カブール 20) 4,434	– 1946.11	イギリス 共和制	20)193 20)500	アフガニー 20)77.11
3	アラブ首長国連邦 *United Arab Emirates*	71.0 20)928	20)131 1.3	アブダビ 16) 1,266	1971.12 1971.12	イギリス 連邦制	20)3,898 20)39,410	UAEディルハム 3.67
4	アルメニア共和国 *Republic of Armenia*	29.7 296	100 0.3	エレバン 20) 1,084	1991.9 1992.3	– 共和制	135 4,560	ドラム 480.14
5	イエメン共和国 *Republic of Yemen*	528.0 20)3,041	20)58 2.4	サヌア 09) 1,976	1990.5 1947.9	トルコ イギリス 共和制	20)198 20)670	イエメン・リアル 250.00
6	イスラエル国 *State of Israel*	22.1 20)921	20)417 1.6	エルサレム 19) 936	1948.5 1949.5	イギリス 共和制	4,641 49,560	新シェケル 3.11
7	イラク共和国 *Republic of Iraq*	435.1 20)3,985	20)92 2.5	バグダッド 11) 6,152	– 1945.12	イギリス 共和制	2,073 5,040	イラク・ディナール 1,450.00
8	イラン・イスラム共和国 *Islamic Republic of Iran*	1,630.8 8,405	52 1.4	テヘラン 16) 8,693	– 1945.10	イギリス 共和制	20)2,829 20)3,370	イラン・リアル 42,000.00
9	インド *India*	3,287.3 136,717	416 1.0	デリー 11) 11,034	1947.8 1945.10	イギリス 連邦共和制	30,275 2,170	インド・ルピー 74.30
10	インドネシア共和国 *Republic of Indonesia*	1,910.9 27,268	143 1.1	ジャカルタ 18) 10,428	1945.8 1950.9	オランダ 共和制	11,431 4,140	ルピア 14,269.01
11	ウズベキスタン共和国 *Republic of Uzbekistan*	449.0 3,491	78 1.6	タシケント 20) 2,571	1991.8 1992.3	– 共和制	686 1,960	スム 10,837.66
12	オマーン国 *Sultanate of Oman*	310.0 452	15 3.6	マスカット 19) 76	– 1971.10	ポルトガル 君主制	20)768 20)15,030	オマーン・リアル 0.38
13	カザフスタン共和国 *Republic of Kazakhstan*	2,724.9 1,900	7 1.3	ヌルスルタン 19) 1,107	1991.12 1992.3	– 共和制	1,658 8,720	テンゲ 431.80
14	カタール国 *State of Qatar*	11.6 274	236 2.3	ドーハ 15) 956	1971.9 1971.9	イギリス 首長制	1,674 57,120	カタール・リヤル 3.64
15	カンボジア王国 *Kingdom of Cambodia*	181.0 1,659	92 1.5	プノンペン 19) 2,189	1953.11 1955.12	フランス 立憲君主制	262 1,550	リエル 4,113.50
16	キプロス共和国 *Republic of Cyprus*	9.3 89	97 0.8	ニコシア 11) 55	1960.8 1960.9	イギリス 共和制	253 28,130	ユーロ 0.88
17	キルギス共和国 *Kyrgyz Republic*	199.9 669	33 1.8	ビシュケク 20) 1,049	1991.8 1992.3	– 共和制	79 1,180	ソム 84.76
18	クウェート国 *State of Kuwait*	17.8 433	243 2.1	クウェート 17) 60	1961.6 1963.5	イギリス 立憲君主制	19)1,523 19)36,200	クウェート・ディナール 0.30
19	サウジアラビア王国 *Kingdom of Saudi Arabia*	2,206.7 3,411	15 1.9	リヤド 10) 5,188	– 1945.10	イギリス 君主制	20)7,755 20)22,270	サウジアラビア・リヤル 3.75
20	ジョージア *Georgia*	69.7 370	53 −0.2	トビリシ 20) 1,154	1991.4 1992.7	– 共和制	176 4,740	ラリ 3.10

世界の国々（Ⅰ）

言語 **太字**は公用語 国語は各国定義による	民族	宗教	政治・経済	番号
			アジア	
アゼルバイジャン語，ロシア語，アルメニア語，タリシュ語など	アゼルバイジャン人91.6%，レズギン系2%，ロシア系1.3%	イスラーム96%（シーア派63%，スンナ派33%），キリスト教(おもに正教会)など	原油，天然ガスなどの天然資源が豊富。農業では，小麦，綿花栽培がさかん。アルメニア系住民が住むナゴルノ・カラバフ自治州を巡って民族紛争が続く。	1
ダリー語，**パシュトゥー語**，ハザラ語，タジク語	パシュトゥン人42%，タジク系27%，ハザラ人9%，ウズベク系9%	イスラーム99%（スンナ派80%，シーア派19%）	干ばつや内戦，ソ連の侵攻，米国同時多発テロに起因する紛争により，国土は荒廃，治安は悪化。帰還できない難民が多い。経済は海外援助に依存。	2
アラビア語，ペルシア語，英語，ヒンディー語など	南アジア系59.4%，自国籍アラブ人11.6%	イスラーム62%（大半がスンナ派），ヒンドゥー教21%	7首長国の連邦国家。原油の大部分がアブダビ首長国で産出。ドバイは金融・運輸の世界的な拠点として発展。石油収入を背景に活発な対外投資を行う。	3
アルメニア語，ヤズド語，ロシア語	アルメニア人98.1%，クルド人1.2%	キリスト教78.2%（アルメニア教会72.9%，カトリック4%），イスラーム2.4%	ロシアとの関係は緊密。主産業は農業，宝石(ダイヤモンド)加工業。ぶどう・野菜の栽培がさかん。ソ連のシリコンヴァレーと称され，ICT産業が発展。	4
アラビア語	アラブ人92.8%，ソマリ人3.7%	イスラーム99.1%（スンナ派65%，シーア派35%）	原油，天然ガスを産出するがGDPは低い。アラビア半島では唯一の共和制の立憲国家。11年の政権移行後も混乱が続き，経済状況は悪化。	5
ヘブライ語，**アラビア語**，英語	ユダヤ人75.1%，アラブ人20.6%	ユダヤ教74.8%，イスラーム19.2%	中東戦争やパレスチナ問題など紛争が多い。先端技術産業や科学研究分野で高い水準をもつ。研磨したダイヤモンド，医療精密機器等を輸出。	6
アラビア語，**クルド語**，トルクメン語，シリア語など	アラブ人64.7%，クルド人23%，アゼルバイジャン系5.6%	イスラーム96%（シーア派62%，スンナ派34%），キリスト教3.2%	豊富な石油資源を有し，国家歳入の9割を石油収入で賄う。フセイン政権下のイラン・イラク戦争，湾岸戦争，イラク戦争等により，経済は疲弊し，治安は不安定。	7
ペルシア語，トルコ語，クルド語，アラビア語	ペルシア人34.9%，アゼルバイジャン系15.9%，クルド人13%	イスラーム99.3%（シーア派92.5%，スンナ派6.8%）	世界有数の産油国で，天然ガス埋蔵量も多い。核問題による国際社会の経済制裁は16年に解除されたが，18年に再び米が経済制裁を宣言。	8
ヒンディー語，**英語**(準公用語)，ベンガル語，マラーティー語など憲法公認22言語	インド・アーリヤ系72%，ドラヴィダ系25%	ヒンドゥー教79.8%，イスラーム14.2%，キリスト教2.3%，シク教1.7%	世界有数の農業国で，鉱産資源も豊富。自動車産業やICT産業の進展により，経済成長は著しい。輸出は依然として一次産品が主力。	9
インドネシア語，英語，オランダ語，ジャワ語など約700の民族語	ジャワ人40.1%，スンダ人15.5%，マレー人3.7%，バタク人3.6%，中国系1.2%	イスラーム87.2%，キリスト教9.9%，ヒンドゥー教1.7%	東南アジア屈指の資源保有国で，農業もさかん。80年代から外資の導入が進み，製造業が急速に発展。世界4位(21年)の人口規模は成長市場として注目されている。	10
ウズベク語，ロシア語，タジク語	ウズベク人78.3%，タジク系4.7%，カザフ系4.1%	イスラーム76.2%（大半がスンナ派），ロシア正教0.8%	鉱産資源に恵まれ，原油，天然ガス，石炭の他，金，ウランを産出。綿花を中心とした農業もさかん。ソ連時代の開発の影響で，アラル海の面積は激減。	11
アラビア語，英語	アラブ人55.3%，インド・パキスタン系31.7%，ペルシア人2.8%	イスラーム89%（イバード派75%，スンナ派8%，シーア派6%），ヒンドゥー教5%	石油依存からの脱却をめざし，経済の多角化，民営化促進。東アフリカ・中東・インドを結ぶ立地を生かして，経済特区や大型コンテナ港の設置が進む。	12
カザフ語（国語），**ロシア語**	カザフ人65.5%，ロシア系21.5%，ウズベク系3.0%，ウクライナ系1.8%	イスラーム70.2%（大半がスンナ派），キリスト教26.2%	カザフステップは世界有数の小麦栽培地。銅・亜鉛等非鉄金属資源が豊富。ウランの生産量は世界一。カスピ海周辺の油田開発は外資の協力で進められた。	13
アラビア語，英語	アラブ人40%，インド系20%，ネパール系13%，フィリピン系10%	イスラーム67.7%，キリスト教13.8%，ヒンドゥー教13.8%	石油経済国で世襲君主制の首長国。教育・医療は完全無料。LNGの輸出が経済の中心。1人あたりGNIは世界トップレベルだが，労働力は外国人に依存。	14
カンボジア語（**クメール語**）	カンボジア人85.2%，中国系6.4%，ベトナム系3%	仏教96.9%，イスラーム1.9%	91年の内戦終結により，政情は安定し，経済は回復。農業の他，アンコール遺跡群などの観光業も重要。輸出指向型の縫製業は堅調で，経済成長率は高い。	15
ギリシャ語，**トルコ語**，英語	ギリシャ系80.6%，トルコ系11.1%	ギリシャ正教78%，イスラーム18%	北部のトルコ系と南部のギリシャ系との紛争で，74年に事実上南北に分断。EU加盟は南のキプロス共和国のみ。主産業は観光，金融，海運業など。	16
キルギス語，**ロシア語**，ウズベク語	キルギス人70.9%，ウズベク系14.3%，ロシア系7.7%	イスラーム60.8%（大半がスンナ派），キリスト教10.4%	ソ連からの独立後，いち早く民主化と市場経済化に注力。主産業は農畜産業，食品加工業，金採掘を中心とした鉱業。近年，水力発電により電力事情は改善。	17
アラビア語，英語	アラブ人59.2%（クウェート系31.3%），アジア系37.8%	イスラーム74%，キリスト教13%，ヒンドゥー教10%	石油経済国。国民のほとんどが国家公務員か国営企業社員。豊かな石油収入を背景に，石油関連部門の工業化や，海外への投資を推進。	18
アラビア語	サウジ系アラブ人74%，インド系5%	イスラーム94%（スンナ派84%，シーア派10%），キリスト教3.5%	石油経済国。原油の輸出は長年にわたり世界1位を保つ。近年は観光業やICT産業など経済の多角化を進める。アラブ諸国で唯一のG20参加国。	19
ジョージア語，アゼルバイジャン語，アルメニア語，ロシア語	ジョージア人86.8%，アゼルバイジャン系6.3%，アルメニア系4.5%	キリスト教87.3%（ジョージア正教83.4%，アルメニア教会2.9%），イスラーム10.7%	茶，かんきつ類，たばこ，ぶどうを栽培。紅茶・ワインなどの食品加工業もさかん。非ジョージア人の多いアブハジアと南オセチアの独立問題があり，ロシアと対立。	20

世界の国々(Ⅱ)

ステーツマン2021, World Population Prospects 2019, 世人口'21, 世界の国一覧表2007, 世界銀行資料ほか

番号	正式国名 英文国名	面積(千km²) 人口(万人) 2021年	人口密度 (人/km²)2021年 人口増加率(%) 2015~20年平均	首都名 首都人口(千人)	独立・国連 加盟年月	旧宗主国名 政体	GNI(億ドル) 1人あたりGNI (ドル)2021年	通貨単位 1ドルあたり為替レート 2021年末
21	シリア・アラブ共和国 *Syrian Arab Republic*	185.2 15)1,799	15)97 −0.6	ダマスカス 11) 1,780	1946.4 1945.10	フランス 共和制	18)157 18)930	シリア・ポンド 2,500.00
22	シンガポール共和国 *Republic of Singapore*	0.7 545	7,485 0.9	シンガポール 19) 5,703	1965.8 1965.9	イギリス 共和制	3,491 64,010	シンガポール・ドル 1.35
23	スリランカ民主社会主義共和国 *Democratic Socialist Republic of Sri Lanka*	65.6 2,215	338 0.5	スリジャヤワルダナプラコッテ 12) 107	1948.2 1955.12	イギリス 共和制	846 3,820	スリランカ・ルピー 200.43
24	タイ王国 *Kingdom of Thailand*	513.1 6,667	130 0.3	バンコク 19) 5,666	− 1946.12	− 立憲君主制	5,076 7,260	バーツ 33.42
25	大韓民国 *Republic of Korea*	100.4 5,174	515 0.2	ソウル 19) 9,639	1948.8 1991.9	日本 共和制	18,098 34,980	韓国ウォン 1,186.60
26	タジキスタン共和国 *Republic of Tajikistan*	141.4 958	68 2.4	ドゥシャンベ 19) 846	1991.9 1992.3	− 共和制	112 1,150	ソモニ 11.30
27	中華人民共和国 *People's Republic of China*	①9,601.1 ①144,407	①150 0.5	ペキン 19) 13,920	− 1945.10	− 人民民主専政	167,892 11,890	人民元 6.37
28	朝鮮民主主義人民共和国 *Democratic People's Republic of Korea*	120.5 15)2,518	15)209 0.5	ピョンヤン 08) 2,581	1948.9 1991.9	日本 人民共和制	− −	北朝鮮ウォン 20)109.00
29	トルクメニスタン *Turkmenistan*	488.1 15)556	15)11 1.6	アシガバット 12) 701	1991.10 1992.3	− 共和制	19)429 19)7,220	トルクメン・マナト 3.50
30	トルコ共和国 *Republic of Turkey*	783.6 8,414	107 1.4	アンカラ 20) 5,350	− 1945.10	− 共和制	8,363 9,830	リラ 12.99
31	日本国 *Japan*	378.0 12,568	333 −0.2	東京 22) 9,522	− 1956.12	− −	53,570 42,620	円 114.21
32	ネパール *Nepal*	147.2 3,037	206 1.5	カトマンズ 11) 1,003	− 1955.12	− 連邦民主共和制	366 1,230	ネパール・ルピー 121.39
33	パキスタン・イスラム共和国 *Islamic Republic of Pakistan*	796.1 17)20,768	17)261 2.0	イスラマバード 17) 1,009	1947.8 1947.9	イギリス 共和制	3,389 1,500	パキスタン・ルピー 176.52
34	バーレーン王国 *Kingdom of Bahrain*	0.8 20)150	20)1,930 4.3	マナーマ 06) 176	1971.8 1971.9	イギリス 立憲君主制	20)339 20)19,930	バーレーン・ディナール 0.38
35	バングラデシュ人民共和国 *People's Republic of Bangladesh*	148.5 20)16,822	20)1,133 1.1	ダッカ 11) 7,033	1971.12 1974.9	パキスタン 共和制	4,355 2,620	タカ 85.80
36	東ティモール民主共和国 *The Democratic Republic of Timor-Leste*	14.9 19)128	19)86 1.9	ディリ 15) 222	2002.5 2002.9	− 共和制	26 1,940	米ドル 1.00
37	フィリピン共和国 *Republic of the Philippines*	300.0 11,019	367 1.4	マニラ 15) 1,780	1946.7 1945.10	アメリカ合衆国 共和制	4,042 3,640	フィリピン・ペソ 50.77
38	ブータン王国 *Kingdom of Bhutan*	38.4 75	20 1.2	ティンプー 17) 114	− 1971.9	− 立憲君主制	20)22 20)2,840	ヌルタム 75.35
39	ブルネイ・ダルサラーム国 *Brunei Darussalam*	5.8 42	75 1.1	バンダルスリブガワン 16) 202	1984.1 1984.9	イギリス 立憲君主制	20)138 20)31,510	ブルネイ・ドル 1.36
40	ベトナム社会主義共和国 *Socialist Republic of Viet Nam*	331.3 9,850	297 1.0	ハノイ 19) 3,605	1945.9 1977.9	フランス 社会主義共和制	3,493 3,560	ドン 23,145.00
41	マレーシア *Malaysia*	330.6 3,265	99 1.3	クアラルンプール 19) 1,839	1957.8 1957.9	イギリス 立憲君主制	3,584 10,930	リンギット 4.18

①ホンコン, マカオ, 台湾を含む

世界の国々（Ⅱ）

言語 **太字**は公用語 国語は各国定義による	民族	宗教	政治・経済	番号
アラビア語，クルド語，アルメニア語	アラブ人90.3％（シリア系，ベドウィン系，パレスチナ系など）	イスラーム88％（スンナ派74％，アラウィ派11％），キリスト教8％	社会主義的計画経済を維持しながら，市場経済への移行で経済成長していたが，11年以降の内戦により，経済情勢は悪化。周辺諸国に難民が流出。	21
マレー語，**中国語**，**タミル語**，**英語**	中国系74.3％，マレー系13.4％，インド系9％	仏教33.3％，キリスト教18.3％，イスラーム14.3％，道教10.9％	中継貿易，加工貿易拠点として古くから発展。港湾は世界有数の規模。高付加価値製造業のほか，運輸・通信業，金融サービス業を推進。	22
シンハラ語，**タミル語**，英語	シンハラ人74.9％，タミル人15.4％，ムーア人9.2％	仏教70.2％，ヒンドゥー教12.6％，イスラーム9.7％，キリスト教7.4％	世界的な茶の生産地。シンハラ人とタミル人が対立した内戦が終結し，経済成長が進む。近年は工業化が進み，繊維製品などを輸出。	23
タイ語，ラオ語，クメール語，マレー語，中国語	タイ人81.4％（シャム系34.9％，ラオ系26.5％），中国人10.6％，マレー人3.7％	仏教94.6％，イスラーム4.3％（大半がスンナ派）	主要産品は天然ゴム，米で生産・輸出ともに多い。外資を活用して工業化が進展し，自動車，電気機械が成長。輸出品はコンピュータ，自動車部品など。	24
韓国語	朝鮮民族（韓民族）97.7％，日本系2％	キリスト教27.7％（プロテスタント19.7％，カトリック7.9％），仏教15.5％	電気・電子機器，自動車，造船，石油化学，鉄鋼などが発展。70年代に「漢江の奇跡」とよばれる高い経済成長を遂げ，アジアNIEsを経て，96年OECD加盟。	25
タジク語，ロシア語，ウズベク語，キルギス語など	タジク人84.3％，ウズベク系12.2％	イスラーム84％（スンナ派78％，シーア派6％）	主産業は綿花栽培を中心とする農業，牧畜業。水力発電の安価な電力を利用したアルミニウム精錬，繊維などの工業がある。アンチモンや水銀などを産出。	26
標準中国語（北京中心），中国語７地域方言（上海，広東など），多数の民族語	漢民族91.5％，壮族，満州族，回族など55少数民族8.5％	道教，仏教，キリスト教イスラーム	70年代末に計画経済から市場経済に移行し，外資導入によって急速に発展。10年にGDPが世界第2位となる。チベット，ウイグルで民族問題がある。	27
朝鮮語	朝鮮民族99.8％	仏教・キリスト教	主体（チュチェ）思想を基礎とした独自の社会主義国家体制。食料事情は厳しく援助に依存。日本との外交関係はなく，核問題で世界との緊張関係が続く。	28
トルクメン語，ロシア語，ウズベク語	トルクメン人85％，ウズベク系5％，ロシア系4％	イスラーム87.2％（大半がスンナ派）	永世中立国。大規模な灌漑による綿花栽培を主とする農業，牧畜業もさかん。世界有数の埋蔵量を誇る天然ガスは，輸送ルートの多角化をめざしている。	29
トルコ語，クルド語，アラビア語	トルコ人65.1％，クルド人18.9％，クリミア・タタール人7.2％	イスラーム97.5％（スンナ派82.5％，シーア派15％）	イスラーム国家だが政教分離。中央アジアや中東から欧州への原油・天然ガス輸送の要衝。工業がさかんな西部と東部の経済格差は大きい。茶の生産国。	30
日本語	日本人，韓国・朝鮮系，中国系，アイヌ	神道，仏教，キリスト教など	－	31
ネパール語，マイティリー語，ボージュプリー語，タルー語など	チェトリ人16.6％，ブラーマン人12.2％，マガール人7.1％	ヒンドゥー教81.3％，仏教9％，イスラーム4.4％	08年王制廃止，15年新憲法公布。後発開発途上国で，外国援助に依存。労働人口の6割が農業に従事。ヒマラヤ山脈などの山岳観光は貴重な外貨獲得源。	32
ウルドゥー語（国語），**英語**，パンジャビー語，シンド語など	パンジャブ人52.6％，パシュトゥン人13.2％，シンド人11.7％	イスラーム96.1％（スンナ派79.1％，シーア派17％），キリスト教2.5％	パンジャブ地方での小麦と綿花の栽培がさかん。輸出は繊維品，米など。インドとの間でカシミール問題がある。インドやアフガニスタンなど近隣国との関係改善を推進。	33
アラビア語，英語	アラブ人50.7％，アジア系（インド系など）45.5％，アフリカ系1.6％	イスラーム82.4％（シーア派58％，スンナ派24％），キリスト教10.5％	石油経済国。石油精製・アルミ精錬をはじめ，観光業など産業の多角化を進める。自国民の雇用機会の創出が課題。中東でも有数の金融拠点。	34
ベンガル語，英語	ベンガル人98％	イスラーム89.1％（大半がスンナ派），ヒンドゥー教10％	米，ジュートが主要作物。安価な労働コストが繊維産業の成長を支え，輸出は衣類・繊維品が輸出のほとんどを占める。多くのロヒンギャ難民を受け入れる。	35
テトゥン語，**ポルトガル語**，インドネシア語，英語など	メラネシア系（テトゥン人など）が大半，マレー系，中国系	キリスト教99.6％（カトリック97.6％，プロテスタント・福音派2％）	74年までポルトガル植民地，以後インドネシアに併合され，02年独立。石油・天然ガスへの依存経済。輸出用作物としてコーヒーの栽培がさかん。	36
フィリピノ語（タガログ語が基礎），**英語**，タガログ語など８主要方言	タガログ人28.1％，セブアノ人13.1％，イロカノ人9％など	キリスト教91.8％（カトリック79.5％），イスラーム6％	主産業は農林水産業。米の他，ココやし，バナナ等の輸出用プランテーションも多い。近年，コールセンターをはじめとしたサービス業が大きく成長。	37
ゾンカ語（チベット系），ネパール語，英語など	ブータン人（チベット系）50％，ネパール系35％	チベット仏教74％，ヒンドゥー教25％	08年王制から立憲君主制に移行。労働人口の多くが農業に従事。近年は水力発電産業がさかん。輸出入の大半をインドが占める。観光資源の開発が課題。	38
マレー語，英語，中国語	マレー系65.7％，中国系10.3％，先住民3.4％	イスラーム78.8％，キリスト教8.7％，仏教7.8％	石油経済国。原油，天然ガスの産出により，経済水準が高く，社会福祉も充実。メタノール製造工場の設立など石油，産業の多様化をめざす。	39
ベトナム語，英語，フランス語，中国語など	ベトナム人（キン人）85.7％，タイー人など53の少数民族	仏教7.9％，キリスト教7.5％（カトリック6.6％），ホアハオ教1.7％	主産業は農林水産業，鉱業。工業は繊維産業が中心。コーヒー豆，茶，米は世界有数の生産量。ドイモイ（刷新）政策で市場開放が進み，経済成長が著しい。	40
マレー語，英語，中国語，タミル語	ブミプトラ61.8％，中国系22.6％，インド系6.7％	イスラーム61.3％，仏教19.8％，キリスト教9.2％，ヒンドゥー教6.3％	80年代以降，輸出指向型の工業政策で経済は高度成長。パーム油，天然ゴムの生産がさかん。人口の6割を占めるマレー系住民を優遇するブミプトラ政策を堅持。	41

世界の国々(Ⅲ)

ステーツマン2021, World Population Prospects 2019, 世人口'21, 世界の国一覧表2007, 世界銀行資料ほか

番号	正式国名 英文国名	面積(千km²) 人口(万人) 2021年	人口密度(人/km²)2021年 人口増加率(%)2015~20年平均	首都名 首都人口(千人)	独立・国連 加盟年月	旧宗主国名 政体	GNI(億ドル) 1人あたりGNI(ドル)2021年	通貨単位 1ドルあたり為替レート 2021年末
42	ミャンマー連邦共和国 *Republic of the Union of Myanmar*	676.6 5,529	82 0.6	ネーピードー 14) 375	1948.1 1948.4	イギリス 共和制	627 1,140	チャット 20)1,329.10
43	モルディブ共和国 *Republic of Maldives*	0.3 56	1,895 3.4	マレ 19) 221	1965.7 1965.9	イギリス 共和制	46 8,400	ルフィア 15.39
44	モンゴル国 *Mongolia*	1,564.1 338	2 1.8	ウランバートル 19) 1,539	― 1961.10	中国 共和制	125 3,760	トゥグルグ 2,849.34
45	ヨルダン・ハシェミット王国 *Hashemite Kingdom of Jordan*	89.3 1,105	124 1.9	アンマン 15) 1,812	1946.5 1955.12	イギリス 立憲君主制	460 4,480	ヨルダン・ディナール 0.71
46	ラオス人民民主共和国 *Lao People's Democratic Republic*	236.8 733	31 1.5	ビエンチャン 15) 639	1953.10 1955.12	フランス 人民民主共和制	186 2,520	キープ 11,041.00
47	レバノン共和国 *Lebanese Republic*	10.5 15)653	15)625 0.9	ベイルート 19) 421	1943.11 1945.10	フランス 共和制	234 3,450	レバノン・ポンド 1,507.50
	アフリカ							54か国
48	アルジェリア民主人民共和国 *People's Democratic Republic of Algeria*	2,381.7 20)4,422	20)19 2.0	アルジェ 08) 2,364	1962.7 1962.10	フランス 共和制	1,631 3,660	アルジェリア・ディナール 138.84
49	アンゴラ共和国 *Republic of Angola*	1,246.7 3,209	26 3.3	ルアンダ 14) 6,760	1975.11 1976.12	ポルトガル 共和制	601 1,770	クワンザ 554.98
50	ウガンダ共和国 *Republic of Uganda*	241.6 4,288	178 3.6	カンパラ 20) 1,680	1962.10 1962.10	イギリス 共和制	395 840	ウガンダ・シリング 3,544.41
51	エジプト・アラブ共和国 *Arab Republic of Egypt*	1,002.0 10,206	102 2.0	カイロ 17) 9,539	― 1945.10	イギリス 共和制	3,658 3,510	エジプト・ポンド 15.66
52	エスワティニ王国 *Kingdom of Eswatini*	17.4 20)118	20)68 1.0	ムババーネ 17) 60	1968.9 1968.9	イギリス 王制	43 3,680	リランゲニ 15.19
53	エチオピア連邦民主共和国 *Federal Democratic Republic of Ethiopia*	1,104.3 10,286	93 2.6	アディスアベバ 19) 3,603	― 1945.11	― 連邦共和制	1,136 960	ブル 49.19
54	エリトリア国 *State of Eritrea*	121.1 355	29 1.2	アスマラ 19) 512	1993.5 1993.5	― 一党制(臨時政府)	11)19 11)600	ナクファ 15.08
55	ガーナ共和国 *Republic of Ghana*	238.5 20)3,095	20)130 2.2	アクラ 10) 2,070	1957.3 1957.3	イギリス 共和制	749 2,360	セディ 6.01
56	カーボベルデ共和国 *Republic of Cabo Verde*	4.0 49	122 1.2	プライア 10) 127	1975.7 1975.9	ポルトガル 共和制	19 3,330	エスクード 97.55
57	ガボン共和国 *Gabonese Republic*	267.7 15)194	15)7 2.7	リーブルビル 13) 703	1960.8 1960.9	フランス 共和制	162 7,100	CFAフラン 579.16
58	カメルーン共和国 *Republic of Cameroon*	475.7 2,676	56 2.6	ヤウンデ 19) 3,158	1960.1 1960.9	イギリス フランス 共和制	433 1,590	CFAフラン 579.16
59	ガンビア共和国 *Republic of The Gambia*	11.3 19)221	19)196 2.9	バンジュール 13) 31	1965.2 1965.9	イギリス 共和制	20 800	ダラシ 52.61
60	ギニア共和国 *Republic of Guinea*	245.8 1,290	53 2.8	コナクリ 14) 1,659	1958.10 1958.12	フランス 共和制	136 1,010	ギニア・フラン 20)9,990.00
61	ギニアビサウ共和国 *Republic of Guinea-Bissau*	36.1 20)162	20)45 2.5	ビサウ 09) 387	1973.9 1974.9	ポルトガル 共和制	16 780	CFAフラン 579.16

※CFAフラン(アフリカ金融共同体フラン)

世界の国々（Ⅲ）

言語 **太字**は公用語 国語は各国定義による	民族	宗教	政治・経済	番号
ミャンマー語（**ビルマ語**），民族語（シャン語，カレン語など）	ビルマ人68%，シャン人，カレン人など135民族	仏教87.9%，キリスト教6.2%，イスラーム4.3%	農業国で主要農産物は米。11年軍事政権から民政へ移管。経済制裁緩和により外資導入が進む。ロヒンギャの難民問題を抱える。21年軍事クーデタ発生。	42
ディヴェヒ語	モルディブ人98.5%，シンハラ人0.7%	イスラーム93.9%（大半がスンナ派），ヒンドゥー教2.5%	主産業は観光業と水産業。1島1リゾート計画を進め，1192島のうち111島がリゾート島（15年）。輸出の多くが水産品で，おもな魚種はかつおやまぐろ。	43
モンゴル語，カザフ語	モンゴル人81.9%，カザフ系3.8%，ほか20のモンゴル系少数民族	仏教53%（おもにチベット仏教），イスラーム3%	主産業は鉱業，牧畜業など。鉱産資源の開発が進み，輸出の半数以上を銅鉱石，石炭，金等が占める。91年市場経済へ移行，92年社会主義を放棄。	44
アラビア語，英語	アラブ人97.8%，チェルケス人1.2%	イスラーム97.2%（おもにスンナ派），キリスト教2.2%	パレスチナ系住民が人口の7割以上。11年のシリア危機で多くの難民を受け入れたことで，経済状況は悪化。衣類，化学肥料，りん鉱石等を輸出。	45
ラオ語，フランス語，英語，民族語	ラオ人53.2%，クムー人11%，モン人9.2%，プータイ人3.4%	仏教64.7%，キリスト教1.7%	86年経済改革に着手。工業は木材加工業と水力発電が主で，輸出は銅，縫製品，電力等。タイなどの近隣諸国に水力発電電力を輸出。	46
アラビア語，フランス語，英語，アルメニア語	アラブ人84.5%，アルメニア系6.8%，クルド人6.1%	イスラーム59.6%，キリスト教40.5%	各宗教・宗派で複雑な政治構造がある。中東の金融拠点として発展したが，内戦により経済は停滞。観光業，不動産業の他，海外からの送金に頼る。	47

アフリカ

言語	民族	宗教	政治・経済	番号
アラビア語，アマジグ語（ベルベル語）（国語），フランス語	アルジェリア系アラブ人59.1%，アマジグ(ベルベル)系26.2%，ベドウィン系アラブ人14.5%	イスラーム99.7%	石油経済国。輸出のほとんどを原油，天然ガスとその関連製品が占める。地中海沿岸で，小麦やなつめやし，かんきつ類等を栽培。	48
ポルトガル語，ウンブンド語，コンゴ語，キンブンド語など	オヴィンブンドゥ人37%，キンブンドゥ人25%，コンゴ人15%	カトリック55%，独立派キリスト教30%，プロテスタント10%	長期にわたる内戦が終結し，経済は安定。アフリカ有数の産油国・ダイヤモンド産出国。07年OPEC加盟。石油依存からの脱却，農業・製造業の振興が課題。	49
英語，**スワヒリ語**，ガンダ語	バガンダ人16.5%，バニャンコレ人9.6%，バソガ人8.8%	キリスト教85.3%，イスラーム12.1%	内乱により80年代後半まで経済は混乱したが，現在は安定して推移。主産業は農業でコーヒー豆，茶などを生産。ヴィクトリア湖での漁業もある。	50
アラビア語，フランス語，英語	エジプト人（アラブ人）99.6%	イスラーム90%（大半がスンナ派），キリスト教10%	ナイル川流域での小麦，米，綿花などの栽培がさかん。11年の政変後，観光と投資は落ちこみ，経済は悪化。15年新スエズ運河開通。	51
スワティ語，**英語**	スワティ人82.3%，ズールー人9.6%，トンガ人2.3%	キリスト教90%（伝統信仰と混合したキリスト教40%，カトリック20%）	18年にスワジランドから国名変更。主産業は木材，さとうきびなどの農林業だが，南アフリカ共和国の経済に大きく依存。エイズ感染率の高さは深刻。	52
アムハラ語，英語，約80の民族語（オロモ語，ソマリ語，ティグリニャ語など）	オロモ人35.3%，アムハラ人26.2%，ソマリ人6%，ティグライ人5.9%	キリスト教63.4%（エチオピア教会43.1%，プロテスタント19.4%），イスラーム34.1%	アフリカ最古の独立国家。主産業はコーヒー豆・もろこし等の農業，牛・羊・ヤギ等の牧畜業。干ばつや近隣諸国からの難民流入で，経済状態は厳しい。	53
ティグリニャ語，**アラビア語**，**英語**，民族語（ティグレ語など）	ティグライ人55%，ティグレ人30%，サホ人4%	イスラーム50%（大半がスンナ派），キリスト教48%	93年エチオピアから独立。主産業は農牧畜業。度重なる干ばつで，食料援助に依存。国境紛争で破壊されたインフラ復興，難民の復帰等，課題は多い。	54
英語，約75の民族語（アサンテ語など）	アカン人47.5%，モレダバン人16.6%，エウェ人13.9%	キリスト教71.2%（プロテスタント46.7%，カトリック13.1%），イスラーム17.6%	主産業はカカオ豆を主産品とする農業，金を中心とした鉱業の他，水力発電を利用したアルミ精錬業。金，カカオ豆，原油等の一次産品を輸出。	55
ポルトガル語，クレオール語	アフリカ系とヨーロッパ系の混血69.6%，フラ人12.2%	キリスト教85.3%（カトリック77.3%，プロテスタント4.6%）	バナナ・さとうきび等の農産品の他，まぐろ・ロブスターなどの水産品を輸出。観光収入も大きい。安定した政治と自由経済で経済成長は順調。	56
フランス語，民族語（ファン語，ミエネ語，ンゼビ語，バヌポー語など）	ファン人28.6%，プヌ人10.2%，ンゼビ人8.9%	キリスト教88%（カトリック41.9%，プロテスタント13.7%），イスラーム6.4%	アフリカ有数の産油国。OPEC再加盟（16年）。輸出は原油，木材，マンガン鉱など。1人あたりGNIはアフリカでは上位。近隣諸国の紛争解決に貢献。	57
フランス語，**英語**，多数の民族語（バミレケ語など）	バミレケ人11.5%，フラ人8.5%，エウォンド人8%	キリスト教69.2%（カトリック38.4%，プロテスタント26.3%），イスラーム20.9%	英連邦加盟国だが，フランスとも緊密。主産業は農林業，鉱業で，原油・カカオ豆・木材等を輸出。多様な気候，多民族から「アフリカの縮図」と呼ばれる。	58
英語，民族語（マンディンカ語，ウォロフ語，フラ語など）	マンディンカ人34%，フラ人22.4%，ウォロフ人12.6%	イスラーム95.7%，キリスト教4.2%	労働人口の大半が農業に従事。米，カシューナッツ，油やし等を栽培。干ばつや洪水で，主食である米の収穫不足は深刻。ガンビア川周辺の観光は重要。	59
フランス語，民族語（フラ語，マリンケ語，スースー語など）	フラ人32.1%，マリンケ人29.8%，スースー人19.8%	イスラーム86.7%（大半がスンナ派），キリスト教8.9%	経済は農林水産業に依存。金・ダイヤモンドなど鉱産資源が豊富で，ボーキサイトは世界有数の埋蔵量だが，政情不安やインフラ整備の遅れで経済は停滞。	60
ポルトガル語，クレオール語	フラ人23.8%，バランタ人22.9%，マリンケ人14.2%，マンジャコ人12%	イスラーム45.1%，キリスト教22.1%，精霊信仰14.9%	主産業は農業，えび・いかなどの漁業。輸出の多くはカシューナッツ。独立後，度重なる内戦で経済は停滞。破壊されたライフラインの整備が課題。	61

世界の国々(Ⅳ)

ステーツマン2021, World Population Prospects 2019, 世人口'21, 世界の国一覧表2007, 世界銀行資料ほか

番号	正式国名 英文国名	面積(千km^2) 人口(万人) 2021年	人口密度(人/km^2)2021年 人口増加率(%)2015~20年平均	首都名 首都人口(千人)	独立・国連加盟年月	旧宗主国名 政体	GNI(億ドル) 1人あたりGNI(ドル)2021年	通貨単位 1ドルあたり為替レート 2021年末
62	ケニア共和国 *Republic of Kenya*	592.0 19)4,755	19)80 2.3	ナイロビ 19) 4,397	1963.12 1963.12	イギリス 共和制	1,104 2,010	ケニア・シリング 113.14
63	コートジボワール共和国 *Republic of Côte d'Ivoire*	322.5 2,708	84 2.5	ヤムスクロ 14) 212	1960.8 1960.9	フランス 共和制	664 2,450	CFAフラン 579.16
64	コモロ連合 *Union of Comoros*	2.2 15)77	15)348 2.2	モロニ 14) 56	1975.7 1975.11	フランス 共和制	13 1,460	コモロ・フラン 434.37
65	コンゴ共和国 *Republic of Congo*	342.0 560	16 2.6	ブラザビル 07) 1,373	1960.8 1960.9	フランス 共和制	92 1,630	CFAフラン 579.16
66	コンゴ民主共和国 *Democratic Republic of the Congo*	2,345.4 10,524	45 3.2	キンシャサ 10) 8,415	1960.6 1960.9	ベルギー 共和制	533 580	コンゴ・フラン 1,999.97
67	サントメ・プリンシペ民主共和国 *Democratic Republic of São Tomé and Príncipe*	1.0 21	223 1.9	サントメ 12) 69	1975.7 1975.9	ポルトガル 共和制	5 2,280	ドブラ 20)19.95
68	ザンビア共和国 *Republic of Zambia*	752.6 1,840	24 2.9	ルサカ 10) 1,747	1964.10 1964.12	イギリス 共和制	196 1,040	ザンビア・クワチャ 16.67
69	シエラレオネ共和国 *Republic of Sierra Leone*	72.3 829	115 2.1	フリータウン 15) 1,055	1961.4 1961.9	イギリス 共和制	42 510	レオネ 11,224.61
70	ジブチ共和国 *Republic of Djibouti*	23.2 100	43 1.6	ジブチ 09) 475	1977.6 1977.9	フランス 共和制	33 3,300	ジブチ・フラン 177.72
71	ジンバブエ共和国 *Republic of Zimbabwe*	390.8 1,655	42 1.5	ハラレ 12) 1,485	1980.4 1980.8	イギリス 共和制	212 1,400	ジンバブエ・ドル 108.67
72	スーダン共和国 *The Republic of the Sudan*	1,847.0 4,567	25 2.4	ハルツーム 08) 1,410	1956.1 1956.11	イギリス エジプト 共和制	299 670	スーダン・ポンド 20)55.00
73	赤道ギニア共和国 *Republic of Equatorial Guinea*	28.1 150	54 3.7	マラボ 14) 145	1968.10 1968.11	スペイン 共和制	84 5,810	CFAフラン 579.16
74	セーシェル共和国 *Republic of Seychelles*	0.5 9	217 0.7	ビクトリア 20) 26	1976.6 1976.9	イギリス 共和制	13 13,260	セーシェル・ルピー 14.70
75	セネガル共和国 *Republic of Senegal*	196.7 1,747	89 2.8	ダカール 13) *2,646	1960.8 1960.9	フランス 共和制	265 1,540	CFAフラン 579.16
76	ソマリア連邦共和国 *Federal Republic of Somalia*	637.7 15)1,379	15)22 2.8	モガディシュ 14) 1,650	1960.7 1960.9	イギリス イタリア 連邦共和制	73 450	ソマリア・シリング 17)23,605.00
77	タンザニア連合共和国 *United Republic of Tanzania*	947.3 5,944	63 3.0	ダルエスサラーム 18) 5,147	1961.12 1961.12	イギリス 共和制	678 1,140	タンザニア・シリング 2,297.61
78	チャド共和国 *Republic of Chad*	1,284.0 19)1,569	19)12 3.0	ンジャメナ 19) 1,521	1960.8 1960.9	フランス 共和制	111 650	CFAフラン 579.16
79	中央アフリカ共和国 *Central African Republic*	623.0 15)449	15)7 1.4	バンギ 14) 781	1960.8 1960.9	フランス 共和制	26 530	CFAフラン 579.16
80	チュニジア共和国 *Republic of Tunisia*	163.6 1,178	72 1.1	チュニス 14) 638	1956.3 1956.11	フランス 共和制	433 3,630	チュニジア・ディナール 2.89
81	トーゴ共和国 *Republic of Togo*	56.8 20)779	20)137 2.5	ロメ 20) 2,173	1960.4 1960.9	フランス 共和制	83 980	CFAフラン 579.16
82	ナイジェリア連邦共和国 *Federal Republic of Nigeria*	923.8 20)20,628	20)223 2.6	アブジャ 10) 2,010	1960.10 1960.10	イギリス 連邦共和制	4,440 2,100	ナイラ 20)381.00

＊都市的地域の人口　※CFAフラン(アフリカ金融共同体フラン)

世界の国々(Ⅳ)

言語 太字は公用語 国語は各国定義による	民族	宗教	政治・経済	番号
スワヒリ語, **英語**, 民族語	キクユ人17.2%, ルヒヤ人13.8%, カレンジン人12.9%, ルオ人10.5%	キリスト教83%, イスラーム11.2%, 伝統信仰1.7%	茶, 切り花, コーヒー豆栽培がさかん。茶の輸出量は世界有数。アフリカ諸国の中では工業化が進んでいる。国立公園などの観光収入も重要。	62
フランス語, 60の民族語（ジュラ語, バウレ語, ベテ語など）	アカン人28.8%, ボルタイック人・グロ人16.1%	イスラーム42.9%, キリスト教33.9%, 精霊信仰3.6%	主産業は農業。カカオ豆の生産·輸出は世界第1位。その他, カシューナッツ, 原油, 石油製品を輸出。11年の内戦終結後, 政情は安定化。	63
コモロ語, **アラビア語**, **フランス語**	コモロ人97.1%, マクア人1.6%	イスラーム98.4%(大半がスンナ派)	大統領はコモロ諸島のうちの3島の知事による輪番制。バニラビーンズ, クローブ等の香辛料, イランイランの精油(香料)などの輸出に依存。	64
フランス語, リンガラ語, モノクトゥバ語, コンゴ語など	コンゴ人48%, サンガ人20%, テケ人17%, ンボチ人12%	キリスト教79%, イスラーム1.6%	92年コンゴ人民共和国から民主化し改称。主産業は鉱業で, 輸出の7割は原油。ギニア湾岸の原油が重要。近年, 中国との経済関係が緊密。18年OPEC加盟。	65
フランス語, スワヒリ語(国語), ルバ語（国語), コンゴ語（国語）など	ルバ人18%, コンゴ人16.1%, モンゴ人13.5%, ルワンダ系10.3%	キリスト教80%, イスラーム10%, 伝統信仰10%	97年ザイールから国名変更。銅鉱, すず鉱, ダイヤモンド, コバルト鉱など世界有数の鉱産資源国。部族対立, 資源を巡る対立など, 政情は不安定。	66
ポルトガル語, クレオール語（サントメ語, プリンシペ語など), ファン語	ヨーロッパ系とアフリカ系の混血79.5%, ファン人10%	キリスト教95%(カトリック80%, プロテスタント15%), イスラーム3%	主産業は農業。輸出の8割はカカオ豆・加工品。経済は外国からの援助に大きく依存。近年, 周辺海域での油田開発に期待が寄せられている。	67
英語, ベンバ語, ニャンジャ語, トンガ語など	ベンバ人21%, トンガ人13.6%, チェワ人7.4%, ロジ人5.7%	キリスト教95.5%（プロテスタント75.3%, カトリック20.2%）	銅やコバルト等の鉱業がさかん。輸出の7割を銅が占めるモノカルチャー経済。農業はとうもろこしが中心。近年の通貨安, 電力不足などで経済は低迷。	68
英語, メンデ語, テムネ語, クリオ語(クレオール語)	テムネ人35%, メンデ人31%, リンバ人8%	イスラーム65%, キリスト教25%, 伝統信仰	コーヒー豆, カカオ豆の農業の他, ダイヤモンドを産出。02年の内戦終結後, 順調に回復したが, 14年エボラ出血熱が流行。経済・社会面での復興が課題。	69
フランス語, **アラビア語**, ソマリ語, アファル語	ソマリ人46%, アファル人35.4%, アラブ人11%	イスラーム94.1%(大半がスンナ派), キリスト教4.5%	紅海とインド洋を結ぶ交通の要衝で, 中継貿易が発達。内陸国エチオピアの外港となるジブチ港の港湾収入, 運輸業, 駐留軍による利用料が主な収入源。	70
英語, ショナ語, ンデベレ語, 13の少数民族語	ショナ人71%, ンデベレ人16%	キリスト教94%(プロテスタント82.7%, カトリック6.7%)	金やプラチナ, ニッケル, ダイヤモンド等の鉱産資源が豊富。ヴィクトリア滝など観光業も重要。08年のインフレにより経済は混乱したが, 現在は終息。	71
アラビア語, **英語**, 多数の民族語（ヌビア語, ベジャ語など）	アフリカ系52%, アラブ人39%, ベジャ人6%	イスラーム(スンナ派)68.4%, 伝統信仰10.8%, カトリック9.5%	ごま, 落花生等の農業, 羊やヤギの畜産がさかん。原油が輸出の5割を占める。南スーダン独立により, 石油製品輸出は減少。原油をめぐる紛争は沈静化。	72
スペイン語, **フランス語**, **ポルトガル語**, ファン語, ブビ語など	ファン人56.6%, ブビ人10%, ヨルバ人8%	キリスト教86.8%, イスラーム（スンナ派）4.1%	木材, カカオ豆が輸出の中心であったが, 92年の油田開発以降, 原油, 天然ガスがおもな輸出品となり, 急速な経済成長をとげた。17年OPEC加盟。	73
クレオール語, **英語**, **フランス語**	クレオール93.2%, イギリス系3%, フランス系1.8%	キリスト教89.1%, ヒンドゥー教2.4%	インド洋の真珠ともいわれる風光明媚な景観を生かした観光業と漁業が経済の中心。農業はココナツ・シナモン·バニラ等。まぐろの缶詰など水産加工業もさかん。	74
フランス語, 民族語（ウォロフ語, プラー語, ジョラ語, マンディンカ語など）	ウォロフ人38.6%, フラ人26.6%, セレール人14.9%	イスラーム95.4%, キリスト教4.2%（大半がカトリック）	落花生・ひえ等の農業, まぐろ・たこ等の漁業が中心だったが, 95年以降, さまざまな構造改革により, 商業や物流・通信分野が成長。	75
ソマリ語, **アラビア語**, 英語, イタリア語	ソマリ人92.4%, アラブ人2.2%, アファル人1.3%	イスラーム99%(大半がスンナ派)	主産業は農畜産業。91年以来の内戦や干ばつで, 治安は悪化, 経済は停滞し, 大量の難民が発生。沖合での海賊行為は, 国連による護衛活動により減少。	76
スワヒリ語, **英語**, アラビア語, 多数の民族語	130のバンツー系民族95%	キリスト教61.4%, イスラーム35.2%	86年に社会主義経済から転換。農業人口は7割を占め, コーヒー豆, ごま等を生産。輸出は金, たばこ, カシューナッツ等。国立公園など観光資源も重要。	77
フランス語, **アラビア語**, サラ語, 120以上の言語	サラ人29.9%, カネム・ボルヌ・ブドゥマ人9.7%, アラブ人9.6%	イスラーム52.1%, キリスト教44.1%	国土の3分の2は砂漠。綿花栽培と牧畜が中心だったが, 石油資源開発が進み, 03年のパイプライン完成により輸出が進む。国家財政の多くが石油収入。	78
サンゴ語（国語), **フランス語**, 民族語	バヤ人33%, バンダ人27%, マンジャ人13%, サラ人10%	キリスト教80%, 伝統信仰10%, イスラーム10%	度重なる内戦で, 政情と経済は不安定。農業が主産業。ダイヤモンドや金等の鉱産資源はあるが, 内陸国という輸送上の不利があり, 経済発展が進まない。	79
アラビア語, フランス語, アマジグ語（ベルベル語）	アラブ人96.2%, アマジグ(ベルベル)系1.4%	イスラーム99%(スンナ派97%)	地中海沿岸での小麦, かんきつ類, オリーブ, なつめやしの農業がさかん。機械等の工業も伸展。11年の政変後, 観光客は減少, 経済への影響も大きい。	80
フランス語, エウェ語, カビエ語, ダゴンバ語	エウェ人22.2%, カブレ人13.4%, ワチ人10%	キリスト教47.2%, 伝統信仰33%, イスラーム13.7%	労働人口の7割が農業に従事し, 綿花, カカオ豆, コーヒー豆等を生産する農業国。鉱業ではりん鉱石を輸出。ロメ港は近隣諸国の外港として重要。	81
英語, 500以上の民族語（ハウサ語, イボ語, ヨルバ語, フラ語など）	ヨルバ人17.5%, ハウサ人17.2%, イボ人13.3%, フラ人10.7%	イスラーム50.5%, キリスト教48.2%	アフリカ最大の人口を有する多民族国家。輸出の大半を原油が占める。農業は主食であるキャッサバ等のイモ類, カカオ豆など。アフリカ有数の経済大国。	82

世界の国々(Ⅴ)

ステーツマン2021, World Population Prospects 2019, 世人口'21, 世界の国一覧表2007, 世界銀行資料ほか

番号	正式国名 英文国名	面積(千km²) 人口(万人) 2021年	人口密度(人/km²)2021年 人口増加率(%)2015~20年平均	首都名 首都人口(千人)	独立・国連 加盟年月	旧宗主国名 政体	GNI(億ドル) 1人あたりGNI(ドル)2021年	通貨単位 1ドルあたり為替レート 2021年末
83	ナミビア共和国 *Republic of Namibia*	825.2 255	3 1.9	ウィントフック 11) 325	1990.3 1990.4	南アフリカ 共和制	118 4,550	ナミビア・ドル 15.91
84	ニジェール共和国 *Republic of Niger*	1,267.0 19)2,194	19)17 3.8	ニアメ 17) 1,203	1960.8 1960.9	フランス 共和制	148 590	CFAフラン 579.16
85	ブルキナファソ *Burkina Faso*	270.8 2,150	79 2.9	ワガドゥグー 19) 2,453	1960.8 1960.9	フランス 共和制	184 860	CFAフラン 579.16
86	ブルンジ共和国 *Republic of Burundi*	27.8 1,257	452 3.1	ブジュンブラ 08) 497	1962.7 1962.9	ベルギー 共和制	29 240	ブルンジ・フラン 2,006.10
87	ベナン共和国 *Republic of Benin*	114.8 19)1,185	19)103 2.7	ポルトノボ 13) 264	1960.8 1960.9	フランス 共和制	171 1,370	CFAフラン 579.16
88	ボツワナ共和国 *Republic of Botswana*	582.0 244	4 2.1	ハボローネ 20) 274	1966.9 1966.10	イギリス 共和制	166 6,940	プラ 11.74
89	マダガスカル共和国 *Republic of Madagascar*	587.0 2,817	48 2.7	アンタナナリボ 18) 1,274	1960.6 1960.9	フランス 共和制	142 500	アリアリ 3,956.66
90	マラウイ共和国 *Republic of Malawi*	94.6 1,889	200 2.7	リロングウェ 18) 989	1964.7 1964.12	イギリス 共和制	123 630	マラウイ・クワチャ 20)773.11
91	マリ共和国 *Republic of Mali*	1,240.2 20)2,053	20)17 3.0	バマコ 09) 1,810	1960.9 1960.9	フランス 共和制	182 870	CFAフラン 579.16
92	南アフリカ共和国 *Republic of South Africa*	1,221.0 6,014	49 1.4	プレトリア 16) 3,275	– 1945.11	イギリス 共和制	3,869 6,440	ランド 15.91
93	南スーダン共和国 *The Republic of South Sudan*	658.8 18)1,232	18)19 0.9	ジュバ 08) 230	2011.7 2011.7	– 共和制	15)117 15)1,090	南スーダン・ポンド 432.03
94	モザンビーク共和国 *Republic of Mozambique*	799.4 3,083	39 2.9	マプト 19) 1,122	1975.6 1975.9	ポルトガル 共和制	154 480	メティカル 63.83
95	モーリシャス共和国 *Republic of Mauritius*	2.0 126	640 0.2	ポートルイス 19) 146	1968.3 1968.4	イギリス 共和制	137 10,860	モーリシャス・ルピー 43.53
96	モーリタニア・イスラム共和国 *Islamic Republic of Mauritania*	1,030.7 19)407	19)4 2.8	ヌアクショット 18) 1,155	1960.11 1961.10	フランス 共和制	82 1,730	ウギア 36.22
97	モロッコ王国 *Kingdom of Morocco*	446.6 3,631	81 1.3	ラバト 14) 577	1956.3 1956.11	フランス 立憲君主制	1,272 3,350	モロッコ・ディルハム 9.28
98	リビア *Libya*	1,676.2 20)693	20)4 1.4	トリポリ 12) 940	1951.12 1955.12	イタリア 民主制	586 8,430	リビア・ディナール 4.60
99	リベリア共和国 *Republic of Liberia*	111.4 15)447	15)40 2.5	モンロビア 08) 1,011	– 1945.11	アメリカ合衆国 共和制	32 620	リベリア・ドル 20)164.22
100	ルワンダ共和国 *Republic of Rwanda*	26.3 1,295	492 2.6	キガリ 12) 859	1962.7 1962.9	ベルギー 共和制	113 850	ルワンダ・フラン 1,009.62
101	レソト王国 *Kingdom of Lesotho*	30.4 207	68 0.8	マセル 16) 330	1966.10 1966.10	イギリス 立憲君主制	27 1,270	ロティ 15.91
	ヨーロッパ							45か国
102	アイスランド共和国 *Republic of Iceland*	103.0 36	4 0.7	レイキャビク 20) 129	1944.6 1946.11	デンマーク 共和制	240 64,410	アイスランド・クローナ 130.38

※CFAフラン(アフリカ金融共同体フラン)

世界の国々（Ⅴ）

言語 **太字**は公用語 国語は各国定義による	民族	宗教	政治・経済	番号
英語，アフリカーンス語，ドイツ語，民族語（オシワンボ語など）	オバンボ人34.4％，混血14.5％，カバンゴ人9.1％	キリスト教91.9％，伝統信仰6％	90年南アフリカ共和国から独立。ダイヤモンド・ウラン・銅などの豊富な鉱産資源が，輸出の5割を占める。沖合にはベンゲラ海流があり，漁業もさかん。	83
フランス語，ハウサ語，ジェルマ語，フラ語など	ハウサ人53.1％，ジェルマ・ソンガイ人21.2％	イスラーム90％，伝統信仰9％	70年代半ばより成長したウラン生産は世界有数。農業人口は8割を占めるが，耕地率は国土の1割程度。きび，ソルガムなどの自給的農業が中心。	84
フランス語，モシ語，ディウラ語，グルマンチェ語	モシ人52％，フラ人8.4％，グルマ人7％，ボボ人4.9％	イスラーム61.6％，キリスト教29.9％，伝統信仰7.3％	労働人口の8割が農業・畜産に従事。ひえ等の雑穀の生産は世界の上位に入る。電力不足を輸入で賄っているが，太陽光発電稼働で改善の兆し。	85
ルンディ語，**フランス語**，スワヒリ語	フツ人80.9％，ツチ人15.6％	キリスト教85.4％，イスラーム2.5％	赤道直下の高原という立地を生かしたコーヒー豆や茶を輸出。06年まで続いた民族間の内戦により，農地は荒廃。内戦勃発以降は食料援助に依存。	86
フランス語，民族語（フォン語，ヨルバ語など）	フォン人38.4％，アジャ人15.1％，ヨルバ人12％，バリバ人9.6％	キリスト教48.5％，イスラーム27.7％，伝統信仰14.2％	綿花産業の他，大西洋に面したコトヌー湾の港湾サービス業が重要。綿花，カシューナッツ等を輸出。90年の民主化以降，アジア諸国との関係を強化。	87
英語，ツワナ語（国語），カランガ語，クガラガディ語	ツワナ人66.8％，カランダ人14.8％	キリスト教79.1％，バディモ教4.1％	67年にダイヤモンドの鉱脈が発見されて以降，経済は急速に発展。その産出量は世界有数で，輸出の大半を占める。インフラ整備も進み，堅実な経済状況。	88
マダガスカル語，**フランス語**	マレーポリネシア系の18民族95.9％	キリスト教47％，伝統信仰42％，イスラーム2％	主産業はバニラ・クローブ等の香辛料を中心とする農業，漁業，ニッケル・コバルト等の鉱業。観光業は環境破壊や政情不安定により，近年は停滞気味。	89
英語，チェワ語（国語），民族語（ニャンジャ語，ヤオ語，トゥンブカ語など）	チェワ人35.1％，ロムウェ人18.9％，ヤオ人13.1％，ンゴニ人12％	キリスト教86.9％，イスラーム12.5％	伝統的な農業国で，農業人口は9割。輸出はたばこ，砂糖，茶等の一次産品。近年，ウランやレアメタル等の潜在的な鉱産資源開発に注目が集まっている。	90
フランス語，バンバラ語，その他の民族語	バンバラ人34.1％，フラ人14.7％，サラコレ人10.8％，セヌフォ人10.5％	イスラーム94.8％（大半がスンナ派），キリスト教2.4％	主産業は，綿花・ひえ・ソルガムなどの農業，畜産，鉱業。金，綿花の他，羊や牛などの家畜を輸出。一次産品依存のため，経済は脆弱。	91
英語，**アフリカーンス語**，**バンツー諸語9言語（ズールー語，コサ語など）の計11言語**	アフリカ系80.2％，ヨーロッパ系とアフリカ系の混血8.8％，ヨーロッパ系8.4％	独立派キリスト教37.1％，プロテスタント26.1％，伝統信仰8.9％	91年アパルトヘイト政策廃止。金・ダイヤモンドの他，プラチナ等レアメタルを産出する世界屈指の鉱産資源国。鉄鋼や自動車産業もさかん。	92
英語，アラビア語，民族語（ディンカ語など）	ディンカ人38％，ヌエル人17％，ザンデ人10％，バリ人10％，シルク人10％	キリスト教60％，伝統信仰など40％	11年スーダンから分離独立。多くの油田は国内にあるが，輸出関連施設がスーダン側にあり運営は不安定。政府収入の大半が原油のため財政状況は深刻。	93
ポルトガル語，民族語（マクワ語，シャンガナ語など）	マクア・ロムウェ人52％，ソンガ・ロンガ人24％	キリスト教56.1％，イスラーム17.9％	英国植民地経験がない国では初の英連邦加盟。92年に内戦が終結。石炭・天然ガス等の豊富な資源や，アルミ精錬業や水力発電などが経済を牽引。	94
英語，クレオール語，ボージュプリー語，フランス語	インド・パキスタン系67％，クレオール27.4％	ヒンドゥー教48.5％，キリスト教32.7％，イスラーム17.3％	旧宗主国の仏・英，インドとの関係が深い。主産業は砂糖産業の他，輸出加工区での繊維産業，観光業，金融業。外資導入に向けた事業環境を整備。	95
アラビア語，プラー語（国語），ソニンケ語（国語），ウォロフ語（国語），フランス語	混血モール人40％，モール人30％，アフリカ系30％	イスラーム（スンナ派）99.1％	国土の大半は砂漠。輸出はたこ・いか等の魚介類，鉄鉱石など。ヌアクショット沖合で原油が確認され，06年より生産を開始したが，技術的な問題で低迷。	96
アラビア語，**アマジグ語（ベルベル語）**，フランス語，スペイン語	アマジグ（ベルベル）系45％，アラブ人44％，モール人（モーリタニア系）10％	イスラーム99％（大半がスンナ派）	りん鉱石関連産業は世界有数。地中海性気候下でオリーブやオレンジ類を栽培。日本への輸出の特徴はたこやいか，まぐろ。自動車産業，観光業も重要。	97
アラビア語，アマジグ語（ベルベル語），イタリア語，英語	アラブ人87.1％，アマジグ（ベルベル）系6.8％	イスラーム96.6％（大半がスンナ派），キリスト教2.7％	アフリカ有数の原油埋蔵量を誇り，輸出の大半を占める。カダフィ政権時には治安は安定していたが，11年の体制崩壊後に国内情勢が混乱し，急激に悪化。	98
英語，民族語（マンデ語など）	クペレ人20.3％，バサ人13.4％，グレボ人10％，ジオ人8％	キリスト教85.6％，イスラーム12.2％	世界有数の便宜置籍船国。鉄鉱石や金等を産出するが，03年までの内戦で，経済は崩壊し，多数の難民が発生。06年アフリカで2番目の女性国家元首になった。	99
キニヤルワンダ語，**フランス語**，**英語**，スワヒリ語	フツ人85％，ツチ人14％，ツワ人1％	キリスト教95.1％，イスラーム2％	94年ツチ人とフツ人の対立による内戦は終結し，国民融和・和解が進む。主産業はコーヒー豆，茶等の農業。内戦後の成長は「アフリカの奇跡」と呼ばれる。	100
ソト語，**英語**	ソト人80.3％，ズールー人14.4％	キリスト教91％，伝統信仰7.7％	周囲を南アに囲まれ，地理的，経済的にも大きく依存。全土が標高1400m以上の高地にあり，水資源は豊富。主産業は農業，繊維業。後発発展途上国。	101
			ヨーロッパ	
アイスランド語，英語，北欧系言語，ドイツ語	アイスランド人93％，その他ヨーロッパ系6％	キリスト教87.7％（ルーテル派プロテスタント76.8％，カトリック3.3％）	水力発電と地熱発電でほぼすべての電力を供給。漁業や水産加工業が中心だが，安価な電力を利用したアルミ精錬もさかん。近年は観光業が好調。	102

世界の国々（Ⅵ）

ステーツマン2021, World Population Prospects 2019, 世人口'21, 世界の国一覧表2007, 世界銀行資料ほか

番号	正式国名 英文国名	面積(千km^2) 人口(万人) 2021年	人口密度(人/km^2)2021年 人口増加率(%)2015〜20年平均	首都名 首都人口(千人)	独立・国連 加盟年月	旧宗主国名 政体	GNI(億ドル) 1人あたりGNI(ドル)2021年	通貨単位 1ドルあたり為替レート 2021年末
103	アイルランド *Ireland*	69.8 500	72 1.2	ダブリン 16) 544	– 1955.12	イギリス 共和制	3,747 74,520	ユーロ 0.88
104	アルバニア共和国 *Republic of Albania*	28.7 282	98 −0.1	ティラナ 11) 418	– 1955.12	– 共和制	172 6,110	レク 106.54
105	アンドラ公国 *Principality of Andorra*	0.5 7	167 −0.2	アンドララベリャ 20) 19	1993.3 1993.7	フランス スペイン 共同元首を擁する議会制	19)36 19)46,040	ユーロ 0.88
106	イタリア共和国 *Italian Republic*	302.1 5,923	196 −0.04	ローマ 19) 2,808	– 1955.12	– 共和制	21,095 35,710	ユーロ 0.88
107	ウクライナ *Ukraine*	603.5 4,141	69 −0.5	キーウ 20) 2,967	1991.8 1945.10	– 共和制	1,707 4,120	フリブニャ 27.28
108	エストニア共和国 *Republic of Estonia*	45.4 132	29 0.2	タリン 20) 437	1991.9 1991.9	– 共和制	345 25,970	ユーロ 0.88
109	オーストリア共和国 *Republic of Austria*	83.9 893	106 0.7	ウィーン 21) 1,921	– 1955.12	– 連邦共和制	4,676 52,210	ユーロ 0.88
110	オランダ王国 *Kingdom of the Netherlands*	41.5 1,747	421 0.2	アムステルダム 19) 862	– 1945.12	– 立憲君主制	9,883 56,370	ユーロ 0.88
111	北マケドニア共和国 *Republic of North Macedonia*	25.7 206	80 0.04	スコピエ 19) 554	1991.9 1993.4	– 共和制	127 6,130	デナール 54.37
112	ギリシャ共和国 *Hellenic Republic*	132.0 1,067	81 −0.4	アテネ 11) 664	– 1945.10	– 共和制	2,148 20,140	ユーロ 0.88
113	グレートブリテン及び北アイルランド連合王国 *United Kingdom of Great Britain and Northern Ireland*	244.4 20)6,708	20)274 0.6	ロンドン 19) 8,961	– 1945.10	– 立憲君主制	30,553 45,380	英ポンド 0.74
114	クロアチア共和国 *Republic of Croatia*	56.6 403	71 −0.6	ザグレブ 19) 809	1991.6 1992.5	– 共和制	669 17,150	クーナ① 6.64
115	コソボ共和国 *Republic of Kosovo*	10.9 20)179	20)165 –	プリシュティナ 11) 145	2008.2 –	– 共和制	90 4,970	ユーロ 0.88
116	サンマリノ共和国 *Republic of San Marino*	0.1 3	571 0.4	サンマリノ 20) 4	– 1992.3	– 共和制	08)16 08)51,810	ユーロ 0.88
117	スイス連邦 *Swiss Confederation*	41.3 869	211 0.8	ベルン 19) 134	– 2002.9	– 連邦共和制	7,859 90,360	スイス・フラン 0.91
118	スウェーデン王国 *Kingdom of Sweden*	438.6 1,037	24 0.7	ストックホルム 19) 975	– 1946.11	– 立憲君主制	6,134 58,890	スウェーデン・クローナ 9.04
119	スペイン王国 *Kingdom of Spain*	506.0 4,732	94 0.04	マドリード 20) 3,334	– 1955.12	– 立憲君主制	14,075 29,740	ユーロ 0.88
120	スロバキア共和国 *Slovak Republic*	49.0 545	111 0.1	ブラチスラバ 19) 437	1993.1 1993.1	– 共和制	1,103 20,250	ユーロ 0.88
121	スロベニア共和国 *Republic of Slovenia*	20.3 210	104 0.1	リュブリャナ 15) 278	1991.6 1992.5	– 共和制	595 28,240	ユーロ 0.88
122	セルビア共和国 *Republic of Serbia*	77.5 687	89 ②−0.3	ベオグラード 19) 1,694	1992.4 2000.11	– 共和制	577 8,440	セルビア・ディナール 103.93
123	チェコ共和国 *Czech Republic*	78.9 1,070	136 0.2	プラハ 20) 1,324	1993.1 1993.1	– 共和制	2,576 24,070	コルナ 21.95

①2023年1月より法定通貨としてユーロを導入予定　②コソボを含む

世界の国々（Ⅵ）

言語 太字は公用語 国語は各国定義による	民族	宗教	政治・経済	番号
アイルランド語（ゲール語），英語	アイルランド人82.2%，ヨーロッパ系10.2%，アジア系2.1%	キリスト教83.9%（カトリック78.3%，アイルランド聖公会2.7%，正教会1.3%）	98年，英領北アイルランドに係る和平合意。貿易相手国の4割を英米が占める。輸出は医薬品，コンピュータ等。主産業は金融，製薬，食品・飲料。	103
アルバニア語，ギリシャ語，マケドニア語，ロマ語など	アルバニア人82.6%，ギリシャ系0.9%	イスラーム58.8%，カトリック10%，アルバニア正教6.8%	鎖国的な社会主義体制だったが，92年民主政権成立。隣国のイタリアとの経済的結びつきは強く，最大の貿易相手。衣類，皮革等の軽工業が中心。	104
カタルーニャ語，フランス語，スペイン語，ポルトガル語	アンドラ人46.2%，スペイン系26.4%，ポルトガル系12.8%	キリスト教93.4%（カトリック89.1%）	スペインのウルヘル司教とフランス大統領が共同元首。93年独立。主産業は観光，サービス業，流通，金融業。財政の多くを輸入関税に頼る。	105
イタリア語，ドイツ語，フランス語，スロベニア語	イタリア人96%，北アフリカ系アラブ人0.9%	カトリック83%，イスラーム2%	主産業は機械，自動車，鉄鋼，繊維。ファッション産業も重要。南北で経済格差がある。オリーブやぶどうの栽培がさかんで，ワインの生産・輸出は世界屈指。	106
ウクライナ語，ロシア語	ウクライナ人77.8%，ロシア系17.3%	ウクライナ正教83.7%，カトリック10.2%，プロテスタント2.2%	肥沃な黒土地帯（チェルノーゼム）があり，世界的穀倉地帯が広がる。石炭，鉄鉱石等の鉱産資源も豊富。14年にロシアとの関係が悪化し，22年に侵攻を受けた。	107
エストニア語，ロシア語	エストニア人68.8%，ロシア系25.1%	キリスト教63.5%（無所属派，ルーテル派プロテスタント，ロシア正教）	ソ連からの独立後，自由経済を推進。金融・保険分野では外資が大半を占める。国策としてICT立国化を推進し，多くの企業が誕生，行政は高度に電子化。	108
ドイツ語，トルコ語，セルビア語，クロアチア語など	オーストリア人91.1%，旧ユーゴ系4%	キリスト教73.3%（カトリック66%，プロテスタント3.9%），イスラーム4.2%	機械・金属加工等の工業がさかんな永世中立国。アルプス山脈が国土の大半を占め，その立地や歴史的な街並みを生かした観光収入も多い。	109
オランダ語，フリジア語	オランダ人78.6%，EU諸国出身者5.8%	カトリック28%，プロテスタント19%，イスラーム5%	輸出は機械，化学品等。園芸農業と酪農がさかん。鉱産資源は天然ガス，原油を産出。ユーロポートをライン川河口に有し，加工・中継貿易の拠点として発展。	110
マケドニア語，**アルバニア語**，トルコ語，ロマ語など	マケドニア人64.2%，アルバニア系25.2%，トルコ系3.9%，ロマ人2.7%	マケドニア正教65%，イスラーム（スンナ派）32%	農業はたばこ，ワイン，とうもろこし等が中心。ユーゴ時代から開発が遅れ，連邦解体により経済はさらに停滞。ギリシャとの間の国名問題は名称変更で合意。	111
ギリシャ語	ギリシャ人90.4%，マケドニア系1.8%，アルバニア系1.5%	ギリシャ正教90%，イスラーム5%，カトリック2%	主産業は石油化学，造船等の工業，観光業。オリーブや果実の生産もさかん。近年の財政危機はEU各国に影響を与え，欧州債務危機の原因となった。	112
英語，スコットランド語，ゲール語，ウェールズ語など	イングランド人83.6%，スコットランド人8.6%，ウェールズ人4.9%	キリスト教71.8%（英国国教会29%，その他プロテスタント14%，カトリック10%）	産業革命発祥の地。自動車，航空機，機械工業が発展。鉱業は石炭から，北海油田の原油，天然ガスに。20年，EUを離脱。	113
クロアチア語，セルビア語	クロアチア人90.4%，セルビア系4.4%	キリスト教91.4%（カトリック86.3%，正教会4.4%）	91年に独立したユーゴスラビア構成国。90年代は周辺国との紛争があったが，現在の関係は良好。主産業は観光，造船，石油化学工業，食品加工業。	114
アルバニア語，**セルビア語**，ボスニア語，トルコ語など	アルバニア系92.9%，ボスニア系1.6%	イスラーム95.6%，キリスト教3.7%	08年にセルビアから独立したユーゴスラビア構成国。独立を未承認の国もあり国連未加盟。主産業は小規模な農業で，海外移民からの送金，外国援助に依存。	115
イタリア語	サンマリノ人84.6%，イタリア系13.4%	キリスト教99.2%（カトリック88.7%）	歴史的，地理的，経済的にもイタリアとは密接。観光，金融，繊維が主産業。切手やコインなども貴重な収入源。EUには非加盟だがユーロを通貨として使用。	116
ドイツ語，**フランス語**，**イタリア語**，**ロマンシュ語**	ドイツ系65%，フランス系18%，イタリア系10%	キリスト教68%（カトリック37.3%，プロテスタント24.9%）	永世中立国。精錬した金，医薬品，精密機械・時計等を輸出し，これらの企業の本社も所在。アルプス山脈の風光明媚な景観を生かした観光業や金融業も重要。	117
スウェーデン語，少数言語（フィンランド語，サーミ語，ロマ語，イディッシュ語，メアンキエリ語）	スウェーデン人86.2%，その他ヨーロッパ系7.9%	プロテスタント81.5%（ルーテル派77%），イスラーム4%	国土の7割を占める森林，良質な鉄鉱石など天然資源に恵まれる。輸出は機械類，自動車，医薬品等。社会保障制度は高福祉高負担によって充実。	118
スペイン語，カタルーニャ語，ガリシア語，バスク語など	スペイン人44.9%，カタルーニャ人28%，ガリシア人8.2%	カトリック77%，イスラーム2.5%	主産業は自動車，化学工業，観光業。オリーブ油，ワイン等の食品工業もさかん。亜鉛等の鉱産資源もある。バスク，カタルーニャ地方では分離・独立運動が続く。	119
スロバキア語，ハンガリー語，ロマ語，ルテニア語	スロバキア人80.6%，ハンガリー系8.5%	キリスト教75.5%（カトリック62%，プロテスタント8.2%）	93年チェコとの連邦を解消し独立。旧体制下は軍需など重工業が発展。98年市場経済へ移行し，現在は，自動車，電気機械が産業の中心。	120
スロベニア語，セルボクロアチア語，イタリア語，ハンガリー語	スロベニア人83.1%，セルビア系2%，クロアチア系1.8%	キリスト教61%（カトリック57.8%），イスラーム2.4%	ユーゴスラビアの先進工業地域であり，91年の独立後も，工業の高い水準を維持。自動車，電気機器，医薬品，金属加工業などが産業の中心。観光も重要。	121
セルビア語，ハンガリー語，ボスニア語，ロマ語	セルビア人83.3%，ハンガリー系3.5%	キリスト教91.3%（セルビア正教84.6%，カトリック5%），イスラーム3.1%	06年にモンテネグロが独立し，内陸国となる。コソボの独立は非承認。14年の洪水被害は甚大だったが，徐々に復興。外国投資により，製造業は活性傾向。	122
チェコ語，スロバキア語	チェコ人64.3%，モラヴィア人5%，スロバキア系1.4%	カトリック26.8%，プロテスタント2.1%	93年スロバキアと連邦を解消して独立。ボヘミアガラスをはじめ，伝統的に製造業はさかん。自動車産業が伸長。プラハの歴史的街並みなど観光業も重要。	123

世界の国々(Ⅶ)

ステーツマン2021, World Population Prospects 2019, 世人口'21, 世界の国一覧表2007, 世界銀行資料ほか

番号	正式国名 英文国名	面積(千km²) 人口(万人) 2021年	人口密度(人/km²)2021年 人口増加率(%)2015~20年平均	首都名 首都人口(千人)	独立・国連加盟年月	旧宗主国名 政体	GNI(億ドル) 1人あたりGNI(ドル)2021年	通貨単位 1ドルあたり為替レート 2021年末
124	デンマーク王国 *Kingdom of Denmark*	42.9 585	136 0.4	コペンハーゲン 20) 793	– 1945.10	– 立憲君主制	3,989 68,110	デンマーク・クローネ 6.56
125	ドイツ連邦共和国 *Federal Republic of Germany*	357.6 8,315	233 0.5	ベルリン 19) 3,669	– 1973.9	– 連邦共和制	42,429 51,040	ユーロ 0.88
126	ノルウェー王国 *Kingdom of Norway*	①323.8 ①539	①17 0.8	オスロ 21) 697	– 1945.11	– 立憲君主制	4,548 84,090	ノルウェー・クローネ 8.82
127	バチカン市国 *State of the City of Vatican*	0.44km² 18)0.06	18)1,398 0.1	バチカン 18) 0.6	– –	– –	– –	ユーロ 0.88
128	ハンガリー *Hungary*	93.0 973	105 −0.2	ブダペスト 20) 1,750	– 1955.12	– 共和制	1,722 17,740	フォリント 325.71
129	フィンランド共和国 *Republic of Finland*	②338.5 ②556	②16 0.2	ヘルシンキ 20) 656	– 1955.12	– 共和制	2,974 53,660	ユーロ 0.88
130	フランス共和国 *French Republic*	③640.6 ③6,765	③106 0.3	パリ 18) 2,175	– 1945.10	– 共和制	29,619 43,880	ユーロ 0.88
131	ブルガリア共和国 *Republic of Bulgaria*	110.4 691	63 −0.7	ソフィア 20) 1,249	– 1955.12	– 共和制	739 10,720	レフ 1.73
132	ベラルーシ共和国 *Republic of Belarus*	207.6 930	45 0.02	ミンスク 20) 2,020	1991.8 1945.10	– 共和制	650 6,950	ベラルーシ・ルーブル 2.55
133	ベルギー王国 *Kingdom of Belgium*	30.5 1,155	378 0.5	ブリュッセル 20) 1,218	– 1945.12	– 立憲君主制	5,853 50,510	ユーロ 0.88
134	ボスニア・ヘルツェゴビナ *Bosnia and Herzegovina*	51.2 19)349	19)68 −0.9	サラエボ 12) 310	1992.3 1992.5	– 共和制	221 6,770	兌換マルカ 1.73
135	ポーランド共和国 *Republic of Poland*	312.7 3,784	121 −0.1	ワルシャワ 19) 1,790	– 1945.10	– 共和制	6,299 16,670	ズロチ 4.06
136	ポルトガル共和国 *Portuguese Republic*	92.2 1,029	112 −0.3	リスボン 19) 509	– 1955.12	– 共和制	2,444 23,730	ユーロ 0.88
137	マルタ共和国 *Republic of Malta*	0.3 51	1,638 0.4	バレッタ 19) 5	1964.9 1964.12	イギリス 共和制	158 30,560	ユーロ 0.88
138	モナコ公国 *Principality of Monaco*	2.02km² 3	19,175 0.8	モナコ 19) 38	– 1993.5	– 立憲君主制	08)67 08)186,080	ユーロ 0.88
139	モルドバ共和国 *Republic of Moldova*	33.8 261	77 −0.2	キシナウ 19) 695	1991.8 1992.3	– 共和制	140 5,460	モルドバ・レウ 17.75
140	モンテネグロ *Montenegro*	13.9 62	45 0.04	ポドゴリツァ 19) 189	2006.6 2006.6	– 共和制	58 9,300	ユーロ 0.88
141	ラトビア共和国 *Republic of Latvia*	64.6 189	29 −1.1	リガ 20) 627	1991.9 1991.9	– 共和制	365 19,370	ユーロ 0.88
142	リトアニア共和国 *Republic of Lithuania*	65.3 279	43 −1.5	ビリニュス 21) 559	1991.9 1991.9	– 共和制	604 21,610	ユーロ 0.88
143	リヒテンシュタイン公国 *Principality of Liechtenstein*	0.2 3	245 0.4	ファドーツ 19) 5	– 1990.9	– 立憲君主制	09)42 09)116,440	スイス・フラン 0.91
144	ルクセンブルク大公国 *Grand Duchy of Luxembourg*	2.6 63	247 2.0	ルクセンブルク 21) 124	– 1945.10	– 立憲君主制	20)511 20)81,110	ユーロ 0.88

①スヴァールバル諸島などの海外領土を除く　②オーランド諸島を含む
③フランス海外県(ギアナ，マルティニーク，グアドループ，レユニオン，マヨット)を含む。フランス本土：面積551.5千km²，人口6,544万人，人口密度119人/km²

世界の国々(Ⅶ)

言語 **太字**は公用語 国語は各国定義による	民族	宗教	政治・経済	番号
デンマーク語，英語，地域言語（フェロー語，グリーンランド語，ドイツ語）	デンマーク人91.9%，トルコ系0.6%，ドイツ系0.5%	ルーテル派プロテスタント76%，イスラーム4%	国民の所得格差が小さい高福祉高負担国家。2度の国民投票を経てEUに加盟したが，ユーロ導入は否決。輸出は機械類，医薬品等。農畜産業もさかん。	124
ドイツ語，少数言語（デンマーク語，フリジア語，ソルブ語，ロマ語など）	ドイツ人88.2%，トルコ系3.4%，イタリア系1%	カトリック29%，プロテスタント27%，イスラーム4.4%	フランスと共にEUの中心的存在。世界有数の先進工業国で自動車，化学，機械，航空産業等がさかん。穀物，畜産等の農産物の輸出も多い。環境先進国。	125
ノルウェー語，少数言語（サーミ語，フィンランド語など）	ノルウェー人83%，その他ヨーロッパ系5.3%	キリスト教87.8%（ルーテル派プロテスタント82.1%），イスラーム2.3%	北海油田を中心とした原油，天然ガスが輸出の4割を占める。安価な水力発電を利用したアルミニウム精錬や水産業もさかん。高負担高福祉国家。	126
ラテン語，フランス語（外交用語），イタリア語（業務用語）	イタリア人，スイス人など	カトリック	カトリック教会の総本山で，イタリアの首都ローマ市内にある世界最小面積の国。元首はローマ法王。寄付金，美術館関連，書籍や記念切手等が収入源。	127
ハンガリー（マジャール）語，ロマ語，ドイツ語	ハンガリー人85.6%，ロマ人3.2%，ドイツ系1.9%	キリスト教53.7%（カトリック37.2%，プロテスタント14.6%）	89年の体制転換後，外資導入により，急速に経済発展。輸出は機械，自動車，医薬品等。伝統的に農畜産業がさかん。首都ブダペストは双子都市。	128
フィンランド語，**スウェーデン語**，ロシア語	フィン人93.4%，スウェーデン系5.6%	ルーテル派プロテスタント72%，フィンランド正教1.1%	森林資源を生かした製紙・パルプ・木材の伝統的産業の他，金属，機械工業がある。通信機器を中心とするICT産業の比重が大きい。高負担高福祉国家。	129
フランス語，フランス語方言（プロヴァンス語，ブルトン語，アルザス語など）	フランス人76.9%，アルジェリア・モロッコ系アマジク人2.2%	カトリック64.3%，イスラーム4.3%，プロテスタント1.9%	ドイツと共にEUの中心的存在。先進工業国で，輸出は機械類，航空機，自動車等。また，EU最大の農業国で，小麦やワイン，チーズの輸出は世界有数。	130
ブルガリア語，トルコ語，ロマ語	ブルガリア人76.9%，トルコ系8%，ロマ人4.4%	キリスト教61%（ブルガリア正教59.4%），イスラーム7.8%	内需拡大によって経済成長は順調だが，EU加盟国内での所得水準は低い。農産品は穀物，酪農製品やバラ香油等がある。輸出は機械類，石油製品。	131
ベラルーシ語，**ロシア語**，少数言語（ポーランド語，ウクライナ語）	ベラルーシ人83.7%，ロシア系8.3%，ポーランド系3.1%	ベラルーシ正教48.3%，カトリック7.1%	ロシアとは緊密。86年のチェルノブイリ原発事故では深刻な被害を受けた。石油製品，機械，カリウム肥料を輸出。農業はライ麦・えん麦・亜麻の栽培，畜産等。	132
オランダ語（北部），**フランス語**（南部），**ドイツ語**（東部）など	ベルギー人90.9%，イタリア系1.6%	キリスト教52.5%（カトリック50%），イスラーム5%	先進工業国として発展し，加工貿易が中心。輸出は医薬品，自動車，機械類。チョコレートやビール等の食品加工業もさかん。ベネルクス3国を構成。	133
ボスニア語，**クロアチア語**，**セルビア語**	ボシュニャク人50.1%，セルビア系30.8%，クロアチア系15.4%	イスラーム50.7%，セルビア正教30.7%，カトリック15.2%	ユーゴスラビア解体に端を発した内戦は，95年に終結したが，経済は厳しい。主産業は木材加工，鉱業，繊維業。EU加盟に向け，国内改革に取り組む。	134
ポーランド語，シレジア語，ドイツ語	ポーランド人96.9%，シレジア人1.1%	カトリック87.2%，正教会1.3%，プロテスタント	東欧有数の農業国だが，04年のEU加盟以降，国外企業が進出し，EU内の工場として製造業が成長。主産業は乳製品・肉類等の食品，金属，自動車，機械。	135
ポルトガル語，ミランダ語	ポルトガル人91.9%，混血1.6%，ブラジル系1.4%	キリスト教84.3%（カトリック81%）	地中海性気候下でオリーブやワインの生産がさかん。コルクは世界生産の5割を占める。輸出は電気機械，自動車・部品，衣類等。観光業も重要。	136
マルタ語，**英語**，イタリア語	マルタ人95.2%	キリスト教95.5%（カトリック95%）	伝統的な造船業の他，繊維業，観光業が経済の中心。外資導入による半導体などの製造業も成長。東西冷戦が終結した「マルタ会談」開催地。	137
フランス語，英語，イタリア語，モナコ語	フランス系28.4%，モナコ人21.6%，イタリア系18.7%	キリスト教93.2%（カトリック89.3%），ユダヤ教1.7%	世界有数の保養地。カジノ，F1やWRC等の自動車レース，観光，金融，工業を軸に発展。税制が緩やかなため，住民の多くが外国籍富裕層。	138
モルドバ語，ロシア語，ガガウズ語	モルドバ人75.8%，ウクライナ系8.4%，ロシア系5.9%	モルドバ正教31.8%，ベッサラビア正教16.1%，ロシア正教15.4%	ぶどう，小麦，とうもろこし，ひまわりの種子を栽培する農業，ワインなどの食品加工業が主産業。工業は，機械の老朽化や紛争による資源不足で低迷。	139
モンテネグロ語，セルビア語，ボスニア語，アルバニア語など	モンテネグロ人45%，セルビア系28.7%，ボスニア系8.7%	キリスト教75.9%（セルビア正教72.1%），イスラーム19.1%	ユーゴスラビア構成国で，06年にセルビア・モンテネグロから独立。アルミニウムや鉄鋼などの製造業，農業，観光業が主産業。EU加盟候補国だが，ユーロを使用。	140
ラトビア語，ロシア語	ラトビア人61.8%，ロシア系25.6%，ベラルーシ系3.4%	キリスト教35.9%（ルーテル派プロテスタント19.6%，正教会15.3%）	バルト3国の一つ。ソ連時代は工業地域として発展。首都リガは欧州東西の中継拠点として，物流業がさかん。主産業は化学，木材加工。農業は畜産が中心。	141
リトアニア語，ロシア語，ポーランド語	リトアニア人84.1%，ポーランド系6.6%，ロシア系5.8%	キリスト教83.4%（カトリック77.2%，ロシア正教4.8%）	バルト3国内で面積・人口最大。主産業は化学，食品加工，木材加工業。ロシアに依存するエネルギー供給源の多様化を推進。バルト海に面したクライペダは不凍港。	142
ドイツ語（日用語はドイツ語方言のアレマン語），イタリア語	リヒテンシュタイン人66.3%，スイス系9.6%，オーストリア系5.8%	キリスト教85.8%（カトリック75.9%，プロテスタント8.5%），イスラーム5.4%	永世中立国で，スイスに外交を委任し，通貨同盟も結ぶ。主産業は医療機器，精密機器等の製造業，金融業，観光業。1人あたりGNIは欧州トップクラス。	143
ルクセンブルク語，**フランス語**，**ドイツ語**	ルクセンブルク人53.3%，ポルトガル系16.2%，フランス系7.2%	カトリック90%，プロテスタント3%，イスラーム2%	70年代，鉄鋼業から金融サービス業へ転換。近年はICT，自動車部品，宇宙産業も発展。国内雇用の4割は越境労働者で，外国人住民も増加傾向。	144

世界の国々(Ⅷ)

ステーツマン2021, World Population Prospects 2019, 世人口'21, 世界の国一覧表2007, 世界銀行資料ほか

番号	正式国名 英文国名	面積(千km²) 人口(万人) 2021年	人口密度(人/km²)2021年 人口増加率(%)2015~20年平均	首都名 首都人口(千人)	独立・国連加盟年月	旧宗主国名 政体	GNI(億ドル) 1人あたりGNI(ドル)2021年	通貨単位 1ドルあたり為替レート 2021年末
145	ルーマニア *Romania*	238.4 1,920	81 −0.7	ブカレスト 19) 1,829	− 1955.12	− 共和制	2,709 14,170	ルーマニア・レウ 4.37
146	ロシア連邦 *Russian Federation*	17,098.2 15)14,409	15)8 0.1	モスクワ 20) 12,480	− 1945.10	− 共和制, 連邦制	16,926 11,600	ロシア・ルーブル 74.29
	北アメリカ							**23か国**
147	アメリカ合衆国 *United States of America*	9,833.5 33,189	34 0.6	ワシントンD.C. 19) 705	− 1945.10	− 大統領制, 連邦制	233,747 70,430	米ドル 1.00
148	アンティグア・バーブーダ *Antigua and Barbuda*	0.4 9	225 0.9	セントジョンズ 11) 22	1981.11 1981.11	イギリス 立憲君主制	15 14,900	東カリブ・ドル 2.70
149	エルサルバドル共和国 *Republic of El Salvador*	21.0 632	301 0.5	サンサルバドル 17) 238	− 1945.10	スペイン 共和制	270 4,140	米ドル① 1.00
150	カナダ *Canada*	9,984.7 3,824	4 0.9	オタワ 19) 1,028	− 1945.11	イギリス 立憲君主制	18,478 48,310	カナダ・ドル 1.29
151	キューバ共和国 *Republic of Cuba*	109.9 1,114	101 0.003	ハバナ 19) 2,132	− 1945.10	スペイン 共和制	18)978 18)8,630	キューバ・ペソ 24.00
152	グアテマラ共和国 *Republic of Guatemala*	108.9 1,710	157 1.9	グアテマラシティ 18) 923	− 1945.11	スペイン 共和制	846 4,940	ケツァル 7.72
153	グレナダ *Grenada*	0.3 17)11	17)322 0.5	セントジョージズ 11) 36	1974.2 1974.9	イギリス 立憲君主制	11 9,630	東カリブ・ドル 2.70
154	コスタリカ共和国 *Republic of Costa Rica*	51.1 516	101 1.0	サンホセ 20) 347	− 1945.11	スペイン 共和制	633 12,310	コスタリカ・コロン 642.16
155	ジャマイカ *Jamaica*	11.0 19)273	19)249 0.5	キングストン 19) *662	1962.8 1962.9	イギリス 立憲君主制	143 4,800	ジャマイカ・ドル 153.92
156	セントクリストファー・ネービス *Saint Christopher and Nevis*	0.3 15)5	15)196 0.8	バセテール 11) 11	1983.9 1983.9	イギリス 立憲君主制	10 18,560	東カリブ・ドル 2.70
157	セントビンセント及びグレナディーン諸島 *Saint Vincent and the Grenadines*	0.4 11	285 0.3	キングスタウン 18) 12	1979.10 1980.9	イギリス 立憲君主制	9 8,100	東カリブ・ドル 2.70
158	セントルシア *Saint Lucia*	0.6 18	296 0.5	カストリーズ 10) 22	1979.2 1979.9	イギリス 立憲君主制	18 9,680	東カリブ・ドル 2.70
159	ドミニカ共和国 *Dominican Republic*	48.7 1,053	216 1.1	サントドミンゴ 10) 965	− 1945.10	スペイン 共和制	900 8,220	ドミニカ・ペソ 57.55
160	ドミニカ国 *Commonwealth of Dominica*	0.8 17)6	17)89 0.2	ロゾー 11) 14	1978.11 1978.12	イギリス 共和制	6 7,760	東カリブ・ドル 2.70
161	トリニダード・トバゴ共和国 *Republic of Trinidad and Tobago*	5.1 136	267 0.4	ポートオブスペイン 11) 37	1962.8 1962.9	イギリス 共和制	212 15,070	トリニダード・トバゴ・ドル 6.77
162	ニカラグア共和国 *Republic of Nicaragua*	130.4 666	51 1.3	マナグア 19) 1,041	− 1945.10	スペイン 共和制	134 2,010	コルドバ 35.52
163	ハイチ共和国 *Republic of Haiti*	27.8 19)1,157	19)417 1.3	ポルトープランス 15) 977	− 1945.10	フランス 共和制	164 1,420	グールド 99.87
164	パナマ共和国 *Republic of Panama*	75.3 433	58 1.7	パナマシティ 19) 434	− 1945.11	スペイン 共和制	614 14,010	バルボア② 1.00

*都市的地域の人口　①2021年9月, 仮想通貨ビットコインも法定通貨として採用　②流通しているのは米ドル紙幣で, それを「バルボア」と呼んでいる(硬貨は独自のものもあり)

世界の国々(Ⅷ)

言語 **太字**は公用語 国語は各国定義による	民族	宗教	政治・経済	番号
ルーマニア語，ハンガリー語，ロマ語	ルーマニア人83.4%，ハンガリー系6.1%，ロマ人3.1%	キリスト教92.6%（ルーマニア正教81.9%，プロテスタント6.4%，カトリック4.3%）	89年政変により民主化。主産業は機械，金属，繊維業，野菜やひまわりの種子等の農業。90年代は繊維，近年は自動車を中心に製造業が発展。	145
ロシア語，多数の民族語（ロシア語と併用）	ロシア人77.7%，タタール人3.7%，ウクライナ系1.4%	キリスト教58.4%（ロシア正教53.1%），イスラーム8.2%	原油，天然ガス，石炭等，豊富な鉱産資源を背景に経済は好調。黒土地帯を中心に小麦，じゃがいも等の農業，牧畜業もさかん。米国と双璧をなす超大国。	146

北アメリカ				
英語，スペイン語，中国語，タガログ語，ベトナム語など	ヨーロッパ系72.6%，アフリカ系12.7%，アジア系5.4%，混血3.2%	キリスト教70.6%（プロテスタント46.5%，カトリック20.8%），ユダヤ教1.9%	世界最大の経済大国。鉱産資源も豊富で，工業，農業もさかん。政治・経済・軍事等，あらゆる面で世界に与える影響は大きい。財政赤字の解消が長年の課題。	147
英語，クレオール語	アフリカ系87.3%，混血4.7%	キリスト教84%（プロテスタント68.3%，カトリック8.2%）	英連邦加盟国。主産業は観光等のサービス産業だが，度重なるハリケーンの被害による影響が大きい。近年，クルーズ船で島を訪れる観光客も増加。	148
スペイン語，ナワット語	メスチーソ86.3%，ヨーロッパ系12.7%	カトリック50%，プロテスタント36%	輸出向けの繊維産業の他，砂糖・コーヒー豆の農業が主産業。度重なる地震やハリケーンにより経済は厳しい。在米出稼ぎ者による送金が経済の下支え。	149
英語，**フランス語**，中国語，パンジャビー語，スペイン語など	カナダ人32.3%，イングランド系18.3%，スコットランド系13.9%，フランス系13.6%	キリスト教67.2%（カトリック39%，プロテスタント20.3%），イスラーム3.2%	世界有数の資源大国。小麦などの穀類や木材・パルプは世界上位の生産を誇る。自動車や航空機産業もさかん。五大湖周辺の米国との国境沿いに人口が集中。	150
スペイン語	混血50%，ヨーロッパ系25%，アフリカ系25%	カトリック47%，プロテスタント5%	59年の革命で社会主義体制に転換。東側諸国との関係を重視してきたが，15年米国と国交回復。主要産業は観光業，砂糖産業，水産業，ニッケル等の鉱業。	151
スペイン語，先住民言語（マヤ系21言語，シンカ語，ガリフナ語の計23言語を公式認定）	混血60%，マヤ系先住民39.3%	カトリック57%，プロテスタント・独立派キリスト教40%	長年にわたる内戦によって経済は低迷し，治安は悪化。おもな輸出品はコーヒー豆，砂糖，バナナ。深刻な治安状況の改善と貧困解決が課題。	152
英語，クレオール語（フランス語系パトワ語）	アフリカ系82.4%，混血13.3%	プロテスタント49.2%，カトリック36%	英連邦加盟国。83年のクーデタ時に米軍が侵攻。経済の中心は観光業，農漁業。国旗にも描かれるナツメグやバナナ，カカオ豆，シナモン等を生産。	153
スペイン語	ヨーロッパ系・メスチーソ83.6%，ムラート6.7%	カトリック76.3%，プロテスタント14.4%	第二次世界大戦後，植民地時代からのバナナ，パイナップル，コーヒー豆を輸出と安定した政治を背景に経済成長。近年はエコツーリズムなどの観光業も成長。	154
英語，クレオール語（英語系パトワ語を含む）	アフリカ系92.1%，混血6.1%	キリスト教68.9%（プロテスタント64.8%，カトリック2.2%）	英連邦加盟国。主産業は観光業，ボーキサイト等の鉱業，コーヒー豆，砂糖，バナナの農業。高級コーヒー豆のブルーマウンテンの産地で，その多くは日本向け。	155
英語	アフリカ系90.4%，ムラート5%，インド・パキスタン系3%	プロテスタント75%，カトリック11%	英連邦加盟国。砂糖産業は不採算のため，05年に停止し，観光業へシフト。かんきつ類等の農業，機械工業，食品加工業など，多角化を推進。	156
英語，クレオール語（フランス語系パトワ語）	アフリカ系65.1%，インド・パキスタン系21.9%，混血19.9%	キリスト教87.8%，ヒンドゥー教3.4%，精霊信仰1.8%	英連邦加盟国。30以上の島から成る小国。経済の中心は，観光，農漁業。バナナ，くず粉などの生産がさかん。農産品の品質改良や多角化を進める。	157
英語，クレオール語（フランス語系パトワ語）	アフリカ系85.3%，混血10.9%	キリスト教90.4%（カトリック61.5%，プロテスタント25.5%）	英連邦加盟国。観光業とバナナ，ココナツを中心とした農業が主産業。ハリケーン被害や国際市場の価格変動を機に，バナナ産業から観光業中心へ移行。	158
スペイン語，ハイチ語（クレオール語）	混血70.4%，アフリカ系15.8%，ヨーロッパ系13.5%	キリスト教75.8%（カトリック64.4%）	砂糖やコーヒー豆などの一次産品が輸出の中心だったが，90年以降，フリーゾーンからの繊維品，医療機器の輸出が増加。隣国からの不法入国が問題化。	159
英語，クレオール語（フランス語系パトワ語）	アフリカ系86.8%，混血8.9%，先住民2.9%	キリスト教91.2%（カトリック61.4%，プロテスタント28.6%）	英連邦加盟国。主産業はバナナ，ココナツ，かんきつ類等の熱帯性作物を中心とする農業の他，缶詰，石鹸等の農産物加工業。観光業も重要。	160
英語，クレオール語，ヒンディー語，フランス語など	インド系35.4%，アフリカ系34.2%，混血22.8%	キリスト教55.2%（プロテスタント32.1%，カトリック21.6%），ヒンドゥー教18.2%	西インド諸島で唯一エネルギー資源に恵まれた国。原油，天然ガスを産出し，鉄鋼，化学製品，船舶を輸出。近年は産業の多角化に取り組む。	161
スペイン語，民族語（ミスキート語，カリブ海沿岸地域のメスチーソ言語など）	メスチーソ63.1%，ヨーロッパ系14%，アフリカ系8%	キリスト教82.6%（カトリック58.5%，プロテスタント23.2%）	長引く内戦と経済制裁で，経済や開発は遅れている。インフラ未整備地域が多く，治安状態は深刻。主産業は，コーヒー豆，牛肉，豆類，さとうきび等の農牧業。	162
フランス語，**ハイチ語（フランス語系クレオール語）**	アフリカ系94.2%，混血5.4%	キリスト教83.2%（カトリック54.7%，プロテスタント28.5%）	1804年に中南米初の黒人国家として独立。独立以来続く政情不安，ハリケーンや地震などの災害等により，経済・社会情勢は厳しい。後発開発途上国。	163
スペイン語，英語，先住民言語	混血65%，先住民12.3%，アフリカ系9.2%	カトリック75%，プロテスタント・独立派キリスト教20%	パナマ運河の運営，便宜置籍船登録料が経済の要。地理的優位性を生かしたフリーゾーンでの中継貿易が発達。16年運河の拡張工事が完了。	164

世界の国々(Ⅸ)

ステーツマン2021, World Population Prospects 2019, 世人口'21, 世界の国一覧表2007, 世界銀行資料ほか

番号	正式国名 英文国名	面積(千km^2) 人口(万人) 2021年	人口密度(人/km^2)2021年 人口増加率(%)2015~20年平均	首都名 首都人口(千人)	独立・国連加盟年月	旧宗主国名 政体	GNI(億ドル) 1人あたりGNI(ドル)2021年	通貨単位 1ドルあたり為替レート2021年末
165	バハマ国 *Commonwealth of The Bahamas*	13.9 20)38	20)28 1.0	ナッソー 16) ＊266	1973.7 1973.9	イギリス 立憲君主制	108 27,220	バハマ・ドル 1.00
166	バルバドス *Barbados*	0.4 26	626 0.1	ブリッジタウン 00) 5	1966.11 1966.12	イギリス 共和制	48 16,720	バルバドス・ドル 2.00
167	ベリーズ *Belize*	23.0 43	19 1.9	ベルモパン 20) 25	1981.9 1981.9	イギリス 立憲君主制	17 4,290	ベリーズ・ドル 2.00
168	ホンジュラス共和国 *Republic of Honduras*	112.5 945	84 1.7	テグシガルパ 20) 1,157	－ 1945.12	スペイン 共和制	255 2,540	レンピラ 24.35
169	メキシコ合衆国 *United Mexican States*	1,964.4 12,897	66 1.1	メキシコシティ 20) 8,843	－ 1945.11	スペイン 立憲民主制による連邦共和制	12,215 9,380	メキシコ・ペソ 20.58
	南アメリカ							**12か国**
170	アルゼンチン共和国 *Argentine Republic*	16)2,780.4 4,580	16 1.0	ブエノスアイレス 19) 3,072	－ 1945.10	スペイン 共和制	4,605 10,050	アルゼンチン・ペソ 102.62
171	ウルグアイ東方共和国 *Oriental Republic of Uruguay*	173.6 354	20 0.4	モンテビデオ 11) 1,304	－ 1945.12	－ 共和制	551 15,800	ウルグアイ・ペソ 44.70
172	エクアドル共和国 *Republic of Ecuador*	257.2 1,775	69 1.7	キト 19) 1,817	－ 1945.12	スペイン 共和制	1,061 5,930	米ドル 1.00
173	ガイアナ共和国 *Republic of Guyana*	215.0 20)77	20)4 0.5	ジョージタウン 12) 118	1966.5 1966.9	イギリス 共和制	74 9,380	ガイアナ・ドル 208.50
174	コロンビア共和国 *Republic of Colombia*	1,141.7 5,104	45 1.4	ボゴタ 20) 7,715	－ 1945.11	スペイン 共和制	3,157 6,160	コロンビア・ペソ 3,997.71
175	スリナム共和国 *Republic of Suriname*	163.8 20)60	20)4 1.0	パラマリボ 12) 240	1975.11 1975.12	オランダ 共和制	26 4,440	スリナム・ドル 21.09
176	チリ共和国 *Republic of Chile*	756.1 1,967	26 1.2	サンティアゴ 20) 5,995	－ 1945.10	スペイン 共和制	2,881 15,000	チリ・ペソ 866.25
177	パラグアイ共和国 *Republic of Paraguay*	406.8 735	18 1.3	アスンシオン 20) 521	－ 1945.10	スペイン 立憲共和制	385 5,340	グアラニー 6,879.11
178	ブラジル連邦共和国 *Federative Republic of Brazil*	8,510.3 21,331	25 0.8	ブラジリア 20) 3,055	－ 1945.10	ポルトガル 連邦共和制	16,511 7,720	レアル 5.58
179	ベネズエラ・ボリバル共和国 *Bolivarian Republic of Venezuela*	929.7 19)3,206	19)34 −1.1	カラカス 15) 2,082	－ 1945.11	スペイン 共和制	14)3,929 14)13,080	ボリバル・デジタル 4.18
180	ペルー共和国 *Republic of Peru*	1,285.2 3,303	26 1.6	リマ 18) 10,350	－ 1945.10	スペイン 共和制	2,175 6,520	ソル 3.99
181	ボリビア多民族国 *The Plurinational State of Bolivia*	1,098.6 1,184	11 1.4	ラパス 12) 757	－ 1945.11	スペイン 共和制	398 3,360	ボリビアーノ 6.91
	オセアニア							**16か国**
182	オーストラリア連邦 *Commonwealth of Australia*	7,692.0 2,573	3 1.3	キャンベラ 20) 431	－ 1945.11	イギリス 立憲君主制	14,611 56,760	オーストラリア・ドル 1.38
183	キリバス共和国 *Republic of Kiribati*	0.7 20)11	20)165 1.5	タラワ 15) 63	1979.7 1999.9	イギリス 共和制	20)3 20)2,910	オーストラリア・ドル 1.38

＊都市的地域の人口

世界の国々(Ⅸ)

言語 太字は公用語 国語は各国定義による	民族	宗教	政治・経済	番号
英語，クレオール語	アフリカ系90.6%，ヨーロッパ系4.7%，混血2.1%	キリスト教94.9%（プロテスタント69.9%，カトリック12%）	英連邦加盟国。カジノをはじめとした観光業が発展。1人あたりGNIは中南米で最高水準。タックスヘイブン政策を採用。隣国からの不法入国が問題化。	165
英語，バヤン語（英語系クレオール語）	アフリカ系92.4%，混血3.1%，ヨーロッパ系2.7%	キリスト教75.6%（プロテスタント66.4%，カトリック3.8%）	英連邦加盟国。植民地時代から政情は安定しており，教育水準は高い。島全体がサンゴ礁からなり，さとうきび産業が中心だったが，60年代から観光業に移行。	166
英語，スペイン語，クレオール語，マヤ語など	混血52.9%，クレオール25.9%，マヤ人11.3%	キリスト教74%（カトリック40.1%，プロテスタント31.6%）	英連邦加盟国。主産業は砂糖やバナナ，かんきつ類などの農業，漁業，食品工業，観光業。世界有数のサンゴ礁や遺跡もあり，観光業が成長。	167
スペイン語，先住民言語	混血86.6%，先住民5.5%，アフリカ系4.3%	カトリック46%，プロテスタント41%	バナナのプランテーションに依存してきたため，経済基盤は脆弱。コーヒー豆，バナナ，養殖えび，パーム油を輸出。在米ホンジュラス人からの送金も重要。	168
スペイン語，先住民言語（ナワ語，マヤ語，サポテカ語，オトミ語，ミシュテカ語など）	混血64.3%，先住民18%，ヨーロッパ系15%	キリスト教92.4%（カトリック82.7%，プロテスタント8.3%）	原油，銀の生産は世界有数。とうもろこし，さとうきび，かんきつ類の生産がさかん。外資の進出も多く，工業が発展。機械，自動車，原油等を輸出。観光業も伸展。	169

南アメリカ

言語	民族	宗教	政治・経済	番号
スペイン語，イタリア語，英語，ドイツ語，フランス語，先住民言語	ヨーロッパ系86.4%，混血6.5%，先住民3.4%	カトリック70%，プロテスタント9%，イスラーム1.5%	農牧業が主産業。パンパでは穀物生産，肉牛の放牧がさかん。大豆製品・自動車等の工業製品輸出が増加。01年に国家財政が破綻したが，回復傾向。	170
スペイン語	ヨーロッパ系88%，混血8%，アフリカ系4%	キリスト教58.2%（カトリック47.1%）	国土の7割が牧草地で，主産業は農牧業。肉類，大豆，乳製品，羊毛を輸出。畜産モノカルチャーからの脱却をめざすが，工業化はあまり進展せず。	171
スペイン語，先住民言語（ケチュア語など）	混血（メスチーソ）71.9%，混血（モントゥビオ）7.4%，先住民7%	カトリック74%，福音派プロテスタント10.4%	原油の他，えび等の魚介類，バナナ，切り花，カカオ豆などの農水産品を輸出。世界遺産登録第1号の一つであるガラパゴス諸島は重要な観光資源。	172
英語，クレオール語，先住民言語，ヒンディー語など	インド系39.8%，アフリカ系29.3%，混血19.9%，先住民10.5%	キリスト教64%，ヒンドゥー教24.8%，イスラーム6.8%	英連邦加盟国。主産業は原油，金等の鉱業で，輸出の大半を占める。砂糖・米等の農業，えび等の漁業もさかん。人口の9割が首都周辺部に集中。	173
スペイン語	メスチーソ58%，ヨーロッパ系20%，ムラート14%	カトリック79%，プロテスタント14%	伝統的にコーヒー豆を生産。バラなどの切り花と共に輸出は世界有数。原油・石炭・金等の鉱産資源も豊富。16年，50年以上続いた内戦が終結。	174
オランダ語，英語，スリナム語（タキタキ語）（オランダ語系クレオール語），ヒンディー語など	インド・パキスタン系27.4%，マルーン21.7%	キリスト教49.6%，ヒンドゥー教22.3%，イスラーム13.8%	南北アメリカの独立国では唯一オランダ語を使用。国土の大半は森林。ボーキサイト・金・原油等の鉱業，米・砂糖・バナナ等の農業，漁業，木材加工業が主産業。	175
スペイン語，英語，先住民言語（マプチェ語，アイマラ語，ケチュア語，ラパヌイ語など）	メスチーソ72%，ヨーロッパ系22%	キリスト教84.9%（カトリック66.7%，プロテスタント16.4%）	世界一の銅鉱石の埋蔵・生産国。銅，果実，魚介類，パルプを輸出。ワイン等の農産物，水産物の食品加工業もさかん。10年OECD加盟。	176
スペイン語，**グアラニー語**	メスチーソ85.6%，ヨーロッパ系9.3%	キリスト教96.9%（カトリック89.6%，プロテスタント6.2%）	世界有数の大豆生産・輸出国。ブラジルとの国境にあるイタイプダムの水力発電も主産業。電力・大豆・牛肉等を輸出。近年，外資の進出が活発化。	177
ポルトガル語，先住民言語，少数言語（スペイン語，ドイツ語，イタリア語，日本語，英語など）	ヨーロッパ系47.7%，ムラート43.1%，アフリカ系7.6%	キリスト教87.9%（カトリック65%，プロテスタント22.2%）	BRICSの一翼を担う南米最大の経済大国。大豆，機械類，肉類，コーヒー豆等を輸出。豊富な鉱産資源を背景に工業が発展。インフラ整備と治安回復が急務。	178
スペイン語，**31の先住民言語**	混血51.6%，ヨーロッパ系43.6%，アフリカ系3.6%	カトリック84.5%，プロテスタント4%	世界最大の原油埋蔵国で，輸出の大半を占める。天然ガス・鉄鉱石・ボーキサイトを産出し，石油精製，製鉄，アルミニウム精錬がさかん。18年8月デノミ実施。	179
スペイン語，**ケチュア語**，**アイマラ語**，その他の先住民言語	先住民52.4%，メスチーソ31.9%，ヨーロッパ系12%	カトリック81.3%，福音派プロテスタント12.5%	各種鉱産資源を豊富に有し，なかでも銀は世界有数の産出量を誇る。沖合に寒流が流れる好漁場がある漁業大国。魚粉等の加工産業もさかん。	180
スペイン語，**36の先住民言語**（**ケチュア語**，**アイマラ語**，**グアラニー語など**）	先住民55%，メスチーソ30%，ヨーロッパ系15%	カトリック76.8%，プロテスタント16%	輸出は天然ガス・亜鉛鉱・銀・すず等の鉱産資源が大半だが，近年は大豆・さとうきび等の農産品も増加。世界的に需要の増すリチウムの埋蔵量は世界有数。	181

オセアニア

言語	民族	宗教	政治・経済	番号
英語，中国語，アラビア語，ベトナム語など	ヨーロッパ系90.2%，アジア系7.3%，アボリジニー2.5%	キリスト教52.1%，イスラーム2.6%，仏教2.4%	世界有数の鉱産資源国で，鉄鉱石・石炭・金・ボーキサイト・レアメタル等，多品目を産出。羊・牛の牧畜，小麦などの農業もさかん。70年代に白豪主義政策撤廃。	182
キリバス語，**英語**	ミクロネシア系98.8%	カトリック57.3%，プロテスタント33.2%，モルモン教5.3%	漁業とコプラ生産が主産業。広大なEEZを有し，入漁料も重要。りん鉱石は79年に枯渇。温暖化による海面上昇が問題。世界で最も早く日付が変わる。	183

世界の国々

世界の国々(X)

ステーツマン2021, World Population Prospects 2019, 世人口'21, 世界の国一覧表2007, 世界銀行資料ほか

番号	正式国名 英文国名	面積(千km²) 人口(万人) 2021年	人口密度(人/km²)2021年 人口増加率(%)2015~20年平均	首都名 首都人口(千人)	独立・国連加盟年月	旧宗主国名 政体	GNI(億ドル) 1人あたりGNI(ドル)2021年	通貨単位 1ドルあたり為替レート 2021年末
184	クック諸島 *Cook Islands*	0.2 19)2	19)85 −0.02	アバルア 16) 4	1965 –	ニュージーランド 立憲君主制	– –	ニュージーランド・ドル 1.46
185	サモア独立国 *Independent State of Samoa*	2.8 20	72 0.5	アピア 16) 37	1962.1 1976.12	ニュージーランド 議会が国家元首を選出①	8 3,860	タラ 2.60
186	ソロモン諸島 *Solomon Islands*	28.9 70	24 2.6	ホニアラ 19) 130	1978.7 1978.9	イギリス 立憲君主制	16 2,300	ソロモン・ドル 8.10
187	ツバル *Tuvalu*	0.03 1	411 1.2	フナフティ 17) 6	1978.10 2000.9	イギリス 立憲君主制	1 6,760	オーストラリア・ドル 1.38
188	トンガ王国 *Kingdom of Tonga*	0.7 20)9	20)133 1.0	ヌクアロファ 16) 23	1970.6 1999.9	イギリス 立憲君主制	20)5 20)5,190	パアンガ 2.27
189	ナウル共和国 *Republic of Nauru*	0.02 20)1	20)571 0.8	ヤレン 11) 0.7	1968.1 1999.9	イギリス 共和制	2 19,470	オーストラリア・ドル 1.38
190	ニウエ *Niue*	0.3 0.2	6 0.1	アロフィ 17) 0.5	1974 –	ニュージーランド 立憲君主制	– –	ニュージーランド・ドル 1.46
191	ニュージーランド *New Zealand*	268.1 512	19 0.9	ウェリントン 20) 216	– 1945.10	イギリス 立憲君主制	2,323 45,340	ニュージーランド・ドル 1.46
192	バヌアツ共和国 *Republic of Vanuatu*	12.2 30	25 2.5	ポートビラ 16) 51	1980.7 1981.9	イギリス フランス 共和制	10 3,140	バツ 112.20
193	パプアニューギニア独立国 *Independent State of Papua New Guinea*	462.8 912	20 2.0	ポートモレスビー 11) 364	1975.9 1975.10	オーストラリア 立憲君主制	254 2,790	キナ 3.51
194	パラオ共和国 *Republic of Palau*	0.5 1	39 0.5	マルキョク 15) 0.2	1994.10 1994.12	アメリカ合衆国 大統領制	20)3 20)14,390	米ドル 1.00
195	フィジー共和国 *Republic of Fiji*	18.3 89	49 0.6	スバ 17) 93	1970.10 1970.10	イギリス 共和制	44 4,860	フィジー・ドル 2.12
196	マーシャル諸島共和国 *Republic of the Marshall Islands*	0.2 20)5	20)304 0.6	マジュロ 11) 27	1986.10 1991.9	アメリカ合衆国 共和制	3 5,050	米ドル 1.00
197	ミクロネシア連邦 *Federated States of Micronesia*	0.7 10	149 1.1	パリキール 10) 6	1986.11 1991.9	アメリカ合衆国 連邦共和制	5 3,880	米ドル 1.00

①慣習として選挙制度に類似

その他のおもな地域(Ⅰ)(2021年)

地域	地域名【領有国・保護国】 注記	面積(千km²)	人口(千人)
アジア地域	ジャンム・カシミール，ラダク インド・パキスタン分割統治。	–	–
	台湾 中国政府は台湾が中国領土の不可分の一部であるとの立場を表明しており，日本国政府はその立場を十分理解し，尊重する事を明らかにしている。	36.20	23,375
	パレスチナ ヨルダン川西岸地区とガザ地区からなる。日本政府は国家として承認していない。	6.02	5,227
ヨーロッパ地域	オーランド諸島【フィンランド】	1.58	30
	ジブラルタル＊【イギリス】 イギリスが統治。スペインも領有を主張。	0.01	34
	スヴァールバル諸島・ヤンマイエン島【ノルウェー】	62.42	19)2
	チャネル諸島【イギリス】	0.19	11)163
	(ガンジー島【イギリス】	0.06	63
	ジャージー島【イギリス】)	0.12	20)108

その他のおもな地域(Ⅱ)(2021年)

地域	地域名【領有国・保護国】 注記	面積(千km²)	人口(千人)
ヨーロッパ地域	フェロー諸島【デンマーク】	1.39	53
	マン島【イギリス】	0.57	83
北アメリカ地域	アルバ島【オランダ】	0.18	108
	アンギラ＊【イギリス】	0.09	16
	英領ヴァージン諸島＊【イギリス】	0.15	30
	キュラソー島【オランダ】	0.44	152
	ケーマン諸島＊【イギリス】	0.26	66
	グアドループ島【フランス】	1.64	408
	バミューダ諸島＊【イギリス】	0.05	64
	グリーンランド【デンマーク】	2,175.60	57
	サンピエール・ミクロン島【フランス】	0.24	6
	タークス・カイコス諸島＊【イギリス】	0.95	39
	プエルトリコ【アメリカ合衆国】	8.87	2,828
	米領ヴァージン諸島＊【アメリカ合衆国】	0.35	106
	マルティニーク島【フランス】	1.09	356
	モントセラット島＊【イギリス】	0.10	4

世界の国々（Ⅹ）

言語 太字は公用語 国語は各国定義による	民族	宗教	政治・経済	番号
英語，クック諸島マオリ語（ラロトンガ語）	クック諸島マオリ人（ポリネシア系）81.3%	プロテスタント62.8%，カトリック17%，モルモン教4.4%	火山島とサンゴ礁から成り，広大なEEZを有する。輸出は魚介類，黒真珠など。近年は，観光業が発展。経済はNZへの依存が大きい。国連未加盟国。	184
サモア語，英語	サモア人（ポリネシア系）92.6%，ヨーロッパ系混血7%	キリスト教99.2%（プロテスタント57.4%，カトリック19.4%，モルモン教15.2%）	サモア諸島のうち，西経171度以西の9島から成る。主産業は農業と沿岸漁業。09年の地震，12年のサイクロンの被害は甚大で，経済状況は厳しい。	185
英語，ピジン語（共通語），約120の民族語	メラネシア系95.3%，ポリネシア系3.1%，ミクロネシア系1.2%	キリスト教95.9%（プロテスタント73.4%，カトリック19.6%）	英連邦加盟国。大小100以上の島から構成される。国土の多くは熱帯雨林で，輸出の多くは木材関連。コプラ・カカオ豆の農業，漁業がさかん。	186
ツバル語，英語，サモア語，キリバス語（ヌイ島）	ポリネシア系95.1%，混血3.4%	キリスト教97%（ツバル教会91%）	英連邦加盟国。国土の最高点が5m未満のため，地球温暖化による海面上昇対策が急務。資源に乏しく，主たる財政源は入漁料，出稼ぎ船員の送金。	187
トンガ語，英語	トンガ人（ポリネシア系）96.5%，混血1%	キリスト教97.2%（プロテスタント64.9%，モルモン教16.8%，カトリック15.6%）	英連邦加盟国。主産業は農業，漁業，観光業。コプラ，バナナの他，北半球の端境期輸出用にかぼちゃを栽培。まぐろと共に日本へ輸出している。	188
ナウル語，英語	ナウル人（ミクロネシア系）95.8%，キリバス系1.5%	プロテスタント60.4%，カトリック33%	英連邦加盟国。りん鉱石（グアノ）の輸出で生活水準は高かったが，00年頃，過剰な採掘で枯渇。鉱山の増加により島の大半が居住・耕作不可能で，経済活動は破綻状態。	189
ニウエ語（ポリネシア語系），英語	ニウエ人（ポリネシア系）66.5%，混血13.4%	キリスト教92%（プロテスタント70%，モルモン教10%，カトリック10%）	世界有数の隆起サンゴ礁の島。農業はココナツ，タロいもなどを自給的に栽培。ニュージーランドへの移住が増加し，移民からの送金が国家収入を支える。	190
英語，マオリ語，中国語，サモア語など	ヨーロッパ系71.2%，マオリ人14.1%，アジア系11.3%	キリスト教45.6%，ヒンドゥー教2.1%，仏教1.4%	英連邦加盟国。混合農業がさかん。国際競争力のある一次産品が主産業で，乳製品・木材・食肉等を輸出。地熱を含む再生可能エネルギー割合は8割。	191
ビスラマ語（ピジン英語），英語，フランス語	バヌアツ人（メラネシア系）97.6%，混血1.1%	プロテスタント70%，カトリック12.4%，伝統信仰3.7%	英連邦加盟国。コプラ，牛肉等，輸出の多くは農産品。火山見学やダイビング等の観光振興により，近年，観光客が増加。環太平洋造山帯に位置し，地震も多い。	192
英語，ピジン英語（共通語），モツ語（共通語），839の民族語	パプア人84%，メラネシア系15%	キリスト教95.6%（プロテスタントなど69.6%，カトリック26%）	英連邦加盟国。LNG，原油，金，銅等の資源が豊富で，その他，パーム油，コーヒー豆，木材を輸出。太平洋島嶼地域で唯一のAPEC参加国。	193
パラオ語，英語，フィリピノ語，中国語	パラオ人（ミクロネシア系）73%，アジア系21.7%	カトリック45.3%，プロテスタント34.9%	米国からの財政支援を受け，国防と安全保障を委任。観光業，商業，建設業が主産業。国民の半数は公務員で，各産業で労働力を外国人へ依存。	194
英語，フィジー語，ヒンディー語	フィジー人56.8%，インド系37.5%	キリスト教64.5%，ヒンドゥー教27.9%，イスラーム6.3%	先住民のフィジー系と，インド系住民が政治的に対立。06年の政変で軍政となったが，14年民政復帰し，英連邦に再加盟。主産業は観光，砂糖，繊維産業。	195
マーシャル語，英語	マーシャル人92.1%，混血5.9%	キリスト教97.5%（プロテスタント83.4%，カトリック8.4%）	54年ビキニ環礁で米国が水爆実験。歳入の6割は米国からの財政援助。コプラなどの農業，漁業が主産業。便宜置籍船を認める世界有数の船籍国。	196
英語，8の民族語（チューク語，コスラエ語，ポンペイ語，ヤップ語など）	チューク人49.3%，ポンペイ人29.8%，コスラエ人6.3%	カトリック54.7%，プロテスタント41.1%	主産業は水産業，観光業，ココナツ・タロいも・バナナ等の農業。言語，習慣，文化が異なる４州が連邦を構成。政府による雇用等の配分は各州の人口比。	197

その他のおもな地域（Ⅲ）（2021年）

地域	地域名【領有国・保護国】 注記	面積（千km²）	人口（千人）
南アメリカ地域	フォークランド（マルビナス）諸島＊	12.17	3
	イギリスとアルゼンチンが領有権を主張。		
	仏領ギアナ【フランス】	83.53	291
アフリカ地域	英領インド洋地域【イギリス】	0.06	−
	セントヘレナ島＊【イギリス】	0.12	4
	西サハラ＊	266.00	[15]573
	現在モロッコが領有を主張し統治しているが，現地民族解放戦線は同地区の独立を宣言。		
	アセンション島【イギリス】	0.09	1
	トリスタンダクーニャ諸島【イギリス】	0.10	[16]0.2
	マヨット島【フランス】	0.37	288
	コモロ連合はマヨット島を含めて独立宣言。		
	レユニオン島【フランス】	2.51	866

その他のおもな地域（Ⅳ）（2021年）

地域	地域名【領有国・保護国】 注記	面積（千km²）	人口（千人）
オセアニア地域	ウェーク島【アメリカ合衆国】	0.01	[18]0.1
	北マリアナ諸島【アメリカ合衆国】	0.46	58
	グアム島＊【アメリカ合衆国】	0.54	169
	クリスマス島【オーストラリア】	0.14	[16]1
	ココス諸島【オーストラリア】	0.01	[16]0.5
	トケラウ諸島＊【ニュージーランド】	0.01	2
	ニューカレドニア島＊【フランス】	19.10	288
	ノーフォーク島【オーストラリア】	0.04	[20]1
	ピトケアン島＊【イギリス】	0.05	0.04
	仏領ポリネシア【フランス】	3.69	279
	米領サモア＊【アメリカ合衆国】	0.20	55
	ウォリス・フトゥナ諸島【フランス】	0.14	11
南極	南極大陸	13,985	1〜3（観測隊員等）

＊国連非自治地域

新独立国・国連加盟・国名変更

❶最近の国家の変動

年月	国の変化	独立国数
1990.10	東西ドイツが統一される。	169
1991. 6	ユーゴスラビアが分裂，クロアチアとスロベニアが独立を宣言する。	171
1991. 9	バルト3国(エストニア，ラトビア，リトアニア)がソ連から分離・独立。	174
1991. 9	紛争状態のユーゴスラビアから，マケドニアが独立を宣言する。	175
1991.12	ソ連が崩壊，12共和国に分裂し，独立。	186
1992. 3	紛争状態のユーゴスラビアから，ボスニア・ヘルツェゴビナが独立を宣言する。	187
1992. 4	紛争状態が続くユーゴスラビアの，セルビアとモンテネグロが新ユーゴスラビア連邦の国家樹立を宣言する。	187
1993. 1	チェコ・スロバキアが分裂，チェコおよびスロバキアの2国が誕生する。	188
1993. 5	エチオピアからエリトリアが独立。	189
1993.12	フランス大統領とウルヘル司教が共同君主であるアンドラが独立する。	190
1994.10	国連信託米国統治領である南太平洋のパラオが独立する。	191
2002. 5	国連東ティモール暫定統治機構から東ティモールが独立する。	192
2006. 6	セルビア・モンテネグロからモンテネグロが分離・独立し，セルビアとモンテネグロの2国となる。	193
2008. 2	セルビアからコソボが独立を宣言する。	194
2011. 3	クック諸島を独立国として日本政府が承認。	195
2011. 7	スーダンから南スーダンが独立。	196
2015. 5	ニウエを独立国として日本政府が承認。	197

❷国連加盟の最近の動き

年月	加盟国	加盟国数
1991. 9	韓国，北朝鮮，エストニア，ラトビア，リトアニア，マーシャル，ミクロネシア	166
1992. 3	サンマリノ，アゼルバイジャン，アルメニア，ウズベキスタン，カザフスタン，キルギス，タジキスタン，トルクメニスタン，モルドバ(ロシアはソ連の議席を引き継ぐ)	175
1992. 5	クロアチア，スロベニア，ボスニア・ヘルツェゴビナ(新ユーゴスラビアは旧ユーゴスラビアの議席継承を主張するが，認められず，旧ユーゴスラビアの議席が残った)	178
1992. 7	ジョージア	179
1993. 1	チェコ，スロバキア	180
1993. 4	マケドニア	181
1993. 5	エリトリア，モナコ	183
1993. 7	アンドラ	184
1994.12	パラオ	185
1999. 9	トンガ，キリバス，ナウル	188
2000. 9	ツバル	189
2000.11	新ユーゴスラビア(旧ユーゴスラビアの議席継承)	189
2002. 9	スイス，東ティモール	191
2006. 6	モンテネグロ	192
2011. 7	南スーダン	193

❸おもな国名の変更

年月	新国名	旧国名
1990. 4	チェコ・スロバキア共和国	チェコ・スロバキア社会主義共和国
1990. 8	ベナン共和国	ベナン人民共和国
1990.11	モザンビーク共和国	モザンビーク人民共和国
1990.11	ブルガリア共和国	ブルガリア人民共和国
1991. 4	アルバニア共和国	アルバニア人民社会主義共和国
1992. 2	モンゴル国	モンゴル人民共和国
1991. 6	コンゴ共和国	コンゴ人民共和国
1992.	モーリシャス共和国	モーリシャス
1993.	アフガニスタン・イスラム国	アフガニスタン共和国
1993.	アンゴラ共和国	アンゴラ人民共和国
1993.	マダガスカル共和国	マダガスカル人民共和国
1993. 9	カンボジア王国	カンボジア
1995. 8	エチオピア連邦民主共和国	エチオピア人民民主共和国
1997. 5	コンゴ民主共和国	ザイール共和国
1997. 7	サモア独立国	西サモア
1999.	フィジー諸島共和国	フィジー共和国
1999.	ベネズエラ・ボリバル共和国	ベネズエラ共和国
2001.	コモロ連合	コモロ・イスラム連邦共和国
2003. 2	セルビア・モンテネグロ	ユーゴスラビア連邦共和国
2004.	アフガニスタン・イスラム共和国	アフガニスタン
2004.	大リビア・アラブ社会主義人民ジャマーヒリーヤ国	社会主義人民リビア・アラブ国
2006.	セントキッツ・ネービス	セントクリストファー・ネービス
2007.	ネパール	ネパール王国
2007.10	モンテネグロ	モンテネグロ共和国
2008. 9	ネパール連邦民主共和国	ネパール
2009. 3	ボリビア多民族国	ボリビア共和国
2011.	リビア	大リビア・アラブ社会主義人民ジャマーヒリーヤ国
2011.	セントクリストファー・ネービス	セントキッツ・ネービス
2011. 2	フィジー共和国	フィジー諸島共和国
2011. 3	ミャンマー連邦共和国	ミャンマー連邦
2012. 8	ソマリア連邦共和国	ソマリア民主共和国
2015.12	ガンビア・イスラム共和国	ガンビア共和国
2017. 2	ガンビア共和国	ガンビア・イスラム共和国
2018. 4	エスワティニ王国	スワジランド王国
2019.	スペイン王国	スペイン
2019.2	北マケドニア共和国	マケドニア旧ユーゴスラビア共和国